Giovanni Pintori

Giovanni Pintori (1912 – 1999) pubblicità come arte
Advertising as Art

a cura di / edited by
Chiara Gatti
Nicoletta Ossanna Cavadini

SilvanaEditoriale

Copertina / Front cover
tratto da / taken from
Giovanni Pintori
Olivetti Tetractys, 1956
Archivio privato Paolo Pintori

In seconda di copertina
Second cover
Giovanni Pintori
Payments, Balances, Recepits
1958-1962
Associazione Archivio
Storico Olivetti

Giovanni Pintori
Olivetti 84
1958-1962
Associazione Archivio
Storico Olivetti

In terza di copertina
Third cover
Giovanni Pintori
Olivetti Graphika
1956
MAN_Museo d'Arte
Provincia di Nuoro

Controfrontespizio
Giovanni Pintori,
ritratto fotografico
photographic portrait

Con il patrocinio di
Under the patronage of

Ambasciata d'Italia
Berna

In collaborazione con
In cooperation with

Associazione
ARCHIVIO
STORICO
OLIVETTI

Con il sostegno di
With the support of

Fondazione
di Sardegna

Membro di
Member of

ICOM international
council
of museums

Rete MAM
Musei d'Arte
del Mendrisiotto

Crediti fotografici / *Photo Credits*
Matteo Zarbo, Milano
MAN_Museo d'Arte Provincia di Nuoro, Nuoro
Associazione Archivio Storico Olivetti, Ivrea
Archivio Ugo Mulas, Milano
Carlo Pedroli, Chiasso

Traduzioni / *Translations*
Cristina Pradella
Richard Sadleir

Centro Culturale Chiasso
m.a.x. museo

7 ottobre 2024 - 16 febbraio 2025
October 7th 2024 – February 16th 2025

MAN_Museo d'Arte
Provincia di Nuoro

21 marzo 2025 – 22 giugno 2025
March 21st 2025 – June 22nd 2025

Comune di Chiasso / *City of Chiasso*
Dicastero Attività culturali
Cultural Activities Department

Sindaco / *Mayor*
Capodicastero Attività culturali / *Head of Department of Cultural Activities*
Bruno Arrigoni

Centro Culturale Chiasso
m.a.x. museo

Produzione, organizzazione, realizzazione / *Production, Organization and Execution*
Direzione / *Direction*
Nicoletta Ossanna Cavadini

Assistente di Direzione
Responsabile comunicazione, coordinamento, PR
Director's Assistant, Head of communication, Coordinator, PR
Veronica Trevisan

Segretaria di Direzione
Director's Secretary
Katia Bernasconi

Ufficio stampa Svizzera
Press Office Switzerland
Laila Meroni Petrantoni

Ufficio stampa Italia / *Press Office Italy*
CLP Relazioni Pubbliche, Milano
Marta Pedroli

Graphic designer
Maria Chiara Zacchi

Grafica e documentalista,
stagista / *Graphic Designers and Documentalists, Intern*
Marzia Nasca

Stagisti universitari / *University interns*
Kim Abbatiello
Erika Ostinelli
Marta Romano

Bookshop
Lorena Belometti

Custode e aiuto allestimento
Guard and Technical Set up
Gianfranco Gentile

Mostra e catalogo a cura di
Exhibition Curated and Catalogue Edited by
Chiara Gatti
Nicoletta Ossanna Cavadini

Prestatori / *Lenders*
Collezione Privata Paolo Pintori
MAN_Museo d'Arte Provincia di Nuoro
Associazione Archivio Storico Olivetti
Fondazione Adriano Olivetti
Musei Civici di Monza
Biblioteca dell'Accademia di architettura, Mendrisio
Collezione privata, Milano

Operatori dell'allestimento
Technical Set up
UTC Chiasso

Cornici, montaggi
Frames, Montages
ConsarcLAB, Chiasso

Stampa pannelli / *Printing of Panels*
Professional Services, Chiasso

Trasporti d'arte / *Art Transport*
Butterfly fine art

Assicurazione
Insurance
Helvetia

Sistemi di sicurezza
Security Systems
Securitas, Securiton

Tipografia / *Printers*
Progetto Stampa, Chiasso

Fotolito / *Photolitho*
Prestampa Taiana, Muzzano

Mediatrici culturali
Cultural Mediators
Simona Maspero
Alessandra Ferrari

Associazione / *Association*
amici del m.a.x. museo
Sandro Stadler, Presidente / *Chairman*

Provincia di Nuoro
Amministratore straordinario
Special Commissioner
Costantino Tidu

Museo MAN
Presidente / *President*
Tonino Rocca

Consiglio di amministrazione
Board of Directors
Domenico Cabula
Claudia Camarda
Vanna Fois
Salvatore Piredda

Direttore artistico
Artistic Director
Chiara Gatti

Dirigente amministrativo
Administrative Manager
Giuseppe Zucca

Segreteria amministrativa
Administrative Office
Barbara Vacca
Anna Giulia Sedda

Collegio dei revisori
Board of Auditors
Francesco Manca, presidente/*chair*
Luigi Colli, componente/*auditor*
Giovanna Lucia Satta, componente/*auditor*

Collezione e mostre
Collection and Exhibitions
Rita Moro
Elisabetta Masala

Accoglienza e mediazione
Reception and Mediation
Eliana Brotzu
Mariangela Mattana
Sara Ruiu

Formazione e comunicazione social
Training and Social Media Communication
Alessandro Moni

Dipartimento Educativo
Educational Department
Alessandra Pala
Pasqualina Schintu

Allestimento / *Set-up*
Davide Capello
Franco Maccioni

Sicurezza / *Security*
Vigilanza La Nuorese

Ufficio Stampa / *Press Office*
Studio Esseci, Padova

Con il sostegno di
With the support of

Repubblica e Cantone Ticino
DECS
SWISSLOS

age acqua
gas
elettricità

Aiuto federale
per la lingua
e la cultura italiana

am associazione
u amici del
e m.a.x.museo

Media partner

laRegione

La Provincia

Sponsor tecnici
Technical Sponsors

OLG
ONE LOGISTICS GROUP

helvetia

.::: APG|SGA
Out of Home Media

ELLIPTICUM

Partner logistico
Logistic Partnership

SBB CFF FFS

Offerta RailAway

Video mostra
Video Exhibition

3D PRODUZIONI

Conferenza in collaborazione con
Conferences in Collaboration with

circolo
"CULTURA,
insieme"

Un particolare ringraziamento a
Heartfelt thanks are due to
Paolo Pintori

Si ringraziano inoltre / Thanks to
Michele Amadò
Maria Amendola
Lorenzo Balbi
Umberto Balzaretti
Enrico Bandiera
Gabriella Belli
Renato Belotti
Cinthia Bianconi
Susanne Bieri
Anna Boggeri
Milly Brunelli Pozzi
Davide Cadeddu
Jean Pierre Candeloro
Francesco Paolo Campione
Francesco Casetti
Raffaella Castagnola Rossini
Federico Cattaneo
Gionata Paolo Cavadini
Rudy Cereghetti
Carla e Flavio Cometta
Francesca Conestabile
Simone Cornaro
Liliana Crivelli
Niccolò Cuppini
Beniamino de Liguori Carino
Gaetano Adolfo Maria Di Tondo
Chiara Donati
Marco Fagioli
Riccardo Fuochi
Tiziana Grignola
Marzio Grassi
Angela Madesani
Carlo Mannoni
Alessia Masi
Laura Massa
Graziano Ernesto Milia
Sarah Mongelli
Laura Morandi
Rita Moro
Corrado Noseda
Edoardo Passano
Mario Piazza
Aymone Poletti
Simone Pollo
Alessandra Pozzati
Chaspar Pult
Luca Righetto
Alberto Salvadori
Luigi Sansone
Luca Savarino
Lorenza Selleri
Leonardo Sonnoli
Giacomo Spissu
Sandro Stadler
Augusto Torriani
Angela Windhlz
Giulio Zaccarelli

La mostra su Giovanni Pintori apre la stagione espositiva 2024-25 del m.a.x. museo e in qualità di sindaco e Capodicastero cultura ho salutato con grande plauso questa scelta di rendere omaggio a un grande graphic designer autore di manifesti e pagine pubblicitarie che hanno rinnovato il modo di concepire la comunicazione visiva. Missione questa di specifica competenza del m.a.x. museo, nel divulgare la conoscenza della grafica, del design, della fotografia.

La mostra ripercorre l'iter creativo e professionale di Giovanni Pintori, la cui fama è legata in particolare al ruolo di Art Director della Olivetti che lo rese celebre in tutto il mondo, da New York, a Parigi, a Tokyo. Un'altra cosa che vorrei sottolineare è la lungimiranza con la quale questa mostra, come tante altre in passato, è stata pensata, in progetto integrato in questo caso con il prestigioso MAN_Museo d'Arte Provincia di Nuoro, che la ospiterà una volta che sarà conclusa al m.a.x. museo, e in collaborazione con altri importanti realtà istituzionali, come l'Associazione Archivio Storico Olivetti, i Musei Civici di Monza e alcuni prestatori privati, fra i quali il figlio dell'artista, l'arch. Paolo Pintori a cui vanno i miei più sentiti ringraziamenti. Colgo in questa occasione il piacere di ringraziare il Presidente del MAN Tonino Rocca, la direttrice del MAN Chiara Gatti e co-curatrice della mostra, unitamente a Nicoletta Ossanna Cavadini direttrice del m.a.x. museo di Chiasso, il presidente dell'Archivio Storico Olivetti Gaetano Adolfo Maria Tondo, e il curatore dell'archivio Enrico Bandiera, la responsabile Servizio Musei Civici di Monza Sarah Mongelli.

Queste alleanze internazionali portano sempre lustro alla nostra città e la proiettano su uno scenario più vasto, dove la rete di relazioni e di contatti è molto fertile e in grado di generare ricadute sul nostro territorio. Mostre come questa portano il nome di Chiasso all'estero, confermando la grande capacità ideativa e realizzativa che contraddistingue il suo Centro Culturale.

Auguro quindi all'esposizione il meritato successo.

Bruno Arrigoni
Sindaco e Capodicastero Attività culturali
Comune di Chiasso

The Giovanni Pintori exhibition opens the 2024-25 exhibition season at the m.a.x. museo. As mayor and head of the culture department I welcomed with hearty approval this decision to pay homage to a great graphic designer of posters and advertising pages that renewed the way of conceiving visual communication. This mission falls within the specific competence of the m.a.x. museo, in disseminating a knowledge of graphics, design and photography.

The exhibition retraces Giovanni Pintori's creative and professional career, with his reputation linked particularly to his role as art director of Olivetti, which made him famous worldwide, from New York to Paris and Tokyo. Another point I wish to stress is the foresight with which this exhibition, like many others in the past, has been conceived, as an integrated project in this case with the prestigious MAN_Museo d'Arte Provincia di Nuoro, which will then host it when it closes at the m.a.x. museo, and in conjunction with other important institutions, such as the Associazione Archivio Storico Olivetti, the Musei Civici di Monza and some private lenders, including the artist's son, the architect Paolo Pintori, to whom go my warmest thanks. I wish to take this opportunity to thank the President of the MAN Tonino Rocca, the director of the MAN Chiara Gatti, who is co-curator of the exhibition, together with Nicoletta Ossanna Cavadini director of the m.a.x. museo of Chiasso, the president of the Archivio Storico Olivetti Gaetano Adolfo Maria Tondo, and the curator of the archive Enrico Bandiera, and Sarah Mongelli, the head of the Servizio Musei Civici di Monza.

These international alliances always bring prestige to our city and project it into a broader world, where the network of relationships and contacts is very fertile and capable of generating a positive effect on our municipality. Exhibitions like this one take the name of Chiasso abroad, confirming the great conceptual and creative capacity that distinguishes its Cultural Centre.

I therefore wish the exhibition a well-deserved success.

Bruno Arrigoni
Mayor, Head of the Department for Cultural Activities
Municipality of Chiasso

Giovanni Pintori è uno dei più grandi artisti legati, per i suoi natali, alla Sardegna. È stato un maestro assoluto della grafica pubblicitaria, scelto da un capitano d'industria illuminato come Adriano Olivetti per veicolare in tutto il mondo il nome della sua azienda e dei suoi prodotti leggendari. È stato un genio di quella creatività che richiede a una singola immagine di sintetizzare forma e contenuto. Eppure, la sua statura è rimasta spesso ai margini del mondo delle arti e dei linguaggi espressivi. Complice forse la sua riservatezza, è mancata, fino a oggi, una ricognizione esaustiva della sua opera e un affondo scientifico che desse conto della complessità della sua ricerca. I riconoscimenti giunti dalle più prestigiose istituzioni culturali – dal MoMA di New York alla celebre rivista giapponese "Idea" che lo inserì nell'albo dei trenta designer più significativi del XX secolo – testimoniano il suo talento e il suo successo raccolto a ogni latitudine.

Il MAN ha più volte, in passato, riservato al suo nome e alle sue opere custodite in collezione mostre tematiche; ma poter condividere oggi un progetto con il m.a.x. museo di Chiasso, un museo di prima fila nel panorama dei luoghi deputati alla grafica d'autore, rappresenta per noi un passo fondamentale nell'impegno di studio e divulgazione del patrimonio che un museo deve perseguire nella sua missione. Il gemellaggio fra MAN e m.a.x. museo proietta in una dimensione internazionale la valorizzazione di un artista sardo dalla statura straordinaria e di questo ringrazio vivamente i colleghi svizzeri per la lungimiranza e, con loro, gli eredi di Giovanni Pintori che hanno concesso per la prima volta materiali inediti di grande importanza.

Tonino Rocca
Presidente MAN, Nuoro

Giovanni Pintori is one of the greatest artists linked by his birth to Sardinia. He was an absolute master of advertising graphics, chosen by Adriano Olivetti, an enlightened captain of industry, to spread the name of his company and its legendary products around the world. He was a genius of the creativity that requires a single image to epitomise form and content. Yet his stature has often remained on the margins of the world of arts and expressive languages. Perhaps due to his sense of privacy, there has been a lack, until now, of full recognition of his work, and a scholarly insight that would account for the complexity of his research. The accolades received from the most prestigious cultural institutions – from the MoMA in New York to the famous Japanese magazine *Idea*, which included him among the twentieth century's thirty most significant designers – testify to his talent and success at every latitude.

In the past, the MAN has repeatedly made him and his works in its collection the subject of themed exhibitions; but, being able to share a project today with the m.a.x. museo in Chiasso, a museum at the forefront in centres devoted to graphic art, is a fundamental step in our commitment to studying and disseminating the heritage that a museum has to pursue as its mission. This twinning between the MAN and the m.a.x. museo projects the enhancement of the value of a Sardinian artist of extraordinary stature into an international dimension. For this reason I warmly thank my Swiss colleagues for their far-sightedness and, with them, the heirs of Giovanni Pintori, who have granted permission to exhibit unpublished materials of great importance for the first time.

Tonino Rocca
President of MAN, Nuoro

Nota dei curatori

L'esposizione al m.a.x. museo di Chiasso e al MAN_ Museo d'arte Provincia di Nuoro, organizzata con progetto integrato, è incentrata sullo studio dell'iter creativo e professionale del graphic designer Giovanni Pintori, affrontato attraverso una sorta di "racconto grafico" in cui emergono la sua modernità progettuale e le scelte innovative, sempre costruite in modo preciso e consapevole. Il nome di Pintori è legato a una serie lunga e fortunata di produzione di grafiche, dai manifesti alle locandine, dalle pagine pubblicitarie alla corporate identity, dalle copertine alle insegne, dalla creazione di stand per fiere ai logotipi per le imprese.
È sorprendente scoprire il processo ideativo dal quale sono scaturiti i progetti che hanno caratterizzato la carriera di Pintori e l'esposizione, grazie a inediti bozzetti e taccuini, si propone di restituirne un ritratto completo: nelle sale del museo sono esposti, organizzati con un criterio tematico-cronologico, oltre trecento pezzi fra schizzi, bozzetti, elaborati grafici, manifesti vintage, taccuini, house organ, pubblicazioni d'impresa.
Lo stile di Pintori è inconfondibile: egli trasforma l'idea tradizionale di "ufficio" in un "luogo della modernità", dove viene celebrata la civiltà delle macchine e del progresso con eleganza e precisione. Nelle sue opere egli ricorre alla metafora o all'intuizione scaturita da forme iconiche per comunicare al pubblico in maniera entusiastica e in modo naturale il "nuovo" oltreché la soluzione creativa dei problemi pratici e teorici della quotidianità: le macchine di calcolo e le macchine per scrivere.
Giovanni Pintori nasce nel 1912 a Tresnuraghes (Oristano) da genitori originari di Nuoro e, dopo aver frequentato l'ISIA (Istituto Superiore Industrie Artistiche di Monza) assieme ai conterranei Salvatore Fancello e Costantino Nivola, nel 1936 inizia la collaborazione con l'Ufficio Tecnico Pubblicità Olivetti, del quale diventa responsabile nel 1940, legando il suo nome all'immagine dell'azienda di Ivrea in una lunga e fortunata serie di manifesti, pagine pubblicitarie, insegne esterne, stand.
La sua creatività e le sue doti di disegnatore e grafico gli permettono di conquistare in pochissimo tempo la stima dei collaboratori nell'azienda e una fama incredibile a livello nazionale e internazionale. Nel 1950 ottiene il primo di un lungo elenco di riconoscimenti internazionali. Significativo è il rapporto di amicizia intercorso fra Adriano Olivetti e Giovanni Pintori, come con Elio Vittorini, Vittorio Sereni, Giancarlo De Carlo e Ugo Mulas. Dopo il 1967, lasciata l'Olivetti per dedicarsi alla libera professione, collabora, fra gli altri, a progetti per Pirelli, Gabbianelli, Ambrosetti e Parchi Liguria. Nel 1980 inizia una collaborazione con l'azienda di trasporti Merzario. Muore a Milano il 15 novembre del 1999.
L'esposizione vanta la sinergia con istituzioni prestatrici di grande prestigio, fra le quali l'Associazione Archivio Storico Olivetti e Fondazione Adriano Olivetti di Ivrea, i Musei Civici di Monza e importanti prestiti di alcune collezioni private, fra cui il prezioso archivio privato della famiglia Pintori, a cui vanno i nostri più sentiti ringraziamenti.

Chiara Gatti
Nicoletta Ossanna Cavadini

Curators' Note

The exhibition at the m.a.x. museo in Chiasso and at the MAN_ Museo d'arte Provincia di Nuoro, organised with an integrated project, studies the creative and professional career of the graphic designer Giovanni Pintori, presented through a sort of "graphic story" that brings out the modernity of his design and his innovative approach, which was invariably developed in a precise and conscious way. Pintori's name is linked to a long and successful series of graphic works that range from posters and placards to advertising pages, corporate identity, book covers, signage, the creation of stands for fairs and company logos.

It is surprising to discover the creative process from which sprang the projects that characterised Pintori's career, and the exhibition seeks to present a comprehensive portrait of it by drawing on his previously unpublished sketches and notebooks. The rooms of the museum exhibit over three hundred items, organised on thematic-chronological principles. They comprise sketches, studies, graphic works, vintage posters, sketchbooks, house organs and business publications.

Pintori's style is unmistakable: he transformed the traditional idea of the office into a place of modernity, celebrating the civilisation of machines and progress with elegance and precision. In his works he resorts to metaphor or intuitions arising from iconic forms to communicate to the public in enthusiastic and natural ways the new as well as the creative solution to the practical and theoretical problems of everyday life: calculating machines and typewriters.

Giovanni Pintori was born in 1912 at Tresnuraghes (Oristano), to parents originally from Nuoro and, after attending the ISIA (Istituto Superiore Industrie Artistiche in Monza), together with his fellow Sardinians Salvatore Fancello and Costantino Nivola, in 1936 he began working for the Olivetti Technical Advertising Office, becoming its manager in 1940. He linked his name to the image of the Ivrea company in a long and successful series of posters, advertising pages, outdoor signs and exhibition stands.

In a very short time his creativity and skills as a designer and graphic artist won the esteem of the company's staff and an notable reputation nationally and internationally. In 1950 he obtained the first of a long series of international awards. Pintori's friendship with Adriano Olivetti was significant, as well as with Elio Vittorini, Vittorio Sereni, Giancarlo De Carlo and Ugo Mulas. After 1967, after leaving Olivetti to work freelance, he contributed, among others, to projects for Pirelli, Gabbianelli, Ambrosetti and Parchi Liguria. In 1980 he began to work for the Merzario transport company. He died in Milan on 15 November 1999.

The exhibition benefits from synergy with prestigious lending institutions, including the Associazione Archivio Storico Olivetti and the Fondazione Adriano Olivetti in Ivrea, the Musei Civici of Monza, and important loans from some private collections, including the precious private archive of the Pintori family, to whom we extend our warmest thanks.

Chiara Gatti
Nicoletta Ossanna Cavadini

Sommario / Contents

Giovanni Pintori.
Arte come passione

Chiara Gatti

Avremo allora un mondo in cui ogni cosa avrà le sue proporzioni armoniche, ogni oggetto,
ogni cosa ci darà questo messaggio di armonia ed anche gli uomini diverranno più buoni […].
Date all'uomo un mondo armonioso e diventerà migliore. È troppo sperare ciò?

Bruno Munari

"Pintori, bel nome per uno che fa il grafico con un senso squisito del colore e che in segreto dipinge"[1]. Con affettuosa ironia Vittorio Sereni parla dell'amico Giovanni Pintori in un
testo splendido del 1968, intitolato *Prove per un ritratto*. I due si conoscono da tempo,
frequentano gli stessi salotti letterari e trascorrono i loro giorni di vacanza fra i canneti di
Bocca di Magra, in provincia della Spezia, celebre cenacolo vista mare di intellettuali re-
duci dalla militanza civile durante il conflitto. A partire dagli anni cinquanta, da quelle dune
battute dal libeccio, passano Cesare Pavese, Franco Fortini, Giovanni Raboni, Eugenio
Montale, Giulio Einaudi, Giancarlo De Carlo o Elio Vittorini, il grande scrittore ed editore
che compare in alcune fotografie in bianco e nero proprio accanto a Sereni e Pintori. Il
clima è fervido, le discussioni politiche e culturali sono accesissime, ma Pintori si tiene ai
margini, chiuso nel suo silenzio e impegnato ad armeggiare, in riva al fiume, attorno alla
sua barca e a prendere il largo al primo giro di vento.
Sereni descrive la sua indole di marinaio sfuggente con parole poetiche, affondando però
con intuito critico nella sua vocazione per il colore, per la composizione e la forma, che
soggiace alla ricerca di un artista sostenitore della grafica pubblicitaria come arte autonoma, lontanissima dal concetto di arte applicata. "La grafica non è sottopittura", risponde
asciutto Pintori a chi lo interroga sul linguaggio principe del segno, l'unico in grado, come
sottolineato da Sereni, di "liberare le risorse latenti contenute nell'oggetto o prodotto che
[…] viene proposto"[2]. A tal proposito, c'è tutta la lunga letteratura della grafica studiata e
prodotta dal Bauhaus di Weimar a dimostrane l'assoluto valore estetico. Alexander (alias
Xanty) Schawinsky, partito da Basilea e Zurigo, laureato in architettura a Colonia, ha spe-
rimentato infatti al Bauhaus la fotografia innestata di elementi grafici, per poi approdare a
Milano, assunto dal prestigioso Studio Boggeri[3]. Qui ha occasione di lavorare per aziende
come Cinzano, Motta e Olivetti, per la quale progetta la macchina per scrivere Studio 42,
cui Pintori dedica numerosi progetti per lanci promozionali su riviste e manifesti.
La lezione del Bauhaus è pioniera di quel modello di progettazione totale che, sullo sfondo
degli anni più bui, ma insieme creativi, della storia dell'Europa, sta rendendo liquidi i confini
fra arte e design; un modello messo in pratica anche nei laboratori dell'ISIA l'Istituto supe-

Giovanni Pintori.
Art as Passion

Chiara Gatti

> We will then have a world in which everything will have its harmonious proportions, every object, everything will give us this message of harmony and people, too, will become better [...]. Give people a harmonious world and they will become better. Is it too much to hope for this?

Bruno Munari

"Pintori, a fine name for someone who works as a graphic designer with an exquisite sense of colour and who secretly paints."[1] With affectionate irony, Vittorio Sereni wrote this of his friend Giovanni Pintori in a splendid text in 1968, entitled *Prove per un ritratto*. The two had known each other for some time, they frequented the same literary salons and spent their vacations amid the canebrakes at Bocca di Magra, in the province of La Spezia, a famous sea-view coterie of intellectuals, veterans of civil militancy during the war. Starting in the Fifties, Cesare Pavese, Franco Fortini, Giovanni Raboni, Eugenio Montale, Giulio Einaudi, Giancarlo De Carlo and Elio Vittorini, the great writer and publisher who appears in some black and white photos beside Sereni and Pintori, passed through those dunes swept by the southwest wind. The atmosphere was fervent; the political and cultural discussions very heated, but Pintori kept to the sidelines, wrapped in his silence and busy tinkering with his boat on the riverbank, then putting out to sea at the first turn of the wind.
Sereni describes his character as an elusive sailor in poetic words, but delves with critical insight into his vocation for colour, composition and form, which underlay the research of an artist who maintained that advertising graphics were an independent art form, remote from the concept of applied art. "Graphics are not underpainting," Pintori replied dryly to those who questioned him about the main language of the sign, the only one capable, as Sereni points out, of "freeing the latent resources contained in the object or product [...] presented."[2] In this respect, there is the long literature of graphics studied and produced at the Weimar Bauhaus that demonstrate its absolute aesthetic value. Alexander (alias Xanty) Schawinsky left Basel and Zurich, graduated in architecture in Cologne, experimented at the Bauhaus with photography engrafted with graphic elements, and then turned up in Milan, where he was hired by the prestigious Studio Boggeri.[3] Here he had the opportunity to work for companies such as Cinzano, Motta and Olivetti, for which he designed the Studio 42 typewriter, to which Pintori devoted numerous projects for promotional launches in magazines and posters.
The lesson of the Bauhaus pioneered that model of the total project that made the boundaries between art and design fluid against the backdrop of the darkest yet most creative

riore per le industrie artistiche di Monza, dove Pintori si forma accanto agli amici e colleghi sardi Costantino Nivola e Salvatore Fancello[4]. Grafica e pittura, scultura e scenografia, architettura, tessitura, fotografia, sono intesi come vasi comunicanti di quella famosa unità delle arti calata come un poker d'assi sul tavolo del dibattito internazionale. Il grande architetto e teorico dell'architettura Ernesto Nathan Rogers, interrogandosi su quale fosse il significato dell'essere moderni nella contemporaneità, in una serie di scritti illuminanti concentrati sul rapporto fra arte e architettura, ribadisce più volte lo spessore morale delle arti che, liberate dal ruolo avvilente di megafono della propaganda, devono farsi espressione dell'ideale di bellezza e armonia cui gli uomini aspirano e arriva addirittura a produrre una visionaria formula matematica $A=\psi (B,U)$: l'Architettura è funzione della Bellezza e della Utilità. Stupefacente intuizione di rendere razionale l'idea di bellezza, legandola al funzionalismo[5].

Non è un caso che Adriano Olivetti sogni una azienda illuminata, che non sia "solo una fabbrica, ma un modello, uno stile di vita. Voglio che produca libertà e bellezza"; perciò chiede ai suoi 'creativi' che tutto l'aspetto visuale dei singoli prodotti sia curato "a livello artistico"[6]. Si capisce perché, all'alba del suo successo, Olivetti si rechi a mietere talenti in erba proprio all'ISIA di Monza, dove insegnano nomi di primo piano nel panorama dell'arte italiana, come gli scultori Arturo Martini e Marino Marini, i pittori Pio Semeghini e Raffaele De Grada, insieme agli architetti Giuseppe Pagano e Edoardo Persico, rispettivamente direttore e redattore capo di "Casabella", oltre al grafico e designer Marcello Nizzoli, altra straordinaria figura eclettica di designer, architetto, pittore e pubblicitario che, fra i banchi della sua aula, individua subito Pintori come un giovane favoloso. E Pintori lo ricorda, a sua volta, come un maestro fondamentale, per la sua preparazione politecnica, la versatilità e la capacità di orchestrare il racconto in una sola immagine, presupposto per la stessa "invenzione" della grafica pubblicitaria nata nutrendosi della pittura e delle sue tecniche, come emerge dalle fotografie che ritraggono Pintori o Nivola ai tavoli dell'Olivetti con pennelli e tavolozze in mano.

"L'ufficio pubblicità è nato intorno a me piano piano, perché allora non c'erano studi pubblicitari, non c'era un mestiere. Perché la pubblicità la facevano i pittori", spiega Pintori guardando ai suoi esordi[7]. Lo studio dei classici, i corsi di nudo dal vero, i mille bozzetti naturalistici, gli schizzi da taccuino con piccole copie dall'antico (figure egizie o orientali) e gli esercizi di disegno da manichino in movimento – come faceva Umberto Boccioni nei suoi album di ragazzo – tradiscono la base solida su cui Pintori costruisce una profonda sapienza formale. Nella libreria del suo ufficio raccoglie monografie di Picasso, Braque, Mirò, Klee[8]. Alcuni figurini tratteggiati a penna e inchiostro rosso nel suo album degli appunti ricordano le bagnanti di Cézanne; ci sono la sua mirabile sintesi e la sua geometria; "il cubo, il cilindro, la sfera" del gigante francese si sommano però a un'idea di movimento ereditata dall'avanguardia futurista e dall'interesse di Pintori per il moto perpetuo, coltivato caparbiamente fra le pagine di antichi manuali di scienza, altra fonte di ispirazione per i suoi ingranaggi lineari. Basti pensare ai suoi manifesti con i giochi di tasti e alla sua pittura degli anni sessanta, al nutrito nucleo di *Immagini di moto perpetuo*, avviate nel 1960 e portate avanti fino al 1976 con coerenza e sviluppate negli annunci per le macchine elettriche Olivetti dello stesso periodo.

Giovanni Pintori, Elio Vittorini, Vittorio Sereni e Giancarlo De Carlo in galleria Manzoni a Milano / in Galleria Manzoni, in Milan

Giovanni Pintori
Studi di figura / Figure studies, anni trenta / 1930s
collezione privata / private collection

years in Europe's history. The same model was also appliec in the laboratories of the ISIA, the Istituto Superiore per le Industrie Artistiche in Monza, where Pintori trained alongside his Sardinian friends and colleagues Costantino Nivola and Salvatore Fancello.[4] Graphics, painting, sculpture, set design, architecture, weaving and photography were understood as communicating vessels of that famous unity of the arts played like a full hand in poker on the table of the international debate. The great architect and architectural theorist Ernesto Nathan Rogers questioned the significance of being modern in the contemporary world, in a series of illuminating writings focused on the relationship between art and architecture. He repeatedly reiterated the moral depth of the arts which, freed from a demeaning role as a megaphone of propaganda, should to become an expression of the ideal of beauty and harmony to which people aspire. He even went so far as to produce a visionary mathematical formula: $A=\psi (B,U)$: Architecture is a function of Beauty and Utility. An amazing insight to make the idea of beauty rational, linking it to functionalism.[5]

It was no coincidence that Adriano Olivetti dreamed of an enlightened company that would not be "just a factory, but a model, a lifestyle. I want it to produce freedom and beauty". Hence he asked his "creatives" to curate the whole visual aspect of the individual products "on an artistic level".[6] It is understandable why, at the start of his success, Olivetti picked the budding talents at the ISIA in Monza, where the leading names on the Italian art scene taught. They included the sculptors Arturo Martini and Marino Marini, the painters Pio Semeghini and Raffaele De Grada, together with the architects Giuseppe Pagano and Edoardo Persico, respectively director and editor-in-chief of *Casabella*, as well as the graphic designer Marcello Nizzoli, another extraordinary eclectic figure as designer, architect, painter and adman who, among the desks of his classroom, immediately identified Pintori as a gifted young man. And Pintori remembers Nizzoli, in his turn, as a fundamental master by his polytechnic training, versatility and ability to orchestrate a story in a single image, a prerequisite for the very invention of advertising graphics, nurtured by painting and its techniques. This appears from the photographs portraying Pintori or Nivola at their tables in Olivetti with brushes and palettes in hand.

"The advertising office developed around me slowly, because at that time there were no advertising agencies, there was no profession. Because the painters designed advertisements," explained Pintori, looking back at his beginnings.[7] The study of the classics, the courses in drawing of the nude from life, the thousand naturalistic studies, the studies in his sketchbook with small copies from antiquity (Egyptian or Oriental figures) and the exercises of drawing a mannequin in motion – the way Umberto Boccioni did in his boyhood albums – reveal the solid foundations on which Pintori erected a profound formal skill. In the library in his office, he brought together monographs on Picasso, Braque, Miró and Klee.[8] Some studies sketched in pen and red ink in his notebook recall Cézanne's bathers. They have his admirable synthesis and his geometry. The French giant's "cube, cylinder, sphere" were added to an idea of movement inherited from the Futurist avant-garde and Pintori's interest in perpetual motion, stubbornly cultivated in the pages of old science manuals, another source of inspiration for his linear gears. Just think of his posters depicting the interplay of typewriter keys and his paintings from the Sixties, the large nucleus of

"Potrebbe sembrare – scrive col sorriso il poeta Libero Bigiaretti – che Pintori sia soprattutto un gran meccanico. Invece è soltanto un artista che capisce le macchine, che riesce a mettersi in comunicazione con loro attraverso l'esperanto del disegno. Il disegno è il sesto senso di Pintori: è il prolungamento naturale del suo occhio e della sua mano. Osservi una vite o un transatlantico; può sezionarli, ricostruirli sulla carta. Se guarda una casa, da fuori, può ricavarne la pianta; di un fiore può elencare, col disegno, petali, corolle, pistilli. Eppure in tutto ciò che ha fatto come grafico non c'è niente di ossessivamente meticoloso. I suoi risultati migliori di pittore, di grafico, di designer sono effetti di sintesi; ma la sintesi è risultato di analisi. Pintori forse è nato con un pezzo di matita in mano"[9]. Negli occhi ha infatti l'astrazione lirica di Paul Klee – da cui attinge la teoria dei colori, i ritmi e le trame a scacchiera come nei numeri o nelle lettere a cascata – e del neoplasticismo olandese di De Stijl e di Theo van Doesburg, alle cui Costruzioni dello spazio degli anni venti rimandano per esempio i numerosi paesaggi rurali, tratti da scorci di Nuoro o dei "suoi" borghi sardi, reali o immaginari, inquadrati secondo prospettive aeree o con punti di vista ribassati, dove gli edifici si compongono come su un piano cartesiano e il limite fra i linguaggi della pittura e dell'architettura è risolto proprio nella sintesi.

Il processo di astrazione delle forme è lo stesso portato avanti dall'amico Giorgio Morandi – di cui Pintori possiede una Natura morta del 1960 – con le sue bottiglie immerse nella polvere e nella luce, ma anche con le case di campagna rese essenziali nella mura spoglie, inondate di sole. Il bianco dei volumi di Morandi è lo stesso che Pintori esalta nelle sue tavole (apparentemente) assonometriche. È da questo ciclo inesausto di tele degli anni quaranta che derivano poi i suoi progetti per l'Elettrosumma 22 della metà del decennio seguente. "Una struttura, una stratificazione, un progetto urbano, un'intera metropoli vista dall'alto e di sbieco – dice Sereni – proietta e dilata l'oggetto, l'Elettrosumma 22 e le sue prestazioni, in una sintesi immaginativa, il fenomeno nel suo colorito fantasma"[10]. Qui, più che mai, la pittura è propedeutica alla grafica e la grafica si serve della pittura e della sua tensione verso la riduzione della realtà in geometrie.

Ospite in Giappone per una importante retrospettiva nel 1967, Pintori dichiara, nella conferenza d'apertura, il rapporto di dipendenza l'una dall'altra: "Spesso la grafica pubblicitaria riesce a trasmettere a un pubblico enormemente vasto le espressioni più aggiornate del gusto pittorico, facendo anche opera di educazione e divulgazione del gusto moderno"[11]. Come a dire che la grafica è in grado di tradurre in forme più popolari e divulgative le istanze della ricerca estetica del suo tempo. In sottotraccia a tale riflessione aleggia il suo debito verso Klee e Kandinskij, scoperti sin dagli anni di approdo dell'astrazione in Italia. Nella collettiva del 1938 al Milione di Milano erano comparsi autori come Arp, Domela, Kandinskij, Magnelli, Seligmann e Vezelay. In quello stesso anno Pintori aveva elaborato le prime immagini astratte per le réclame della Studio 42. Mentre nel 1947, al Palazzo ex-Reale di Milano (oggi Palazzo Reale) feritissimo dai bombardamenti, per la mostra Arte astratta e concreta promossa da Lanfranco Bombelli Tiravanti con la collaborazione di Max Huber, avevano sfilato anche Klee, Vantongerloo, ancora Arp e Sophie-Taeuber Arp. Gillo Dorfles ne scrive una lunga recensione per "Domus" nella sua rubrica Arti plastiche, sottolineando il peso pionieristico di questa prima rassegna di carattere internazionale

Theo van Doesburg
Construction in Space-Time II, 1924, gouache, matita e inchiostro su carta da lucido / gouache, pencil and ink on tracing paper, 47 x 40,5 cm
Madrid, Museo Nacional Thyssen-Bornemisza

his depictions of perpetual motion, *Immagini di moto perpetuo*, begun in 1960 and continued consistently until 1976, then developed in the advertisements for Olivetti electrical appliances in the same period.

"It might seem," smilingly wrote the poet Libero Bigiaretti, that Pintori is above all a great mechanic. Rather, he is only an artist who understands machines, who us able to communicate with them through the Esperanto of drawing. Drawing is Pintori's sixth sense: it is the natural extension of his eye and hand. Look at a screw or an ocean liner; he can dissect them, reconstruct them on paper. If he looks at a house, from the outside, he can draw the plan of it; of a flower, in drawing, he can depict petals, corola and pistils. Yet in everything he has done as a graphic designer there is nothing obsessive y meticulous. His best results as a painter or graphic designer are effects of synthesis, but the synthesis is the result of analysis. Perhaps Pintori was born with a pencil in his hand."[9] In fact, in his eyes he had Paul Klee's lyrical abstraction – from which he derived the theory of colours, rhythms and checkerboard patterns as in numbers or cascading letters – and the Dutch neoplasticism of De Stijl and Theo van Doesburg. Van Doesburg's *Space-Time Constructions* of the 1920s, for instance, influenced the numerous rural landscapes, taken from glimpses of Nuoro or its Sardinian villages, real or imaginary, framed according to aerial perspectives or from low viewpoints, with the buildings composed as on a Cartesian plane and the boundary between the languages of painting and architecture resolved precisely in the synthesis.

The process of abstraction of forms was the same as performed by his friend Giorgio Morandi – by whom Pintori owned a *Still Life* from 1960 – with his bottles immersed in dust and light, as well as with the houses in the countryside reduced to the essence in their bare walls, flooded with sunlight. The white of Morandi's volumes is the same that Pintori enhanced in his (apparently) axonometric images. It was from this inexhaustible cycle of canvases of the 1940s that his designs for the Elettrosumma 22 derived in the middle of the following decade. "A structure, a stratification, an urban project, a whole metropolis seen from above and at an angle," says Sereni, "projects and expands the object, the Elettrosumma 22 and its operations, in an imaginative synthesis, the phenomenon in its phantom colouring."[10] Here, more than ever, painting is preparatory to graphics and graphics makes use of painting and its striving to reduce reality to geometries.

A guest in Japan for an important retrospective in 1967, in the opening lecture, Pintori declared their dependence on each other: "Advertising graphics often succeed in transmitting the most up-to-date expressions of pictorial taste to an enormously vast audience, also doing the work of education and dissemination of modern taste."[11] As if to say that graphics can translate elements of the aesthetic research of its time into more popular and understandable forms. Underpinning this observation is his debt to Klee and Kandinsky, discovered in the years when abstraction arrived in Italy. The 1933 group show at the Galleria il Milione in Milan featured artists such as Arp, Domela, Kandnsky, Magnelli, Seligmann and Vezelay. In that same year Pintori developed his first abstract images for advertisements by Studio 42. In 1947, at Palazzo ex-Reale in Milan (now Palazzo Reale), badly damaged in air raids, works by Klee, Vantongerloo, Arp and Sophie-Taeuber Arp were shown in the exhibition *Arte astratta e concreta* organised by Lanfranco Bombelli Tiravanti in conjunction with

tenutasi in Europa e destinata a testimoniare un'onda di pensiero condiviso a tutte le latitudini e che si presenta come un'alternativa al neocubismo picassiano, risolto in stile astratto. Pintori realizza, giusto in contemporanea, alcuni esperimenti di ibridazione fra pittura e grafica, inserendo elementi vegetali dipinti fra poligoni regolari che inquadrano le macchine della serie Olivetti Studio.

"La grafica è un linguaggio e il linguaggio ha bisogno del movimento: uno dei fattori fondamentali nel movimento dell'opera grafica è appunto il colore, nei suoi toni, nelle sue combinazioni e nei suoi contrasti" afferma, aprendo una importante parentesi sul tema colore e sul suo rapporto dinamico con la forma[12]. Ogni composizione diventa per lui un sistema complesso di equilibri fra linee, parole e tonalità dove il colore assume un valore espressivo calibrato in base agli elementi da esaltare e ai contenuti da comunicare. Un colore memore sicuramente della lezione dei Fauves, dell'Espressionismo francese che, a detta del critico Guido Ballo, in un suo saggio dedicato a Pintori, rappresenta nel secondo dopoguerra una energica reazione dell'arte ai retaggi di regime e alla retorica di Novecento[13]. Tale rivoluzione del colore influenza dunque Giovanni durante la sua maturazione all'ISIA e nella sua intuizione di piegare l'uso del colore alle esigenze precise della grafica, "con efficace immediatezza emotiva", insiste Ballo. Lo dimostra la palette cromatica dei primi anni cinquanta, per le tavole dedicate alla Lettera 22 o alla Studio 44, vicinissime alle scelte del concretismo svizzero o tedesco, di autori come Richard Paul Lohse o Camille Graeser, membro del circolo zurighese dei concretisti, anche lui passato da Milano nel 1947. Con il colore Pintori disegna moduli, spazi, ritmi e anche architetture, come nel caso del manifesto per la Lettera 22 del 1959, con planimetrie di stanze che ospitano mini-macchine per scrivere in decine di box colorati, simili ad arnie o cellette che custodiscono la genesi della scrittura.

A proposito di scrittura, sulla scorta del suo amore per l'Oriente, Pintori conduce uno studio parallelo sui retaggi della cultura giapponese, sul valore formale e semantico del vuoto e del bianco, e sulla traccia calligrafica che libera lungo il foglio nella serie di annunci Olivetti degli anni sessanta e, più avanti, nelle rotte della compagnia di trasporti Merzario degli anni ottanta, dove il bianco e nero integrale è un altro omaggio alla sintesi dell'ideogramma[14]. Sempre – qui come altrove – Pintori opera sul testo scritto come fosse un'immagine, una linea o un volume. Non stupirebbe se i *kanji,* i caratteri orientali, si rivelassero un suo riferimento visivo, un punto di arrivo di estrema essenzialità che tuttavia unisce in un solo simbolo forma e contenuto, magnifica ossessione di una vita di ricerca e di dedizione alla disciplina del progetto che – dal Bauhaus all'ISIA, dalla sintesi delle arti alla nascita del design – ha perseguito una connessione osmotica fra estetica e funzione; quella che Giovanni Pintori ha messo straordinariamente a segno, animando con spirito visionario e reale passione per l'arte, il più illuminato e sperimentale laboratorio del suo tempo.

Giovanni Pintori con l'opera di Giorgio Morandi, *Natura morta* del 1960 / Giovanni Pintori with the work by Giorgio Morandi, *Still Life* from 1960

Camille Graeser
Harmonikale konstruktion,
1947-1951, olio, tempera
su tela / oil, tempera on
canvas, 40 x 75 cm,
Stuttgart, Mercedes-Benz
Art Collection © VG Bild-
Kunst, Bonn 2024

Max Huber. Gillo Dorfles wrote a long review for *Domus* in his column *Arti plastiche*, stressing the pioneering importance of this first international exhibition held in Europe. It heralded a wave of thought shared at all latitudes and which presented itself as an alternative to Picasso's neo-Cubism, resolved in an abstract style. At the same time Pintori conducted some experiments in hybridising painting and graphics, inserting painted plant elements between regular polygons that framed the machines in the Olivetti Studio series.

"Graphics is a language and language needs movement: one of the fundamental factors in the movement of the graphic work is colour, in its tones, in its combinations and contrasts," he said, in an important comment on the theme of colour and its dynamic relationship with form.[12] He treated each composition as a complex system of balances between lines, words and tones, where colour took on an expressive value calibrated on the elements to be enhanced and the contents to be communicated. His colouring was certainly reminiscent of the teaching of the Fauves, of French Expressionism. The critic Guido Ballo, in one of his essays on Pintori, termed it an energetic reaction of art in the postwar period to the legacy of the regime and the rhetoric of the Novecento movement.[13] This colour revolution therefore influenced Pintori during his development at ISIA and in his intuition to apply the colour to the precise needs of graphics, "with effective emotional immediacy", as Ballo insisted. This is shown by the colour palette of the early 1950s, in his designs of the Lettera 22 or Studio 44, very close to the choices of Swiss or German Concretism, by artists such as Richard Paul Lohse or Camille Graeser, a member of the Zurich circle of Concretists, who also passed through Milan in 1947. With colour, Pintori designed modules, spaces, rhythms and even architecture. An example was the poster for the Lettera 22 in 1959, with the floor plans of rooms housing mini-typewriters in dozens of coloured boxes, like hives or cells preserving the genesis of writing.

In the case of writing, resting on his love for the East, Pintori conducted a parallel study on the legacy of Japanese culture, the formal and semantic value of the void and white and the calligraphic line. He freed it on paper in the series of Olivetti ads of the 1960s and later, in the routes of the Merzario transport company of the 1980s, where integral black and white was another tribute to the synthesis of the ideogram.[14] Again, here as elsewhere, Pintori worked on the written text as if it were an image line or volume. It would hardly be surprising if "kanji", the Oriental characters, turned out to be his visual frame of reference, a point of arrival of extreme essentiality that nevertheless united form and content in a single symbol. This was the magnificent obsession of a life of research and dedication to the discipline of design that – from the Bauhaus to the ISIA, from the synthesis of the arts to the birth of design – pursued an osmotic connection between aesthetics and function. Giovanni Pintori extraordinarily achieved this with a visionary spirit and veritable passion for art, enlivening the most enlightened and experimental workshop of his time.

[1] V. Sereni, *Prove per un ritratto*, in "Pirelli", n. 9-10, settembre-ottobre 1968, Archivio Paolo Pintori.

[2] Cfr. G. Pintori, in G.B. Annese, *Il colore nella grafica: Pintori*, ritaglio di giornale, documento gentilmente fornito da Leonardo Sonnoli che in questa sede si ringrazia per le preziose informazioni fornite a questa ricerca. La citazione di Sereni è contenuta nel testo citato in nota 1.

[3] Aperto dal grafico Antonio Boggeri a Milano nel 1933, è un cantiere vitale per la grafica pubblicitaria. Collaborano con lui, già dai primi anni trenta, importanti grafici come Max Huber, l'ungherese Ime Reiner, la tedesca Kate Bernhardt, gli italiani Bruno Munari, Marcello Nizzoli, Bob Noorda, Enzo Mari. Fra i grandi clienti spicca il nome di Olivetti.

[4] Per un approfondimento si veda: *Fancello, Nivola, Pintori, Tre maestri sardi all'ISIA di Monza*, a cura di C. Gatti, F. Moro, catalogo della mostra (MAN, Nuoro, 24 novembre 2023 - 4 marzo 2024), Nomos Edizioni, Busto Arsizio 2023; si vedano inoltre, fra i numerosi titoli dedicati all'argomento: R. Bossaglia (a cura di), *L'Isia a Monza. Una scuola d'arte europea,* Associazione Pro Monza - Silvana Editoriale, Cinisello Balsamo 1986, e A. Pansera, *La formazione del designer in Italia*, Marsilio, Venezia 2015.

[5] Cfr. S. Setti, *Una relazione tra individui liberi: Domus 223-225, 1947 e il rapporto arte-architettura secondo Ernesto Nathan Roger*s, in "Studi e Ricerche di Storia dell'Architettura", n. 8, anno 4, 2020, pp. 96-113; contiene affondi di grande interesse sul dialogo fra le arti e, in particolare, sul valore dell'arte concreta affidato all'interpretazione di grandi artisti e architetti degli anni quaranta e cinquanta.

[6] Cfr. *Una campagna pubblicitaria per la Studio 42*, in Archivio Storico Olivetti, storiaolivetti.it.

[7] G. Sanna, *Pintori. Sardus pater della grafica italiana*, ritaglio di giornale, Archivio Leonardo Sonnoli.

[8] Braque, grande passione di Pintori, viene da lui scelto per una edizione dello storico calendario Olivetti, unico pittore moderno (accanto all'amico Giorgio Morandi), che lo ringrazierà con una lettera datata 28 ottobre 1957 custodita nell'Archivio Paolo Pintori.

[9] Cfr. L. Bigiaretti, L. De Libero, *Pintori,* in "Quaderni di Imago" n. 6. Arti Grafiche F. Ghezzi, Milano 1967.

[10] Sereni, *Prove per un ritratto* cit.

[11] G. Pintori, *Discorso di Giovanni Pintori,* Giappone 1967, documento originale, Archivio Paolo Pintori.

[12] Annese, *Il colore nella grafica* cit.

[13] G. Ballo, *Giovanni Pintori,* in "Linea Grafica" n. 9-10, settembre-ottobre 1955, pp. 242-247.

[14] Per un approfondimento si veda L. Bigiaretti, *Immagini di Moto Perpetuo*, Merzario, Milano 1983, testo di presentazione, 12 tavole (quadri sul moto perpetuo) di Giovanni Pintori.

[1] V. Sereni, *Prove per un ritratto*, Pirelli nos. 9-10, September-October 1968, Paolo Pintori Archive.

[2] Cf. G. Pintori in G. B. Annese, *Il colore nella grafica: Pintori*, newspaper clipping, a document kindly provided by Leonardo Sonnoli whom I wish to thank here for the valuable information provided for this research. The quotation from Sereni is in the text cited in note 1.

[3] Opened by the graphic designer Antonio Boggeri in Milan in 1933, it was a vital centre for advertising graphics. Important graphic designers such as Max Huber, the Hungarian Ime Reiner, the German Kate Bernhardt, the Italians Bruno Munari, Marcello Nizzoli, Bob Noorda and Enzo Mari worked for him from the early 1930s. Olivetti was notable among the firm's main clients.

[4] For further information, see: *Fancello, Nivola, Pintori, Tre Maestri Sardi at the ISIA in Monza*, exhibition catalogue edited by C. Gatti, R. Moro (MAN, Nuoro, 24 November 2023 – 4 March 2024), Busto Arsizio, Nomos Edizioni, 2023; see also, among the many works dealing with the subject: R. Bossaglia (ed.), *L'Isia a Monza. Una scuola d'arte europea,* ed. Associazione Pro Monza, Silvana Editoriale, Monza-Cinisello Balsamo, 1986, and A. Pansera, *La formazione del designer in Italia*, Marsilio, Venice 2015.

[5] Cf. S. Setti, *Una relazione tra individui liberi: Domus 223-225, 1947 e il rapporto arte-architettura secondo Ernesto Nathan Rogers*, in "Studi e Ricerche di Storia dell'Architettura", year 4-2020, pp. 96-113. It contains interesting insights into the dialogue between the arts and, in particular, the value of Concrete art interpreted by great artists and architects of the forties and fifties.

[6] Cf. *Una campagna pubblicitaria per la Studio 42*, in Archivio Storico Olivetti, storiaolivetti.it.

[7] G. Sanna, *Pintori. Sardus pater della grafica italiana*, paper cutting, Leonardo Sonnoli Archive.

[8] Braque, Pintori's great passion, was chosen by him for an edition of the historic Olivetti calendar, the only modern painter (with his friend Giorgio Morandi), who thanked him in a letter dated 28 October 1957 now in the Paolo Pintori Archive.

[9] Cf. L. Bigiaretti, L. De Libero, "Pintori", in *Quaderni di Imago*, no. 3. Arti Grafiche F. Ghezzi, Milan 1967.

[10] V. Sereni, *Prove per un ritratto*, op. cit.

[11] G. Pintori, *Discorso di Giovanni Pintori*, Japan 1967, original document, Paolo Pintori Archive.

[12] G. B. Annese, *Il colore*, op. cit.

[13] G. Ballo, "Giovanni Pintori", in *Linea Grafica*, nos. 9-10, Sept-Oct 1955, pp. 242-247.

[14] For further information, see L. Bigiaretti, *Immagini di Moto Perpetuo*, Merzario, Milan 1983, presentation text, 12 panels (paintings on perpetual motion) by Giovanni Pintori.

Giovanni Pintori, gli anni della formazione

Mario Piazza

C'è un bel disegno di Salvatore Fancello che ritrae Giovanni Pintori sdraiato sul letto mentre legge una rivista o un opuscolo[1]. Il tratto è nervoso, palpitante, descrive il compagno supino, la testa appoggiata a un cuscino, assorto nella lettura. È sul letto, vestito: camicia, pantaloni e cintura nei passanti. I segni brevi compongono sul viso e sulle vesti, pieghe e gorghi, fremiti silenziosi dentro un corpo a riposo, pacificato. Unico oggetto oltre alla rivista è una sveglia che segna le undici. Con ogni probabilità il disegno è del 1930, l'anno in cui il quattordicenne Fancello ha conosciuto il diciottenne Pintori e il 28 ottobre sono salpati da Olbia per raggiungere Monza. Per entrambi è l'approdo sul continente, un viaggio e un cambiamento radicale dai ritmi della rurale Sardegna, l'Isola, una società agro-pastorale legata a riti archetipici e al folklore delle tradizioni. Hanno vinto entrambi una borsa di studio promossa dal Consiglio di economia corporativa di Nuoro per proseguire la loro formazione all'ISIA (Istituto Superiore per l'Industria Artistica). Nel 1931 verranno raggiunti da Costantino Nivola e nella scuola verranno chiamati i "Tre Sardi", come fossero un *ensemble*, appassionati e pieni di talento. Li univa anche una provenienza familiare simile e un'educazione scolastica che di fatto era caratterizzata da nozioni di base e molto "saper fare" della cultura materiale, del rispondere a necessità impellenti, per certi versi un'anticipazione di quello che si incontrerà all'ISIA in altre forme. Pintori ha frequentato le scuole elementari in due tempi per un disagio scolastico, dovuto a un maestro un po' bizzarro[2], facendo quindi un intervallo di lavoro come apprendista in una bottega di falegnameria, quella di Mastru Chessa, il migliore artigiano della città. Questa esperienza di lavoro manuale fu in seguito utile. Dopo la scuola, la passione per il disegno e la lettura restò costante e coltivata in forma autodidatta. Nel 1927 trova impiego come dattilografo (un segno del destino?) presso la Federazione provinciale del commercio di Nuoro e nel tempo libero frequenta la galleria d'arte aperta dal fotografo Piero Pirari in collaborazione con il pittore Giovanni Ciusa Romagna[3], che lo aiutano dando consigli nel disegno e nella fotografia. Una sorta di primo apprendistato nel mestiere artistico, fatto di acquisizione di tecniche come quelle per la ripresa e lo sviluppo delle fotografie, ma anche di scoperta di autori, di stili, di modelli da assimilare. È da questo sodalizio che nasce la spinta per la partecipazione al concorso che lo porterà a Monza, vincendo una borsa di studio di 3750 lire annue. Il disegno di Fancello è sicuramente ambientato in una stanza del convitto dove i due risiederanno a Monza. La pacificazione del corpo è il raggiungimento di una prima meta, il brulichio dei segni, che popolano il disegno, è l'avventura che li aspetta.
Nel 1942 su "Domus", Giuseppe Pagano ricorda Fancello, morto in guerra nel 1941, descrivendolo in questo modo: "taciturno, sorridente, sereno, chiuso in una riservata e sognatrice operosità, signorile nei gesti e pieno di un'aristocratica modestia"[4], ritratto che sostanzialmente potrebbe essere anche quello di Pintori.

Giovanni Pintori, the Formative Years

Mario Piazza

There is a very fine drawing by Salvatore Fancello that portrays Giovanni Pintori lying on a bed and reading a magazine or pamphlet.[1] The handling is nervous, pulsating, depicting his companion reclining, his head resting on a pillow, absorbed in reading. He is lying on a bed, dressed in shirt and trousers with a belt passed through its loops. The broken lines compose folds and swirls on his face and clothes, silent quivers inside a resting, pacified body. The only object besides the magazine is an alarm clock showing eleven o'clock. The drawing probably dates from 1930, the year when the fourteen-year-old Fancello met the eighteen-year-old Pintori, and on 28 October they set sail from Olbia on their way to Monza. For both it was their first journey to the mainland, marking a radical change from the rhythms of rural Sardinia, an agricultural-pastoral society of archetypal rites and traditional folklore. They had both won scholarships offered by the Consiglio di Economia Corporativa of Nuoro, enabling them to continue their training at the ISIA (Istituto Superiore per l'Industria Artistica). In 1931 they were joined by Costantino Nivola, and were known as *The Three Sardinians* in the school, as if they were a collective, passionate and richly endowed with talent. They were also united by a similar family background and schooling characterised by basic notions and a great deal of practical knowledge of material culture, responding to pressing needs, in some ways an anticipation of what they would meet with in other forms at the ISIA. Pintori had attended primary school in two different periods, due to difficulties caused by a somewhat bizarre teacher,[2] so that he spent a period working as an apprentice in a carpentry workshop belonging to Mastru Chessa, the finest craftsman in the city. This experience of manual work proved useful later. After school, his passion for drawing and reading remained constant and cultivated in self-taught form. In 1927 he found work as a typist (a sign of destiny?) at the Federazione Provinciale del Commercio in Nuoro, and in his spare time he would visit the art gallery opened by the photographer Piero Pirari in collaboration with the painter Giovanni Ciusa Romagna,[3] who helped him with advice on drawing and photography. A sort of first apprenticeship to the craft of art, with the acquisition of techniques such as taking and developing photographs, as well as the discovery of authors, styles and models to be assimilated. This partnership gave him the impulse for participation in the competition that took him to Monza, winning a scholarship of 3750 lire a year. Fancello's drawing is certainly set in a room in the boarding school where the two lived in Monza. The peacefulness of the body represents the achievement of a first goal; the swarm of signs peopling the drawing is the adventure that awaits them.

In *Domus* for 1942, Giuseppe Pagano commemorated Fancello, who died in the war in 1941, describing him as "taciturn, smiling, serene, closed in a reserved and dreamy industriousness, stately in gestures and full of aristocratic modesty",[4] a portrait that could substantially also be Pintori's.

A Monza, una "scuola-laboratorio"

Negli anni venti del Novecento vengono ufficialmente istituite in Italia delle apposite scuole per "addestrare alla produzione artistica, a seconda delle tradizioni, delle industrie e delle materie prime regionali". L'esigenza era di porre una maggiore vicinanza al territorio, alle sue specificità produttive e alle necessità di qualificazione professionale. Erano, quindi, percorsi formativi tra arti (applicate) e mestieri (di nobile lignaggio artigianale). Offrivano un buon contributo alla formazione di artigiani e professionisti in comparti o distretti come la falegnameria, l'oreficeria, le arti tipografiche, la ceramica, la decorazione, la tessitura via via fino a mestieri più "recenti" come la fotografia o la grafica. È anche con questi intenti che il 14 aprile 1921 viene stipulato lo Statuto del Consorzio Autonomo tra Comune di Milano, Comune di Monza e Società Umanitaria (CAMMU) per aprire, negli spazi della Villa Reale di Monza, l'Università delle Arti Decorative[5]. Affiancava la scuola, il progetto di una Biennale Internazionale delle Arti Decorative per promuovere e indirizzare la produzione nazionale di arte applicata chiamando a raccolta le industrie italiane, seguirne lo sviluppo e incoraggiarne il progresso nel raffronto con i prodotti dalle affini industrie straniere. In estrema sintesi, questi erano gli obiettivi del Consorzio, che sintetizzano i propositi di Guido Marangoni, deputato socialista nei primi anni del Novecento, ideatore e artefice di questo lungimirante progetto di avvicinamento dell'artigianato artistico verso l'industria. Il clima dell'epoca era ancora acerbo, con dibattiti serrati fra le finalità dell'arte pura e delle arti decorative e nel 1923 quando verrà inaugurata la I[a] Biennale monzese l'impressione fu di un sostanziale accoglimento dei valori della tradizione, dell'arte rustica e del folclore regionale, auspicando la creazione di un'arte decorativa italiana e poca concretezza nei confronti del mondo industriale. Agnoldomenico Pica sintetizzava con acume e colore i tempi: "L'aria era ancora piena della Canzone del Grappa e il Piave mormorava, tuttavia, il fascismo aveva da poco abbandonato la piazza e gli atteggiamenti repubblicani [...] Il costume dannunziano, da voluttuoso e raffinato, era diventato eroico, e poteva anche scadere nelle scenografie storiche di Nino Berrini o di Sem Benelli. [...] L'economia italiana, uscita dalla guerra malconcia, puntava, specie in Lombardia, a una progressiva industrializzazione, accentuando il fenomeno dell'urbanesimo, che la guerra aveva provocato"[6].

Nella scuola, che nel 1929 assumerà la denominazione di ISIA, insegnavano validi artisti come Ugo Zovetti, Alessandro Mazzucotelli, Raffaele De Grada, Pio Semeghini, Arturo Martini, Karl Walter Posern, Aldo Salvadori. Sul numero 134 di "Domus" nel 1939 venne definita da Gio Ponti una "scuola all'italiana" dove insegnanti e allievi "fanno e inventano insieme". La didattica si basava sul metodo e i principi dei corsi della Società Umanitaria. "L'istruzione professionale è certamente lo strumento principe pel costituirsi della personalità tecnica sociale e morale del lavoratore. Ma la sua definizione non presenta un netto confine limitatore: la perfezionata capacità tecnica diventa, in chi sia dotato di temperamento creativo, condizione e ponte verso espressioni non più strettamente utilitarie ma artistiche dell'individuo"[7]. Con la nuova denominazione e sotto la direzione di Elio Palazzo, direttore anche dell'Umanitaria a Milano, si operò una diversa organizzazione dei corsi; si chiusero insegnamenti ritenuti superati, come intaglio e mestieri femminili, e si concentrò l'offerta su i seguenti temi: Disegno del mobile, Plastica decorati-

Salvatore Fancello e Giovanni Pintori negli anni dell'ISIA / Salvatore Fancello and Giovanni Pintori during the years at the ISIA

Manifesto per l'apertura dei corsi dell'Università delle Arti Decorative alla Villa Reale di Monza, 1924 / Poster for the opening of courses at the Università delle Arti Decorative at the Villa Reale, 1924

In Monza, a "workshop-school"

In the 1920s, special schools were officially established in Italy to "train students in artistic production in keeping with the regional traditions, industries and raw materials". The need was to be closer to the territory, its production specifics and the need for a professional qualification. They therefore offered training courses that combined the (applied) arts and the trades (with a noble craft heritage). They made a good contribution to the training of craftworkers and professionals in occupations or fields such as carpentry, goldsmithing, the typographic arts, ceramics, decoration and weaving, as well as more recent trades such as photography or graphic design. It was also with these aims that on 14 April 1921 the Statute of the Autonomous Consortium between the Municipalities of Milan and Monza and the Società Umanitaria (CAMMU) was formalised to open the Università delle Arti Decorative on the premises of the Villa Reale in Monza.[5] The school was bolstered by the project for a Biennale Internazionale delle Arti Decorative to promote and direct the national production of applied arts by bringing together Italian manufacturers, overseeing their development and encouraging their progress in comparison with the products of similar foreign manufacturers. These in brief were the objectives of the Consortium, which embodied the purposes of Guido Marangoni, a socialist deputy in the early twentieth century, the artificer and creator of this far-sighted project to bring artistic craftsmanship closer to industry. The climate of the time was still immature, with intense debates between the objectives of pure art and the decorative arts, and in 1923 when the First Monza Biennale was held, the impression was of a substantial acceptance of the values of tradition, rural art and regional folklore, in the hope of creating an Italian decorative art, though there was a lack of practical ties to industry. Agnoldomenico Pica summed up the times shrewdly and colourfully: "The air was still full of the Canzone del Grappa and the murmuring Piave, but fascism had recently abandoned the public streets and republican attitudes (...). D'Annunzio's manner, from being voluptuous and refined, had become heroic, and risked declining into the historical stagings of Nino Berrini or Sem Benelli. (…) The Italian economy, which emerged battered from the war, aimed, especially in Lombardy, at progressive industrialisation, accentuating the urban development caused by the war."[6]

The teachers in the school, in 1929 given the name ISIA, included significant artists such as Ugo Zovetti, Alessandro Mazzucotelli, Raffaele De Grada, Pio Semeghini, Arturo Martini, Karl Walter Posern and Aldo Salvadori. Gio Ponti described it in issue 134 of *Domus* in 1939 as a "school in Italian style", where teachers and students "work and invent together". The teaching was based on the method and principles of the courses of the Società Umanitaria. "Vocational education is certainly the principal instrument for forming the worker's technical, social and moral personality. But its definition does not present a clear limiting boundary. In people with a creative temperament, perfected technical ability becomes a factor and a bridge leading towards expressions of the individual that are no longer strictly utilitarian but artistic."[7] With its new name, and under the direction of Elio Palazzo, also director of the Società Umanitaria in Milan, the courses were organised differently. Courses seen as outdated, such as carving and women's crafts, were closed and the teaching was concentrated on the following subjects: Furniture Design, Decorative

va, Decorazione murale, Ferro, Ceramica, Metalli e Grafica pubblicitaria. L'introduzione di nuovi docenti, come Marino Marini, Marcello Nizzoli, Edoardo Persico, Giuseppe Pagano, Giovanni Romano, Raffaello Giolli, Agnoldomenico Pica apriva la scuola verso nuovi approcci, moderni e funzionalisti. Anche la scuola diventa luogo di discussione e in alcuni casi di sperimentazione. "Il problema di un'arte industriale sottintende un sistema sociale 'moderno': i tempi della fabbricazione in serie esigono, infatti, l'esistenza parallela di uno spirito di organizzazione e di uno spirito di utopia. È soltanto in questi termini che si può mettere il problema di una civiltà progressiva: con il presupposto di una coscienza sognatrice e idealistica, che si sostituisca incessantemente ad una umanità pratica e diabolica"[8].

È in questo clima che i singoli talenti, nel disegno, nella pittura, nella ceramica hanno potuto crescere, svilupparsi con professori essi stessi artisti e progettisti, così dopo i primi anni di scuola nella Villa Reale i "Tre Sardi" erano tra i migliori allievi dell'Istituto.

La prima metà degli anni trenta per Pintori è stata quindi fondamentale per affinarsi nell'arte della grafica pubblicitaria, l'indirizzo da lui scelto nella scuola, ma soprattutto per formarsi una solida cultura, attenta al dibattito nelle arti per il superamento di un artigianato folklorico, di una tradizione novecentista e in parte minata dal monumentalismo retorico del regime fascista, verso una modernità delle arti applicate.

La testimonianza di un osservatore qualificato e "interno" come Persico, in una visita alla scuola Umanitaria di Milano, fa capire meglio l'approccio e l'aderenza della formazione allo spirito dei tempi e ai dibattiti in essere fra intellettuali, artisti e architetti. L'Umanitaria "è un tipo di scuola moderna di avviamento al lavoro, sollecitata in una città industriale dallo spirito di una civiltà antitradizionale ed urbana. [...] È davvero significativo che in una scuola dove i giovani sono indirizzati [...] al lavoro specializzato delle botteghe, in cui si manipolano, per lo più, imitazioni dell'antico per una clientela arretrata e reazionaria, sia stata appresa, con tanta acutezza e indipendenza, la lezione dell'arte moderna: dallo spirito purista del cubismo all'indirizzo surreale e fantastico dell'espressionismo"[9].

La nuova grafica per una società industriale, di cui in seguito Pintori diventerà un maestro, germoglia nel confronto con gli insegnanti, nella frequentazione delle mostre e delle Triennali, nella lettura delle riviste. È una crescita culturale e professionale, che appassiona e occupa totalmente, che lega ancor più le amicizie e apre a occasioni di lavoro, inimmaginabili pochi anni prima. La grafica pubblicitaria non è più solo il bel dipinto, è qualcosa che deve avere forti affinità con l'industria, i modi di produrre, la modernità.

E gli insegnati come Nizzoli, Persico e Pagano sono anche i militanti di questa nuova via.

Ad esempio in un articolo sulla V Triennale di Milano, Persico evidenzia che "soltanto la mostra tedesca, che si limita a saggi di arte grafica, e la mostra svedese, costituita da una raccolta di vetri di Orrefors, sono al corrente del gusto europeo. Basterebbe notare come la composizione tipografica si vada orientando, in Germania, verso equilibri e ritmi che esistono indipendentemente dal contenuto dello scritto, per capire come questo espressionismo grafico si accordi al gusto più vivo dell'arte moderna. [...] Nel 1936, noi, forse non rivedremo a Milano, né Paul Renner, che ha ordinato questa mostra della stampa tedesca, né nessuno dei suoi compagni che hanno fatto la rivoluzione dell'architettura moderna. Fra

Mostra permanente dell'ISIA alla Villa Reale di Monza. In alto, sequenza di studi di manifesti del corso di Grafica pubblicitaria, 1933 (già Archivio Palazzo, courtesy Archivio Associazione Pro Monza) / Permanent exhibition at the Villa Reale in Monza. Top, sequence of studies of posters of the course in Advertising Graphics, 1933 formerly Archivio Palazzc, courtesy Archivio Associazione Pro Monza

Lezione in Aula di figura, con il docente Pio Semeghini (vicino allo scheletro) e la modella Giuseppina Renna, ISIA Monza, 1937 (Archivio Gambarelli) / Lesson in the Life Studies Room, with the teacher Pio Semeghini (by the skeleton) and the model Giuseppina Renna, ISIA Monza, 1937
Gambarelli Archive

Sculpture, Wall Decoration, Ironworking, Ceramics, Metals, and Advertising Graphics. The appointment of new teachers, such as Marino Marini, Marcello Nizzoli, Edoardo Persico, Giuseppe Pagano, Giovanni Romano, Raffaello Giolli and Agnoldomenico Pica, opened the school to new, modern and functionalist approaches.

The school also became a place for discussion and in some cases of experimentation. "The problem of industrial art implies a modern social system. The times of mass production require the parallel existence of a spirit of organisation and a spirit of utopia. It is only in these terms that the problem of a progressive civilisation can be posed: with the presupposition of a dreamy and idealistic conscience, which incessantly replaces a practical and diabolical humanity."[8]

It was in this climate that individual talents in drawing, painting and ceramics were able to grow, develop with the teachers, themselves artists and designers. Hence, after the first years of school in the Villa Reale the *Three Sardinians* were among the Institute's finest students.

For Pintori the first half of the 1930s was therefore crucial in refining himself in the art of advertising graphics, the track that he chose at school, but above all in developing a solid culture, attentive to the debate in the arts to move beyond folkloric craftsmanship, a Novecento tradition partly undermined by the rhetorical monumentalism of the fascist regime, and towards modernity in the applied arts.

The account given by a qualified observer from the inside like Persico, on a visit to the Scuola Umanitaria in Milan, enables us to understand better the approach adopted in the training with its adaptation to the spirit of the times and the debates taking place between intellectuals, artists and architects. The Scuola Umanitaria "is a type of modern school for training students to work, guided in an industrial city by the spirit of an anti-traditional and urban civilisation. (…) It is truly significant that in a school where young people are directed (…) towards specialised work in industry, in which they manipulate, mostly imitations of antiquity, for a backward and reactionary clientele, the lesson of modern art has been learned, with such acuteness and independence: from the purist spirit of Cubism to the surreal and fantastic direction of Expressionism."[9]

The new graphics for an industrial society, of which Pintori would later become a master, germinated in discussions with teachers, attendance at exhibitions and the Triennale, and reading magazines. It brought about a cultural and professional growth that excited and absorbed the students completely, binding friendships ever more closely and leading to opportunities for employment unimaginable a few years earlier. Advertising graphics were no longer just beautiful paintings, but had to have close ties with industry, modes of production and modernity. And teachers like Nizzoli, Persico and Pagnano were also the militant proponents of this new approach.

For example, in an article on the 5th Milan Triennale, Persico pointed out that "only the German exhibition, which is limited to samples of graphic art, and the Swedish exhibition, consisting of a collection of glass by Orrefors, keep up with European taste. One only need note how typographic composition is oriented in Germany towards balances and rhythms that exist independently of the content of the writing, to understand how this graphic expressionism accords with the livelier taste of modern art. (…) In 1936, we may not see again in Milan, either Paul Renner, who ordered this exhibition of the German press, or any of his

tre anni, la Germania sarà probabilmente presente a Milano con gli artisti neogotici, e noi saremo costretti a parlare della sua sezione come oggi abbiamo parlato di quella francese. Ma, oggi, agli artisti tedeschi d'avanguardia, diciamo che il loro problema è anche il nostro: difendere per tutti i paesi il diritto di partecipare all'Europa moderna"[10].

Prefigurazione di un futuro duro e difficile che tocca in prima persona anche Pintori per la morte in guerra di Fancello e la fuga in America di Nivola per le leggi razziali.

La storia successiva in Olivetti conferma la maturità raggiunta da Pintori, con la capacità di portare con sé e sublimare nella comunicazione moderna di una grande azienda anche gli archetipi, le cosmogonie e i riti di un popolo antico come quello sardo. Nella testa e nelle mani di Pintori a Monza e poi all'Olivetti oltre al moderno, al funzionale e al razionale ci saranno sempre queste tre cose: "la pietra ballerina"[11], "la tancamanna"[12] e "La Chiesa delle Grazie"[13].

[1] Il disegno è presente in mostra e in catalogo (cat. 1). Si veda inoltre: *ISIA Academy. 1922-1943 Quando i designer portavano la cravatta*, a cura di A. Crespi, catalogo della mostra, Monza, Comune di Monza-Musei Civici, 2023; *Fancello, Nivola, Pintori, Tre maestri sardi all'ISIA di Monza*, a cura di C. Gatti, R. Moro, catalogo della mostra (MAN, Nuoro, 24 novembre 2023 - 4 marzo 2024), Nomos Edizioni, Busto Arsizio 2023; M. Cecchetti, *Gli anni di Fancello. Una meteora nell'arte italiana tra le due guerre*, Medusa, Milano, 2023; *Salvatore Fancello*, Editoriale Domus, Milano 1942; R. Cassanelli, U. Collu, O. Selvafolta, *Nivola Fancello Pintori. Percorsi del moderno. Dalle arti applicate all'industrial design*, Jaca Book, Milano 2013.

[2] In un breve scritto dattiloscritto e autobiografico (s.d., Eredi Pintori), Giovanni Pintori ricorda "A Nuoro mentre frequentavo la seconda elementare, avendo per insegnante il maestro Ganga, detto *Predischedda*, ubriacone brutale e manesco, per sfuggire alle sue vergate e ai suoi improperi, ho deciso di lasciare la scuola e andare a *imparare un mestiere* come facevano molti miei coetanei nelle mie condizioni mentre altri andavano a fare i pastori". Francesco Ganga Cucca (Nuoro 1897-1924), detto "Maestro Predischedda" è stato un insegnante, pittore e musicista nuorese. La sua storia è avvolta da miti e leggende. Salvatore Satta ne da un ritratto partecipe e romanzato in *Il giorno del giudizio* (1977). Il soprannome "Predischedda", ovvero "Pietruzza", sembra dovuto all'abitudine di fare inginocchiare sui sassolini gli studenti più indisciplinati.

[3] Piero Pirari (1886-1972), figlio del pittore Giovanni Antonio Pirari Varriani, fu un valido fotografo, che documentò il paesaggio e la vita rurale della città di Nuoro e i suoi abitanti. Giovanni Ciusa Romagna (1907-1958) è stato un pittore, allievo di Felice Carena, con una vasta produzione pittorica realista, ricercando i soggetti nella sua Sardegna. Negli ultimi anni si dedicò anche a lavori di pianificazione urbanistico-architettonica e di restauro.

[4] G. Pagano, *Salvatore Fancello*, in "Domus", n. 171, marzo 1942, pp. 112-126.

[5] Utili riferimenti bibliografici per la ricostruzione del contesto storiografico e critico in relazione all'istituzione delle ISIA e delle Biennali di Monza sono: R. Bossaglia (a cura di), *L'Isia a Monza. Una scuola europea*, Silvana Editoriale, Cinisello Balsamo 1986; R. Bossaglia, *Il "Déco" italiano. Fisionomia dello Stile 1925 in Italia*, Biblioteca Universale Rizzoli, Milano, 1975; *1923-1930. Monza. Verso l'unità delle arti. Oggetti d'eccezione dalle Esposizioni internazionali di arti decorative*, a cura di A. Pansera con M. Chirico, catalogo della mostra, Silvana Editoriale, Cinisello Balsamo 2004; A. Pansera, *Storia e cronaca della Triennale*, Longanesi, Milano 1978; *La Galleria storica della Triennale*, a cura di A. Pansera con M. Chirico e C. Daniele, Edizioni della Triennale - Charta, Milano 2000; *ISIA Design Convivio. Sperimentazione didattica, progetti, scenari e società*, a cura di M. Bazzini e A. Pansera, Aiap Edizioni, Milano 2015; A. Pica, *Storia della Triennale di Milano. 1918-1957*, Edizioni del Milione, Milano 1957; *Quaderni della Triennale. Scuole d'arte in Italia*, a cura di F. Pasqui, Ulrico Hoepli, Milano 1937; *Quaderni della Triennale. Arte decorativa italiana*, a cura di G. Pagano, Ulrico Hoepli, Milano 1938.

[6] Pica, *Storia della Triennale* cit., p. 10.

[7] R. Bauer, *La Società Umanitaria. Fondazione P.M. Loria Milano 1893/1963*, Società Umanitaria, Milano 1964, p. 42.

[8] E. Persico, *Cinque note per Monza*, in "Belvedere", maggio 1930, e E. Persico, *Scritti d'architettura (1927/1935)*, a cura di G. Veronesi, Vallecchi editore, Firenze 1968, p. 19.

[9] E. Persico, *L'Umanitaria, scuola d'arte*, in "La Casa Bella", maggio 1931.

[10] E. Persico, *Critica alla Triennale*, in "Italia letteraria", 28 maggio 1933, e in Persico, *Scritti d'architettura* cit., p. 57.

[11] "La pietra ballerina era un enorme masso di granito con la forma di un tulipano che comincia a sbocciare. Le sue dimensioni, per quanto mi ricordo erano di circa m 3,50 di altezza e il diametro di circa m 4. Stava in equilibrio in una zona isolata su di uno spazio roccioso affiorante dal terreno circostante. Era al suo posto da millenni, forse dai tempi quando la Sardegna è emersa dal mare. L'hanno ammirata e rispettata i Sardi preistorici, i Romani e quanti altri sono passati da Nuoro. Mi domando come sia potuta avvenire la sua distruzione", Giovanni Pintori, dattiloscritto, s.d., Eredi Pintori.

[12] "La tancamanna, veramente molto grande, con le vecchie querce, i gradi massi di granito sparsi tra i macchioni di lentischio, le domos dejanas, e il nuraghe situato come una roccaforte della Nuoro più antica, eretto nella parte più alta della tanca". Ivi.

[13] "La Chiesa delle Grazie" era ancora aperta al culto, con la inconfondibile bellissima facciata rosa, gli affreschi di gusto primitivo della sacrestia con rappresentazioni del paradiso terrestre, con Adamo ed Eva fra tanti animali fantastici." Ivi.

companions who brought about the revolution in modern architecture. In three years' time, Germany will probably be present in Milan with neo-Gothic artists, and we will be forced to speak of its section as we have spoken today of the French one. But today, to the German avant-garde artists, we say that their problem is also ours: to defend the right of all countries to participate in modern Europe."[10]

A foreshadowing of a hard and difficult future that also affected Pintori personally with Fancello's death in the war and Nivola's escape to America because of the racial laws.

His subsequent history at Olivetti confirms the maturity Pintori achieved, with the ability to bring with him and sublimate in the modern communication of a great manufacturing company even the archetypes, cosmogonies and rites of an ancient people such as the Sardinians. In the head and hands of Pintori at Monza and then at Olivetti, in addition to the modern, the functional and the rational, there would always be these three things: the "dancing stone",[11] the *tancamanna*,[12] and the church of the Graces.[13]

[1] The drawing is present in the exhibition and in the catalogue (cat. 1). See also: *ISIA Academy. 1922-1943 Quando i designer portavano la cravatta*, exhibition catalogue curated by Alberto Crespi, Monza, Comune di Monza-Musei Civici, 2023; *Fancello, Nivola, Pintori Tre maestri all'Isia di Monza*, edited by Chiara Gatti and Rita Moro, Man-Nomos, Busto Arsizio, 2023; Maurizio Cecchetti, *Gli anni di Fancello. Una meteora nell'arte italiana tra le due guerre*, Medusa, Milan 2023; Various authors, *Salvatore Fancello*, Milan, Editoriale Domus, 1942; Roberto Cassanelli, Ugo Collu, Ornella Selvafolta, *Nivola Fancello Pintori. Percorsi del moderno. Dalle arti applicate all'industrial design*, Jaca Book, Milan 2013.

[2] In a brief typewritten and autobiographical note (n.d., Eredi Pintori), Giovanni Pintori recalls, "In Nuoro while I was attending second grade, I had Ganga, called *Predischedda*, as a teacher. A brutal and manipulative drunkard, to escape his canings and his profanities, I decided to leave school and *learn a trade* as many of my peers did in my position, while others became shepherds." Francesco Ganga Cucca (Nuoro 1897-1924), known as "Maestro Predischedda" was a teacher, painter and musician from Nuoro. His story is shrouded in myths and legends. Salvatore Satta gives a sympathetic and fictionalised portrait of him in *Il giorno del giudizio* (1977).
The nickname "Predischedda", or "Pietruzza", seems to have been due to his habit of making the most unruly pupils kneel on the cobbles.

[3] Piero Pirari (1886-1972), son of the painter Giovanni Antonio Pirari Varriani, was a significant photographer, who documented the landscape and rural life of the city of Nuoro and its inhabitants.

Giovanni Ciusa Romagna (1907-1958) was a painter, a pupil of Felice Carena, with an extensive realist pictorial output, researching subjects in his native Sardinia. In his later years he also engaged in urban-architectural planning and restoration work.

[4] Giuseppe Pagano, *Salvatore Fancello*, "Domus", no. 171, March 1942, pp. 112-126.

[5] Useful bibliographical references for the reconstruction of the historiographical and critical context in relation to the establishment of the ISIA and the Monza Biennale are: Rossana Bossagli (ed.), *L'Isia a Monza. Una scuola europea*, Cinisello Balsamo, Silvana Editoriale, 1986; Rossana Bossaglia, *Il "Déco" italiano. Fisionomia dello Stile 1925 in Italia*, Milan, Biblioteca Universale Rizzoli, 1975; Various authors, *1923-1930. Monza. Verso l'unità delle arti. Oggetti d'eccezione dalle Esposizioni internazionali di arti decorative*, edited by Anty Pansera with Mariateresa Chirico, exhibition catalogue Silvana Editoriale, Cinisello Balsamo 2004; Anty Pansera, *Storia e cronaca della Triennale*, Longanesi, Milan 1978; *La Galleria storica della Triennale*, edited by Anty Pansera with Mariateresa Chirico and Cristina Daniele, Edizioni della Triennale - Charta, Milan 2000; *ISIA Design Convivio. Sperimentazione didattica, progetti, scenari e società*, edited by Marco Bazzini and Anty Pansera, Aiap Edizioni, Milan 2015; Agnoldomenico Pica, *Storia della Triennale di Milano. 1918-1957*, Edizioni del Milione, Milan 1957; *Quaderni della Triennale. Scuole d'arte in Italia*, edited by Ferruccio Pasqui, Ulrico Hoepli, Milan 1937, *Quaderni della Triennale. Arte decorativa italiana*, edited by Giuseppe Pagano, Ulrico Hoepli, Milan 1938.

[6] Agnoldomenico Pica, *op. cit.*, p. 10.

[7] Riccardo Bauer, *La Società Umanitaria. Fondazione P.M. Loria Milano 1893/1963*, Milano, Società Umanitaria, 1964, p. 42.

[8] Edoardo Persico, *Cinque note per Monza*, 1930, "Belvedere", May and in Edoardo Persico, *Scritti d'architettura (1927/1935)*, edited by Giulia Veronesi, Vallecchi editore, Florence 1968, p.19.

[9] Edoardo Persico, *L'Umanitaria, scuola d'arte*, 1931, "La Casa Bella", May.

[10] Edoardo Persico, *Critica alla Triennale*, 1933, "L'Italia letteraria", 28 May and in Edoardo Persico, *Scritti d'architettura, op. cit.*, p. 57

[11] "The dancing stone was a huge granite boulder in the shape of a tulip beginning to bloom. Its dimensions, as far as I remember, were about 3.50 m high and the diameter was about 4 m. It was balanced in an isolated area on a rocky space emerging from the surrounding ground. It had stood there for millennia, perhaps since the time when Sardinia emerged from the sea. It was admired and respected by the prehistoric Sardinians, the Romans and many others who passed through Nuoro. I wonder how it could have been destroyed." Giovanni Pintori, typescript, n.d., Eredi Pintori.

[12] "(...) the *tancamanna*, really very large, with the old oaks, the large granite boulders scattered among the clumps of mastic shrubs, the *domos de janas*, and the *nuraghe* located as a stronghold of the most ancient Nuoro, erected in the highest part of the *tanca*." Giovanni Pintori, *op. cit.*

[13] "The church of the Graces" was still open for worship, with the unmistakable beautiful pink facade, the frescoes of primitive taste in the sacristy with representations of the earthly paradise, with Adam and Eve among many fantastic animals." Giovanni Pintori, *op. cit.*

Una lettera, una campana, la libertà nella sintesi:
Pintori e Olivetti (1936-1960)

Davide Cadeddu

A conclusione della Seconda guerra mondiale, Adriano Olivetti dava alle stampe *L'ordine politico delle Comunità*, un progetto di riforma dello Stato italiano, elaborato durante l'esilio elvetico, in dialogo con fuorusciti di differente orientamento politico[1]. Nell'introduzione al volume, con sensibilità storica, l'autore affermava: "La crisi della società contemporanea non nasce secondo noi dalla macchina, ma dal persistere, in un mondo profondamente mutato, di strutture politiche inadeguate"[2]. Tra le otto ragioni principali di turbamento dell'organizzazione sociale, indicava, quindi, come prima (e unica a non avere una dimensione giuridico-politica) la "dissociazione tra etica e cultura e tra cultura e tecnica"[3].

I contenuti di questo libro erano riproposti nel giugno del 1946, in coincidenza con la prima seduta dell'Assemblea costituente, come prima pubblicazione delle neonate Edizioni di Comunità[4]. La grafica di copertina delle copie del libro in brossura a filo refe era identica a quella della prima edizione. Veniva portata alle stampe, tuttavia, anche una versione più elegante, rilegata in tela, che presentava una sovraccoperta particolarmente curata dal punto di vista grafico. Oltre all'utilizzo esclusivo dei colori grigio e verde scuro, si stagliava l'invenzione di una lettera 'O' particolare, inclinata verso sinistra in ogni parola del titolo e nel nome dell'autore (invece che verso destra, come vuole il carattere corsivo), rispetto al resto delle lettere. In questo modo, si poneva in risalto e si legava l'autore con il titolo: *Olivetti, ordine, politico, comunità*.

Oltre al solo cognome (allineato a destra) e al titolo (privo di sottotitolo), secondo la scansione "Olivetti | L'ordine | politico | delle comunità", nella sovraccoperta, dopo una linea orizzontale che divideva in due parti l'organizzazione del testo, si leggeva una sintesi davvero efficace del contenuto del libro: "Un piano organico di riforma delle strutture dello Stato, inteso ad integrare i valori sociali affermati dal marxismo con quelli di cui è depositaria la civiltà cristiana, così da tutelare la libertà spirituale della persona". Chiudeva la grafica di copertina il nome della casa editrice, in cui lo stile delle 'O' era convenzionale, in tondo: Edizioni di Comunità. Spiccava senz'altro, su una tavola composta da sole parole, una immagine, il simbolo che avrebbe contraddistinto tutte le iniziative culturali e politiche olivettiane dal 1946 in poi: una campana, incorniciata da un fregio antico e coronata da un cartiglio svolazzante, che recava due parole latine: "Humana Civilitas".

In attesa di possibili documenti archivistici che lo provino o confutino, sembra plausibile ipotizzare che l'autore di una scelta grafica così raffinata sia stato Giovanni Pintori, il quale dal 1940 era responsabile unico dell'Ufficio Tecnico di Pubblicità della Ing. C. Olivetti & C., alle dirette dipendenze di Adriano Olivetti[5]. In effetti, dopo, si può immaginare, una lunga sperimentazione[6], occorre ricordare che nel 1947 egli avrebbe trasformato il logo di questa impresa di macchine per scrivere, introducendo definitivamente una forma della 'O' particolare, in questo caso squadrata, che si sarebbe mantenuta nel tempo, accolta anche

A Letter, a Bell, Freedom in Synthesis:
Pintori and Olivetti (1936-1960)

Davide Cadeddu

At the end of World War II, Adriano Olivetti published *L'ordine politico delle Comunità*, a project for the reform of the Italian State which he had worked on during his Swiss exile, engaging in dialogue with exiles of different political leanings.[1] In his introduction to the book, with historical sensitivity, he stated: "The crisis of contemporary society does not arise in my opinion from the machine, but from the persistence, in a profoundly changed world, of inadequate political structures."[2] Among the eight main causes disrupting social organisation, he indicated, as the first (and the only one not to have a juridical-political dimension) the "dissociation between ethics and culture and between culture and technology".[3]

The contents of this book were reissued in June 1946, coinciding with the opening session of the Constituent Assembly, as the first publication of the newly formed Edizioni di Comunità.[4] The cover graphics of the book were identical with those of the first edition. However, a more elegant cloth-bound version was also printed, with particularly fine graphics on the dust jacket. In addition to the exclusive use of grey and dark green, a standout feature was the invention of a distinctive letter 'O', tilted to the left in each word of the title and in the author's name (instead of to the right, as italic font dictates) unlike the other letters. In this way, the author was highlighted and linked with the title: *Olivetti, ordine, politico, comunità*.

In addition to the surname alone (aligned to the right) and the title (without subtitle), styled as "Olivetti | L'ordine | politico | delle comunità", on the dust jacket, after a horizontal line that divided the organisation of the text into two parts, there was a truly effective summary of the contents of the book: "An organic plan for the reform of the structure of the State, intended to incorporate the social values affirmed by Marxism with those of which Christian civilisation is the repository, to protect the spiritual freedom of the person". The cover design closed with the name of the publisher, in which the style of the 'O' was conventional, in Roman type: Edizioni di Comunità. One image certainly stood out in a panel composed only of words, the symbol that would distinguish all Olivetti's cultural and political initiatives from 1946 onwards: a bell, framed by an ancient frieze and crowned by a fluttering scroll bearing the two Latin words: "Humana Civilitas".

Pending possible archival documents confirming or refuting it, one can plausibly conjecture that the designer of such a refined graphic composition was Giovanni Pintori, who from 1940 was the sole head of the Technical Advertising Office at Ing. C. Olivetti & C., reporting directly to Adriano Olivetti.[5] It should be remembered that after – one imagines – lengthy experimentation,[6] in 1947 he would redesign the typewriter manufacturer's logo, definitively giving the 'O' a distinctive form, in this case squared, which would be maintained over time, also being accepted by subsequent graphic designers.[7]

dai grafici successivi[7]. Com'è ovvio, la scelta di copertina venne approvata dall'autore del libro, che peraltro coincideva con l'editore. Al di là di un mero apprezzamento estetico, forse è possibile attribuire a questa 'O' inclinata, rispetto al resto delle lettere, e inclinata al contrario, rispetto alla consuetudine grafica, un significato simbolico: l'anticonformismo della proposta politica contenuta nell'opera, in confronto alle idee di riforma di quegli anni prodromici alla ricostruzione postbellica[8].

Da quanto sappiamo, anche la rappresentazione grafica del simbolo delle Edizioni di Comunità fu opera di Pintori. Come ha scritto Renzo Zorzi – stretto collaboratore di Adriano Olivetti e responsabile delle attività culturali della Ing. C. Olivetti & C. per diversi anni –, "il marchio si deve alle ricerche compiute da Leonardo Sinisgalli tra materiale iconografico del Cinquecento piemontese, e al ridisegno di Giovanni Pintori"[9], il quale, possiamo precisare, su indicazione di Adriano Olivetti aggiunse il sintagma latino, di origine dantesca, "Humana Civilitas"[10].

L'incontro che avrebbe contribuito a far dialogare "cultura e tecnica", come – è stato già ricordato – si auspicava in *L'ordine politico delle Comunità*, avvenne formalmente nell'autunno del 1936, quando un Pintori ventiquattrenne, diplomato 'Capo d'Arte' all'Istituto superiore per le industrie artistiche di Monza (ISIA), venne assunto da un Olivetti trentacinquenne, direttore generale della Ing. C. Olivetti & C., al fine di collaborare inizialmente al progetto del *Piano regolatore della Valle d'Aosta*[11]. Se Renato Zveteremich, direttore per la Olivetti dal 1931 dell'Ufficio sviluppo vendite a Ivrea e dal 1932 dell'Ufficio pubblicità a Milano, e coordinatore del lavoro sulla Valle d'Aosta[12], aveva sostenuto l'assunzione di Costantino Nivola, altro diplomato dell'ISIA nel 1935, proprio Nivola – in aggiunta al suggerimento di Giuseppe Pagano[13] – sollecitò il coinvolgimento dell'amico Pintori nel lavoro che stava svolgendo[14]: "A Milano Zveteremich riesce a installare un sofisticato laboratorio fotografico e, con la collaborazione di Pintori e Nivola, elabora le tavole in cui l'uso del montaggio fotografico, dei piani sfalsati, dei grafici sono ormai una realtà acquisita"[15]. Il lavoro è notevole, comprende 450 tavole, viene completato nel 1937 e presentato al pubblico dal 5 al 17 luglio di quello stesso anno con una mostra alla Galleria di Roma di Palazzo Wedekind[16].

Sul piano per la Valle d'Aosta, Giovanni Pintori si espresse direttamente con un articolo pubblicato sulla rivista "Corrente" nel luglio del 1938: ""Lo scopo che il piano si ripromette è quello di arginare lo spopolamento montano, sviluppare l'economia, il potenziamento turistico, il miglioramento dei pascoli e tutto quanto può contribuire alla massima valorizzazione moderna di una fra le più incantevoli regioni d'Europa"[17]. Pintori ricordava la mole di ricerca svolta, grazie al contributo di studiosi e specialisti di "svariati campi d'indagine": foto aeree, analisi biologiche delle popolazioni, studi economici, itinerari alpinistici e tavole pittoriche di rappresentazione avevano offerto un quadro al tempo stesso preciso, articolato e piacevole. Menzionava direttamente il solo nome di Zveteremich, "collaboratore prezioso per la parte organizzativa e fotografica", che "svolse una delicata e difficile missione di regista riuscendo a vincere con ogni mezzo la istintiva diffidenza dei montanari"[18]. In ogni caso, come aveva scritto Olivetti in aprile, gli estensori del piano si rendevano conto del suo "carattere 'preliminare'": esso affrontava "i problemi più importanti", ma riservava "a un secondo tempo l'esame di vari altri elementi e problemi"[19].

Adriano Olivetti davanti alla sua fabbrica / Adriano Olivetti in front of his factory

Adriano Olivetti nel suo studio / Adriano Olivetti in his office

Obviously, the choice of cover was approved by the book's author, who was also its publisher. Apart from mere aesthetic appreciation, perhaps it is possible to attribute a symbolic meaning to this 'O' tilted with respect to the other letters, and titled in contrast with graphic custom: the non-conformism of the political ideas presented in the book, compared to the ideas of reform in those years that were a prelude to post-war reconstruction.[8]

As far as we know, the graphic design of the symbol of the Edizioni di Comunità was also Pintori's work. As Renzo Zorzi – a close collaborator of Adriano Olivetti and responsible for the cultural activities of Ing. C. Olivetti & C. for several years – wrote, "the logo was the result of research conducted by Leonardo Sinisgall among iconographic material in Cinquecento Piedmont, and the redesign of Giovanni Pintori",[9] who, we can specify, on the instructions of Adriano Olivetti added the Latin phrase, of Dantesque origin, "Humana Civilitas".[10]

The meeting that would foster a dialogue between "culture and technology", as envisaged in *L'ordine politico delle Comunità*, formally came about in the Autumn of 1936. The twenty-four-year-old Pintori, who had received his diploma as 'Capo d'Arte' from the Higher Institute for Artistic Industries in Monza (ISIA), was hired by the thirty-five-year-old Olivetti, director general of Ing. C. Olivetti & C., to initially work on the project for the Master Plan of the Valle d'Aosta.[11] Renato Zveteremich, since 1931 director of Olivertti's Sales Development Office in Ivrea, and since 1932 of the Advertising Office in Milan, and coordinator of the work on the Valle d'Aosta,[12] had supported the hiring of Costantino Nivola, another ISIA graduate in 1935, while Nivola himself – in addition to Giuseppe Pagano's suggestion[13] – urged his friend Pintori's involvement in the work he was doing.[14]

"In Milan, Zveteremich set up a sophisticated photographic laboratory, and with Pintori and Nivola's assistance he developed the panels in which the use of photographic montage, staggered planes, and graphics was now an established working method."[15] This remarkable work, consisting of 450 plates, was completed in 1937 and presented to the public from 5 to 17 July of that same year with an exhibition at the Galleria di Roma in Palazzo Wedekind.[16]

On the plan for the Valle d'Aosta, Giovanni Pintori expressed himself directly in an article published in the magazine *Corrente* in July 1938: "The plan's purpose is to stem the depopulation of mountain areas, develop the economy, increase tourism, improve pastures and everything that can contribute to making the most of one of the most enchanting regions of Europe."[17] Pintori recalled the extensive research conducted, drawing on the contributions of scholars and specialists from "various fields of investigation": aerial photographs, biological analyses of populations, economic studies, mountaineering itineraries and panels of pictorial representation offered a picture that was precise, articulated and pleasant. He specifically mentioned the name of Zveteremich, "a precious collaborator on the organisational and photographic part", who "performed a delicate and difficult mission as coordinator, managing to overcome the instinctive distrust of the mountain dwellers by every means".[18] In any case, as Olivetti wrote in April, the drafters of the plan were aware of its "'preliminary' character". It dealt with

Nell'agosto del 1938, su "L'Ambrosiano", l'attenzione di Pintori si rivolgeva al tema dell'architettura pubblicitaria, definita "un'arte speciale a sé, come quella edile o navale, nata per le necessità nuove della pubblicità"[20]. A essa dal 1937 egli si stava dedicando, progettando in particolare gli allestimenti bisettimanali per le vetrine del negozio della Olivetti a Milano, in Galleria Vittorio Emanuele II[21]. Poteva essere realizzata dagli architetti, ma aveva ""leggi e principi sovente opposti alle leggi dell'edilizia moderna". Rispetto a questa, l'architettura pubblicitaria era differente, "perché non vincolata da principi logici di funzionamento della forma", avendo "il vantaggio di una maggiore libertà e fantasia che mette in condizione di creare delle immagini e di far della poesia". Con un giudizio *tranchant*, il giovane Pintori precisava che gli architetti in questo campo raramente oltrepassavano "il mediocre". Egli affermava che "intorno a qualsiasi prodotto si può creare un'atmosfera rivelandolo al pubblico nella sua intimità, nella sua particolare 'presenza' per facilitarne la comprensione e l'apprezzamento". La creatività dell'artista era ostacolata, però, sia dal padrone del prodotto, sia dal direttore di pubblicità, che dimostravano "la loro preparazione quasi sempre insufficiente anche dal lato strettamente tecnico". Pintori si lamentava del fatto che direttori commerciali e industriali arrivavano "perfino a credersi in possesso di qualità artistiche e guidati da queste manie e con un poco di presuntuosità" erano convinti "della loro infallibilità di giudizio", arrivando a trovare "il significato o il rapporto di ogni colore col loro prodotto con spiegazioni psicanalitiche, versando senza ritegno la bigoncia delle loro convinzioni"[22]. Non è possibile capire se con queste righe Pintori volesse esprimere considerazioni sulla situazione generale in cui altri grafici come lui si trovavano oppure uno sfogo rispetto a una condizione lavorativa che lo interessava direttamente, rivelando una iniziale insofferenza nel suo rapporto con Adriano Olivetti. Come Pintori ricorderà a distanza di anni, "all'inizio egli partecipò intimamente a tutto ciò che noi facevamo. Non solo sceglieva gli uomini, ma dava suggerimenti e spunti critici fin sui particolari ultimi dell'opera finita. Egli è uomo pieno di intuizione. Ha uno stile proprio, e benché non sappia concretarlo in una certa direzione, riesce a comunicarne il senso e ne giudica poi i risultati"[23]. Può essere interessante aggiungere, a questo riguardo, che in quegli anni Zveteremich si lamentava del fatto che Adriano Olivetti "ferma, impedisce, soffoca con una sfiducia che mi snerva"[24] e nel 1938 si sarebbe dimesso dal suo ruolo, lasciando sorpresi molti dei collaboratori dell'Ufficio pubblicità della Olivetti[25].

In ogni caso, ciò che seguiva nell'articolo svelava la disposizione d'animo di Giovanni Pintori verso il lavoro che stava svolgendo sui caratteri tipografici. La tipografia, a differenza dell'arte grafica, non era un'arte, bensì un mestiere artigiano: "Noi crediamo, e si può dimostrarlo, che non esistano caratteri belli o brutti in sé stessi; esistono dei caratteri che hanno differenti valori di copertura, adatti a cose diverse"[26].

L'articolo di Pintori veniva pubblicato nella stessa pagina in cui compariva uno scritto di Leonardo Sinisgalli sull'arte pubblicitaria[27]. Con le dimissioni di Zveteremich nel luglio del 1938[28], la collaborazione tra i due iniziava a intensificarsi, in seguito alla nomina, su suggerimento dello stesso Zveteremich[29], di Sinisgalli a direttore grafico della Olivetti dal dicembre del 1938 al settembre 1940[30].

Il frutto più famoso e icastico di questa sinergia (che include anche allestimenti di ne-

Adriano Olivetti
L'ordine politico delle Comunità, 1945, copertina / cover

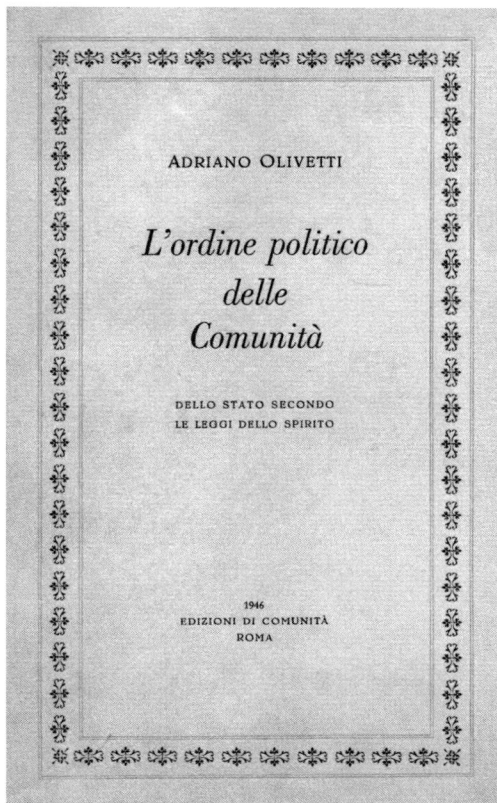

Adriano Olivetti
*L'ordine politico
delle Comunità*, 1946,
copertina / cover

"the most important problems", but reserved "for a later time the examination of various other factors and problems".[19]

In August 1938, in "L'Ambrosiano", Pintori's attention turned to the theme of architecture for advertising, which he described as "a special art in itself, like construction or shipbuilding, devised for the new needs of advertising".[20] He had been working on it since 1937, designing in particular the twice-weekly window displays of the Olivetti store in Galleria Vittorio Emanuele II in Milan.[21] It could be built by architects, but it had "laws and principles often opposed to the laws of modern construction". Compared to this, advertising architecture was different, "because it was not bound by logical principles of how form worked", having "the advantage of greater freedom and imagination, which enables one to create images and make poetry". With a trenchant judgment, the young Pintori observed that architects in this field rarely went beyond "the mediocre". He stated that "an atmosphere can be created around any product by revealing it to the public in its intimacy, in its particular 'presence' to facilitate its understanding and appreciation". The artist's creativity was hindered, however, both by the owner of the product and by the advertising director, who demonstrated "their almost always insufficient competence, even on the strictly technical side". Pintori complained that sales and production managers came "even to believe themselves in possession of artistic qualities, and guided by these manias and with a little presumptuousness" they were convinced "of their infallibility of judgment", going so far as to find "the meaning or relationship of each colour with their product with psychoanalytic explanations, irrepressibly pouring out the chaff of their convictions".[22] It is not clear whether Pintori here meant to express observations on the general situation in which other graphic designers like him found themselves, or it was an outburst stirred by the working conditions that directly affected him, revealing an initial impatience in his relationship with Adriano Olivetti. As Pintori recalled years later, "at first he participated closely in everything we did. Not only did he choose the men, but he gave suggestions and critical insights down to the final details of the finished work. He is rich in intuition. He has his own style, and although he is unable to embody it in a certain direction, he manages to communicate its meaning and then judge its results."[23] It may be interesting to add, in this respect, that in those years Zveteremich complained that Adriano Olivetti "stops, hinders and stifles with a distrust that unnerves me".[24] And in 1938 he resigned, surprising many of the staff in the Olivetti Advertising Office.[25]

In any case, what followed in the article revealed Giovanni Pintori's feeling for the work he was doing on typefaces. Typography, unlike graphic art, was not an art, but a craft: "I believe, and it can be demonstrated, that there are no beautiful or ugly fonts in themselves; There are fonts that have different coverage values, suited to different things."[26]

Pintori's article was published on the same page as a text by Leonardo Sinisgalli on the art of advertising.[27] With Zveteremich's resignation in July 1938,[28] the collaboration between the two began to intensify, following the appointment, on Zveteremich's own recommendation,[29] of Sinisgalli as graphic director of Olivetti from December 1938 to September 1940.[30]

The most famous and iconic fruit of this synergy (which included shop fittings and dis-

gozi e installazioni per vetrine e per mostre)[31] è senz'altro, all'interno della campagna pubblicitaria per la Olivetti Studio 42[32], il famoso manifesto della 'rosa nel calamaio', che, da una rappresentazione con stile convenzionale del 1939[33], fu trasformato da Pintori – negli anni quaranta, forse nel dopoguerra (alla luce di uno stile artistico inedito) e poi certamente in occasione della campagna pubblicitaria della Olivetti Studio 44 (realizzata nel 1952) –, in modo davvero innovativo, in un quadro razionale, capace di comporre poesia e geometria[34].

Più che analizzare i manifesti in astratto, aiuta a capire le dinamiche pubblicitarie la considerazione dei manifesti in contesto, comparati con quelli coevi di altre aziende, e in successione cronologica. Prendendo il caso dell'assai letta "L'Illustrazione italiana", la campagna pubblicitaria della Olivetti inizia con il primo numero dell'ottobre 1938 e sostanzialmente si conclude qualche mese dopo, con il numero del 12 marzo 1939. Confrontando la pubblicità della Olivetti con quella di altri marchi, non sembra possibile affermare che il manifesto della 'rosa nel calamaio' costituisca un momento di rottura, come si tende a ripetere nella letteratura sul tema. L'idea poetica è senz'altro originale, ma la resa grafica è nello stile di quegli anni. Peraltro, accostando la pubblicità della Olivetti a quella di altri prodotti del tempo, anche non particolarmente noti oggi, è possibile rilevare capacità immaginativa e artistica superiore a quella della grafica dell'Ufficio Tecnico Pubblicità della Olivetti. Se Pintori ha osservato che "con la campagna della Studio 42 è nata veramente la fisionomia della Pubblicità Olivetti, fisionomia che è andata sempre più personalizzandosi e integrandosi con il resto delle attività culturali dell'Azienda"[35], è possibile precisare, tuttavia, che lo sforzo originale consista soprattutto, oltre che nell'organizzazione sistematica della produzione da parte dell'ufficio, nel proporre varietà e novità di immagini, e nel mutare i colori dei manifesti raccolti nell'opuscolo *Una campagna pubblicitaria*[36].

Nel 1939, per la seconda volta sul quindicinale "Corrente", testimoniando così una certa sintonia con il gruppo di intellettuali e artisti che lo animava[37], Giovanni Pintori formulava una riflessione sul rapporto tra architettura e pubblicità, che riprendeva testualmente interi brani del precedente articolo su "L'Ambrosiano", aggiungendo alcune considerazioni iniziali e conclusive, e tralasciando la nota sui tipografi e quella finale sui direttori di pubblicità[38]. Pintori qui asseriva che "intorno a qualsiasi prodotto si può creare un'atmosfera rivelandolo al pubblico nella sua intimità, nella sua particolare 'presenza' per facilitarne la comprensione e l'apprezzamento, servendosi di forme e colori". Nel presentare, infine, l'esempio di una architettura pubblicitaria che poneva nella migliore evidenza la forma e l'eleganza di una macchina per scrivere, egli osservava che "ogniqualvolta vedremo o sentiremo di quella macchina o di un altro prodotto presentato bene così, penseremo ad una cosa bella, 'seria', e saremo nella migliore disposizione di spirito per preferirli ad altri prodotti accoppiati nel ricordo a forme e colori disgustosi o insignificanti"[39].

Dalla fine del 1940, Giovanni Pintori diventava il punto di riferimento della grafica pubblicitaria della Olivetti e, passati a Burolo, vicino a Ivrea, i frangenti convulsi della fine della Seconda guerra mondiale, rientrava a Milano[40]. Nel 1946 veniva ricostituito l'Ufficio Tecnico Pubblicità, che Adriano Olivetti affidava a Giovanni Pintori[41]. Furono gli anni della guerra che, si può ipotizzare, attraverso letture diversificate, trasformano la sua creatività

Adriano Olivetti
*L'ordine politico
delle Comunità*, 1946,
sovraccoperta, edizione
rilegata in tela / dust jacket,
hardcover edition

plays for shop windows and exhibitions)[31] is undoubtedly the famous poster of the 'rose in the inkwell' in the advertising campaign for Olivetti Studio 42,[32] which, from a representation in conventional style in 1939,[33] was transformed by Pintori – in the '40s, or perhaps in the post-war period (in the light of an unprecedented artistic style) and then certainly on the occasion of the Olivetti Studio 44 advertising campaign (in 1952) – in a truly innovative way, into a rational painting, capable of composing poetry and geometry (fig.   ).[34]

Rather than analysing posters in the abstract, it helps us to understand the dynamics of advertising by considering posters in context, compared with those of other companies, and in chronological sequence. Taking the case of the widely read magaizne *L'Illustrazione italiana*, Olivetti's advertising campaign began with the first issue of October 1938 and substantially ended a few months later, with the issue of 12 March 1939. Comparing Olivetti's advertising with that of other brands, it does not seem possible to say that the poster of the 'rose in the inkwell' marked a break, as tends to be repeated in the literature on the subject. The poetic idea is certainy original, but the graphic rendering is in the style of those years. Moreover, by juxtaposing Olivetti's advertisement with those of other products of the time, even those not particularly well known today, we can detect an imaginative and artistic capacity superior to that of the graphics of the Olivetti Technical Advertising Office. If Pintori observed that "with the Studio 42 campaign, the form of Olivetti's advertising was really established, a form that has been increasingly personalised and integrated with the rest of the company's cultural activities",[35] it can however be specified that, apart from the office's systematic organisation of production, the original effort consisted above all of proposing varied and novel images, and changing the colours of the posters collected in the brochure *Una campagna pubblicitaria*.[36]

In 1939, for the second time in the fortnightly magazine *Corrente*, so reflecting a certain harmony with the group of intellectuals and artists that were its moving spirit,[37] Pintori presented his reflections on the relationship between architecture and advertising. He repeated verbatim whole passages from his earlier article in *L'Ambrosiano*, adding some initial and conclusive observations, and omitting the note on typographers and the final one on advertising directors.[38] Pintori asserted here that "an atmosphere can be created around any product by revealing it to the public in its intimacy, in its particular 'presence' to facilitate understanding and appreciation of it by using forms and colours". Finally, in presenting the example of an advertising architecture that best brought out the form and elegance of a typewriter, he observed that "whenever we see or hear of that machine or any other product presented well in this way, we will think of something beautiful and 'serious', and we will be in the best frame of mind to prefer them to other products coupled in our memory with repulsive or lacklustre forms and colours."[39]

By late 1940, Giovanni Pintori was the key figure for Olivetti's advertising graphics. After passing through the upheavals at the end of World War II at Burolo, near Ivrea, he returned to Milan.[40] In 1946 the Technical Advertising Office was reconstituted and entrusted to Pintori by Adriano Olivetti.[41] We can assume that it was the wartime years that transformed his creativity and his art through the range of his reading. Perhaps

e la sua arte. Forse riflettendo sulla propria esperienza personale, e sul viaggio anche esistenziale che dalla Sardegna lo aveva portato a Milano, Pintori sentiva di avere qualcosa da osservare sul rapporto tra fotografia e pittura[42]. Per lui, il "gusto artistico" era "uno solo" e scaturiva dal contesto storico e culturale in cui l'opera d'arte veniva prodotta, il quale era differente dal "gusto personale", che poteva essere generato da una "cultura artistica" trascurata o arretrata. Egli era convinto che "chi avrà competenza tecnica e maturità artistica sarà sempre in grado di darci belle cose, qualunque sia il procedimento impiegato". Infine, dichiarava di credere nell'autonomia della fotografia dalla pittura: "Il difficile sta nel far comprendere a molti che la fotografia non ha da essere un surrogato della pittura alla quale in sostanza sta come il cinema al teatro, che sono due forme artistiche indipendenti l'una dall'altra". Per questa ragione, precisava, "è sbagliato far una fotografia imitando tecniche pittoriche come è sbagliato far della pittura come se fosse fotografia"[43].

Con il manifesto del pallottoliere del 1946, per la Elettrosumma 14 (detta anche Summa 14)[44], iniziava la sua produzione artistica più originale. Come avrebbe precisato successivamente, "ho pensato al pallottoliere, ossia ad uno strumento primordiale del calcolo, perché esso è un simbolo facilmente comprensibile e suggerisce a tutti e in modo immediato l'idea di un calcolo di facile esecuzione; e questo in un modo di linguaggio diretto e gradevole, proprio perché è il linguaggio degli oggetti che tutti, da bambini, abbiamo adoperato"[45]. Per quale motivo c'erano dei fiori presenti nell'immagine? Egli confidava di averli collocati lì ("allo scopo di scoraggiare la nostalgia possibile per quel bel abaco")[46]. Il manifesto, spiegato con le parole, per Pintori significava che "questa macchina bella e moderna risolve le operazioni più complesse nella maniera più semplice e più logica, con la stessa facilità di una operazione elementare eseguita sul pallottoliere"[47].

A una creatività di stampo inedito, che sembra generata da un momento palingenetico e poco ricorda quella degli anni trenta e primi anni quaranta, corrisponde, tuttavia, un atteggiamento artistico e mentale che tende a mantenersi fedele all'ispirazione originaria, pur arricchendosi di convinzioni ulteriori. Pintori riteneva che una pagina pubblicitaria, o un poster, dovesse essere "ricca di significato" e dovesse scaturire dalle "qualità intrinseche" di ciò a cui ci si riferiva, manifestando così un "rapporto immediato" con esso. Nel processo di creazione di un manifesto, secondo lui non vi era nulla di "avventuroso" o "elettrizzante", o particolarmente "poetico", "aperto all'imprevisto". L'artista e il tecnico della pubblicità dovevano assolvere la funzione determinata di presentare i meriti e gli usi di un prodotto "con chiarezza e buon gusto" e, così, di accrescere il prestigio di un marchio commerciale e agevolare la diffusione e la vendita di quanto promosso. All'inizio degli anni cinquanta, Giovanni Pintori dichiarava, quindi, di essersi impegnato negli anni, come "artista" e "pubblicitario" per soddisfare i principi sopra indicati: "Io amo il mio lavoro, credo nella sua funzione e, con tutti i limiti di cui si deve tener conto, sono convinto che non debba inchinarsi a nessun altro lavoro, nemmeno a quello dei miei amici pittori, scultori e architetti"[48].

Tra le diverse attività svolte per la Ing. C. Olivetti & C., a partire dal 1951 Pintori curò anche la realizzazione dei Calendari della Olivetti. La serie, aperta dalle riproduzioni di dodici opere di Henri Rousseau, si arricchì delle immagini della pittura pompeiana (1952), di

Logo delle Edizioni di Comunità, presente sulla sovraccoperta di Adriano Olivetti, *L'ordine politico delle Comunità*, 1946 / Logo of the Edizioni di Comunità, on the dust jacket of Adriano Olivetti, *L'ordine politico delle Comunità*, 1946

reflecting on his own personal experience, and on the existential journey that had taken him from Sardinia to Milan, Pintori felt he had something to observe about the relationship between photography and painting.[42] He held that "artistic taste" was "all one" and sprang from the historical and cultural context in which the artwork was produced. This differed from "personal taste", which could be generated by a neglected or backward "artistic culture". He was convinced that "those who have technical competence and artistic maturity will always be able to give us beautiful things, whatever the procedure used". Finally, he believed that photography was independent of painting: "The difficulty lies in making many people understand that photography ought not to be a substitute for painting, to which in essence it is as cinema is to theatre, two artistic forms independent of each other." For this reason, he specified, "It s wrong to take a photograph by imitating pictorial techniques, just as it is wrong to paint a picture as if it were a photograph."[43]

With the 1946 poster featuring an abacus for the Elettrosumma 14 (also known as Summa 14),[44] he initiated his most original artistic production. As he later specified, "I thought of the abacus, a primordial instrument of calculation, because it is an easily understandable symbol and immediately suggests to everyone the idea of an easily performed calculation; and this in a direct and pleasant way of language, precisely because it is the language of objects that we have all used as children."[45] Why were there flowers in the picture? He confided that he had placed them there "to discourage possible nostalgia for that beautiful abacus".[46] The poster explained in words, to Pintori meant that "this beautiful and modern machine solves the most complex operations in the simplest and most logical way, with the same ease as an elementary operation performed on an abacus."[47]

A creativity unprecedented in character, which seems to have been generated by a palingenetic moment and has little in common with that of the 1930s and early '40s. It corresponded to an artistic and mental attitude that tended to remain faithful to the original inspiration, while being enriched with further convictions. Pintori believed that an advertisement or poster should be "rich in meaning" and spring from the "intrinsic qualities" of its subject, so expressing an "immediate relationship" with it. In the process of creating a poster, he believed there was nothing "adventurous" or "electrifying", or particularly "poetic", "open to the unexpected". The artist and the advertising technician had to perform the given function of presenting the merits and uses of a product "with clarity and good taste", so increasing the prestige of a commercial brand and facilitating the dissemination and sale of what was being promoted. In the early 1950s, Giovanni Pintori declared, therefore, that he had committed himself over the years, as an "artist" and "advertiser" to satisfying the principles indicated above. "I love my work, I believe in its function and, with all the limits that have to be taken into account, I am convinced that I should not bow to any other work, not even that of my painter, sculptor and architect friends."[48]

Among the various tasks he performed for Ing. C. Olivetti & C., from 1951 Pintori oversaw the creation of the Olivetti Calendars. The series opened with reproductions of

Vittore Carpaccio (1953), di Ambrogio Lorenzetti (1954), della pittura etrusca (1955), degli affreschi di Masaccio (1956), dei mosaici di Ravenna (1957) e di Georges Braque (1958)[49]. In particolare, nel dicembre del 1957, con un articolo sul periodico "Notizie Olivetti", dopo aver definito Braque "uno degli autentici maestri di oggi", raccontava del suo incontro personale con l'artista. Questi aveva apprezzato i calendari precedenti e aveva accettato di pubblicare le sue opere, scegliendole personalmente, nel calendario del 1958. Il risultato finale lo aveva soddisfatto e Pintori, con orgoglio, riportava un passaggio della lettera ricevuta: "Je vous adresse mes sincères compliments, cet album est très réussi, vous avez atteint là une rare perfection"[50].

Anche con la cura dei calendari, egli aveva la possibilità di alimentare la parallela passione per la pittura, sempre ben consapevole dell'autonomia delle singole arti figurative. Come asserì in seguito, ribadendo quanto gli era chiaro fin dagli anni trenta, "non ho mai confuso, né tentato di confondere il linguaggio della pubblicità grafica con il linguaggio della pittura, per la ragione fondamentale che credo nel valore autonomo e nella dignità artistica dei grafici". Pertanto, egli ribadiva quanto affermato qualche anno prima: "Amo il mio lavoro, con il quale esprimo me stesso, precisamente come i miei amici pittori, scultori e architetti esprimono sé stessi nel linguaggio delle loro arti"[51].

In perfetta sintonia con la filosofia olivettiana, che attribuiva importanza fondamentale al principio di "dare consapevolezza di fini al lavoro"[52], alla realizzazione di ogni passaggio creativo all'interno della catena di azioni che conduceva a finalità note a tutti, Giovanni Pintori fu impegnato in una pluralità di attività necessarie alla Ing. C. Olivetti & C., al punto che egli considerava la sua collaborazione come "un lungo e ininterrotto discorso che si è rivolto, attraverso questa azienda, ai suoi fruitori e al pubblico in generale"[53]. In effetti, il suo lavoro nell'ambito pubblicitario con la Olivetti non si limitava a una partecipazione saltuaria, come la realizzazione di bozzetti e minime esecuzioni. Esso lo aveva coinvolto in un ampio raggio di azione, come la pianificazione di campagne e di presentazioni di svariati prodotti[54].

Tra le tante occupazioni, quasi a soddisfare la nota propensione di Pintori per l'attività manuale e la meccanica[55], poco prima di morire Adriano Olivetti lo incaricò di "disegnare nel più breve tempo la forma di una nuova macchina per scrivere"[56]. Dopo l'esperienza, maturata nel 1938, di disegnare una fresatrice-pialla[57], Pintori ebbe la possibilità di dedicarsi anche alla progettazione completa di quella che fu chiamata 'Raphael' (1961): "Mi impegnai a presentare nel termine di un mese ai responsabili della produzione una proposta definitiva in ogni particolare; e nel tempo previsto potei consegnare ai tecnici il modello della macchina da me *materialmente* realizzato, sul quale sono stati poi effettuati i rilievi e ricavati i disegni per l'esecuzione degli stampi. Col modello della macchina, consegnai anche gli alfabeti completi dei due nuovi caratteri dattilografici"[58]. Nessun tecnico – precisava con ironia Pintori – ebbe il coraggio di dire che non si poteva fare[59].

Occorreva dare alla macchina un aspetto esterno, "tipico e inconfondibile", che rivelasse le sue caratteristiche interne e le conferisse la più elevata funzionalità[60]. Proprio nel 1961, Pintori asseriva: "Spero che il design delle mie macchine possa costituire una introduzione coerente alle loro caratteristiche, una anticipazione delle loro peculiarità

twelve works by Henri Rousseau; then followed images of Pompeian painting (1952), Vittore Carpaccio (1953), Ambrogio Lorenzetti (1954), Etruscan painting (1955), frescoes by Masaccio (1956), mosaics of Ravenna (1957), and Georges Braque (1958).[49] In particular, in December 1957, in an article in the periodical *Notizie Olivetti*, after describing Braque as "one of today's authentic masters", he told of his personal meeting with the artist. Braque had appreciated the previous calendars and agreed to publish his works, choosing them personally, for the 1958 calendar. The final result satisfied him and Pintori proudly quoted a passage from the letter he had received: "Je vous adresse mes sincères compliments, cet album est très réussi, vous avez atteint là une rare perfection."[50] In editing the calendars, he had the opportunity to nurture his parallel passion for painting, always well aware of the independence of the individual figurative arts. As he later asserted, reiterating what had been clear to him since the '30s, "I have never confused, nor attempted to confuse the language of graphic advertising with the language of painting, for the very reason that I believe in the autonomous value and in the artistic dignity of graphics." He reiterated what he had said a few years earlier, "I love my work, and I express myself through it, just as my friends who are painters, sculptors and architects express themselves in the language of their arts."[51]

In perfect harmony with Olivetti's philosophy, which attributed fundamental importance to the principle of "conveying awareness of the purposes of work",[52] to the fulfilment of every creative step within the chain of actions leading to goals known to all, Giovanni Pintori was engaged in a variety of activities necessary to Ing. C. Olivetti & C. This reached the point where he considered his work as "one long and uninterrupted speech addressing, through this company, its customers and the public at large"[53] In fact, his work in advertising with Olivetti was not limited to occasional participation, such as producing of sketches and similar small tasks. It involved him in a broad range of work, such as planning advertising campaigns and the presentations of various products.[54]

Among his many occupations, as if to satisfy Pintori's well-known propensity for manual activity and mechanics,[55] shortly before dying Adriano Olivetti commissioned him to "design the form of a new typewriter in the shortest possible time".[56] After the experience, gained in 1938, of designing a planer-milling machine,[57] Pintori also had the opportunity to devote himself to the complete design of the model called 'Raphael' (1961). "I undertook to present a definitive proposal in every detail to the production managers within a month; and in the expected time I was able to deliver to the technicians the model of the machine I had *physically* made. Tracings were then made of it, and the drawings were made for the execution of the moulds. With the model of the machine, I also delivered the complete alphabets of two new typefaces."[58] None of the technicians, Pintori wryly pointed out, had the courage to say that it could not be done.[59]

The machine had to be given a "typical and unmistakable" external appearance, which would reveal its inner features and make it fully functional.[60] In 1961, Pintori observed: "I hope that the design of my machines may constitute a coherent introduction to their characteristics, an anticipation of their technical and functional features, and an advertising message delivered through the form of the product."[61] He did not seek to speak in the

tecniche e funzionali, e un messaggio pubblicitario recapitato attraverso la forma del prodotto"[61]. In effetti, egli non cercava di parlare in nome delle macchine, nemmeno nella realizzazione della grafica pubblicitaria. Tentava, al contrario, di far parlare loro "autonomamente", attraverso l'illustrazione semplificata delle loro parti, dei loro movimenti e del loro utilizzo[62].

La morte di Olivetti, il 27 febbraio 1960, comportò l'interruzione di un rapporto diretto e intenso, che per circa ventiquattro anni aveva generato idee e creazioni artistiche: "si concludeva così un ciclo straordinario e la possibilità per me di continuare senza di Lui un discorso iniziato molti anni prima"[63]. Riflettendo sul suo ruolo maieutico a pochi mesi dalla sua scomparsa, Pintori affermò: "Ritengo che fu la personalità straordinaria di Adriano Olivetti a generare, tra lui e i suoi colleghi, una solidarietà di gusto, all'interno di una cornice di libertà creativa individuale. Egli richiedeva sistematicamente il meglio dai suoi collaboratori e aveva successo nello stimolare verso il massimo delle loro capacità potenziali. In effetti, per quanto riguarda il mio lavoro personale, devo ammettere che è sempre stata colpa mia quando esso si è rivelato inferiore a quell''optimum' verso il quale mi sentivo legato, moralmente e professionalmente, dalla prolungata fiducia e dai suggerimenti preziosi di Adriano Olivetti". È vero che "solitamente, accade il contrario, perché le richieste pratiche di un cliente limitano il lavoro di un artista". Infine, aggiungeva che "Adriano Olivetti desiderava fortemente l'affermazione dei propri collaboratori fuori dal contesto della fabbrica, perché il successo esterno confermava la validità delle sue scelte e delle sue intenzioni"[64]. A distanza di anni, nel 1972, con riconoscenza, e forse un po' di nostalgia, Pintori ribadiva che a lui fosse "dovuto tutto il successo e l'espansione della Olivetti, e, naturalmente, tutto quello che io posso aver fatto di buono. Era un imprenditore geniale e un abile organizzatore, aveva un temperamento energico ed è stato forse il primo industriale nel mondo a comprendere l'importanza della comunicazione pubblicitaria nelle manifestazioni aziendali come mezzo fondamentale e insostituibile per la vita e lo sviluppo dell'impresa, attribuendo all'informazione la stessa importanza vitale della produzione che altrimenti non sarebbe stata conosciuta e diffusa"[65].

Nel 1967 la collaborazione di Giovanni Pintori con la Ing. C. Olivetti & C. si concluse. Da qualche anno, egli era un po' cambiato e si era fatto più taciturno[66]. Era sempre stata una persona di poche parole e in molti si erano "imbattuti nella sua scontrosità"[67]. Aveva "anche qualcosa di ferino" e per questo non era "un uomo facile"[68]. Secondo Renzo Zorzi, che dal 1965 divenne capo della Direzione Pubblicità e Stampa[69], "Pintori aveva un temperamento molto duro"[70], "tenace come un sardo, egocentrico", aveva un "carattere impossibile"[71] e "atteggiamenti dittatoriali"[72].

L'armonia che si era stabilita con Adriano Olivetti, fondata su ruoli distinti e profonda stima reciproca, non era riproducibile con altri interlocutori: scomparso questi, "sono cominciati i problemi perché gli eredi e soprattutto i funzionari che avevano ereditato il potere, cominciavano a essere difficili, non avevo un interlocutore solo e uno che mi dava istruzioni, ma c'era uno staff intero"[73]. Giovanni Pintori era stato in grado di interpretare in termini artistici quella tensione verso l'idea di sintesi che Adriano Olivetti cercava anche in prospettiva politica. Come questi scrisse nel 1945, all'interno di *L'ordine politico delle Comunità*, "se si pone mente a

OLIVETTI STUDIO 42
un bel regalo un oggetto elegante e duraturo

Pagina pubblicitaria
della *Olivetti Studio 42*,
in "Tempo", 21 dicembre
1939, p. 52 / Full-page
advertisement for *Olivetti
Studio 42*, in *Tempo*, 21
December 1939, p. 52

name of the machines, not even when producing advertising graphics. On the contrary, he tried to make them speak "independently", through the simplified illustration of their parts, movements and use.[62]

Olivetti's death on 27 February 1960 broke up a direct and intense relationship, which for about twenty-four years had given rise to ideas and artistic creations. "This was the end of an extraordinary cycle and the possibility for me to continue without him a discourse begun many years earlier."[63] Reflecting on his maieutic role a few months after his death, Pintori stated: "It was the extraordinary personality of Adriano Olivetti, I believe, that brought about between him and his colleagues a solidarity of taste within a frame of individual creative freedom. From his collaborators he systematically required the best and he succeeded in stimulating to the maximum their potential abilities. In fact, as far as my personal work is concerned, I must admit that when it has been inferior to that 'optimum' to which I felt committed morally and professionally by the long trust and precious suggestions of Adriano Olivetti, it has always been my fault." It is true that "usually, the opposite occurs, that is to say that the practical requirements of the client limit the work of the artist". Finally, he added that "Adriano Olivetti strongly wished his collaborators to succeed outside of the domain of the company, because outside success confirmed the validity of his choices and his intents".[64] Years later, in 1972, with gratitude, and perhaps some nostalgia, Pintori repeated that Adriano Olivetti was "responsible for all the success and expansion of the Olivetti company, and, of course, all that I may have done well. He was an inspired entrepreneur and a skilled organiser. He had an energetic temperament, and was perhaps the first industrialist in the world to understand the importance of advertising communication in corporate events as a fundamental and irreplaceable resource for the firm's life and development, attributing to information the same vital importance as to the products, which otherwise would not have become known and been disseminated."[65]

In 1967 Giovanni Pintori's work for Ing. C. Olivetti & C. came to an end. Over the years, he had changed somewhat, becoming more taciturn.[66] He had always been a person of few words and many people had "come up against his testiness".[67] He also had "something feral" about him, and for this reason he was not "easy to get on with".[68] According to Renzo Zorzi, who in 1965 became head of the Advertising and Press Directorate,[69] "Pintori had a very hard temperament",[70] "tenacious as a Sardinian, self-centred", he had an "impossible character"[71] and "dictatorial attitudes".[72]

The harmony that had been established with Adriano Olivetti, based on distinct roles and deep mutual respect, could not be reproduced with his other contacts. After his death, "problems arose, because the heirs and above all the officials who had inherited his power, became awkward. I did not have a single interlocutor, just one who gave me instructions, but an entire staff".[73] Giovanni Pintori had interpreted in artistic terms that striving for the idea of synthesis that Adriano Olivetti was also seeking in political terms. As he wrote in 1945, in *L'ordine politico delle Comunità*, "if we think of all the civilisations, of the things in this world that have come closest to the idea of perfection, we find that in them there is synthesis. A human work is all the closer to this perfection the more harmonious

tutte le civiltà, alle cose che più in questo mondo si sono avvicinate all'idea di perfezione, si ritrova che in esse vi è sintesi. Un'opera umana è tanto più vicina a questa perfezione quanto più è armonica. E non vi è armonia senza sintesi. Talché ogni attività dello spirito deve essere presente nelle opere dell'uomo"[74]. Era, in effetti, chiaro a Olivetti "il valore di realtà parziale di ogni forma conoscitiva limitata alla sintesi o all'analisi", per cui "solo una costruzione sinottica, procedente dall'integrazione successiva di analisi e sintesi, aderisce al complesso unico della realtà"[75]. Occorreva per lui "ritrovare una *sintesi* ove umanità, scienza, tecnica, arte, infine gli elementi costruttivi fondamentali della società operino coordinatamente"[76].

Su questo, Giovanni Pintori sembrava trovarsi totalmente d'accordo, laddove, come è stato rilevato, la sua creatività grafica era "effetto di sintesi"[77]. Anche nella progettazione della macchina per scrivere 'Raphael', egli confidava che "dalla soluzione dei singoli problemi, corrispondenti ai diversi passaggi obbligati", era "scaturita la soluzione globale e definitiva, ossia l'aspetto che la macchina attualmente presenta"[78]. Creare un'immagine capace di far esprimere l'oggetto attraverso un messaggio sintetico era il fine che Giovanni Pintori perseguiva nella propria produzione artistica: "Il messaggio grafico, quando riesce a diventare una forma d'arte, è il solo che raggiunga la totalità del suo pubblico potenziale. L'artista grafico, perciò, ha una responsabilità verso questo pubblico immenso e sconosciuto"[79].

Olivetti Studio 44

Immagine in diapositiva,
per la pubblicità della *Olivetti
Studio 44* (1952), conservata
nell'Archivio Storico Olivetti,
Ivrea, fondo "Fototeca
Olivetti - Foto Archivio Renzo
Zorzi - Foto di poster", fasc.
"8/2" / Image on a slide for
the advertisement of the
Olivetti Studio 44 (1952),
kept in the Archivio Storico
Olivetti, Ivrea, fonds "Olivetti
Photo Library - Photo
Archive Renzo Zorzi - Poster
Photo", fasc. "8/2"

it is. And there is no harmony without synthesis. So that every activity of the spirit must be present in the works of man."[74] Olivetti clearly perceived "the value of partial reality of any form of knowledge limited to synthesis or analysis", so that "only a synoptic construction, proceeding from the successive integration of analysis and synthesis, is true to the unique complex of reality".[75] He held that it was necessary "to find a *synthesis* where humanity, science, technology, art, and finally the fundamental constructive elements of society work in coordination".[76]

Giovanni Pintori seemed to be in complete agreement with this, since, as has been pointed out, his graphic creativity was "the effect of synthesis".[77] Even in the design of the 'Raphael' typewriter, he confided that "from the solution of the individual problems, corresponding to the various obligatory steps", "the overall and definitive solution had arisen, namely the appearance that the machine currently presents".[78] Creating an image capable of expressing the object through a synthetic message was the goal that Giovanni Pintori pursued in his artistic output: "The graphic message, when it succeeds in becoming a form of art, is the only one that reaches the totality of its potential audience. The graphic artist, therefore, has a responsibility to his immense and unknown public."[79]

Desidero ringraziare, per la collaborazione generosa, Lucia Alberton (Associazione Archivio Storico Olivetti), Luigi Beneduci (Fondazione Leonardo Sinisgalli) e Valentina Da Tos (Biblioteca della Biennale-ASAC, Fondazione La Biennale di Venezia).

[1] Cfr. A. Olivetti, *L'ordine politico delle Comunità. Le garanzie di libertà in uno stato socialista*, s.l. [Ivrea] 1945 (Nuove Edizioni Ivrea); rist. *L'ordine politico delle Comunità*, a cura di D. Cadeddu, Roma 2021. Sull'attività di promozione delle proprie idee, si veda D. Cadeddu, *Towards and Beyond the Italian Republic: Adriano Olivetti's Vision of Politics*, London-New York 2021, pp. 83-125.

[2] Olivetti, *L'ordine politico delle Comunità*, rist. cit., p. 27.

[3] *Ibidem*.

[4] A. Olivetti, *L'ordine politico delle Comunità. Dello Stato secondo le leggi dello spirito*, Roma 1946 (Edizioni di Comunità). Per quanto riguarda le opere pubblicate successivamente, si veda il *Catalogo generale delle Edizioni di Comunità. 1946-1982*, [prefazione di R. Zorzi,] Milano 1982. In merito, B. de' Liguori Carino, *Adriano Olivetti e le Edizioni di Comunità (1946-1960)*, Roma 2008.

[5] Cfr. M. Musina, *Giovanni Pintori, la severa tensione tra riserbo ed estro*, Bologna 2013, p. 39.

[6] Si veda un esempio di 'O' squadrata, per la campagna pubblicitaria della Olivetti Studio 42, già nella rivista "L'Illustrazione italiana", 22 maggio 1938.

[7] Cfr. Musina, *Giovanni Pintori* cit., pp. 56-57. La preferenza per il carattere squadrato è presente, almeno a partire dal 1938, nella copertina (e altri manifesti contenuti nell'opuscolo) di Olivetti, *Una campagna pubblicitaria*, a cura di Ufficio Tecnico di Pubblicità Olivetti, Milano 1939.

[8] Si veda in merito Cadeddu, *Towards and Beyond the Italian Republic* cit., pp. 83-193.

[9] R. Zorzi, *Prefazione*, in *Catalogo generale delle Edizioni di Comunità. 1946-1982*, Milano 1982, p. vii.

[10] Si veda a riguardo D. Cadeddu, *Perché Humana Civilitas?*, in D. Cadeddu, *Humana Civilitas. Profilo intellettuale di Adriano Olivetti*, Roma-Ivrea 2016, pp. 7-11. A riguardo Geno Pampaloni ha alimentato confusione, attribuendo la scelta *sic et simpliciter* del simbolo, recante anche il motto dantesco, a Sinisgalli. Si veda G. Pampaloni, *L'ingegneria tradotta in versi*, in "Il Giornale nuovo", a. VII, n. 27, 1° febbraio 1981, p. 3: "Non mancava di ricordarmi, ogni volta che lo incontravo, di avere trovato lui, per Adriano Olivetti, il simbolo del Movimento Comunità: la seicentesca campana con il cartiglio svolazzante 'Humana civilitas'". Sul punto anche G. Pampaloni, *Sinisgalli prosatore*, in *Atti del simposio di studi su Leonardo Sinisgalli. Matera-Montemurro, 14-15-16 maggio 1982*, Matera 1987, p. 61:

"Era stata anche sua la scelta della bella insegna di 'Comunità', la nobile campana con lo svolazzante cartiglio che reca la scritta 'humana civilitas'". Per inciso, si noti che Leonardo Sinisgalli collaborò con la Olivetti dal 27 dicembre 1938 al 25 settembre 1940. Tornò a Milano, per lavorare alla Pirelli, a partire dal 1948. Si consultino a riguardo il ricordo di Sinisgalli, *Le mie stagioni milanesi*, in "Civiltà delle macchine", a. III, n. 5, settembre-ottobre 1955, pp. 22-25 (in cui, però, si fa riferimento al 1936, come anno del colloquio con Adriano Olivetti); e la cronologia di B. Russo, *Il labirinto di Leonardo Sinisgalli*, vol. 2, *Cronologia, opera, indici e documenti*, Montemurro 2022, pp. 27-28, 37. Si veda anche M. D'Auria, F.F. Summa (a cura di), *La chimica in "Civiltà delle macchine" di Leonardo Sinisgalli*, Montemurro-Venosa 2020, pp. cxiii-cxv. Può essere interessante ricordare che, nel 1940, l'editore Hoepli aveva pubblicato il *Dizionario araldico* del conte Piero Guelfi Camajani, direttore dell'Istituto genealogico italiano di Firenze. Si trattava di una terza edizione ampliata notevolmente rispetto alle precedenti e corredata di 573 illustrazioni. Tra queste, compariva l'immagine di una campana "battagliata", che, diversamente da quella che verrà ridisegnata da Pintori (in cui vi è solo un gioco d'ombra sul lato sinistro), vedeva pendere, "con smalto diverso, il battaglio" (P. Guelfi Camajani, *Dizionario araldico*, Milano 1940 [ed. an. 1978], pp. 78-79, fig. 89).

[11] Cfr. A. Crespi, *Giovanni Pintori*, in R. Bossaglia (a cura di), *L'ISIA a Monza. Una scuola d'arte europea*, Monza - Cinisello Balsamo 1986, p. 240; e Musina, *Giovanni Pintori* cit., pp. 27, 31.

[12] Su Zveteremich, si veda A. Colizzi, *Renato Zveteremich*, in "Progetto grafico", 2014, n. 24, pp. 34-38; e A. Colizzi, R. Bazzani Zveteremich, *Un pioniere della pubblicità: Renato Zveteremich (1893-1951)*, in "Storia in Lombardia", 2014, n. 1, pp. 121-140; A. Colizzi, R. Bazzani Zveteremich, *Renato Zveteremich e la fondazione dell'Ufficio Pubblicità Olivetti negli anni trenta*, in *Identità Olivetti. Spazi e linguaggi 1933-1983*, a cura di D. Fornari e D. Turrini, Zürich 2022, pp. 1-11. Sull'ufficio pubblicità, si veda anche G. Altea, *A Mythological Hand with 45 Fingers. The Olivetti Advertising Office in the 1930s*, in E. Cicalò (a cura di), *Proceedings of the 2nd International and Interdisciplinary Conference on Image and Imagination: IMG 2019*, Cham 2020, pp. 1-11.

[13] Colizzi, *Renato Zveteremich* cit., p. 37; e M. Labò, *L'aspetto estetico dell'opera sociale di Adriano Olivetti*, Milano 1957, p. 9.

[14] Cfr. Musina, *Giovanni Pintori* cit., p. 31; e C. Nivola, *A Monza con Pintori e Fancello*, in R. Cassanelli, U. Collu, O. Selvafolta (a cura di), *Nivola Fancello Pintori. Percorsi del moderno. Dalle arti applicate all'industrial*

design, Milano-Cagliari 2003, p. 246. Sull'Istituto superiore per le industrie artistiche di Monza, si veda Bossaglia (a cura di), *L'ISIA a Monza* cit.

[15] Cfr. l'intervista di R. Bazzani Zveteremich a Pintori (1995), fonte dichiarata in Colizzi, Bazzani Zveteremich, *Un pioniere della pubblicità* cit., pp. 121-140: nota 32.

[16] Si veda in merito A. Olivetti, *Il Piano Regolatore della Valle d'Aosta*, in "Meridiano di Roma", 4 luglio XV [1937], pp. iii-iv; rist. senza firma dell'autore come *Piano Regolatore di Valle d'Aosta*, Galleria di Roma, Ivrea s.d. [1937], pp. 7-11; da ultimo rist. in A. Olivetti, *Civitas hominum. Scritti di urbanistica e di industria. 1933-1943*, a cura di G. Lupo, Torino 2008, pp. 107-114. Per un quadro delle cronache giornalistiche sull'esposizione, si veda G. Maggia (a cura di), *Bibliografia degli scritti di Adriano Olivetti*, vol. I, Siena 1983, pp. 30-32. Sul piano, si consulti G. Ciucci, *Le premesse del Piano regolatore della Valle d'Aosta*, in C. Olmo (a cura di), *Costruire la città dell'uomo*, Torino 2001, pp. 55-82. Il lavoro fu infine pubblicato come *Studi e proposte preliminari per il piano regolatore della Valle d'Aosta* [direzione generale A. Olivetti], Ivrea 1943; rist. con presentazione di R. Louvin, introduzione di G. Ciucci, Torino 2001.

[17] Cfr. G. Pintori, *Aspetti del piano regionale*, in "Corrente", a. I, n. 13, 31 luglio 1938, p. 6.

[18] *Ibidem*.

[19] A. Olivetti, *Piano Regolatore di Valle d'Aosta. Parte generale*, in "Rassegna di Architettura", aprile 1938, pp. 155-160; rist. in Olivetti, *Civitas hominum* cit., pp. 131-135: 135.

[20] G. Pintori, *Idee confuse, realizzazioni mediocri*, in "L'Ambrosiano", a. 17, n. 185, 5 agosto 1938, p. 5.

[21] Cfr. Musina, *Giovanni Pintori* cit., p. 61 ss. Si veda in merito, G. Modiano, *Un posteggio e una vetrina nel commento di un tipografo*, in "Domus", XII (1939), n. 139, pp. 67-68; poi in "Campo Grafico", VII (1939), n. 3-5, pp. 103-104.

[22] Pintori, *Idee confuse, realizzazioni mediocri* cit., p. 5.

[23] Testimonianza menzionata da B. Caizzi, *Camillo e Adriano Olivetti*, Torino 1962, p. 209, tratta da K. Kansner, *Olivetti: a Man and a Style*, in "Horizon", novembre 1959.

[24] R. Zveteremich, *Diario periodo 1934-1938*, in Colizzi, *Renato Zveteremich* cit., p. 37.

[25] Colizzi, Bazzani Zveteremich, *Un pioniere della pubblicità* cit., p. 133.

[26] Pintori, *Idee confuse, realizzazioni mediocri* cit., p. 5.

[27] L. Sinisgalli, *L'arte pubblicitaria nell'estetica della città. Il Cartellone*, in "L'Ambrosiano", a. 17, n. 185, 5 agosto 1938, p. 5.

[28] Colizzi, Bazzani Zveteremich, *Un pioniere della pub-*

For their generous collaboration, I would like to thank Lucia Alberton (Associazione Archivio Storico Olivetti), Luigi Beneduci (Fondazione Leonardo Sinisgalli) and Valentina Da Tos (Biblioteca della Biennale-ASAC, Fondazione La Biennale di Venezia).

[1] Cf. A. Olivetti, *L'ordine politico delle Comunità. Le garanzie di libertà in uno stato socialista*, n.p. [Ivrea] 1945 (Nuove Edizioni Ivrea); repr. *L'ordine politico delle Comunità*, edited by D. Cadeddu, Roma 2021. On the work of promoting his ideas, see D. Cadeddu, *Towards and Beyond the Italian Republic: Adriano Olivetti's Vision of Politics*, London-New York 2021, pp. 83-125.

[2] A. Olivetti, *L'ordine politico delle Comunità*, repr. cit., p. 27.

[3] Ibid.

[4] A. Olivetti, *L'ordine politico delle Comuni. Dello Stato secondo le leggi dello spirito*, Rome 1946 (Edizioni di Comunità). For the works published later, see the *Catalogo generale delle Edizioni di Comunità. 1946-1982*, [preface by R. Zorzi,] Milan 1982. On this topic, B. de' Liguori Carino, *Adriano Olivetti e le Edizioni di Comunità (1946-1960)*, Rome 2008.

[5] Cf. M. Musina, *Giovanni Pintori, la severa tensione tra riserbo ed estro*, Bologna 2013, p. 39.

[6] See an example of a square 'O' in the advertising campaign for the Olivetti Studio 42, already in the magazine "L'Illustrazione italiana", 22 May 1938.

[7] Cf. M. Musina, *Giovanni Pintori*, cit., pp. 56-57. The preference for the square font is present, at least from 1938, on the cover (and other posters contained in the pamphlet) of Olivetti, *Una campagna pubblicitaria*, edited by Ufficio Tecnico di Pubblicità Olivetti, Milan 1939.

[8] See D. Cadeddu, *Towards and Beyond the Italian Republic*, cit., pp. 83-193.

[9] R. Zorzi, *Prefazione*, in *Catalogo generale delle Edizioni di Comunità. 1946-1982*, Milan 1982, p. vii.

[10] See in this respect D. Cadeddu, *Perché Humana Civilitas?*, in D. Cadeddu, *Humana Civilitas. Profilo intellettuale di Adriano Olivetti*, Roma-Ivrea 2016, pp. 7-11. On this point, Geno Pampaloni has given rise to confusion, by simply attributing the choice of the symbol, including the motto from Dante, to Sinisgalli. See G. Pampaloni, *L'ingegneria traadotta in versi*, in "Il Giornale nuovo", year VII, no. 27, 1 February 1981, p. 3: "He invariably reminded me, whenever I met him, that he had devised the symbol of the Movimento Comunità for Adriano Olivetti. The seventeenth-century bell with the fluttering scroll 'Humana civilitas'." On this point also G. Pampaloni, *Sinisgalli prosatore*, in *Atti del simposio di studi su Leonardo Sinisgalli. Matera-Montemurro, 14-15-16 May 1982*, Matera 1987, p. 61: "His was also the choice of the beautiful emblem of 'Comunità', the noble bell with the fluttering scroll bearing the inscription 'humana civilitas'." Incidentally, it should be noted that Leonardo Sinisgalli collaborated with Olivetti from 27 December 1938 to 25 September 1940. He returned to Milan, to work for Pirelli, starting in 1948. On this subject, see Sinisgalli's memoir, *Le mie stagioni milanesi*, in *Civiltà delle macchine*, year III, no. 5, September-October 1955, pp. 22-25 (in which, however, reference is made to 1936, as the year of the conversation with Adriano Olivetti); and the chronology of B. Russo, *Il labirinto di Leonardo Sinisgalli*, vol. 2, *Cronologia, opera, indici e documenti*, Montemurro 2022, pp. 27-28, 37. See also M. D'Auria - F.F. Summa (eds.), *La chimica in "Civiltà delle macchine" di Leonardo Sinisgalli*, Montemurro-Venosa, 2020, pp. cxiii-cxv. It may be interesting to recall that, in 1940, the publisher Hoepli had issued the *Dizionario araldico* by Count Piero Guelfi Camajani, director of the Istituto Genealogico Italiano in Florence. It was a third edition significantly expanded compared to the previous ones and accompanied by 573 illustrations. They included the image of a bell with a clapper. Unlike the one that was to be redesigned by Pintori (in which there is only a play of shadows on the left side), it had a hanging, "clapper with different enamel" (P. Guelfi Camajani, *Dizionario araldico*, Milan 1940 [ed. year 1978], pp. 78-79, fig. 89).

[11] Cf. A. Crespi, *Giovanni Pintori*, in R. Bossaglia (ed.), *L'ISIA a Monza. Una scuola d'arte europea*, Monza-Cinisello Balsamo 1986, p. 240; and M. Musina, *Giovanni Pintori*, cit., pp. 27, 31.

[12] On Zveteremich, see A. Colizzi, *Renato Zveteremich*, in *Progetto grafico*, 2014, no. 24, pp. 34-38; and A. Colizzi - R. Bazzani Zveteremich, *Un pioniere della pubblicità: Renato Zveteremich (1893-1951)*, in "Storia in Lombardia", 2014, no. 1, pp. 121-140; A. Colizzi - R. Bazzani Zveteremich, *Renato Zveteremich e la fondazione dell'Ufficio Pubblicità Olivetti negli anni trenta*, in *Identità Olivetti. Spazi e linguaggi 1933-1983*, edited by D. Fornari and D. Turrini, Zurich 2022, pp. 1-11. On the advertising office, see also G. Altea, *A Mythological Hand with 45 Fingers. The Olivetti Advertising Office in the 1930s*, in E. Cicalò (ed.), *Proceedings of the 2nd International and Interdisciplinary Conference on Image and Imagination: IMG 2019*, Cham 2020, pp. 1-11.

[13] A. Colizzi, *Renato Zveteremich*, cit., p. 37; and M. Labò, *L'aspetto estetico dell'opera sociale di Adriano Olivetti*, Milan 1957, p. 9.

[14] Cf. M. Musina, *Giovanni Pintori*, cit., p. 31; and C. Nivola, *A Monza con Pintori e Fancello*, in R. Cassanelli, U. Collu, O. Selvafolta (eds.), *Nivola Fancello Pintori. Percorsi del moderno. Dalle arti applicate all'industrial design*, Milan-Cagliari 2003, p. 246. On the Istituto Superiore per le Industrie Artistiche of Monza, see R. Bossaglia (ed., *L'ISIA a Monza*, cit.

[15] Cf. the interview by R. Bazzani Zveteremich with Pintori (1995), source stated in A. Colizzi, R. Bazzani Zveteremich, *Un pioniere della pubblicità*, cit., pp. 121-140: note 32.

[16] See A. Olivetti, *Il Piano Regolatore della Valle d'Aosta*, in *Meridiano di Roma*, 4 July XV [1937], pp. III-IV; reprinted without the author's signature as *Piano Regolatore di Valle d'Aosta*, Galleria di Roma, Ivrea n.d. [1937], pp. 7-11; most recently reprinted in A. Olivetti, *Civitas hominum. Scritti di urbanistica e di industria. 1933-1943*, edited by G. Lupo, Turin 2008, pp. 107-114. For an overview of newspaper accounts of the exhibition, see G. Maggia (ed.), *Bibliografia degli scritti di Adriano Olivetti*, vol. I, Siena 1983, pp. 30-32. On the plan, see G. Ciucci, *Le premesse del Piano regolatore della Valle d'Aosta*, in C. Olmo (ed.), *Costruire la città dell'uomo*, Turin 2001, pp. 55-82. The work was finally published as *Studi e proposte preliminari per il piano regolatore della Valle d'Aosta* [general direction A. Olivetti], Ivrea 1943; reprinted with a presentation by R. Louvin, introduction by G. Ciucci, Turin 2001.

[17] Cf. G. Pintori, *Aspetti del piano regionale*, in "Corrente", year I, no. 13, 31 July 1938, p. 6.

[18] Ibid.

[19] A. Olivetti, *Piano Regolatore di Valle d'Aosta. Parte generale*, in *Rassegna di Architettura*, April 1938, pp. 155-160; reprinted in A. Olivetti, *Civitas hominum*, cit., pp. 131-135: 135.

[20] G. Pintori, *Idee confuse, realizzazioni mediocri*, in *L'Ambrosiano*, year 17, no. 185, 5 August 1938, p. 5.

[21] Cf. M. Musina, *Giovanni Pintori*, cit., p. 61 ff. See G. Modiano, *Un posteggio e una vetrina nel commento di un tipografo*, in *Domus*, XII (1939), n. 139, pp. 67-68; then in *Campo Grafico*, VII (1939), nos. 3-5, pp. 103-104.

[22] G. Pintori, *Idee confuse, realizzazioni mediocri*, cit., p. 5.

[23] Account quoted by B. Caizzi, *Camillo e Adriano Olivetti*, Turin 1962, p. 209, taken from *Olivetti: a Man and a Style*, by K. Kansner, in *Horizon*, November 1959.

[24] R. Zveteremich, *Diario periodo 1934-1938*, in A. Colizzi, *Renato Zveteremich*, cit., p. 37.

[25] A. Colizzi - R. Bazzani Zveteremich, *Un pioniere della pubblicità*, cit., p. 133.

[26] G. Pintori, *Idee confuse, realizzazioni mediocri*, cit., p. 5.

[27] L. Sinisgalli, *L'arte pubblicitaria nell'estetica della città. Il Cartellone*, in "L'Ambrosiano", year 17, no. 185, 5 August 1938, p. 5.

[28] A. Colizzi - R. Bazzani Zveteremich, *Un pioniere*

blicità cit., p. 133. Nel 1938, Adriano Olivetti diventava presidente della Ing. C. Olivetti & C., prendendo il posto del padre (cfr. R. Musatti, L. Bigiaretti, G. Soavi [a cura di], *Olivetti 1908-1958*, Ivrea 1958, p. 178).

[29] Cfr. Colizzi, Bazzani Zveteremich, *Un pioniere della pubblicità* cit., p. 133.

[30] Cfr. Russo, *Il labirinto di Leonardo Sinisgalli* cit., p. 27. Si veda in generale, G. Lupo, *Sinisgalli e le industrie milanesi (1934-1973)*, in G. Lupo (a cura di), *Sinisgalli a Milano. Poesia, pittura, architettura e industria dagli anni trenta agli anni sessanta. Con testi inediti*, Novara 2002, pp. 213-242; e G. Lupo, *Sinisgalli e la cultura utopica degli anni Trenta. Nuova edizione aggiornata*, Milano 2011[2] (1996).

[31] Su queste ultime, in particolare, si veda C. Barbieri, *Italian Graphic Design Culture and Practice in Milan, 1930s-60s*, Manchester 2024.

[32] Si consulti a riguardo Olivetti, *Una campagna pubblicitaria* [a cura dell'Ufficio Tecnico di Pubblicità Olivetti], Milano 1939 (composta di 16 tavole, tra le quali, si noti per inciso, la 'rosa nel calamaio' non compare). Elio Vittorini, nella breve premessa anonima, afferma che, se dietro a queste tavole "c'è uno scopo che resta, in definitiva, quello comune di ogni pubblicità", gli autori di esse "hanno lavorato senza tenerlo presente", con il fine di "creare immagini che riuscissero a durare nell'uomo e a vivere in lui". Se, infatti, "solo l'arte può qualificare, e far durare, far vivere, ottenere l'impegno dell'uomo, la pubblicità deve essere arte" (ivi, p. 3). Il testo è stato trascritto, con il titolo "Una campagna pubblicitaria, Milano 1949" [sic], in C. Ossola (a cura di), *Scritture di fabbrica. Dal vocabolario alla società*, Torino 1994, pp. 455-456.

[33] Si veda per esempio la pagina pubblicitaria in "L'Illustrazione italiana", 15 ottobre 1939, p. 3 (fig. 5) oppure in "Tempo", 21 dicembre 1939, p. 52 (fig. 6).

[34] Nell'Archivio Storico Olivetti è stato possibile reperire diverse diapositive con la rappresentazione a colori della 'rosa nel calamaio' che occupa un piano tagliato da due assi perpendicolari, ma tutte esclusivamente con l'indicazione "Olivetti Studio 44" (fondo "Fototeca Olivetti / Foto Archivio Renzo Zorzi / Foto di poster", fasc. 8/2). Nel volume di Musatti, Bigiaretti, Soavi (a cura di), *Olivetti 1908-1958* cit., l'immagine riprodotta in bianco e nero (probabilmente una bozza di lavoro) reca, invece, il nome della "Olivetti Studio 42" (ivi, p. 150). Contribuisce ad alimentare la confusione in merito *Millesimo di millimetro. I segni del codice visivo Olivetti, 1908-1978*, di C.C. Fiorentino (Bologna 2014). Il volume, peraltro, non illustra il codice visivo della Olivetti dal 1908 al 1978, come si indica nel sottotitolo, bensì, nel migliore dei casi, dal 1938 al 1978. Infatti, l'attenzione è ri-

volta soprattutto ai manifesti contenuti nell'opuscolo *Una campagna pubblicitaria* del 1939 per la Studio 42, con qualche riferimento alla storia precedente e, in modo disorganico, agli sviluppi successivi. Per questa ragione stupisce che la paternità della 'rosa nel calamaio' e la data di esecuzione siano sbagliati: non Nivola, Pintori e Sinisgalli nel 1938 (cfr. ivi, *passim*), bensì Pintori e Sinisgalli nel 1939. Su paternità e data dell'opera, si veda Musina, *Giovanni Pintori* cit., che si è avvalso altrettanto della consultazione dell'Archivio Storico Olivetti e che, stranamente, non è citato dall'autrice nel suo volume. Anche Musina, tuttavia, inserisce nel proprio lavoro l'immagine per la Studio 44, mentre si riferisce alla campagna per la Studio 42 (cfr. ivi, pp. 37-38). Lo stesso errore è commesso da G. Altea, che data al 1938 il manifesto della Studio 44 (cfr. *A Mythological Hand with 45 Fingers* cit., p. 12). Si noti, per inciso, che altrove gli autori diventano persino quattro: "la Rosa nel calamaio, che ha la firma di Pintori e Nivola, con un apporto dello stesso Sinisgalli e di Elio Vittorini" (P. Bricco, *AO. Adriano Olivetti, un italiano del Novecento*, Milano 2023, p. 160).

[35] G. Pintori, [*Memoria autobiografica*,] in *Milano 70/70. Un secolo d'arte. Museo Poldi Pezzoli. Catalogo della mostra*, vol. III, *Dal 1946 al 1970*, Milano 1972, p. 169.

[36] Olivetti, *Una campagna pubblicitaria* cit. A questa intensa campagna pubblicitaria, condotta tra il 1937 e il 1939, risale l'invenzione di Pintori della grafica della parola 'olivetti' con caratteri squadrati (cfr. *ibidem*).

[37] Del numero del 28 febbraio 1939, sono direttore Ernesto Treccani, redattore capo Antonio Bruni, redattori Vittorio Sereni, Dino Del Bo, Raffaele De Grada, Alberto Lattuada. Si veda a riguardo R. De Grada, *Il movimento di Corrente*, Milano 1952; M. Valsecchi, *Gli artisti di 'Corrente'*, Milano 1963; *Corrente di vita giovanile (1938-1940)*, a cura di A. Luzi, presentazione di V. Sereni, Roma 1975; G. Desideri (a cura di), *Antologia della rivista 'Corrente'*, Napoli 1979; G. Benvenuti, *L'esperienza di 'Corrente di vita giovanile'*, in *Studi di lingua e letteratura lombarda offerti a Maurizio Vitale*, vol. 2, Pisa 1983, pp. 999-1019; E. Pontiggia (a cura di), *Il movimento di Corrente*, Milano 2012; K. Colombo, *Il foglio in rossetto e bistro. 'Corrente' tra fascismo e antifascismo politica letteratura arte*, Milano-Udine 2019.

[38] Cfr. G. Pintori, *Architettura e pubblicità*, in "Corrente", a. II, n. 4, 28 febbraio 1939, p. 12.

[39] *Ibidem*.

[40] Cfr. Crespi, *Giovanni Pintori* cit., p. 242.

[41] Cfr. Musatti, Bigiaretti, Soavi (a cura di), *Olivetti 1908-1958*, cit., p. 181; e *Design Process Olivetti 1908-1983*, Milano 1983, p. 369.

[42] Cfr. G. Pintori, *Fotografia e pittura*, in "Notiziario fotografico", a. VI, n. 3-4, marzo-aprile 1946, p. 46.

[43] *Ibidem*.

[44] Cfr. S. Polano, A. Santero, *Olivetti. Storie da una collezione*, Dueville 2023, pp. 82-83. Si noti che dell'immagine esistono due versioni, con la grafica del logotipo 'olivetti' differente. Il primo è realizzato da Xanti Schawinsky nel 1934; il secondo, di forma squadrata, è creato dallo stesso Pintori nel 1947. In effetti, il manifesto viene comunemente datato 1947 (cfr. ivi, pp. 84-85, dove però erroneamente si indica Marcello Nizzoli, come autore del nuovo logotipo). In merito, si veda Musina, *Giovanni Pintori* cit., pp. 56-57; e *Design Process Olivetti* cit., pp. 158-159.

[45] G. Pintori, [*L'illustrazione sulla pagina a fronte*,] testo dattiloscritto, anepigrafo e acrono (vi è un riferimento, come fatto passato, all'estate del 1951), forse redatto per un catalogo, in Archivio Storico Olivetti, Ivrea, fondo "Fototeca Olivetti / Foto del fondo Maria Vittoria Lodovichi / Foto e Documentazione Personalità varie", fasc. 133. Il testo è stato trascritto parzialmente in Fiorentino, *Millesimo di millimetro* cit., p. 321.

[46] G. Pintori, *Olivetti: A Designer's View*, in "Print: America's graphic design magazine", marzo-aprile 1961, p. 40. La traduzione è mia.

[47] Pintori, [*L'illustrazione sulla pagina a fronte*] cit.

[48] *Ibidem*.

[49] Cfr. Musina, *Giovanni Pintori* cit., pp. 56-57. Seguirà la cura dei calendari dedicati a Piero Della Francesca (1959), Raffaello (1960), Giorgio Morandi (1961), Giotto (1962), pittura dell'anno Mille (1963), Orneore Metelli (1964), Pietro Longhi (1965), Manet (1966), Francesco Del Cossa (1967), Umberto Boccioni (1968) e alla pittura Nanban (1969) (cfr. ivi, p. 57). Si veda in merito anche *Design Process. Olivetti* cit., pp. 252-255.

[50] Cfr. G. Pintori, *Visita a Braque*, in "Notizie Olivetti", dicembre 1957, p. 24. Una riproduzione della lettera originale è presente in M. Sironi, *Pintori*, Milano 2015, p. 26.

[51] Pintori, *Olivetti: A Designer's View* cit., p. 40: "Le rivolgo i miei complimenti più sinceri, questo album è riuscitissimo, lei ha raggiunto una perfezione rara" (la traduzione è mia).

[52] A. Olivetti, *Prime esperienze in una fabbrica*, in A. Olivetti, *Società Stato Comunità. Per una economia e politica comunitaria*, a cura di D. Cadeddu, Roma 2021 (ed. or. 1952), p. 33.

[53] G. Pintori, *A speech by Giovanni Pintori, Japan 1967*, in Sironi, *Pintori* cit., p. 67. La traduzione è mia.

[54] Cfr. Pintori, *Olivetti: A Designer's View* cit., p. 40.

[55] Si vedano in particolare le osservazioni dell'amico V. Sereni, *Prove per un ritratto*, in Id., *Gli immediati dintorni. Primi e secondi*, Milano 1983, pp. 105-111 (già in "Pirelli", a. XXI, n. 9-10, settembre-ottobre 1968, pp. 49-56).

[56] G. Pintori, *Un'esperienza di disegno industriale*, in

della pubblicità, cit., p. 133. In 1938, Adriano Olivetti became president of Ing. C. Olivetti & C., taking his father's place (cf. [R. Musatti, L. Bigiaretti, G. Soavi (eds)] *Olivetti 1908-1958*, Ivrea 1958, p. 178).

29 Cf. A. Colizzi - R. Bazzani Zveteremich, *Un pioniere della pubblicità*, cit., p. 133.

30 Cf. B. Russo, *Il labirinto di Leonardo Sinisgalli*, cit., p. 27. See in general, G. Lupo, *Sinisgalli e le indus- trie milanesi (1934-1973)*, in G. Lupo (ed.), *Sinisgalli a Milano. Poesia, pittura, architettura e industria dag- li anni trenta agli anni sessanta. Con testi inediti*, Novara 2002, pp. 213-242; and G. Lupo, *Sinisgalli e la cultura utopica degli anni Trenta. Nuova edizione aggiornata*, Milan 20112 (1996).

31 On the latter, in particular, see C. Barbieri, *Italian Graphic Design Culture and Practice in Milan, 1930s-60s*, Manchester 2024.

32 On this subject, see Olivetti, *Una campagna pub- blicitaria* [edited by the Olivetti Technical Advertising Office], Milan 1939 (comprising 16 plates, among which, incidentally, the 'rose in the inkwell' does not appear). Elio Vittorini, in the brief anonymous intro- duction, stated that, if behind these plates "there is a purpose which remains, ultimately, that common to every advertisement", their authors "have worked without bearing it in mind", with the purpose of "cre- ating images that would endure in people and live in them". If "only art can qualify, and make last, make live, gain people's commitment, advertising must be art" (ibid., p. 3). The text was transcribed, with the title "Una campagna pubblicitaria, Milano 1949" [*sic*], in C. Ossola (ed.), *Scritture di fabbrica. Dal vocabolar- io alla società*, Turin 1994, pp. 455-456.

33 See, for instance, the full-page advertisement in *L'Illustrazione italiana*, 15 October 1939, p. 3 (fig. 5) or in *Tempo*, 21 December 1939, p. 52 (fig. 6).

34 In the Archivio Storico Olivetti it was possible to find several slides with the colour representation of the 'rose in the inkwell' occupying a plane cut by two perpendicular axes, but all exclusively with the indi- cation 'Olivetti Studio 44' (fonds "Fototeca Olivetti / Foto Archivio Renzo Zorzi / Foto di poster", fasc. 8/2). In the volume by [R. Musatti, L. Bigiaretti, G. Soavi (eds.] *Olivetti 1908-1958*, Ivrea 1958), the image re- produced in black and white (probably a working draft) bears the name "Olivetti Studio 42" (ibid., p. 150). Confusion on the subject is increased by *Milles- imo di millimetro. I segni del codice visivo Olivetti, 1908-1978*, by C.C. Fiorentino (Bologna 2014). The volume, however, does not illustrate the visual code of Olivetti from 1908 to 1978, as indicated in the sub- title, but, at most, from 1938 to 1978. The focus is mainly on the posters contained in the pamphlet *Una campagna pubblicitaria* of 1939 for the Studio 42,

with some reference to earlier history and, in a disor- ganised way, to subsequent developments. For this reason, it is surprising that the authorship of the 'rose in the inkwell' and the date of execution are wrong: not Nivola, Pintori and Sinisgalli in 1938 (cf. ibid., *passim*), but Pintori and Sinisgalli in 1939. On the au- thorship and date of the work, see Musina, *Giovanni Pintori*, cit., who also consulted the Archivio Storico Olivetti and who, strangely, is not mentioned by the author in her volume. Musina, however, also included the image for Studio 44 in his work, while referring to the campaign for Studio 42 (cf. ibid., pp. 37-38). The same mistake is committed by G. Altea, who dates the Studio 44 poster to 1938 (cf. *A Mythological Hand with 45 Fingers*, cit., p. 12). Note, incidentally, that elsewhere there are also four authors: "The Rose in the inkwell, which bears the signature of Pintori and Nivola, with a contribution by Sinisgalli himself and Elio Vittorini" (P. Bricco, *AO. Adriano Olivetti, un italia- no del Novecento*, Milan 2023, p. 160).

35 G. Pintori, [*Memoria autobiografica*,] in *Milano 70/70. Un secolo d'arte. Museo Poldi Pezzoli. Catalo- go della mostra*, vol. III, *Dal 1946 al 1970*, Milan 1972, p. 169.

36 Olivetti, *Una campagna pubblicitaria*, cit. This in- tense advertising campaign, conducted between 1937 and 1939, was the subject of Pintori's invention of the graphics of the name 'olivetti' with squared let- tering (cf. ibid.).

37 The editor-in-chief of the 28 February 1939 issue was Ernesto Treccani, executive editor Antonio Bruni, assistant editors Vittorio Sereni, Dino Del Bo, Raffaele De Grada, Alberto Lattuada. See R. De Grada, *Il mov- imento di Corrente*, Milan 1952; M. Valsecchi, *Gli ar- tisti di 'Corrente'*, Milan 1963; *Corrente di vita giova- nile (1938-1940)*, edited by A. Luzi, introduction by V. Sereni, Rome 1975; G. Desideri (ed.), *Antologia della rivista 'Corrente'*, Naples 1979; G. Benvenuti, *L'espe- rienza di 'Corrente di vita giovanile'*, in *Studi di lingua e letteratura lombarda offerte a Maurizio Vitale*, vol. 2, Pisa 1983, pp. 999-1019; E. Pontiggia (ed.), *Il mov- imento di Corrente*, Milan 2012; K. Colombo, *Il foglio in rossetto e bistro. 'Corrente' tra fascismo e antifas- cismo politica letteratura arte*, Milan-Udine 2019.

38 Cf. G. Pintori, *Architettura e pubblicità*, in "Corrente", year II, no. 4, 28 February 1939, p. 12.

39 Ibid.

40 Cf. A. Crespi, *Giovanni Pintori*, cit., p. 242.

41 Cf. *Olivetti 1908-1958*, cit., p. 181; and *Design Pro- cess Olivetti 1908-1983*, Milan 1983, p. 369.

42 Cf. G. Pintori, *Fotografia e pittura*, in *Notiziario fo- tografico*, year VI, no. 3-4, March-April 1946, p. 46.

43 Ibid.

44 Cf. S. Polano, A. Santero, *Olivetti. Storie da una*

collezione, Dueville 2023, pp. 82-83. Note that there are two versions of the image, with different graph- ics of the 'olivetti' logo. The first was designed by Xanti Schawinsky in 1934; the second, with square lettering, was devised by Pintori himself in 1947. In fact, the poster is commonly dated 1947 (cf. ibid., pp. 84-85, where, however, Marcello Nizzoli is mis- takenly indicated as the author of the new logo). On this subject, see M. Musina, *Giovanni Pintori*, cit., pp. 56-57; and *Design Process Olivetti*, cit., pp. 158-159.

45 G. Pintori, [*L'illustrazione sulla pagina a fronte*,] type- script, untitled and undated (there is a reference, as a past fact, to the summer of 1951), perhaps written for a catalogue, in the Archivio Storico Olivetti, Ivrea, fonds "Fototeca Olivetti / Foto del fondo Maria Vittoria Lodovichi / Foto e Documentazione Personalità varie", fasc. 133. The text has been partially transcribed in C.C. Fiorentino, *Millesimo di millimetro*, cit., p. 321.

46 G. Pintori, *Olivetti: A Designer's View*, in "Print: America's graphic design magazine", March-April 1961, p. 40.

47 G. Pintori, [*L'illustrazione sulla pagina a fronte*,] cit.

48 Ibid.

49 Cf. M. Musina, *Giovanni Pintori*, cit., pp. 56-57. This was followed by the editing of the calendars dedicat- ed to Piero Della Francesca (1959), Raphael (1960), Giorgio Morandi (1961), Giotto (1962), painting of the year 1000 (1963), Orneore Metelli (1964), Pietro Longhi (1965), Manet (1966), Francesco Del Cossa (1967), Umberto Boccioni (1968) and Nanban paint- ing (1969) (cf. ibid., p. 57). See also *Design Process. Olivetti*, cit., pp. 252-255.

50 Cf. G. Pintori, *Visita a Braque*, in *Notizie Olivetti*, De- cember 1957, p. 24. A reproduction of the original letter is present in M. Sironi, *Pintori*, Milan 2015, p. 26.

51 G. Pintori, *Olivetti: A Designer's View*, cit., p. 40: "I address you my most sincere compliments, this album is very well done, you have reached a rare perfection".

52 A. Olivetti, *Prime esperienze in una fabbrica*, in A. Olivetti, *Società Stato Comunità. Per una economia e politica comunitaria*, edited by D. Cadeddu, Rome 2021 (or. ed.1952), p. 33.

53 G. Pintori, *A speech by Giovanni Pintori, Japan 1967*, in M. Sironi, *Pintori*, cit., p. 67.

54 Cf. G. Pintori, *Olivetti: A Designer's View*, cit., p. 40.

55 See in particular the remarks by his friend V. Sereni, *Prove per un ritratto*, in Id., *Gli immediati dintorni. Primi e secondi*, Milan 1983, pp. 105-111 (formerly in "Pirelli", year XXI, no. 9-10, September-October 1968, pp. 49-56).

56 G. Pintori, *Un'esperienza di disegno industriale*, in "Notizie Clivetti", April 1961, pp. 53-55: p. 53; re-

"Notizie Olivetti", aprile 1961, pp. 53-55: p. 53; rist. in *L'impresa del design: lo stile Olivetti*, Angeli di Rosora 2010, pp. 70-73. Pintori stesso afferma: "Mi è stato prezioso il fatto di essere particolarmente portato ai lavori manuali, anche di carattere meccanico; so alla buona saldare, tornire e lavorare il legno; riesco a rimontare un motore a scoppio; conosco i diversi tipi di colle e di stucchi e di vernici; i sistemi di fusione e pressofusione" (ivi, p. 55). Adriano Olivetti morì il 27 febbraio del 1960 (cfr. V. Ochetto, *Adriano Olivetti. La biografia*, Roma-Ivrea 2013, pp. 281-293).

[57] Può essere interessante leggere in merito l'articolo di A. Olivetti, *Il problema delle macchine utensili*, in "Tecnica ed Organizzazione", ottobre-dicembre 1941, pp. 23-29; poi in "L'Industria meccanica", febbraio 1942, pp. 47-52 (come parte di un ampio dibattito sul tema); ora in Olivetti, *Civitas hominum* cit., pp. 167-189.

[58] Pintori, *Un'esperienza di disegno industriale* cit., p. 53. Il corsivo è nell'originale.

[59] Cfr. ivi, p. 55.

[60] Cfr. *ibidem*.

[61] Pintori, *Olivetti: A Designer's View* cit., p. 43. La traduzione è mia.

[62] Cfr. ivi, p. 40.

[63] G. Pintori, [*Memoria autobiografica*], in *Milano 70/70. Un secolo d'arte* cit., p. 169.

[64] Pintori, *Olivetti: A Designer's View* cit., pp. 37, 39. La traduzione è mia.

[65] Pintori, [*Memoria autobiografica*] cit., p. 169.

[66] Cfr. L. Bigiaretti, [*Fra le persone di mia conoscenza,*] in *Giovanni Pintori*, fotografie di U. Mulas, testi di L. Bigiaretti, L. De Libero, Milano 1967 ("Quaderni di Imago", 6), p. 6.

[67] G. De Carlo, *Giovanni Pintori*, in *Pintori*, Nuoro 2003, p. 132.

[68] Sereni, *Prove per un ritratto* cit., p. 109.

[69] Cfr. Musina, *Giovanni Pintori* cit., p. 43.

[70] Cfr. M. Broggi, P.P. Vidari (a cura di), *Lezioni su Olivetti. Storia, editoria, design. Con un'intervista a Renzo Zorzi*, Milano 2018, p. 106.

[71] R. Zorzi, *Olivetti: A design story, two critical moments*, c. 15 (testo in italiano, per libro in bozze, 1980), in Archivio Storico Olivetti, Ivrea, Fondo "Documentazione Società / Zorzi, Renzo – Direzione Relazioni Culturali, Disegno Industriale, Pubblicità; Direzione Corporate Image / Personalità Olivetti / Zorzi Renzo / Relazioni", fasc. 8.

[72] Cfr. Broggi, Vidari (a cura di), *Lezioni su Olivetti* cit., p. 152.

[73] G. Pintori, intervista in G. Sanna, *Pintori. Sardus pater della grafica italiana*, circa 1986, citato in Musina, *Giovanni Pintori* cit., p. 43.

[74] Olivetti, *L'ordine politico delle Comunità*, a cura di D. Cadeddu, cit., p. 48.

[75] Ivi, p. 198.

[76] Ivi, pp. 48-49.

[77] Come ha scritto Bigiaretti, "in tutto ciò che ha fatto come grafico non c'è niente di ossessivamente meticoloso. I suoi risultati migliori di pittore, di grafico, di designer sono effetto di sintesi; ma la sintesi è risultato di analisi" ([*Fra le persone di mia conoscenza,*] cit., p. 5). Sergio Polano conferma: "Si tratta della singolare capacità di sintesi iconica, della peculiare virtù di giungere a produrre concentrate guizzanti energie visive, della magica abilità di estrarre, indirizzare, ridurre la rappresentazione a idea, una vibrante essenza, attraverso un misterioso lavoro congiunto della mente e della mano" (*Giovanni Pintori. Effetto di sintesi*, in *Abecedario. La grafica del Novecento*, testi di S. Polano, apparato iconografico di P. Vetta, Milano 2002 [rist. 2022], p. 169). Anche Musina asserisce che "la sintesi è senza dubbio la caratteristica che rappresenta più profondamente lo stile di Pintori", anche perché "la sintesi non è semplicemente una questione compositiva o stilistica, ma acquisisce un vero e proprio fine sociale" (Musina, *Giovanni Pintori* cit., pp. 101, 103).

[78] Pintori, *Un'esperienza di disegno industriale* cit., p. 55.

[79] Pintori, *Olivetti: A Designer's View* cit., p. 40. La traduzione è mia.

printed in *L'impresa del design: lo stile Olivetti*, Angeli di Rosora 2010, pp. 70-73. Pintori himself said: "A valuable quality I possessed was a particular bent for manual work, even of a mechanical nature. I know how to weld, turn and work wood; I can reassemble an internal combustion engine; I know the different types of glues and stuccoes and varnishes; casting and die-casting systems" (ibid., p. 55). Adriano Olivetti died on 27 February 1960 (cf. V. Ochetto, *Adriano Olivetti. La biografia*, Roma-Ivrea 2013, pp. 281-293).

[57] It could be interesting to read the article by A. Olivetti, *Il problema delle macchine utensili*, in "Tecnica ed Organizzazione", October-December 1941, pp. 23-29; then in "L'Industria meccanica", February 1942, pp. 47-52 (as part of a broad debate on the subject); now in A. Olivetti, *Civitas hominum*, cit., pp. 167-189.

[58] G. Pintori, *An experience of industrial design*, cit., p. 53. Italics are in the original.

[59] Cf. ibid., p. 55.

[60] Cf. G. Pintori, *An experience of industrial design*, cit., p. 55.

[61] G. Pintori, *Olivetti: A Designer's View*, cit., p. 43.

[62] Cf. ibid., p. 40.

[63] G. Pintori, [*Memoria autobiografica*,] in *Milano 70/70. Un secolo d'arte*, cit., p. 169.

[64] G. Pintori, *Olivetti: A Designer's View*, cit., pp. 37, 39.

[65] G. Pintori, [*Memoria autobiografica*,] cit., p. 169.

[66] Cf. L. Bigiaretti, [*Fra le persone di mia conoscenza*,] in *Giovanni Pintori*, photographs by U. Mulas, texts by L. Bigiaretti, L. De Libero, Milan 1967 ("Quaderni di Imago", 6), p. 6.

[67] G. De Carlo, *Giovanni Pintori*, in *Pintori*, Nuoro 2003, p. 132.

[68] V. Sereni, *Prove per un ritratto*, cit., p. 109.

[69] Cf. M. Musina, *Giovanni Pintori*, cit., p. 43.

[70] Cf. M. Broggi - P.P. Vidari (eds.), *Lezioni su Olivetti. Storia, editoria, design. Con un'intervista a Renzo Zorzi*, Milan 2018, p. 106.

[71] R. Zorzi, *Olivetti: A design story, two critical moments*, c. 15 (text in Italian, for the book in proof, 1980), in Archivio Storico Olivetti, Ivrea, Fondo "Documentazione Società / Zorzi, Renzo – Direzione Relazioni Culturali, Disegno Industriale, Pubblicità; Direzione Corporate Image / Personalità Olivetti / Zorzi Renzo / Relazioni", fasc. 8.

[72] Cf. M. Broggi - P.P. Vidari (eds.), *Lezioni su Olivetti*, cit., p. 152.

[73] G. Pintori, interview in G. Sanna, *Pintori. Sardus pater della grafica italiana*, ca. 1986, cited in M. Musina, *Giovanni Pintori*, cit., p. 43.

[74] A. Olivetti, *L'ordine politico delle Comunità*, edited by D. Cadeddu, cit., p. 48.

[75] Ibid., p. 198

[76] Ibid., pp. 48-49.

[77] As Bigiaretti wrote, "in everything he did as a graphic designer there was nothing obsessively meticulous. His best results as a painter, graphic artist and designer, are the effect of synthesis; but the synthesis is the result of analysis" ([*Fra le persone di mia conoscenza*,] cit., p. 5). Sergio Polano confirms this: "It was a matter of the singular capacity for iconic synthesis, the special virtue of producing concentrated darting visual energies, the magical ability to extract, direct and reduce representation to an idea, a vibrant essence, through a mysterious joint work of mind and hand" (*Giovanni Pintori. Effetto di sintesi*, in *Abecedario. La grafica del Novecento*, texts by S. Polano, illustrations by P. Vetta, Milan 2002 [rev. 2022], p. 169). Musina also asserts that "synthesis is undoubtedly the characteristic that most profoundly represents Pintori's style", because "synthesis is not simply a compositional or stylistic question, but acquires a real social purpose" (M. Musina, *Giovanni Pintori*, cit., pp. 101, 103).

[78] G. Pintori, *L'esperienza di disegno industriale*, cit., p. 55.

[79] G. Pintori, *Olivetti: A Designer's View*, cit., p. 40.

Il lessico grafico di Giovanni Pintori: sintesi iconica, ritmo e cromie

Nicoletta Ossanna Cavadini

Ho affidato il mio messaggio pubblicitario a una massa di numeri, o a una profusione grafica di frecce, che suggerisce la complessità e la varietà delle operazioni di un calcolatore automatico, o a un movimento di profilo dei tasti di una macchina per scrivere, al fine di rappresentarlo in azione. Il messaggio grafico, quando riesce a diventare una forma d'arte, è il solo che raggiunga la totalità del suo pubblico potenziale. L'artista grafico, perciò, ha una responsabilità verso questo pubblico immenso e sconosciuto.

Giovanni Pintori, *Olivetti: A Designer's View*, in "Print: America's graphic design magazine", a. XV, n. 11, marzo-aprile 1961, pp. 35-43.

Giovanni Pintori, nella sua attività professionale – di grande successo in ambito internazionale – promuove costantemente la valorizzazione e il ruolo del graphic design all'interno della società, in stretta sintonia con la visione delle idee socio-politiche di una "comunità concreta" e di fervore utopico della "città dell'uomo"[1], concetti questi espressi con tanta chiarezza e coerenza da Adriano Olivetti. L'ingegnere di Ivrea, infatti, appena neo-laureato e inserito nella dirigenza della fabbrica di famiglia, effettua il primo soggiorno negli Stati Uniti e, una volta rientrato, attiva già dal 1928 il Servizio pubblicità all'interno della stessa ditta Olivetti. Egli si circondò sempre di un formidabile team di progettisti e collaboratori multidisciplinari ampliando la visione del padre Camillo, che aveva già incaricato artisti e grafici di grande levatura, del calibro di Teodoro Wolf Ferrari, Marcello Dudovich, Xanti Schawinsky e Herbert Bayer, per studiare e produrre le pubblicità Olivetti su pagine di giornali o manifesti. Adriano Olivetti con l'istituzione nel 1931 dell'Ufficio Sviluppo e Pubblicità, diretto da Renato Zveteremich, attua un'accurata scelta di giovani promettenti da coinvolgere per garantire un futuro innovativo alla comunicazione d'impresa. Dopo i BBPR, Figini e Pollini, Guido Modiano, Bruno Munari, Marcello Nizzoli, Edoardo Persico, Luigi Veronesi, Leonardo Sinisgalli, egli inizia a inserire in ditta con il 1936 anche i neodiplomati dell'ISIA di Monza come Costantino Nivola, Giovanni Pintori e Salvatore Fancello. Per questioni congiunturali nell'arco di pochi anni rimase all'Olivetti solo Giovanni Pintori (Fancello infatti muore prematuramente in guerra e Nivola, sposando una ragazza di origine ebraica, per evitare le retate delle leggi razziali emigra negli Stati Uniti).
È "una questione di metodo e non di sistema, di coordinazione e non di programma", rileva in uno scritto Giovanni Anceschi[2], mettendo in evidenza l'importanza del ruolo dell'industriale Adriano Olivetti capace di avviare in Italia un "caso pilota" d'impresa innovativa.

Giovanni Pintori's Graphic Lexicon: Iconic Synthesis, Rhythm and Colours

Nicoletta Ossanna Cavadini

I entrusted my advertising message to a mass of numbers, or to a graphic profusion of arrows that suggest the complexity and the variety of operations of an automatic calculator, or to a profile movement of the keys of a typewriter to represent it n action. The graphic message, when it succeeds in becoming a form of art, is the only one that reaches the totality of its potential audience. The graphic artist, therefore, has a responsibility to his immense and unknown public.

Giovanni Pintori, "Olivetti: A Designer's View", in *Print: America's graphic design magazine*, vol. XV, no. 11, March-April 1961, pp. 35-43.

Giovanni Pintori, in his professional practice – with undisputed success obtained in the international arena – was constantly concerned to enhance the professional role of the graphic designer in society, in perfect correspondence with the vision of the socio-political ideas of a "concrete community" and utopian fervour of the "city of man",[1] expressed with such clarity and coherence by Adriano Olivetti. On graduating, Olivetti joined the management of the factory in Ivrea and made his first visit to the United States. On his return, he instituted the Advertising Service in the family business as early as 1928. He always surrounded himself with an outstanding team of designers and multidisciplinary collaborators, expanding the vision of his father Camillo, who had already commissioned graphic artists of great stature, such as Teodoro Wolf Ferrari, Marcello Dudovich, Xanti Schawinsky and Herbert Bayer to design Olivetti newspaper advertisements and posters. With the establishment in 1931 of the Development and Advertising Office, directed by Renato Zveteremich, Adriano Olivetti began to choose promising young designers to guarantee an innovative future for the firm's business communications. After BBPR, Figini and Pollini, he appointed Guido Modiano, Bruno Munari, Marcello Nizzoli, Edoardo Persico, Luigi Veronesi and Leonardo Sinisgalli. In 1936 he also began to include the new graduates of the ISIA of Monza: Costantino Nivola, Giovanni Pintori and Salvatore Fancello. For various reasons, just a few years later, only Giovanni Pintori was left at Olivetti. (Fancello died young in the war, and Nivola had married a girl of Jewish origin, leading him to emigrate to the United States to avoid being caught up in the racial laws.)
It was "a question of method and not of system, of coordination and not of programme", noted Giovanni Anceschi in an article,[2] when Adriano Olivetti began the "pilot project" of an innovative business starting in the Twenties. The difficulties caused by World War II

Le difficili vicende legate alla Seconda guerra mondiale, avvicinano ulteriormente Pintori a Olivetti; l'imprenditore, infatti, per aver salva la vita si rifugerà in Svizzera in una sorta di "esilio forzato" e, grazie alla mediazione di Gino Levi, si riesce a scongiurare il bombardamento e anche l'imposta chiusura della fabbrica da parte dei tedeschi. È lo stesso Pintori che pubblica nel 1961, in pieno boom economico, in un lungo articolo sulla rivista americana "Print", le chiarificatorie parole sul rapporto con l'imprenditore del Canavese: "È stato molto importante per me, all'inizio della mia carriera, incontrare un uomo come Adriano Olivetti. Questo notevole industriale fu una persona di pensiero e cultura moderna. Considerò lo sviluppo dell'espressione e della comunicazione umana come un fattore fondamentale per la creazione di una nuova società. Ritengo che fu la personalità straordinaria di Adriano Olivetti a generare, tra lui e i suoi colleghi, una solidarietà di gusto, all'interno di una cornice di libertà creativa individuale. Egli richiedeva sistematicamente il meglio dai suoi collaboratori e aveva successo nello stimolare verso il massimo delle loro capacità potenziali"[3]. Giovanni Pintori espresse, grazie all'intesa con Olivetti, il meglio delle sue potenzialità creative e soluzioni innovative nel settore della grafica e della comunicazione visiva[4].

Dalla composizione figurativa a quella astratta

Nella prima fase creativa di Pintori vi sono le opere realizzate fra il 1937 e il 1939, che testimoniano un superamento del Realismo magico dei grandi maestri che avevano creato la precedente comunicazione per Olivetti come Ferrari e Dudovich, anche ove permangono i temi figurativi pur in un rinnovato clima compositivo. Sono infatti le mani – poste sulla tastiera delle macchine per scrivere – le grandi protagoniste della pubblicità di quegli anni. Il rimando alle lunghe dita della dattilografa riconducono a un quadro etico-teorico olivettiano del "pensare con le mani"[5] inserite nella rappresentazione della naturalità del fare. Iniziano infatti in questo periodo a emergere le tematiche poi dominanti nel linguaggio specifico di Pintori: il ruolo centrale tra parola e immagine, l'uso imponente della tipografia, la forte presenza delle tecniche fotopittoriche (di bauhausiana memoria), nonché il costante rimando alla metafora.

La produzione dell'impresa di Ivrea limita la pubblicità a due grandi temi: le macchine per scrivere e le macchine di calcolo. Argomenti questi non facili da comunicare, che Pintori riesce però a declinare in maniera del tutto poetica e coinvolgente.

Nella seconda fase, identificata negli anni 1940-1949, si nota nel disegno grafico di Pintori una ricerca più avanzata, in cui è la composizione astratta a essere la protagonista. Lo sfondo è realizzato a campiture piene (non vi sono più le sfumature) e si nota una semplificazione dei soggetti rappresentati ottenuti sempre con l'utilizzo della fotografia a collage. Questo periodo è caratterizzato da due opere significative: il manifesto con il pallottoliere del 1947 e quello con i numeri denominato *Numbers* del 1949: disegnati entrambi per la promozione delle calcolatrici Olivetti. Il rimando al "pallottoliere, ossia ad uno strumento primordiale di calcolo" proposto da Pintori è chiaro: "perché esso è un simbolo facilmente comprensibile e suggerisce a tutti e in modo immediato l'idea di un conteggio, che fin da bambini, abbiamo adoperato"[6]. Mentre l'altro manifesto, ideato per Divisumma 14, è

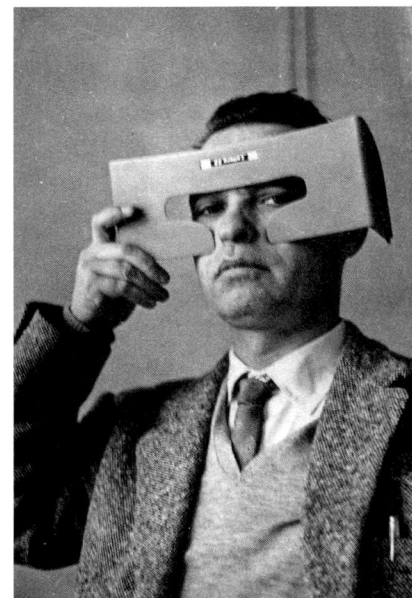

Giovanni Pintori
1954

Bruno Munari, fotografia inserita in / photograph in
Codice Ovvio, 1972

Giovanni Pintori nell'Ufficio
pubblicità della Olivetti /
Giovanni Pintori in Olivetti's
Advertising Office, 1954

Assemblea AGI a Londra nel
1952, in cui venne nominato
socio Giovanni Pintori con
Erberto Carboni, Franco
Grignani, Bruno Munari /
AGI Assembly in London
in 1952, at which Giovanni
Pintori was appointed
a member with Erberto
Carboni, Franco Grignani
and Bruno Munari

brought Pintori even closer to Olivetti, who took refuge in Switzerland in a sort of "forced exile" to save his life, while the mediation of Gino Levi avoded both the bombing and the enforced closure of the factory by the Germans. Pintori himself published in a long article in the American magazine *Print* in 1961 touching words about his relationship with Adriano Olivetti: "It was very important for me, at the beginning of my career, to meet such a man as Adriano Olivetti. This remarkable industrialist was a man of modern thought and culture. He considered the development of expression and of human communication a fundamental factor for the creation of a new society. It was the extraordinary personality of Adriano Olivetti, I believe, that brought about between him and his colleagues a solidarity of taste within a frame of individual creative freedom. From his collaborators he systematically required the best and he succeeded in stimulating to the maximum their potential abilities."[3] Giovanni Pintori expressed the best of his creative potentia and innovative solutions in the field of graphics and visual communication for thirty years.[4]

From figurative to abstract composition

The works from 1937 to 1939 belong to the first expressive phase of the young Pintori, the initial artistic phase, marking an advance compared to Dudovich's magical realism, but the figurative themes of the hands on the keyboard are still a largely stereotyped image. The precise reference is to the hands of the typist, leading to an ethical-theoretical framework of "thinking with the hands"[5] to represent the naturalness of the action. The dominant themes in his specific vocabulary between word and image began to emerge and were then present in the following years, such as the use of typography and the photographic image, and metaphor.

The themes of Olivetti's advertising were essentially two: typewriters and calculating machines, arid topics that Pintori managed to interpret in a completely poetic and engaging way. In the second phase identified between 1940 and 1949 there was more advanced research devoted to abstract composition, in which the backgrounds are plain (there are no longer shades of colour) and there was a simplification of the subjects of the representation, again with the use of photography.

This period is mainly characterised by two works: the poster with the abacus from 1947 and the one with numerals called *Numbers* of 1949. Both were designed to promote calculating machines. As Pintori himself stated, "I thought of the abacus, a primitive counting frame, because it is an easily comprehensible symbol and immediately suggests to everyone the idea of counting, which we have all done since childhood." He added he that he wanted to make the viewer think: "Doing too many sums and calculations tires the mind. This beautiful and modern machine performs the most complex operations in the simplest and most logical way, with the same ease as an elementary calculation worked out on the abacus."[6] The other poster realised for *Divisumma 14* of 1949 was "characterised by a fascinating forest of coloured numbers of various sizes and different kinds and typographic characters arranged like a natural, chromatic shower of rain,"[7] entitled *Numbers*, with the small white lettering of the Olivetti brand appearing only at the centre.

"caratterizzato da una affascinante selva di numeri colorati di varie dimensioni e diversi caratteri tipografici disposti come una pioggia naturale e cromatica"[7], ove compare al centro la piccola scritta bianca della marca "Olivetti" che attira ineluttabilmente l'attenzione. Nella terza fase – quella più fertile e matura di un Pintori quarantenne – individuabile negli anni 1950-1960, si nota un exploit di creatività. In questo decennio viene realizzata una grande quantità di artefatti: manifesti, pagine pubblicitarie, depliant, riviste, bollettini, house organ, nonché il logo Olivetti caratterizzato dalla classica "O" allungata che sarà in vigore (su progetto di Pintori) dal 1947 al 1952.

La concettualizzazione astratta porta alla ricerca di una "sintesi iconica" di simboli tracciati su fondo bianco a vivaci colori primari, il movimento delle dita sui tasti è unicamente disegnato da archi, frecce o linee tratteggiate, dove la macchina per scrivere o di calcolo non appare più nella sua classica immagine fotografica. È il caso della fortunata serie per *Lettera 22* del 1954 e anni successivi, in cui la metafora rappresentata dall'immagine della piuma o della libellula entra nell'immaginario collettivo della clientela. Nei frequenti viaggi a New York, avvenuti a partire dall'inizio anni cinquanta, Pintori frequenta Paul Rand (il grafico AGI che ha elaborato il logo per l'IBM) e Leo Lionni, artista-grafico che dirige in quel periodo la rivista "Print" e si occupa anche di "Fortune". Le relazioni fra queste due grandi personalità contribuiscono alle sempre più innovative soluzioni della pubblicità di Olivetti nel decennio centrale del Novecento. Numerosi sono i successi e riconoscimenti nazionali e internazionali che Pintori consegue in questi anni: dalla Palma d'oro della Federazione italiana di pubblicità (1950) alla prestigiosa mostra del MoMA di New York (1952) – in cui nel giardino Pintori costruisce una scultura pubblicitaria in ferro –, dall'esposizione al Louvre di Parigi (1955) al certificato di eccellenza dell'American Institute of Graphic Arts (1955), dalla Medaglia d'oro della Fiera internazionale di Milano (1956) all'Eight Annual Typographic Excellence Award del Type Director Club di New York (1962). Di grande rilevanza è ricordare che nella prima seduta della neo costituita AGI – Alliance graphique Internazionale – , Pintori fu nominato socio e poi divenne presidente per l'Italia dello stesso prestigioso premio.

Nell'ultimo periodo, caratterizzato dai sette anni all'Olivetti senza la dirigenza di Adriano, scomparso nel 1960, assistiamo a una forte schematizzazione e composizione geometrica dei segni che raggiunge un minimalismo *ante litteram* in cui emergono ricerche compositive e concettuali affini all'Op art. L'amicizia con Franco Grignani e la diretta conoscenza delle sue opere lo influenzano sensibilmente. Il viaggio in Giappone del 1966 emoziona Pintori nel profondo: il lungo soggiorno necessario alla preparazione della sua mostra a Tokyo e Kyoto[8] gli apre nuovi orizzonti di cultura e di pensiero. Sono in particolare gli ideogrammi a suggestionare Pintori che rientra con una serie di grafiche nipponiche per la sua collezione e reinterpreta la pubblicità Olivetti in forma di monogramma. Egli è affascinato dall'arte nipponica del periodo Nanban che sancisce nel XVI e XVII secolo l'incontro fra la cultura artistica orientale e occidentale: a questo tema dedicherà il calendario Olivetti del 1969 che chiude la fortunata stagione dei "calendari d'impresa" iniziati a partire dal 1951 – in anticipo di circa dieci anni rispetto ai calendari Pirelli – e realizzati anche grazie a particolari momenti d'incontro personale con artisti come con Georges Braque e Giorgio

Inserzione pubblicitaria della macchina per scrivere Olivetti, pubblicata sulla rivista "L'Illustrazione Italiana", 1912 / Advertisement for the Olivetti typewriter, published in the magazine *L'Illustrazione Italiana*, 1912

Inserzione pubblicitaria della macchina per scrivere M20, pubblicata sulla rivista "L'Illustrazione Italiana" / Advertisement for the M20 typewriter, published in the magazine *L'Illustrazione Italiana*, 1928

Marcello Dudovich,
manifesto Olivetti, 1930 /
Olivetti poster, 1930

Xanti Schawinsky, manifesto
Olivetti, 1934 / Olivetti
poster, 1934

The third phase, the most fertile and mature development by Pintori in his forties, can be identified in the 1950s and 1960s, In this decade he produced a large number of artefacts: posters, full-page advertisements, brochures, magazines, bulletins and house organs. In this period the concept of "iconic synthesis" was brought into focus in an abstract vision of symbols traced on a white ground of bright primary colours; the movement of the fingers on the keys was only drawn by arcs, arrows or dotted lines, with the typewriter or calculating machine no longer being represented. This was the case of the successful series for the *Lettera 22* in 1954 and subsequent years, in which the metaphor of the feather or the dragonfly was schematically represented and entered the collective imagination. On his frequent trips to New York, he met Paul Rand (the AGI graphic designer who developed the IBM logo), and Leo Lionni, who directed *Print* magazine in those years and also worked for *Fortune*. Pintori gained broad national and international success and received many awards in these years: the Palma d'Oro of the Italian Federation of Advertising (1950), an exhibition at the MoMA in New York (1952), an exhibition at the Louvre in Paris (1955), the certificate of excellence of the American Institute of Graphic Arts (1955), the Gold Medal of the Fiera Internazionale di Milano (1956), the Eighth Annual Typographic Excellence Award of the Type Directors Club of New York (1962).

In the last period characterized by the seven years at Olivetti after Adriano's death in 1960, Pintori developed a strongly schematic and geometric composition of signs that attained minimalism *ante litteram*, from which compositional and conceptual research similar to Op Art emerged. His friendship with Franco Grignani and a direct knowledge of his works certainly influenced him. We know that they meet on several occasions, sometimes at his exhibitions. Pintori was extremely excited by the trip to Japan (1966), with a long stay being made necessary to prepare his exhibitions in Tokyo and Kyoto.[8] It opened new horizons of culture and thought. Ideograms, in particular, influenced him, and he returned with a number of Japanese graphic works for his collection, and reinterpreted Olivetti's advertising in the form of the monogram. He was fascinated by the Japanese art of the Nanban period, in the 16th and 17th centuries, which celebrated the encounter between Eastern and Western artistic culture. This theme would be the subject of the 1969 Olivetti calendar, which closed the successful period of the "company calendars" begun in 1951, some ten years before the Pirelli calendars. The series included personal encounters with artists such as Georges Braque and Giorgio Morandi, with Pintori ensuring they were printed to the highest standards. His last graphic work for Olivetti engaged in an extreme experimentation of synthesis on the covers for in-house magazines in terms of concentric geometric abstractions, namely "forms in forms" as they were generally termed.

Morandi, seguendone inoltre tutta l'esecuzione a stampa di altissima qualità. L'ultima produzione grafica per Olivetti raggiunge l'estrema sperimentazione di sintesi con le copertine per le riviste d'impresa in termini di astrattismi geometrici concentrici, ossia le "forme nelle forme" come venivano abitualmente definiti.

Il lessico grafico di Giovanni Pintori

Giovanni Pintori con il 1940 è nominato responsabile dell'Ufficio Tecnico della Pubblicità dallo stesso Adriano Olivetti in uno scenario di complementarità di incarichi assegnati a personalità emergenti. Nel corso degli anni quaranta-sessanta sono stati infatti interpellati celebri grafici per ruoli specifici – quali impaginazioni di cataloghi e definizioni di manifesti – con i quali Pintori ha avuto modo di stringere relazioni professionali: si ricordano, in particolare, Erberto Carboni, Max Huber[9], Egidio Bonfante, Raymond Savignac, Leo Lionni, Richard Neutra, Walter Ballmer e Franco Bassi.

La sapiente sequenza di memorabili campagne pubblicitarie della Olivetti attribuite alla coinvolgente grafica di Giovanni Pintori può essere ripercorsa ricordando quelle delle macchine per scrivere Studio 42 e Studio 44 apparse fra il 1936 e il 1939 (dove vi è anche il contributo di Leonardo Sinisgalli) in cui l'impronta della sperimentazione razionalista e modernista è ben visibile anche nella sua rivisitazione del 1952, dove il Pintori più fantasioso utilizza come base il "disco di Festo" essendo uno dei primi esempi della storia dell'umanità in cui compare l'utilizzo dei caratteri mobili. Seguono poi quelle più libere per la macchina per scrivere denominata Lexicon del 1953, espresse da una grafica che riprende la "stele di Rosetta" sormontata da quattro campiture colorate e dal nuovo marchio geometrico della "O" di Nizzoli al centro, e quella della Lettera 22 del 1950-1955, nel cui messaggio Pintori affianca la nuova macchina per scrivere Olivetti all'icona del telefono, della radio e dell'orologio, cioè agli oggetti più tecnologici della casa a quel tempo, fino alla campagna per la macchina di calcolo scrivente Tetractys, apparsa a partire dal 1956 con tutte le frecce colorate che riconducono ai concetti filosofici pitagorici basati sulla successione aritmetica e di simmetria geometrica dei primi 4 numeri naturali[10], ma anche al movimento che si deve fare con la leva della macchina di calcolo per mettere in colonna i numeri, essendo questa la prima macchina che permetteva di fare tutte e quattro le operazioni matematiche. E poi le pubblicità per le singole calcolatrici Summa del 1953 e Multisumma e Divisumma del 1956-1957, dove la comunicazione grafica è incentrata attorno al rotolo di carta che – a seguito delle molte operazioni fatte con successo – si dispiega incessantemente, e quelle per la Elettrosumma del 1954 e Elettrosumma Duplex del 1956-1957 caratterizzate da linee colorate e tasti bianchi numerici, e ancora per la Diaspron nel 1959, dove crea uno schema di scheletro della macchina da scrivere (raffigurata anche da versioni aggraziate da fiori e uccelli) che appaiono in una geniale sintesi fra linea e colore, fino a quella coloratissima per la Raphael, uscita nel 1961, in cui campeggia la sovrapposizione delle lettere stampate in diversi colori, grafica questa incentrata sul nuovo concetto del meccanismo a spaziatura differenziata della nuova macchina per scrivere[11]. Nonostante i concetti dell'impresa Olivetti siano riferiti a una logica aziendale di una materia legata alla computisteria e alla scrittura, elaborati da un team di esperti di alto livello,

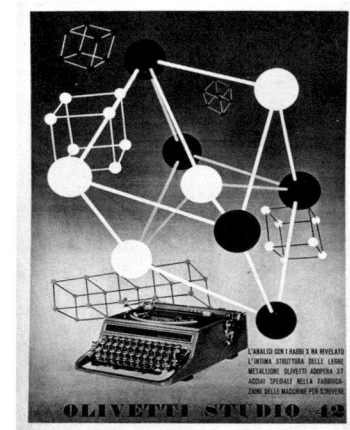

La rosa e il calamaio, bozzetto per la pubblicità Olivetti Studio, Leonardo Sinisgalli, Giovanni Pintori e Costantino Nivola, 1936 / The rose and the inkwell, mock up for Olivetti Studio advertisement, Leonardo Sinisgalli, Giovanni Pintori and Costantino Nivola 1937-1939

Pagina pubblicitaria Olivetti della macchina per scrivere Studio 42, Giovanni Pintori e Costantino Nivola, 1939 / Full-page advertisement for Olivetti's Studio 42 typewriter, Giovanni Pintori and Costantino Nivola, 1939

Giovanni Pintori
1950 ca.

Pintori in una foto di gruppo
nello studio Olivetti / Pintori
in a group photo in the
Olivetti office
1960 ca.

Giovanni Pintori's graphic lexicon

In 1940 Giovanni Pintori was appointed head of the Technical Advertising Office by Adriano Olivetti himself with complementary appointments assigned to emerging figures. From the 1940s to the '60s, famous graphic designers were consulted for the layout of the catalogues and design of posters and the logo. Pintori had opportunities to form professional ties with them. Notable among them were Erberto Carbon , Max Huber,[9] Egidio Bonfante, Raymond Savignac, Leo Lionni, Richard Neutra, Walter Ballmer and Franco Bassi, with whom he had professional relationships based on mutual esteem.

The skilful sequence of Giovanni Pintori's engaging graphics for memorable Olivetti advertising campaigns can be retraced by recalling those for the *Studio 42* and *Studio 44* typewriters, which appeared between 1936 and 1939 (and included the contribution of Leonardo Sinisgalli). The imprint of Rationalist experimentation is also clearly visible in his 1952 reinterpretation of the Phaistos Disc, one of the earliest examples in the history of mankind of the use of movable type, as well as his freer use of lettering for the *Lexicon* typewriter in 1953. This is expressed by a graphic design depicting the Rosetta Stone surmounted by four coloured backgrounds and the new geometric mark of Nizzoli's "O" at the centre. Other examples are: the advertisement for the Lettera 22 in 1950-55, in which he placed the new Olivetti typewriter next to the icon of the telephone, the radio and the clock, the most advanced technological household objects of the time; the Tetractys calculating machine campaign from 1956, with a swarm of coloured arrows drawing on the Pythagorean philosophical concepts of the arithmetic succession and geometric symmetry of the first 4 natural numbers,[10] as well as the movement to be made with the lever of the calculating machine to place the numbers in column, this being the first machine that performed all four mathematical operations. And then the advertising campaigns for the single calculators for the Summa of 1953, the Multisumma and Divisumma of 1956-57, in which the graphic communication was centred on the roll of paper endlessly unfurling the many operations successfully performed; the Elettrosumma of 1954 and Elettrosumma Duplex of 56-57, characterised by coloured lines and white keys for the numbers; the Diaspron in 1959, in which he created the skeleton of the typewriter (also depicted in versions softened by flowers and birds) in a brilliant synthesis between line and colour; and the colourful advertisement for the Raphael issued in 1961, in which the eye is attracted to the overlapping letters printed in different colours, with the graphics focused on the innovative concept of the typewriter's differentiated spacing mechanism.[11] Although the themes at Olivetti rested on a business logic of calculation and writing developed by a team of outstanding experts, Pintori was always able to give clear graphic expression to the advertising, often in imaginative and poetic ways, with a light and minimalist calligraphic handling, a feature that makes his work unique. His unparalleled graphic representation gives it a modernity that makes it timeless, although the offspring of rationalist composition and the modernist path, with a nod to the innovations of the Neue Grafik. Pintori's graphics are expressed with an independent and original vocabulary that has the value of contemporaneity and have proved enduring in terms of values and meanings over time.

Pintori è sempre riuscito a trasformare la comunicazione in un messaggio grafico chiaro, fantasioso e poetico, con un segno calligrafico leggero e minimalista, aspetto questo che lo rese unico. La sua ineguagliabile rappresentazione grafica gli conferisce una modernità che lo qualifica in senso atemporale, pur figlio della composizione razionalista e del percorso modernista fino ad ammiccamenti riferibili alle innovazioni della Neue Grafik; la grafica di Pintori si esprime con un linguaggio autonomo e originale che ha un profondo spirito di contemporaneità e perdura per valori e significati nel tempo.

La sintesi iconica e cromatica: pubblicità come arte

Giovanni Pintori applica una ricerca costante nella disciplina grafica con l'obiettivo di unire il concetto del prodotto e l'immagine in una sintesi iconica. Egli raggiunge il risultato attraverso schizzi e bozzetti in cui opera una riduzione del linguaggio segnico[12]: frecce, linee, trattini, punti esclamativi, cerchi ecc., che gli consentono di ottenere una visione armonica d'insieme, che sia però nel contempo sorprendente e mai scontata. Egli vi giunge sempre per sottrazione non per addizione, avendo ben chiaro il munariano principio che recita: "complicare è facile, semplificare è difficile". Si comprende però che fin dalla prima impostazione di studio Pintori ha le idee molto chiare, il bozzetto serve a misurare la composizione, a verificare il verso direzionale dei segni grafici ma il concetto è già delineato ed è molto potente. Un esempio a questo proposito è la pubblicità per Olivetti 82 Diaspron – macchina per scrivere prodotta a partire dal 1959 – in cui il nastro della macchina per scrivere, srotolato e ancora con le battiture visibili, diventa l'elemento grafico di comunicazione. Il bozzetto documenta che Pintori dall'iniziale posizione orizzontale d'insieme, passa a quella verticale, con le strisce di nastro messe come se fossero un mazzo di fiori, ottenendo così un effetto sorprendente, aspetto reso ancor più piacevole dalla stampa in tanti colori.

Pintori a questo proposito afferma con convinzione che "la grafica è un linguaggio, e il linguaggio ha bisogno di movimento: uno dei fattori fondamentali nel movimento dell'opera grafica è appunto il colore, nei suoi toni, nelle sue combinazioni e nei suoi contrasti"[13].

Le composizioni grafiche di Pintori sono, infatti, basate prevalentemente sui colori primari (giallo, rosso e blu), create su fondo bianco e con il segno nero, a cui si aggiunge il complementare verde (che rappresenta la natura) in quanto il grafico lo tratta come colore fondamentale. In alcuni casi sono presenti anche gli altri due colori della rosa cromatica: il viola e l'arancio. L'effetto visivo delle composizioni di Pintori è complessivamente gioioso, capace di catturare l'attenzione e di rimanere fissato nella memoria del potenziale cliente grazie anche alla forte presenza cromatica.

L'aspetto culturale e quello estetico della pubblicità non possono essere disgiunti, come aveva ben precisato Elio Vittorini in una celebre introduzione al volume che Olivetti aveva fermamente voluto per fissare i concetti guida della campagna pubblicitaria già nel 1939. Vittorini nel creare lo slogan "pubblicità come arte" si così si era espresso: "Certo, dietro queste tavole, c'è uno scopo che resta, in definitiva, quello comune di ogni pubblicità. Pure, gli autori delle tavole hanno lavorato senza tenerlo presente, tenendone presente uno molto più immediato: creare immagini che riuscissero a durare nell'uomo e a vivere

Giovanni Pintori, schizzo a mano per pubblicità della calcolatrice Tetractys / Giovanni Pintori, hand-drawn sketch for advertisement for the Tetractys
1956

Giovanni Pintori, pagina pubblicitaria per Olivetti 82 Diaspron / full-page advertisement for the Olivetti 82 Diaspron
1959-1960

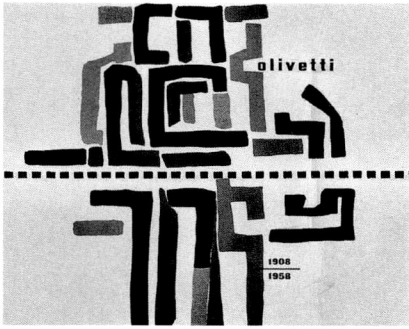

Giovanni Pintori, Copertina del volume che celebra i Cinquant'anni di Olivetti 1908-1958 (con impaginazione di Max Huber), 1958 / Cover of the volume celebrating the Fifty Years of Olivetti 1908-1958 (layout by Max Huber), 1958

Leo Lionni, pubblicità Olivetti / Olivetti advertisement 1950

Iconic and chromatic synthesis: advertising as art

Pintori applied constant research into graphics in the effort to combine the concept of the product with the iconic image. He achieved this result through sketches and mock ups, and by reducing the language of signs to the essential,[12] with arrows, lines, dashes, exclamation marks, circles, etc., attaining a harmonious vision of the whole that was surprising and invariably unpredictable. He always achieved it by subtraction, not addition, clearly embracing Munari's principle that "complicating is easy, simplifying is difficult". Clearly, however, from his first studies Pintori was pursuing a lucid idea, with the sketch serving to measure the composition, to verify the direction of the graphic signs, but the concept was already outlined and very strong. An example is the advertisement for the Olivetti 82 Diaspron, a typewriter produced from 1959 on. In it the typewriter ribbon, unfurled and still with the keystrokes visible, becomes the graphic element of communication. The mock-up shows how Pintori moved from the initial horizontal position to the vertical, with the strips of ribbon placed as if they were a bouquet of flowers, so attaining a surprising effect, an impression made even more pleasant by the print in many colours.

In this regard, Pintori states with conviction that "graphic art is a language, and language needs movement: one of the fundamental factors n the movement of the graphic work is precisely colour, in its tones, its combinations and contrasts".[13]

Pintori's graphic compositions are in fact mainly based on primary colours (yellow, red and blue) laid on a white ground and with a black line, to which is added the complementary colour green (representing nature), with the graphic designer treating it as a fundamental colour. In some cases, the other two complementary colours are also present: purple and orange. The visual effect of Pintori's chromatic compositions is on the whole joyful, capable of capturing the attention and remaining fixed in the memory of the potential client.

The cultural and aesthetic aspect of advertising cannot be separated, as Elio Vittorini, a friend of Pintori's, pointed out in a famous introduction to the volume that Olivetti had firmly wished to establish the guiding concepts of its advertising campaign as early as 1939. Vittorini in creating the slogan "advertising as art" had expressed himself as follows: "Of course, behind these images, there is a purpose that remains, ultimately, the common one of every advertisement. Yet, their authors worked without bearing it in mind, but focusing on a much more immediate one: to create images that would prove enduring in people and live in them. It is the same highly ambitious goal as that of a poet or a painter. But if only art can qualify, and make it last, make it live, obtain people's commitment, advertising must be art."[14] Giovanni Pintori made this principle his own, fully embracing the profound meaning that in those years was adopted by the entire team of the Olivetti Office, namely "advertising humanism".[15]

in lui. È lo stesso scopo altamente ambizioso di un poeta, di un pittore. Ma se solo l'arte può qualificare, e far durare, far vivere, ottenere l'impegno dell'uomo, la pubblicità deve essere arte"[14]. Giovanni Pintori aveva fatto suo questo verbo abbracciando per esteso il significato profondo che in quegli anni veniva adottato dall'itero team dell'Ufficio Olivetti, ossia "l'umanesimo pubblicitario"[15].

Musica e ritmo grafico con il moto perpetuo

Per Pintori un altro fattore importante di ricerca era costituito dal ritmo che l'espressione grafica può creare contribuendo all'armonia visiva. Nel caso della pubblicità di Olivetti, il ritmo ciclico proposto voleva essere un chiaro riferimento alla velocità garantita dall'utilizzo di una macchina per scrivere con la qualità del "tocco" morbido dei tasti. Il movimento semicircolare riprende tale andamento in cui vengono utilizzate linee e cerchi colorati con lettere, simulando concettualmente l'andamento delle dita della mano nel tipico atto del *typing* capace anche di esprimere per analogia una sensazione musicale. L'ulteriore passaggio che compie Pintori è proporre per correlazione il movimento del "moto perpetuo", documentato nei suoi taccuini con riferimento allo studio di J. Michel nella celebre pubblicazione *Mouvements perpétuels*, in cui ruote, pesi, bielle, leve, oscillazioni, motori, magneti concorrono alla realizzazione di "macchine inutili" basate sui valori del tempo e della materia. A partire dagli anni sessanta questi studi lo occupano con sistematicità, ed egli costruisce anche dei "tableaux" tridimensionali in legno o cartoncino che poi una volta fotografati inserisce come modelli base per manifesti e annunci pubblicitari. Il messaggio subliminare riferito al valore perpetuo dell'oggetto pubblicizzato è evidente, e la struttura di composizione grafica si fa sempre più minimalista e tridimensionale: l'effetto ottenuto, rivolto a un largo pubblico, risulta essere sorprendente.

Il passaggio sperimentale dei "tableaux" egli lo rivolge poi allo studio del *lettering*, in una forma che ricorda molto le ricerche della "poesia visiva" e le esperienze del Nouveau réalisme. Affascinato dal diverso uso dei caratteri tipografici, Pintori pubblicizza la scrittura a macchina perché permette la trasmissione di conoscenza in quanto con "chiarezza di messaggi, conferisce distinzione alle scritture anche private, è segno di intelligenza, di rispetto verso chi legge"[16]. Egli costruisce in cartoncino dei quadri tridimensionali (che fotografa) in cui sono realizzate scritture inventate e reali, contrapposte, speculari, a rilievo, in un gioco visivo di raffinata espressione grafica e fonetica. Questo tipo di sensibilità Pintori l'aveva messa in luce fin dalle prime esperienze attuate in Olivetti, in cui l'utilizzo di lettere giganti inserite come protagoniste in allestimenti per fiere o esposizioni in showroom era una modalità in uso e attuata in collaborazione con tutto il team.

Complessivamente Pintori ha impresso un segno indelebile alla comunicazione aziendale che va sotto il nome di "stile Olivetti", stile che porta la sua firma per il periodo in cui è stato attivo nell'impresa di Ivrea, e cioè il trentennio compreso dal 1937 al 1967, e che ha contribuito significativamente a creare per l'immagine Olivetti il sinonimo di "grafica d'eccellenza" basata su una particolare interazione fra il disegno bi e tridimensionale e un potente innovativo metodo di comunicazione in cui il lessico rappresenta una sintesi iconica dettata dalla correlazione fra la parola e immagini[17].

Paul Rand, logo IBM, ideazione del 1946 e aggiornamenti del 1956, 1972 e 1981 / IBM logo, concept 1946 and updates, 1956, 1972 and 1981

Giovanni Pintori riceve la Palma d'oro della pubblicità / Giovanni Pintori receiving the Palma d'Oro for advertising, 1950

Palma d'oro della pubblicità / Palma d'Oro for advertising 1950

Music and graphic rhythm with perpetual motion

Another important factor in Pintori's research was the rhythm that graphic expression can convey by contributing to the visual harmony. In the case of Olivetti's advertising, the proposed cyclical rhythm was intended as a clear allusion to the rapidity ensured by the use of a typewriter with the soft touch quality of the keys. The semicircular movement repeats this trend in which lines and circles coloured with letters are used, conceptually simulating the pattern of the fingers of the hand in the typical act of typing, capable of expressing a musical sensation by analogy. The further step that Pintori took was to propose by correlation "perpetual motion", as documented in his notebooks with reference to the studies by J. Michel in his famous book *Mouvements perpétuels*. In this wheels, weights, connecting rods, levers, oscillations, motors and magnets contribute to the creation of "useless machines" based on the values of time and matter. Starting from the '60s these studies occupied him systematically, and he also built three-dimensional "tableaux" in wood or cardboard that then, once photographed, he used as basic models for posters and advertisements. They clearly contain a subliminal message alluding to the perpetual value of the object advertised, and the structure of the graphic composition became increasingly minimalist and three-dimensional, with the effect obtained, aimed at a broad public, eliciting surprise.

The experimental passage of the "tableaux" he then directed to the study of lettering, in a form that highly reminiscent of the research into "visual poetry" and the experiences of *Nouveau réalisme*. Fascinated by the different uses of typefaces, Pintori advertised typing because it made for the transmission of knowledge; as he wrote, by the "clarity of its messages, it confers distinction on writings, even private ones; it is a sign of intelligence, of respect for the reader".[16] He constructed three-dimensional paintings in cardboard (which he then photographed), in which invented and real scripts were opposed in mirrored relief, in a visual interplay of refined graphic and phonetic expression. Pintori stressed this type of sensibility from his very earliest experiments at Olivetti, in which giant letters looming over installations for fairs or showroom displays were a widely used feature implemented in collaboration with the entire advertising staff.

Overall, Pintori left an indelible mark on the corporate communication that goes by the name of the "Olivetti style". It bears his signature for the period in which he was active in the Ivrea company, namely the thirty years from 1937 to 1967. He contributed significantly to making the image of Olivetti synonymous with excellent graphics, resting on a particular interaction between two- and three-dimensional design and a powerfully innovative method of communication, in which the lexicon represents an iconic synthesis dictated by the correlation between word and image.[17]

Giovanni Pintori, pagina pubblicitaria Olivetti per Divisumma 24 / Full-page advertisement for Olivetti's Divisumma 24, 1962 ca. Giovanni Pintori, pagina pubblicitaria Olivetti per quotidiani / Full-page newspaper advertisement for Olivetti, 1962 ca.

La libera professione

Morto improvvisamente Adriano Olivetti nel febbraio 1960, durante un trasferimento in treno mentre attraversava la Svizzera, "sono iniziati i problemi"[18], come attesta lo stesso Pintori. Cosicché egli decide di propria volontà di lasciare nel 1967 il grande laboratorio Olivetti perché non si riconosce più nei concetti guida della comunicazione dell'impresa di Ivrea, e apre nel 1968 lo studio a Milano in Galleria Unione 5. Egli continuerà per qualche anno a collaborare saltuariamente con l'Olivetti, e nel contempo rafforza le amicizie personali in modalità d'incontro settimanale con il letterato Elio Vittorini, il poeta Vittorio Sereni e l'architetto Giancarlo De Carlo in una sorta di cenacolo di discussione sul contemporaneo. Nel corso degli anni settanta Pintori avrà occasione di dedicarsi alla grafica per alcune importanti aziende, fra cui si ricordano: Pirelli, Italseber, Ceramiche Gabbianelli, Ambrosetti, Merzario e Parchi Liguria. In questa produzione emergono gli studi e realizzazioni per la ditta di trasporti Merzario, nella cui comunicazione grafica evidenzia ironicamente un oggetto eletto a metafora della tipologia di servizio svolto dalla ditta stessa, il tutto espresso con un segno nitido in bianco e nero perché condizionato dall'uscita pubblicitaria solo su quotidiani.

Nel decennio successivo Pintori si dedicherà esclusivamente alla pittura riprendendo la sua grande passione e i temi cari studiati in gioventù, con riferimento anche alla terra natia[19].

Giovanni Pintori è considerato una figura centrale nella storia della grafica contemporanea, il suo linguaggio iconico lo contraddistingue in tutto il suo singolare percorso creativo e di pensiero critico. La prestigiosa rivista giapponese "Idea" nel 1984 lo inserisce in un numero speciale dedicato ai trenta designer che con la loro opera sono da considerarsi i "maestri" mondiali della grafica pubblicitaria del XX secolo.

Giovanni Pintori in Giappone / in Japan, 1967

Giovanni Pintori alla sua mostra in Giappone / at his exhibition in Japan, 1967

Giovanni Pintori in Giappone
/ in Japan, 1967

Giovanni Pintori alla sua
mostra in Giappone / at his
exhibition in Japan, 1967

As freelance designer

Adriano Olivetti died suddenly in February 1960, while travelling by train through Switzerland. Then "the problems began"[18] as Pintori himself recorded. He decided of his own free will to leave the great Olivetti laboratory in 1967 because he could no longer identify himself with the guiding concepts of communications at the Ivrea company. In 1968 he opened his own office in Milan at Galleria Unione 5. He continued to work occasionally for Olivetti for a few years, and at the same time strengthened his personal friendships in the form of weekly gatherings with the scholar Elio Vittorini, the poet Vittorio Sereni and the architect Giancarlo De Carlo, in a sort of coterie to discuss contemporary issues.

During the '70s Pintori had the opportunity to devote himself to graphics for some notable companies. They included Pirelli, Italseber, Ceramiche Gabbianelli, Ambrosetti, Merzario and Parchi Liguria. Notable in this period are his studies and advertisements for the Merzario transport company, in which the graphic communication ironically highlights an object selected as a metaphor for the type of service performed by the company, all expressed with clear handling in black and white, since they were published in newspapers alone.

In the following decade Pintori devoted himself exclusively to painting, returning to his great passion and the cherished themes studied in his youth, including references to his native Sardinia.[19]

Giovanni Pintori is considered a central figure in the history of contemporary graphic design, his iconic language distinguishing him throughout his singular creative achievement and critical thinking. In 1984 the prestigious Japanese magazine "Idea" included him in a special issue devoted to the thirty designers who, by their work, could be considered the worldwide "masters" of twentieth-century advertising graphics.

[1] Cfr. F. Colombo con M. Pace Ottieri, *Il tempo di Adriano Olivetti*, Edizioni di Comunità, Città di Castello 2019; Si veda anche a questo proposito la monografia: P. Baricco, *Adriano Olivetti un italiano del Novecento*, Rizzoli, Milano 2023, e la vasta bibliografia sul tema olivettiano citata nei due testi.

[2] Cfr. G. Anceschi, *Il campo della grafica in Italia: storia e problemi*, in "Rassegna", n. 6, 1981, pp. 5-21.

[3] Cfr. G. Pintori, *Olivetti: A Designer's View* in "Print: America's graphic design magazine", a. XV, n.11, marzo-aprile 1961, pp. 35-43. Articolo pubblicato per intero negli Apparati.

[4] "Adriano diresse Pintori in un modo esclusivo, senza intermediari," in R. Zorzi, *Gli artisti di Olivetti. Il dovere della bellezza*, Edizioni di Comunità, Città di Castello 2018, p. 47. Giovanni Pintori poté beneficiare di una grande libertà in quanto Adriano Olivetti aveva capito che per poterlo avere fra i suoi collaboratori doveva lasciargli il permesso di eseguire i bozzetti autonomamente a Milano, e poi fare gli incontri con il team a Ivrea. Per questo motivo la maggior parte dei bozzetti sono rimasti nell'Archivio privato della famiglia Pintori (l'arch. Paolo Pintori in particolare) che ringrazio in questa sede per la cortesia e la disponibilità al prestito degli importanti materiali che rendono scientificamente importante la mostra e il suo catalogo.

[5] Cfr. C.C. Fiorentino, *Millesimo di millimetro. I segni del codice visivo Olivetti 1908-1978*, Il Mulino, Bologna 2014, p. 321.

[6] Cfr. Pintori: "vuol far riflettere che fare troppi conti e calcoli è un lavoro che affatica la mente; questa macchina bella e moderna risolve le operazioni più complesse nella maniera più semplice e logica, con la stessa facilità di un'operazione elementare eseguita al pallottoliere". E poi aggiunge: "Vi potreste domandare 'e i fiori?'. Li ho messi lì per scoraggiare la possibile nostalgia per quel bell'abaco". G. Pintori, testo dattiloscritto, Archivio privato Pintori.

[7] *Ibidem*.

[8] "Quest'anno è stato il Giappone a dedicargli una mostra patrocinata dal Japan Design Comitee, un organismo di alto prestigio del quale fanno parte 19 architetti, designers e critici di fama internazionale. Nella rassegna figurano le opere di Pintori, dalle prime ad oggi. La mostra è rimasta aperta per quattro settimane a Tokyo e per una settimana a Kyoto ed è stata visitata da 50.mila persone," in *Mostra a Tokyo della grafica di Pintori*, in "Notizie di fabbrica-Olivetti", anno VIII, settembre 1967, p. 4; Associazione Archivio storico Olivetti.

[9] R. Musatti, L. Bigiaretti, G. Soavi (a cura di), *Olivetti 1908-1958*, copertina di Giovanni Pintori e impaginazione grafica di Max Huber, Ivrea 1958.

[10] Cfr. F. Fortini, *Il significato di un nome*, in "Notizie Olivetti", n. 35, marzo 1956, p. 4; in questo articolo si precisa che il nome "d'una macchina o di un prodotto deve avere un valore evocativo, deve poter suggerire un'associazione dall'immagine al significato" e chiarisce anche l'uso del nome *Lexikon* dato alla macchina da scrivere, che si riferisce ai dizionari dove si raccolgono tutte le parole in analogia con le macchine per scrivere che "in potenza contengono" tutte le parole del mondo, o ancora *Synthesis*, "nome greco di quell'atto della mente che riunisce gli elementi dell'analisi ed è quindi adatto a quei sussidi del lavoro burocratico che schedano e classificano," per finire con *Refert*, cioè che "Riferisce, quindi come uno strumento che ripete e riporta i suoni delle parole".

[11] Cfr. S. Polano, A. Santero, *Olivetti, storie da una collezione*, Ronzani Editore, Vicenza 2022, p. 158; si vedano anche M. Musina, *Giovanni Pintori, la severa tensione tra riserbo ed estro*, Fausto Lupetti Editore, Bologna 2013; C. Branzaglia, *Pintori*, Nuoro 2003; R. Cassanelli, U. Collu, O. Selvafolta, *Nivola, Fancello, Pintori. Percorsi del moderno*, Jaca Book, Milano 2003.

[12] "Ho sempre creduto nella forza delle idee semplici e nell'esigenza di una lingua chiara e immediata e realmente accessibile a tutti. Con ciò non intendo quella lingua grafica che è stata declassata al livello del gusto più comune, ma al contrario una lingua intesa a migliorare il gusto medio. Questo è l'obiettivo che mi sono proposto molto tempo fa". Pintori, *Olivetti: a Designer's View* cit, p. 39 .

[13] Cfr. G.B. Arnese, G. Bernardo, *Il colore nella grafica: Pintori*, in "Colore", n. 9, 1962, p. 39.

[14] Cfr. E. Vittorini, testo introduttivo in L. Sinisgalli e Ufficio tecnico di pubblicità Olivetti (a cura di), *Una campagna pubblicitaria. Avanguardia nella tecnica*, Milano 1939.

[15] *Ibidem*.

[16] Cfr. G. Pintori, in *Milano 70/70, un secolo d'arte*, vol. III, *Dal 1946 a 1960*, Milano 1972.

[17] Cfr. C.C. Fiorentino, *Congegni Sapienti. Stile Olivetti: il pensiero che realizza*, Hapax Editore, Torino 2016; *Olivetti: Design in Industry*, catalogo della mostra (New York, MoMA, 21 ottobre - 30 novembre 1952), in "The Museum of Modern Art, Bulletin", vol. XX, n. 1, 1952, pp. 3-23; *Olivetti Advertising, Make it Personal*, in "Art and Industry", 1939, pp. 135-143; si veda anche C. Vinti, *Stile Olivetti e corporate image: le ragioni di un'anomalia esemplare*, in D. Fornari, D. Turrini (a cura di), *Identità Olivetti. Spazi e linguaggi 1933-1983*, Triest, Zürich 2023, pp. 196-205.

[18] "Perché gli eredi e soprattutto i funzionari che avevano ricevuto il potere, cominciavano ad essere difficili, non avevo più un interlocutore solo, o uno che mi dava istruzioni. Ma c'era uno staff intero […], così ho resistito fino al 1967. Sono andato via e mi sono messo a fare la libera professione", G. Pintori in G. Sanna, *Pintori. Sardus pater della grafica italiana*, in *Se si taglia i capelli ci daremo del tu*, Mursia, Milano 1986, pp. 186-190.

[19] Per motivi di salute la mobilità del braccio destro gli fu preclusa negli ultimi dieci anni di vita non dandogli così più occasione di esprimersi artisticamente in maniera autonoma.

Giovanni Pintori, pagina pubblicitaria per la ditta Merzario / full-page advertisement for Merzario 1981

Francesco Radino
Giovanni Pintori, mostra
presso Umanitaria di Milano
/ exhibition at the Società
Umanitaria in Milan
1981-1982

[1] Cf. F. Colombo with M. Pace Ottieri., *Il tempo di Adriano Olivetti*, Edizioni di Comunità, Città di Castello 2019; See also in this regard the monograph: P. Baricco, *Adriano Olivetti un italiano del Novecento*, Ed. Rizzoli, 2023, and the extensive bibliography on the Olivetti theme cited in the two texts.

[2] Cf. G. Anceschi, "Il campo della grafica in Italia: storia e problema", in *Rassegna*, no. 6, 1989.

[3] Cf. Giovanni Pintori, in *Print: America's graphic design magazine*, vol. XV, no.11, March-April 1961, pp. 35-43. Article published in full in the Apparatus.

[4] Cf. "Adriano managed Pintori in an exclusive way, without intermediaries". R. Zorzi, *Gli artisti di Olivetti. Il dovere della bellezza*, Edizioni di Comunità, Città di Castello 2018, p. 47. Giovanni Pintori enjoyed great freedom as Adriano Olivetti realised that in order to have him among his collaborators, he had to be left free to produce his studies independently in Milan, and then meet with the team in Ivrea. Hence most of his sketches have remained in the private archive of the Pintori family (Paolo Pintori in particular), whom I thank here for his courtesy and willingness to lend the important materials that make the exhibition and its catalogue scientifically important.

[5] Cf. C.C. Fiorentino, *Millesimo di millimetro. I segni del codice visivo Olivetti 1908-1978*, Ed. Il Mulino, Bologna 2014, p. 321.

[6] Cf. "You might wonder, 'What about the flowers?' I put them there to discourage possible nostalgia for that beautiful abacus." G. Pintori, typescript, Pintori private archive.

[7] Ibid.

[8] Cf. "This year, Japan has dedicated to him an exhibition sponsored by the Japan Design Committee, a highly prestigious body of 19 internationally renowned architects, designers and critics. The survey features Pintori's works, from the earliest to the present. The exhibition ran for four weeks in Tokyo and one week in Kyoto and was visited by 50,000 people", in *Notizie di fabbrica- Olivetti -*, Anno VIII, September 1967, *Mostra a Tokyo della grafica di Pintori*, p. 4; Associazione Archivio storico Olivetti.

[9] R. Musatti, L. Bigiaretti, G. Soavi (eds.), *Olivetti 1908-1958*, cover by Giovanni Pintori and layout by Max Huber, Ivrea 1958.

[10] Cf. F. Fortini, "Il significato di un nome", in *Notizie Olivetti*, no. 35, march 1956, p. 4. The article states that the name "of a machine or a product needs to have an evocative value, to be able to suggest an association from the image to the meaning" and also clarifies the use of the name Lexikon given to the typewriter, which refers to dictionaries, where all the parallels are collected in analogy with the typewriters that "potentially contain" all the words in the world, or Synthesis, the "Greek name of that act of the mind that brings together the elements of analysis and is therefore suitable for those aids to office work that schedule and classify", to end with Refert, which "refers, therefore as a tool that repeats and reports the sounds of words".

[11] Cf. S. Polano, A. Santero, *Olivetti, storie da una collezione*, Ronzani Editore, Vicenza 2022, p. 158; see also M. Musina, *Giovanni Pintori, la severa tensione tra riserbo ed estro*, Fausto Lupetti Editore, Bologna 2013; C. Branzaglia, *Pintori*, Nuoro 2003.

[12] Cf. "I have always believed in the force of simple ideas and in the need for a language clear and immediate, truly accessible to all. By this I do not mean that graphic idiom which has been depressed to the level of the most common taste, but on the contrary an idiom intended to improve the average taste. This is the objective that I long ago proposed to myself." G. Pintori, "Olivetti: A Designer's View by Giovanni Pintori", in *Print* op.cit., p. 39.

[13] Cf. G.B. Arnese, G. Bernardo, "Il colore nella grafica: Pintori", *Colore* no. 9, 1962, pp. 39.

[14] Cf. E. Vittorini, introductory text in L. Sinisgalli and Ufficio Tecnico di Pubblicità Olivetti (eds.), *Una campagna pubblicitaria. Avant-garde in Technology*, Milan, 1939

[15] Cf. ibid.

[16] Cf. G. Pintori, in *Milano 70/70, un secolo d'arte*, vol. III, from 1946 to 1960, Milan 1972.

[17] Cf. C.C. Fiorentino, *Congegni Sapienti. Stile Olivetti: il pensiero che realizza*, Hapax Editore, Turin 2016; Various authors, *Olivetti: Design in Industry*, cat. exhibition (NewYork, MoMA, 21 October - 30 November 1952), in *The Museum of Modern Art, Bulletin*, vol. XX, n. 1, 1952, pp. 3-23; Various authors, "Olivetti Advertising, Make it Personal", in *Art and Industry*, 1939, pp. 135-143; see also C. Vinti, *Stile Olivetti e corporate image: le ragioni di un'anomalia esemplare*, in D. Fornari, D.Turrini (ed.), *Identità Olivetti. Spazi e linguaggi 1933-1983*, Ed. Triest, Zurich 2023, pp. 196-205.

[18] Cf. "Because the heirs and especially the manager who had received power became awkward, I no longer had a single interlocutor, or one who gave me instructions. But there was a whole staff (...), so I put up with it until 1967. I left and started working freelance", G. Pintori, in G. Sanna, "Pintori. Sardus pater della grafica italiana", in *Se si taglia i capelli ci daremo del tu*, Mursia, Milan 1986, pp. 186-190.

[19] With declining health, the mobility of his right arm was suffered in the last ten years of his life, no longer permitting him to freely express himself artistically.

Costantino Nivola e Giovanni Pintori:
un'amicizia artistica e intellettuale

Luigi Sansone

Se l'aurora arderà su' tuoi graniti
tu lo dovrai, Sardegna, ai nuovi figli.

Sebastiano Satta
Canti barbaricini, Casa editrice Il Nuraghe, Cagliari 1908

Ho bene in mente il giorno in cui incontrai per la prima volta lo scultore Costantino Nivola a Milano, era a maggio del 1986, precisamente il giorno 21, ricordo la data perché quella sera si inaugurava alla Galleria d'Arte Moderna, in via Palestro, la mostra a cui collaboravo per l'organizzazione, *Alberto Savinio. Opere su carta 1925-1952*, a cura di Pia Vivarelli. Mi trovavo nel mio ufficio al Padiglione d'Arte Contemporanea (PAC) in compagnia del pittore Angelo Savelli quando ricevetti una telefonata inattesa di Nivola che, di passaggio a Milano da New York, su indicazione del comune amico, l'artista italo-americano Salvatore Scarpitta, residente a Baltimora nel Maryland, desiderava conoscermi.
Nivola mi invitò quello stesso giorno, verso l'ora di pranzo, a prendere un aperitivo nello storico Hotel Diana in viale Piave, a Porta Venezia. Venne con me anche Savelli, amico di lunga data di Nivola; entrambi vivevano a New York da molti anni e spesso si vedevano in occasioni di inaugurazioni di mostre ed eventi artistici. Grande e piacevole fu la sorpresa di Nivola di vedere insieme a me Savelli. Ci sedemmo nel lussureggiante giardino del Diana per un aperitivo e conversammo a lungo. Nivola ci raccontò sommariamente la sua vita prima di lasciare l'Italia per gli Stati Uniti, a ridosso dello scoppio della Seconda guerra mondiale e appena dopo la promulgazione delle leggi antiebraiche, una delle pagine più vergognose della storia d'Italia.
Nivola, nato ad Orani (Nuoro) nel 1911, giunse a Monza nel 1931 con una borsa di studio per frequentare l'Istituto Superiore per le Industrie Artistiche (ISIA) – una scuola d'arte innovativa ispirata alla Bauhaus tedesca di Walter Gropius –, dove si diplomò come grafico pubblicitario nel 1936. A Monza ebbe come compagni di corso Salvatore Fancello e Giovanni Pintori, suoi conterranei giunti all'ISIA nel 1930, anche loro con borse di studio. Tra i suoi insegnanti si annoverano figure di primo piano della cultura artistica del tempo: Edoardo Persico, Marcello Nizzoli, Giuseppe Pagano, Raffaele De Grada, Pio Semeghini e Marino Marini. Quest'ultimo in segno di stima, nel 1935 circa, realizzò il ritratto di Nivola, in gesso patinato; qualche tempo prima Nivola aveva eseguito il ritratto di Marino Marini, una tempera murale su telaio.
L'architetto Pagano, esponente di primo piano dell'architettura razionale in Italia, si accorge ben presto delle doti artistiche e creative di Nivola e di Pintori e li invita a collaborare

Costantino Nivola and Giovanni Pintori: An Artistic and Intellectual Friendship

Luigi Sansone

If the dawn glows on your granites,
you will owe it, Sardinia, to your new children.

Sebastiano Satta,
Canti barbaricini, Casa editrice Il Nuraghe, Cagliari 1908

I clearly remember the day I first met the sculptor Costantino Nivola in Milan. It was May 1986, the 21st to be precise. I remember the date, because that evening the exhibition *Alberto Savinio. Opere su carta 1925-1952*, curated by Pia Vivarelli, was to open at the Galleria d'Arte Moderna in Via Palestro. I had taken part in its organisation. I was in my office at the Padiglione d'Arte Contemporanea (PAC), in the company of the painter Angelo Savelli, when I received an unexpected phone call from Nivola. He was passing through Milan from New York, and on the recommendation of our mutual friend, the Italian-American artist Salvatore Scarpitta, who lived in Baltimore, Maryland, he wanted to meet me. Nivola invited me that same day, around lunchtime, to have an aperitif in the historic Hotel Diana in Viale Piave near Porta Venezia. Savelli, long a friend of Nivola's, came with me. Both had lived in New York for many years and often met at exhibition openings and art events. Nivola was very surprised and pleased to see Savelli with me. We sat in the Hotel Diana's lush garden over an aperitif and talked at length. Nivola briefly told us about his life before quitting Italy for the United States, just before the outbreak of World War II, after the passing of the racial laws against the Jews, one of the most shameful pages in the history of Italy.

Nivola, born at Orani (Nuoro), in 1911, arrived in Monza in 1931 on a scholarship to attend the Istituto Superiore per le Industrie Artistiche (ISIA), an innovative art school inspired by Walter Gropius' German Bauhaus, and graduated as an advertising graphic designer in 1936. In Monza his classmates Salvatore Fancello and Giovanni Pintori were, like him, from Sardinia. They had arrived at the ISIA in 1930, also on scholarships. His teachers included leading figures in the art world of the time: Edoardo Persico, Marcello Nizzoli, Giuseppe Pagano, Raffaele De Grada, Pio Semeghini and Marino Marini. As a token of his esteem, in about 1935 Marini modelled Nivola's portrait in patinated plaster. Some time earlier Nivola had painted Marino Marini's portrait in mural tempera on a stretcher.

The architect Giuseppe Pagano, a leading exponent of Rationalist architecture in Italy, soon became aware of Nivola and Pintori's artistic and creative talents. He invited them to work

con lui all'allestimento dell'ingresso, al primo piano, della mostra dell'*Aeronautica Italiana* che ebbe luogo al Palazzo dell'Arte di Milano, nel 1934. Sarà ancora Pagano a coinvolgere Nivola nell'allestimento di mostre come la Triennale di Milano del 1936 e l'Exposition Universelle di Parigi del 1937 per cui Nivola realizza delle pitture murali destinate al padiglione italiano. In altre occasioni Nivola, Pintori e Fancello si ritrovarono a esporre insieme e a collaborare all'allestimento di mostre, come nel 1935, quando vennero coinvolti nell'allestimento della *Mostra della Montagna*, a Torino, di cui Pintori realizzò la documentazione fotografica mentre Nivola e Fancello idearono una grande parete decorata a tecnica mista, riporti fotografici e interventi di pittura e scultura.

Anche Adriano Olivetti si rese presto conto delle originali doti creative di Nivola e Pintori, infatti entrambi furono assunti alla Olivetti. Nivola iniziò come grafico all'Ufficio Sviluppo e Pubblicità Olivetti di Milano e nel 1936 assunse la carica di direttore artistico della sezione grafica dell'Ufficio Pubblicità. Sia Nivola sia Pintori furono chiamati a partecipare all'elaborazione della parte grafica del *Piano Regolatore della Valle d'Aosta*, ideato dallo stesso Adriano Olivetti, uno dei primi esempi di programmazione urbanistica in Italia che vide, al fianco di Olivetti, lo studio degli architetti BBPR (Belgioioso, Banfi, Peressutti, Rogers), Piero Bottoni, Marcello Nizzoli, Luigi Figini, Gino Pollini e il gruppo di interni dell'Ufficio Propaganda della Olivetti.

Tra i plausi dell'epoca di questo innovativo e totalizzante "Piano regolatore", ricordiamo quello del critico Gillo Dorfles (Dorfles negli anni successivi avrà in grande considerazione l'opera scultorea di Nivola e la grafica pubblicitaria di Pintori) che sulle pagine di "Vita Giovanile", periodico diretto da Ernesto Treccani, scrive nel luglio 1938: "la sua realizzazione rappresenterebbe un gigantesco passo avanti da un punto di vista sociale e architettonico"[1].

Nel 1938 le idee antifasciste di Nivola e il matrimonio con Ruth Guggenheim di origine ebraica, già profuga della Germania nazista, costringono la coppia a lasciare l'Italia per Parigi e quindi, nell'autunno del 1939, per gli Stat Uniti, a New York, dove si stabiliscono nel Greenwich Village, vivace quartiere frequentato da artisti americani e da artisti europei che erano fuggiti dall'imminente catastrofe della Seconda guerra mondiale[2]. Qui Nivola conosce Léger, esule dalla Francia, Alexander Calder, Willem de Kooning, Franz Klein, Frederick Kiesler e rivede Saul Steinberg (anch'egli, dopo varie peripezie, approdato a New York nel 1943, a seguito delle leggi razziali) che aveva conosciuto a Milano quando quest'ultimo frequentava il Politecnico e collaborava fornendo le sue illustrazioni alle riviste umoristiche "Bertoldo" e "Settebello". Quello tra Nivola e Steinberg fu un sodalizio artistico e ideologico che durò per lunghi decenni; fin dalla prima metà degli anni quaranta quando esposero insieme presso la Wakefield Gallery, a New York.

Alla vigilia della partenza dall'Italia per Nivola e sua moglie sono ormai un ricordo lontano e nostalgico i giorni in cui, intorno al 1935, Fancello, Nivola, Renata (sorella minore di Ruth, giovane promettente pianista legata sentimentalmente a Fancello), Leonardo Sinisgalli ed Edoardo Persico, tutti sorridenti e spensierati, sono fotografati sul balcone nella casa milanese di Ruth, in via Goldoni, zona Città Studi. Con questa foto si chiude un periodo alquanto felice e ricco di soddisfazioni professionali per questa allegra brigata ma sfortunatamente durerà poco; alcuni mesi dopo questo scatto fotografico, Edoardo

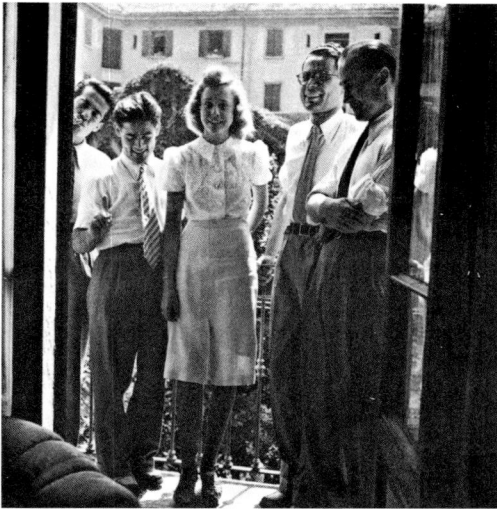

Salvatore Fancello,
Costantino Nivola, Renata
Guggenheim, Leonardo
Sinisgalli e l'archittetto Paolo
Pea / Salvatore Fancello,
Costantino Nivola,
Renata Guggenheim,
Leonardo Sinisgalli and
the architect Paolo Pea
Milano, 1935
Orani, Fondazione
Costantino Nivola

with him on the design of the *Aeronautica Italiana* exhibition in the hall on the first floor at the Palazzo dell'Arte in Milan in 1934. It was again Pagano who involved Nivola in the design of exhibitions such as the Milan Triennale in 1936 and the *Exposition Universelle* in Paris in 1937, with Nivola creating murals for the Italian pavilion. On other occasions, Nivola, Pintori and Fancello exhibited and worked together on the design of exhibitions. An example was the design of the *Mostra della Montagna*, in Turin in 1935, when Pintori produced the photographic documentation, while Nivola and Fancello designed a large wall decorated with mixed media, photographic transfers and painted and sculpted features. Adriano Olivetti also soon perceived Nivola and Pintori's original creative skills, and he hired them both. Nivola began as a graphic designer at the Olivetti Development and Advertising Office in Milan in 1936, and the following year he took on the position of artistic director of the graphics section of the Advertising Office. Both Nivola and Pintori were asked to help develop the graphics of the Valle d'Aosta Master Plan, devised by Olivetti himself. This was one of the earliest examples of urban planning in Italy. Together with Olivetti, it involved the architectural practice BBPR (Belgioioso, Banfi, Peressutti, Rogers), Piero Bottoni, Marcello Nizzoli, Luigi Figini, Gino Pollini and Olivetti's Advertising Office.

The critic Gillo Dorfles was one of those who praised this innovative and comprehensive plan at the time. (In the following years Dorfles greatly respected Nivola's sculptural works and Pintori's advertising graphics.) In *Vita Giovanile*, a periodical edited by Ernesto Treccani, for July 1938, he wrote: "Its application would be a huge step forward socially and architecturally."[1]

In 1938 Nivola's anti-fascist ideas and his marriage to Ruth Guggenheim, of Jewish origin, already a refugee from Nazi Germany, forced the couple to leave Italy for Paris and then, in the Autumn of 1939, for the United States, in New York. There they settled in Greenwich Village, a lively neighbourhood frequented by American and European artists who had fled the imminent catastrophe of the war.[2] Here Nivola got to know Léger, exiled from France, Alexander Calder, Willem de Kooning, Franz Klein, Frederick Kiesler, and met up again with Saul Steinberg (who, after various vicissitudes, had likewise arrived in New York in 1943, following the race laws). They had first met in Milan, when Steinberg was attending the Politecnico and contributing his illustrations to the humorous magazines *Bertoldo* and *Settebello*. The artistic and ideological partnership between Nivola and Steinberg lasted for many decades, starting in the early 1940s when they exhibited together at the Wakefield Gallery, New York.

On the eve of their departure from Italy, Nivola and his wife had a distant and nostalgic memory of the time, around 1935, when Fancello, Nivola, Renata (Ruth's younger sister, a promising pianist romantically involved with Fancello), Leonardo Sinisgalli and Edoardo Persico, all smiling and carefree, were photographed on the balcony of Ruth's home in Via Goldoni, in the Città Studi area of Milan. This photo closed a rather happy period, professionally rewarding, for this cheerful group. Unfortunately it proved short-lived. A few months after this photograph was taken, Edoardo Persico, in January 1936, was found dead in his home in Corso XXII Marzo, Milan, in circumstances that have never been fully clarified. There was even greater sorrow for Renata and the Nivola family. In March 1941,

Persico, nel gennaio 1936, viene trovato morto in casa sua in corso XXII Marzo, a Milano, in circostanze mai del tutto chiarite. Un dolore ancora più grande colpirà da vicino i Nivola e Renata: infatti nel marzo 1941 giunge a Renata, ormai a New York con il resto della sua famiglia, la triste notizia della morte in guerra di Fancello, avvenuta il 12 marzo a Bregu Rapit, in Albania[3].

Prima di lasciare l'Italia Nivola affida lo studio (lo condivideva con Fancello e Pintori) in corso Garibaldi, a Milano, al suo amico Pintori, sperando un giorno di poter ritornare; ciò avverrà nell'immediato dopoguerra ma troverà Milano devastata dai bombardamenti e il suo studio completamente svuotato. Molti anni dopo, negli anni ottanta, Ruth, mi raccontò di aver recuperato a Torino, presso un mercante d'arte, alcune opere su carta con suoi ritratti degli anni trenta che erano state trafugate dallo studio.

A New York, dopo varie esperienze lavorative di ogni genere, Nivola viene nominato *art director* (1941-1945) per "Interiors", mensile di arredamento e architettura; in poco tempo Nivola rivoluzionò la rivista dal punto di vista grafico rendendola innovativa e pubblicando interventi di architetti modernisti. Si occupò anche della rivista di moda "You" e di "The New Pencil Points" che divenne poi, con il nuovo titolo di "Progressive Architecture", una rivista di architettura contemporanea molto apprezzata.

Tramite l'architetto e urbanista spagnolo José Lluis Sert, fuggito a New York nel 1939, a causa della dittatura franchista, Nivola conosce l'architetto Le Corbusier, il maestro del modernismo, poco dopo l'arrivo di questi a New York, nel 1946, come membro del team internazionale di architetti incaricati della progettazione del nuovo palazzo delle Nazioni Unite, e intreccia con lui un'amicizia destinata a durare fino alla morte dell'architetto, nel 1965.

Le Corbusier trascorre con Nivola il tempo libero lasciatogli dalle sessioni di progettazione dell'ONU, utilizza il suo studio di New York per dipingere, è spesso ospite nella sua casa a East Hampton; tramite i consigli di Le Corbusier Nivola si avvicina all'arte modernista e progressivamente si discosta dallo stile figurativo piuttosto tradizionale, che aveva utilizzato in precedenza, e dà avvio a un periodo di intensa sperimentazione.

Tra il 1947 e il 1950 realizza pochi quadri e molti disegni, ispirati al linguaggio post-cubista, all'esempio del Le Corbusier pittore e a quello di Fernand Léger, ma anche al Surrealismo: da questo lavoro di ricerca scaturiranno le sue prime esperienze nella scultura.

Nel 1948 Nivola acquista una vecchia casa di campagna risalente alla metà del Settecento, circondata da boschi e non lontano dall'oceano, nel villaggio di Springs, a East Hampton, sull'isola di Long Island, a meno di tre ore di macchina dalla città di New York.

Nel corso degli anni Nivola trasforma la casa in una sorta di museo dove, oltre ai suoi lavori, erano visibili le opere (molte con affettuose dediche) di altri artisti amici che negli anni hanno frequentato Nivola e sono stati suoi ospiti: Saul Steinberg (lo aveva conosciuto, come già accennato, a Milano negli anni trenta e ora era anche suo dirimpettaio a The Springs), Hedda Sterne, Alexander Calder, Willem de Kooning, Conrad Marcarelli, James Brooks (anch'egli residente a East Hampton), Joseph Albers, Salvatore Fancello, Enrico Castellani, Jackson Pollock, Lucio Fontana e Le Corbusier che, oltre al grande murale che disegnò e colorò in poco tempo nel salotto, nel 1950, nel corso degli anni lasciò ai

Costantino Nivola
e Salvatore Fancello /
Costantino Nivola
and Salvatore Fancello
Milano 1936 ca.

when she was in New York with the rest of her family, she learned that Fancello had died in war at Bregu Rapit in Albania on 12 March.[3]

Before leaving Italy, Nivola entrusted his studio (he shared it with Fancello and Pintori) in Corso Garibaldi, Milan, to his friend Pintori, hoping one day to be able to return. This he did soon after the war, but found Milan devastated by air raids and his studio completely emptied. Many years later, in the 1980s, Ruth told me that she had recovered from an art dealer in Turin some of his portraits on paper dating from the 1930s. They had been stolen from the studio.

In New York, after work experience of various kinds, Nivola was appointed art director (1941-1945) of *Interiors*, a monthly furniture and architecture magazine. Nivola rapidly revolutionised the magazine's graphics, making it more innovative and publishing projects by modernist architects. He also edited the fashion magazine *You* and *The New Pencil Points*, which later became a highly regarded contemporary architecture magazine under its new title *Progressive Architecture*.

Through the Spanish architect and urban planner José Lluis Sert, who had fled to New York from Franco's dictatorship in 1939, Nivola met the architect Le Corbusier, the master of modernism, soon after he arrived in New York, in 1946 as a member of the international team of architects in charge of designing the new United Nations building. A friendship grew up between them that endured until the architect's death in 1965.

Le Corbusier used to spend the intervals between the UN design sessions with Nivola; he used his New York studio to paint, and was often a guest at his home in East Hampton. On Le Corbusier's advice, Nivola moved closer to modernist art and progressively distanced himself from the rather traditional figurative style he had previously adopted, leading to a period of intense experimentation. Between 1947 and 1950 he created a few paintings and many drawings, inspired by the post-Cubist vocabulary, the example of Le Corbusier as painter and Fernand Léger, as well as Surrealism. His first experiences in sculpture arose from this research.

In 1948 Nivola bought an old country house dating from the mid-eighteenth century, surrounded by woods and not far from the ocean, in the village of Springs, in East Hampton, on Long Island, less than three hours by car from New York City.

Over the years he developed the house into a sort of gallery. In addition to his own works, he displayed those (many of them bearing affectionate dedications) by other artist friends who frequented Nivola over the years and were his guests: Saul Steinberg (they had met, as mentioned above, in Milan in the 30s and they were now neighbours in Springs), Hedda Sterne, Alexander Calder, Willem de Kooning, Conrad Marcarelli, James Brooks (who also lived in East Hampton), Joseph Albers, Salvatore Fancello, Enrico Castellani, Jackson Pollock, Lucio Fontana and Le Corbusier. Apart from the large mural that he drew and coloured in a short time in the living room in 1950, over the years Le Corbusier left the Nivolas a large number of drawings, temperas and watercolours with a Cubo-Surrealist imprint.

Nivola laid out the garden, with the assistance of the architect Bernard Rudofsky,[4] creating a unique spectacle and enriching it with a solarium, a fountain that he designed and built himself, a wall with graffiti, a barbecue, some benches, and a pergola. The result was

Nivola un cospicuo numero di disegni, tempere e acquerelli di impronta cubo-surrealista. Nivola si è dedicato anche a rendere il suo giardino, con l'ausilio dell'architetto Bernard Rudofsky[4], uno spettacolo unico arricchendolo di un *solarium*, una fontana ideata e realizzata dallo stesso Nivola, un muro con graffiti, un *barbeque*, alcune panche, un pergolato, dunque una vera casa-giardino dove intrattenere gli ospiti e conversare in un'atmosfera bucolica. In un angolo di questo incantevole e ben curato giardino, una semplice costruzione con ampie vetrate era adibita a studio e a deposito delle sue sculture.

Quasi per caso intorno al 1950, mentre i suoi figli Pietro e Claire giocano e incidono dei disegni sulla sabbia, Nivola ha un'intuizione per salvare quei disegni: versarvi sopra del gesso liquido, da cui seccandosi, potrà essere estratta "l'opera". È la nascita della tecnica del *sand-casting* che in seguito diede a Nivola molte soddisfazioni professionali. La tecnica in poco tempo venne perfezionata, la sabbia bagnata veniva messa in forme di legno e compattata, poi con semplici attrezzi venivano incisi i disegni su cui versava il gesso o il cemento liquido. È con questa nuova tecnica che Nivola realizzò il suo primo murale per uno spazio aperto al pubblico: l'imponente pannello, eseguito a sezioni e poi unite, per lo *showroom* Olivetti di New York, al 584 Fifth Avenue, all'angolo tra la 47esima e la 48esima, nel cosidetto "Diamond District", centro mondiale del commercio dei diamanti e preziosi. La progettazione della sede newyorkese dell'Olivetti era stata assegnata allo Studio BBPR mentre la parte artistica a Nivola, il quale già conosceva molto bene sia i progettisti che il committente, l'imprenditore progressista Adriano Olivetti, con i quali aveva collaborato a Milano negli anni trenta. L'apertura del negozio Olivetti, il 26 maggio 1954, nel cuore di Manhattan[5], ebbe molta risonanza e destò molta curiosità nel pubblico che rimaneva affascinato dall'allestimento insolito e moderno e dagli oggetti, per lo più macchine da scrivere (tra cui "Studio 44" disegnata da Marcello Nizzoli e pubblicizzata da Olivetti tramite i manifesti ideati da Giovanni Pintori), posizionate all'interno su mensole di marmo rosa di Candoglia; lo stesso marmo è stato utilizzato per i gradini di una rampa di scale e parapetti di lamiera nera che, dal fondo del negozio conduceva al mezzanino, in cui erano ubicati gli uffici per i dipendenti. Dal pavimento di marmo verde, proveniente dalla cava di Runaz, in Valle d'Aosta, si innalzavano come stalagmiti delle colonne coniche di diverse altezze, anche esse dello stesso marmo verde, sui cui erano fissate calcolatrici e macchine da scrivere su cui il pubblico poteva provare a schiacciare i tasti. Dal soffitto blu elettrico, come stalattiti, scendevano colorate lampade di vetro di Murano disegnate da Fulvio Bianconi per Venini, mentre sulla parete a sinistra di chi entrava, era collocata la grande opera murale di Nivola, poco più di 20 metri di lunghezza per quasi 5 di altezza; dal fondo del murale che aveva inglobato nella sua superficie anche un leggero strato di sabbia, dando al bassorilievo un aspetto più caldo e naturale, si affacciavano figure totemiche geometriche-stilizzate colorate e sequenze di segni astratti, in modo alternato su livelli sfalsati rispetto al fondo del murale.
Per l'originalità, la bellezza degli arredi e delle opere d'arte che vi si trovavano, il negozio riscosse subito un grande successo da parte del pubblico e della critica specializzata (fu definito il "più bel negozio della Quinta Strada"), sia per la molteplicità delle soluzioni innovative proposte, sia per l'atmosfera poetica e accogliente creata con l'accostamento,

Bassorilievo di Costantino Nivola per il negozio Olivetti a New York / Bas-relief by Costantino Nivola for the Olivetti shop in New York, 1954

Costantino Nivola con
Le Corbusier a New York /
Costantino Nivola with
Le Corbusier in New York
fine anni quaranta /
late 1940s

a veritable garden home where he could entertain guests and converse with them in a bucolic atmosphere. In a corner of the enchanting, carefully tended grounds, he used a simple building with large windows as a studio and to store his sculptures.

Almost by chance, around 1950, while his children Pietro and Claire were playing at making drawings in the sand, Nivola had the intuition to save their drawings. He poured liquid plaster into them, from which the cast could be extracted when it dried. This was the origin of the sand-casting technique that later proved brought him great fulfilment professionally. He soon perfected the technique. The wet sand would be put into wooden moulds and compacted. Using simple tools, he would score drawings in them and then fill them with plaster or liquid cement. It was with this new technique that Nivola created his first mural for a space open to the public. A striking panel, executed in sections and then joined together, it was made for the Olivetti showroom at 584 Fifth Avenue, New York, on the corner of 47th and 48th Streets, in the so-called "Diamond District", the world centre of the trade in diamonds and jewellery. The design of Olivetti's New York premises had been assigned to Studio BBPR, with artworks by Nivola. He already knew both the architects and the client, the progressive entrepreneur Adriano Olivetti, for whom he had worked in Milan in the 1930s. The opening of the Olivetti store, on 26 May 1954, in the heart of Manhattan,[5] attracted wide attention and aroused the public's eager curiosity. They were fascinated by the unusual and modern display and the products, mostly typewriters (including the Studio 44 designed by Marcello Nizzoli and advertised by Olivetti with posters designed by Giovanni Pintori), positioned inside on shelves of pink Candoglia marble. The same marble was used for a flight of steps and parapets of black sheet metal that led from the back of the store to the mezzanine with the offices. From the floor laid in green marble sourced from the Runaz quarry in Valle d'Aosta rose conical columns of different heights like stalagmites, made of the same green marble. These supported the calculators and typewriters, which the public were free to try. From the electric blue ceiling descended coloured Murano glass lamps like stalactites, designed by Fulvio Bianconi for Venini. On the left-hand wall as one entered there was the great mural by Nivola, just over 20 meters long by almost 5 meters high. From the background of the mural, which incorporated a light layer of sand into its surface, giving the bas-relief a warmer and more natural texture, appeared geometric-stylised coloured totemic figures and sequences of abstract signs alternating on staggered levels against the background of the mural.

The originality and beauty of the furnishings and the artworks it contained immediately made the store a great success with the public and critics (it was called the "most beautiful store on Fifth Avenue"). It was admired for its many innovative ideas and the poetic and welcoming atmosphere created by the original combination of traditional and modern forms. Here art and technology, architecture and design merged and enhanced each other to create a unique setting. This was largely due to Adriano Olivetti's enlightened and farsighted policies and his ability to combine art with industrial production. It is significant that as early as 1934 the Olivetti company, concerned to give its products an attractive

realizzato in modo nuovo, tra forme tradizionali e forme moderne; qui arte e tecnologia, architettura e design si fondono e si potenziano a vicenda creando qualcosa di unico, questo anche grazie alla lungimiranza di un uomo illuminato come Adriano Olivetti che ha saputo coniugare arte e produzione industriale.

Non è un caso se già nel 1934 la ditta Olivetti, attenta a dare ai suoi prodotti un'immagine accattivante e moderna, si fosse rivolta allo Studio Boggeri per la *brochure,* realizzata da Xanti Schawinsky, che pubblicizzava la macchina da scrivere "M 40". Lo Studio Boggeri, fondato da Antonio Boggeri, nel 1933, a Milano, divenne uno dei più importanti studi di grafica italiani, fu tra i primi ad applicare la fotografia e il fotocollage nella grafica pubblicitaria prendendo spunto dalle esperienze offerte dal Bauhaus. Nel corso degli anni collaborarono con lo Studio Boggeri artisti, architetti e designer quali: Bruno Munari, Fortunato Depero, Erberto Carboni, Irme Reiner, Xanti Schawinsky, Max Huber, Lora Lamm, Carlo Vivarelli, Walter Ballmer, Franco Grignani, Giancarlo Iliprandi, Enzo Mari, Remo Muratore, Marcello Nizzoli, Bob Noorda, Albe Steiner, Heinz Waibl, Bruno Monguzzi, Aldo Calabresi e altri.

Dunque la grafica pubblicitaria nel corso dei decenni del secolo scorso conquistò un posto di tutto rispetto nell'ambito dell'espressione artistica tanto che Gillo Dorfles, attento studioso delle tendenze artistiche e culturali contemporanee, nel suo libro *Le oscillazioni del gusto* (Lerici 1958), scriveva: "Non ho bisogno d'insistere sull'importanza che ha la pubblicità su tutta quanta la struttura economica e sociale dei nostri giorni; ma quello che mi sembra opportuno sottolineare qui è il suo peso nel settore artistico. È vero bensì che le forme d'arte d'avanguardia hanno profondamente influenzato il cartellone pubblicitario, tanto che [...] da Toulouse Lautrec a Bonnard, da Cappiello a Cassandre, da Herbert Bayer a Lustig, a Huber, a Pintori possiamo puntualizzare quasi una sorta di 'pinacoteca minore' nella quale i vari movimenti percorsi dall'arte moderna e i vari stili della stessa si ripresentano puntualmente [...]. Non dobbiamo, del pari, misconoscere l'importanza che la pubblicità – specie nel suo aspetto grafico – ha avuto sull'arte 'pura'. I confini sono molto sfumati: non sapremmo decidere sin dove giunga il fatto artistico e sin dove il fatto pubblicitario."

Il grande successo del murale per Olivetti spalancò le porte a Nivola a molte committenze sia pubbliche che private a New York e in altri stati.

Dopo la chiusura del negozio Olivetti di New York nel 1969, il murale di Nivola fu smontato e ricollocato nel 1973, per interessamento dell'architetto Josè Lluis Sert, nello Science Center dell'Università di Harvard, a Cambridge.

Ora, ritornando all'inizio del mio incontro con Nivola, ricordo che, prima di salutarci nel giardino dell'albergo, lo invitai quella sera, alle 21, all'inaugurazione della sopra citata mostra di Savinio in Villa Reale. Tornato al PAC informai Mercedes Garberi, direttrice delle Civiche Raccolte d'Arte del Comune di Milano, che Nivola sarebbe venuto all'apertura dell'esposizione. Quella sera Garberi accolse Nivola con la frase "che onore conoscere lo scultore d'oltreoceano che manca da Milano da tanti anni!". Tra i due ci fu subito una perfetta intesa e all'artista fu proposta una mostra delle sue sculture da tenersi nei giardini della Villa Reale e al PAC, nella pri-

Costantino Nivola alla
Olivetti / Costantino Nivola
at Olivetti
Milano, 1936-1938
fotografia di Elfi Ruedi

modern image, turned to Studio Boggeri for the design of its brochure created by Xanti Schawinsky, advertising the M 40 typewriter. Studio Boggeri, founded by Antonio Boggeri in Milan in 1933, became one of the most important Italian graphic design studios. It was among the first to apply photography and photocollage to advertising graphics, drawing inspiration from the experiments at the Bauhaus. Over the years, the artists, architects and designers who worked for Studio Boggeri included: Bruno Munari, Fortunato Depero, Erberto Carboni, Irme Reiner, Xanti Schawinsky, Max Huber, Lora Lamm, Carlo Vivarelli, Walter Ballmer, Franco Grignani, Giancarlo Iliprandi, Enzo Mari, Remo Muratore, Marcello Nizzoli, Bob Noorda, Albe Steiner, Heinz Waibl, Bruno Monguzzi and Aldo Calabresi.

Hence advertising graphics in the course of the last century attained a respectable place in the field of artistic expression. Gillo Dorfles was an attentive scholar of contemporary artistic and cultural trends. In *Le oscillazioni del gusto*, Lerici, 1958, he wrote: "I do not need to insist on the importance that advertising has in our whole economic and social structure today. But what I think needs to be stressed here is its weight in the field of art. Avant-garde art forms have profoundly influenced poster design, so much so that [...] from Toulouse Lautrec to Bonnard, Cappiello, Cassandre, Herbert Bayer, Lustig, Huber and Pintori, we can point to a sort of 'minor picture gallery' in which the various modern art movements and their various styles regularly appear [...]. We should not, however, ignore the importance that advertising – especially graphic design – has had on 'pure' art. The boundaries are very blurred. I could not decide how far art reaches and how far advertising."

The great success of the Olivetti mural led to Nivola receiving many public and private commissions in New York and other states.
After the closure of Olivetti's New York store in 1969, through the mediation of the architect José Lluis Sert, Nivola's mural was dismantled in 1973 and installed in the Harvard University Science Center in Cambridge (MA).

To now return to my first meeting with Nivola, I remember that, before saying goodbye in the hotel garden, I invited him that evening, at 9 p.m., to the inauguration of the Savinio exhibition in Villa Reale. Back at the PAC, I told Mercedes Garberi, director of the Municipality of Milan's Civiche Raccolte d'Arte, that Nivola would be coming to the opening of the exhibition. That evening Garberi welcomed Nivola with the words, "What an honour to meet the sculptor from across the ocean, who has been absent from Milan for so many years!" There was immediately a perfect understanding between the two, and the artist was offered an exhibition of his sculptures to be held in the gardens of the Villa Reale and at the PAC, in the spring of 1987. Nivola had not exhibited in Milan for a long time; his previous exhibition was in the prestigious Galleria dell'Ariete in Milan, in 1962, presented by Giorgio Soavi. He enthusiastically accepted the invitation to exhibit and before parting we made arrangements that in September, passing from Milan from Sardinia, we would meet again to organise the details of his Milan exhibition. The following day Nivola left for Sardinia, meaning to stop at Orani and then continue to

mavera del 1987. Nivola, che non esponeva a Milano da molto tempo – la sua ultima mostra si era tenuta nella prestigiosa Galleria dell'Ariete di Milano, nel 1962, presentata da Giorgio Soavi – accettò con entusiasmo l'invito a esporre e prima di salutarci prendemmo accordi che a settembre, ripassando da Milano dalla Sardegna, ci saremmo incontrati di nuovo per mettere a punto l'organizzazione della sua mostra milanese. Il giorno seguente Nivola partì per la Sardegna, si sarebbe fermato a Orani e poi proseguiva per Cagliari dove stava realizzando una serie di sculture per la nuova sede del Consiglio Regionale. Verso la fine di agosto mi telefonò per avvertirmi che durante l'estate non era stato molto bene e non sarebbe ripassato da Milano ma sarebbe ritornato a New York da Roma. Purtroppo nei mesi successivi le sue condizioni di salute peggiorano e, il 6 maggio 1988, muore a East Hampton.

Passarono alcuni anni e il pensiero della mostra sfumata di Nivola di tanto in tanto riaffiorava alla mia mente finché un giorno, credo fosse nell'estate del 1992, a Baltimora ne parlai con Scarpitta che mi disse di essere amico di Ruth e che mi avrebbe accompagnato volentieri da lei a East Hampton. Prendemmo accordi per telefono con Ruth e nei giorni successivi, dopo alcune ore di macchina da Baltimora, giungemmo a East Hampton. Ruth ci accolse con grande cordialità e dopo i convenevoli ci fece visitare la casa, l'incantevole giardino e lo studio. La proprietà confinava con un fitto bosco popolato da cervi, tacchini, lepri, scoiattoli e uccelli che spesso, soprattutto alle prime luci dell'alba e all'imbrunire, si avventuravano ad esplorare indisturbati i dintorni della casa.

Raccontai a Ruth del mio incontro con il marito a Milano e della volontà delle Civiche Raccolte d'Arte di riprendere il discorso della mostra: ciò la rese molto felice e promise tutto il suo appoggio per la buona riuscita dell'iniziativa. Purtroppo la tanto attesa mostra a Milano subì ancora un rinvio a causa del vile attentato della mafia, del 27 luglio 1993, che distrusse il PAC e uccise cinque persone[6]. Solamente dopo la sua ricostruzione e la riapertura al pubblico con la mostra *Omaggio a Leo Castelli*, nel luglio 1996, fu possibile mettere in calendario l'esaustiva mostra *Costantino Nivola. Sculture dipinti disegni* che aprì al pubblico il 28 ottobre 1999.

Nel frattempo nel 1990 Ruth[7] e i suoi figli avevano avviato accordi con la Regione Sardegna per creare a Orani una Fondazione che potesse raccogliere un consistente numero di opere di Nivola, sculture, dipinti, disegni e documentazione. Il museo venne inaugurato nel 1995 e negli anni successivi, alla struttura iniziale si aggiunsero altre sale arricchite da ulteriori opere donate dalla famiglia. Tra il 1992, anno in cui conobbi Ruth e la sua morte avvenuta a East Hampton, 18 gennaio 2008, ci frequentammo assiduamente. Spesso, durante il suo andirivieni tra New York e la Sardegna per seguire i lavori della Fondazione e poi del museo dedicato a suo marito, si fermava a Milano qualche giorno, ospite della mia famiglia. Ci sentivamo spesso a telefono e ci scambiavamo idee per corrispondenza su come allestire il museo di Orani e come esporre i piccoli bronzi e terracotte. Ogni qual volta mi recavo a New York andavo a farle visita nella sua casa in campagna; prendevo l'autobus nel centro di Manhattan e lei puntualmente mi aspettava in macchina alla fermata d'arrivo per poi proseguire verso casa costeggiando un tratto di spiaggia lungo l'oceano e infine, prima di arrivare alla meta, percorrevamo una strada tra i boschi. Durante i nostri incontri a Milano e a East Hampton si parlava di arte, di mostre, del nascituro museo di Orani, di progetti per future

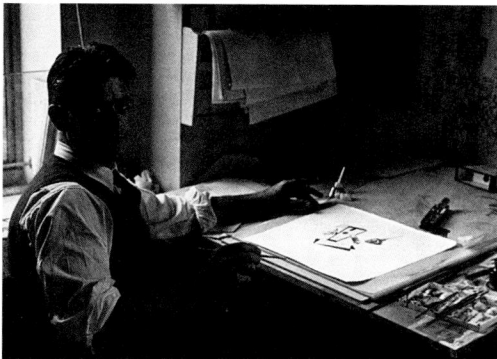

Costantino Nivola a Milano /
Costantino Nivola in Milan
1936-1938
Orani, Fondazione
Costantino Nivola

Cagliari, where he was making a series of sculptures for the new headquarters of the Regional Council. In late August he phoned me to say that during the summer he had been unwell and would not be passing through Milan but would return to New York from Rome. Unfortunately, in the following months his health worsened, and on 6 May 1988 he died in East Hampton.

A few years passed and the thought of the failure to organise Nivola's exhibition occasionally resurfaced in my mind, until one day, I think it was in the summer of 1992, in Baltimore I was talking about it with Scarpitta. He told me that he was a friend of Ruth's and that he would gladly take me to see her in East Hampton. We made arrangements over the phone with Ruth, and some days later, after a few hours' drive from Baltimore, we arrived in East Hampton. Ruth welcomed us cordially, and after the usual pleasantries she gave us a tour of the house, the charming garden and the study. It bordered dense woodland with deer, turkeys, hares, squirrels and birds, which often ventured to explore the grounds of the house undisturbed, especially in the first light of dawn and at dusk.

I told Ruth about my meeting with her husband in Milan and the desire of the Civiche Raccolte d'Arte to resume discussions of the exhibition, which made her very happy. She promised all her support for the success of the initiative. Unfortunately, the long-awaited exhibition in Milan was again postponed due to the cowardly mafia bomb attack on 27 July 1993, which destroyed the PAC and killed five people.[6] Only after its reconstruction and reopening to the public with the exhibition *Omaggio a Leo Castelli*, in July 1996, was it possible to schedule the exhaustive exhibition *Costantino Nivola. Sculture dipinti disegni*, which opened to the public on 28 October 1999.

In the meantime, in 1990 Ruth[7] and her children had entered into an agreement with the Sardinia Region to create a foundation at Orani that would bring together a substantial number of Nivola's works: sculptures, paintings, drawings and documentation. The museum was opened in 1995 and in the following years other rooms were added to the initial structure, enriched with further works donated by the family. Between 1992, the year I met Ruth, and her death in East Hampton on 18 January 2008, we met frequently, often during her travels between New York and Sardinia to oversee the work of the Foundation and then the gallery dedicated to her husband. She stayed in Milan for a few days, as a guest of my family. We often spoke on the phone and exchanged ideas by correspondence on the display in the gallery at Orani and how to exhibit the small bronzes and terracottas. Whenever I was in New York I would visit her at her home in the country. I would catch the bus in the centre of Manhattan and she would be waiting for me in the car at the bus stop and then we would drive home beside a stretch of beach by the ocean and finally through the woods to our destination. During our meetings in Milan and East Hampton we discussed art, exhibitions, the nascent museum at Orani, projects for future exhibitions and mutual friends: Savelli, Scarpitta, Marcarelli, Corazio and Aldo Buzzi, all old friends. One day she said she would be happy if I agreed to be a member of the Scientific Committee of the Nivola Museum. Of course I accepted enthusiastically and for a few years I did my part by attending its meetings.

esposizioni e dei comuni amici: Savelli, Scarpitta, Marcarelli, Dorazio e Aldo Buzzi, tutti amici di vecchia data. Un giorno mi chiese che sarebbe stata felice se io avessi accettato di far parte del Comitato Scientifico del Museo Nivola, naturalmente accettai con entusiasmo e per qualche anno svolsi il mio compito partecipando alle riunioni.

Incontrai Ruth l'ultima volta a casa sua nell'autunno del 2007, qualche mese prima della sua morte, respirava con un po' di difficoltà ma era serena e mi disse che stava sistemando l'archivio nell'ottica di avviare la pubblicazione del catalogo ragionato di Nivola.

La scultura di Nivola, in genere, racchiude in sé, e sintetizza in un'unità formale, i due mondi più amati dallo scultore: quello dell'arcaica cultura sarda e quello dei nativi americani (i *Totem* e le composizioni realizzate sulla sabbia che influenzarono anche Jackson Pollock), sua seconda patria. Una sintesi primordiale, fertile, aperta alla costruzione di nuovi linguaggi plastici e figurativi, primo fra tutti quello della grafica e del design, cui egli si dedicò per lungo tempo professionalmente; una sintesi che sarà ripresa da Nivola in vari periodi del suo *iter* artistico, e ne costituirà in qualche modo la cifra stilistica più evidente, fino al raggiungere, negli anni ottanta, il massimo della sua stilizzazione. Già nella prima metà degli anni cinquanta Nivola aveva realizzato alcune sculture in metallo ispirate a forme semplici e fortemente stilizzate: piccole composizioni di lamiere ritagliate e sagomate, a volte dipinte o patinate, con cui intendeva espressamente rendere omaggio alle donne della sua terra d'origine. Tali opere posseggono la leggerezza dei *Mobiles* di Alexander Calder mentre, per il materiale e la tecnica con cui sono state costruite, ricordano le sculture in lamiera bidimensionali che la pittrice e scultrice Regina iniziò a realizzare fin dal 1931.

Nivola, oltre a essere ricordato come l'artista che ha saputo fondere e armonizzare architettura e scultura, in modo tale che l'opera architettonica diventa opera artistica e viceversa, lo sarà anche per aver realizzato delle serie di sculture altamente poetiche come gli arcaici *Totem*, che ci rimandano ai *menhir* e *dolmen* sparsi sul territorio sardo che Nivola ben conosceva; *Le Madri* e *Le Vedove* simboli della circolarità della vita; i *Lettini* e *Le Spiagge*, rappresentazioni della nostra intimità e dei nostri momenti di svago; i *Lavoratori Sardi*, un inno alle tradizioni e ai mestieri della sua amata Sardegna.

Sia nelle opere monumentali che in quelle più intime e raccolte, Nivola ha saputo cogliere l'essenza della millenaria civiltà sarda e mediterranea per farla rivivere, attraverso le sue opere di sapore arcaico, ma dalle forme stilizzate e moderne, nella nostra società contemporanea.

Sull'onda dell'eco del grido *hutalab*[8] degli antichi guerrieri e cavalieri sardi, voglio anche ricordare, oltre a Nivola, Fancello e Pintori, altri personaggi oranesi: Francesco Delitala, pittore e incisore, Marianna Bussalai, combattente per la libertà e l'uguaglianza del popolo sardo, Piero Borrotzu, antifascista e martire, che con il loro esempio di vita sono stati e saranno un faro per le generazioni future.

Costantino Nivola
alla Olivetti / Costantino
Nivola at Olivetti
Milano, 1936-1938

I met Ruth for the last time at her home in the autumn of 2007, a few months before her death. She was breathing with some difficulty but she was serene and told me that she was arranging the archive with a view to starting publication of Nivola's catalogue raisonné.

Nivola's sculpture generally embodies and synthesises, in a formal unity, the two worlds he loved most: that of archaic Sardinian culture and that of the Native Americans in his second homeland (the *Totems* and the compositions made in sand that influenced Jackson Pollock). A primordial, fertile synthesis, open to the construction of new plastic and figurative languages, first of all that of graphics and design, to which he devoted himself for a long time professionally. This synthesis would be repeated by Nivola in various periods of his artistic career, and in a sense constituted his most evident stylistic code, until the eighties, when he attained the height of stylisation. Already in the first half of the Fifties Nivola had created some metal sculptures inspired by simple and highly stylised forms: small compositions of cut and shaped sheet metal, sometimes painted or patinated, with which he expressly intended to pay homage to the women of his homeland. These works possess the lightness of Alexander Calder's *Mobiles* while, by the material and technique by which they were made, they recall the two-dimensional sheet metal sculptures that the painter and sculptor Regina began to create as early as 1931.

In addition to being remembered as the artist who was able to fuse and harmonise architecture and sculpture, in such a way that the architectural work becomes an artwork and vice versa, Nivola will also be remembered for having created a series of highly poetic sculptures such as: the archaic *Totems*, which evoke the menhirs and dolmens scattered across Sardinia, which Nivola knew well; *The Mothers* and *The Widows*, symbols of the circularity of life; the *Beds* and *The Beaches*, representations of our intimacy and our moments of leisure; the *Sardinian Workers*, a hymn to the traditions and crafts of his beloved Sardinia.
Both in his monumental works and in his more intimate and reserved ones, Nivola managed to capture the essence of the ancient Sardinian and Mediterranean civilisation and revived it through his works with their archaic overtones, yet with stylised and modern forms, in our contemporary society.
To the echo of the cry of *hutalabì*,[8] of the ancient Sardinian warriors and knights, I would also like to remember, in addition to Nivola, Fancello and Pintori, who likewise hailed from Orano: Francesco Delitala, painter and engraver, Marianna Bussalai, fighter for the freedom and equality of the Sardinian people, Piero Borrotzu, anti-fascist and martyr. By the example of their lives, they have been and will be a beacon for future generations.

[1] Sulla stessa rivista Giovanni Pintori traccia un quadro delle energie mobilitate da Adriano Olivetti con l'aiuto di Renato Zveteremich: "aviatori hanno volato per ore e ore sopra zone pericolose riuscendo a darci fotografie sensazionali e grandiose di paesaggi alpini […]; medici appassionati hanno pazientemente raccolto dati istruttivi e curiosi sulle condizioni biologiche di quelle popolazioni; economisti noti hanno appositamente sviluppato capitoli particolarmente riguardanti la zona in esame sintetizzando in un tutto organico le svariate manifestazioni dei rapporti sociali di un gruppo etnico in condizioni di grande isolamento economico; persino celebri rocciatori si sono prestati per la revisione e codificazione dei più interessanti itinerari alpinistici; infine la collaborazione di pittori nella stesura e nella costruzione e sistemazione delle tavole ha dato un'evidente intonazione di gusto e piacevolezza […]" (ed è un peccato che le pubblicazioni ufficiali del piano non riportino i nomi di tutti questi collaboratori).

[2] Ruth Guggenheim e Costantino Nivola si sposano il 4 agosto 1938, a Milano, con testimoni tra gli altri, il poeta Salvatore Quasimodo e l'architetto Paolo Pea. Ruth, sua compagna di corso all'ISIA dal 1934, era una delle pochissime allieve donne, forse tre o quattro, in una scuola che contava la presenza di circa duecento allievi. In occasione del matrimonio la giovane coppia riceve da Salvatore Fancello come dono un "disegno ininterrotto", un lungo rotolo figurato di oltre sei metri di lunghezza, realizzato su carta da telescrivente. In memoria del suo caro amico morto sul fronte greco-albanese nel 1941, Nivola riproduce a graffito su quattro lastre di liscio granito una parte del "disegno ininterrotto", scene di vita contadina e animali, sul basamento dell'edificio del Consiglio Regionale della Sardegna, a Cagliari, dove Nivola ha realizzato in marmo e travertino sette sculture rappresentanti il "Costruttore" e la "Madre", temi ricorrenti nella poetica dello scultore. Il "rotolo" è stato donato da Ruth al Comune di Dorgali, dove è esposto nella Civica Sala Fancello accanto ad altri lavori dell'artista.

[3] Nel 1942 una mostra omaggio alla Pinacoteca di Brera celebra il giovane artista caduto in guerra raccogliendone sculture, ceramiche e disegni. Nel 1947 gli viene conferita la medaglia d'argento al Valor Militare. Nel 1962 le sue spoglie vengono riportate in patria e tumulate nel camposanto di Dorgali.

[4] Bernard Rudofsky nel periodo 1937-1938 era a Milano e collaborava a fianco di Gio Ponti per la rivista "Domus". È interessante notare che il tema delle stanze a cielo aperto era stato presentato da Rudofsky in più di un contributo su "Domus", con il progetto di una casa a Procida nel numero 123, marzo 1938 – l'anno prima aveva finito poco lontano sulla costa campana in collaborazione con Luigi Cosenza la celebre villa Oro a Posillipo, iniziata nel 1934 – e con la pubblicazione nello stesso numero del disegno di una stanza senza soffitto, arredata, sì, come stanza interna, ma con un prato al posto del pavimento, e pubblicata con il titolo *Problema* a riscontro di un articolo dello stesso Ponti dal titolo *Falsi e giusti concetti sulla casa* che anticipava proprio l'idea del s*olarium* di Nivola a Springs. Il disegno venne poi ripubblicato come copertina di "Interiors" nel gennaio 1946.

[5] Il 9 dicembre 1953, a San Francisco, venne inaugurato un negozio della Olivetti, progettato dal grafico e illustratore Leo Lionni che per la Olivetti ha realizzato molti manifesti e locandine pubblicitarie. In questo stesso anno venne aperta anche una sede Olivetti a Chicago.

[6] Il Padiglione d'Arte Contemporanea (PAC) fu progettato dall'architetto Ignazio Gardella (Milano 1905 - Oleggio 1999) nel 1949 e costruito tra il 1951 e il 1953. L'edificio venne ricostruito dalla stesso architetto Gardella, con il figlio Jacopo, dopo l'attentato del 27 luglio 1993. La struttura museale venne riaperta al pubblico nel luglio 1996.

[7] Ruth muore a East Hampton il 18 gennaio 2008. Per ulteriori notizie sulla sua vita, anche di artista, si rimanda all'articolo di Paolo Merlini, *Ruth Nivola, una vita per l'arte*, apparso su "La Nuova Sardegna", 18 febbraio 2006.

[8] *Hutalabì* è il grido di guerra del popolo sardo che nel dramma musicale di Ennio Porrino ricorre innumerevoli volte, esso è naturalmente da associare ai versi di Sebastiano Satta: *Se l'aurora arderà su' tuoi graniti / Tu lo dovrai, Sardegna, ai nuovi figli. / A questo: a quanti cuori / Vegliano nella tua ombra, aspettando! / O fratello, e tu primo alla vittoria, / Da' il grido dai vermigli / Pianori: Agita il palio / O rosso cavallo, O cavallo di gloria, hutalabì!* (S. Satta, *Canti barbaricini*, Roma 1910). Al poeta Sebastiano Satta, nel Comune di Nuoro, è intitolata una piazza monumentale ideata nel 1967 da Nivola.

[1] In the same magazine, Giovanni Pintori drew a picture of the energies mobilised by Adriano Olivetti with the help of Renato Zveteremich: "Aviators flew for hours over dangerous areas, managing to give us sensational and grandiose photographs of alpine landscapes [...]; passionate doctors patiently collected instructive and curious data on the biological conditions of these populations; well-known economists developed chapters particularly concerning the area under consideration, synthesising into an organic whole the various manifestations of the social relations of an ethnic group in conditions of great economic isolation; even famous rock climbers lent themselves to the revision and codification of the most interesting mountaineering itineraries; finally, the collaboration of painters in the drafting, construction and arrangement of the panels added an evident tone of taste and pleasantness [...]." (It's a shame that the official publications of the plan failed to list the names of all these contributors.)

[2] Ruth Guggenheim and Costantino Nivola were married on 4 August 1938, in Milan. The witnesses included the poet Salvatore Quasimodo and the architect Paolo Pea. Ruth, his classmate at ISIA since 1934, was one of the very few female students, perhaps three or four in all, in a school that had some two hundred students. At the wedding, the young couple received from Salvatore Fancello the gift of an "uninterrupted drawing", a figured scroll over six meters long made on teletype paper. In memory of his dear friend who died on the Greek-Albanian front in 1941, Nivola reproduced in graffiti on four slabs of smooth granite, a part of the "uninterrupted drawing", with scenes of peasant life and animals, on the base of the building of the Regional Council of Sardinia in Cagliari. Here Nivola made seven sculptures in marble and travertine representing the "Builder" and the "Mother", recurrent themes in his poetic. The "scroll" was donated by Ruth to the Municipality of Dorgali, where it is exhibited in the Civic Sala Fancello next to other works by the artist.

[3] In 1942 a tribute exhibition at the Pinacoteca di Brera celebrated the young artist who died in the war. It brought together his sculptures, ceramics and drawings. In 1947 he was awarded the silver medal for Military Valour. In 1962 his remains were returned to his homeland and buried in the cemetery at Dorgali.

[4] In 1937-1938 Bernard Rudofsky was in Milan and worked alongside Gio Ponti on the magazine *Domus*. It is interesting that the theme of open-air rooms had been presented by Rudofsky in more than one contribution to *Domus*, with the project for a house in Procida in issue 123, March 1938 – the year before he completed the celebrated Villa Oro in Posillipo in collaboration with Luigi Cosenza, not far away on the Campania coast, begun in 1934. The same issue contained the drawing of a room without a ceiling, furnished as an indoor room, but with a lawn instead of a floor. It also published under the title *Problema* an account of an article by Ponti himself entitled *Falsi e giusti concetti sulla casa*. It anticipated the idea of Nivola's solarium in Springs. The drawing was then republished as the cover of *Interiors* in January 1946.

[5] On 9 December 1953, an Olivetti store opened in San Francisco designed by the graphic artist and illustrator Leo Lionni, who created many posters and placards for Olivetti. In the same year Olivetti also opened an office in Chicago.

[6] The Pavilion of Contemporary Art (PAC) was designed by the architect Ignazio Gardella (Milan 1905 - Oleggio 1999) in 1949 and built between 1951 and 1953. After the attack on 27 July 1993 it was rebuilt by the architect Gardella himself, with his son Jacopo. The complex was reopened to the public in July 1996.

[7] Ruth died in East Hampton on 18 January 2008. For further information on her life, and her work as an artist, see the article by Paolo Merlini, "Ruth Nivola, una vita per l'arte" in *La Nuova Sardegna* for 18 February 2006.

[8] *Hutalabì* is the war cry of the Sardinian people. It recurs countless times in Ennio Porrino's musical drama, and is naturally associated with the verses by Sebastiano Satta: *If the dawn glows on your granites / You will owe it, Sardinia, to your new children. / To this: to the many hearts / That watch in your shadow, waiting! / O brother, and you first to victory, / Give the cry from the vermilion / Plains: Wave the banner / O red horse, O horse of glory, hutalabì!* (S. Satta, *Canti barbaricini*, Rome 1910). A monumental piazza in Nuoro was designed in 1967 by Nivola and named after the poet Sebastiano Satta.

Galeotto fu "Imago".
Giovanni Pintori nelle fotografie di Ugo Mulas

Angela Madesani

Pintori Mulas, quale il legame? Un delizioso volume della collana "Quaderni di IMAGO", il numero 6, pubblicato nel 1967, in cui sono contenute le fotografie che ritraggono il grafico al lavoro nella fucina olivettiana.

I "Quaderni" sono un interessante prodotto editoriale[1], uscito in una decina di numeri, a partire dal 1964, nel contesto della rivista "IMAGO", edita dalle Fotoincisioni Bassoli, che si colloca in ambito sperimentale tra arte e industria, pubblicata tra il 1960 e il 1971[2].

All'interno della rivista, la fotografia svolge un ruolo determinante. "'Imago' – scrive Arcari[3], raffinato intellettuale, particolarmente attento al ruolo della fotografia nel mondo dell'arte – si propone se mai come un prototipo di un nuovo modo di essere della rivista, […] è necessario avvertire subito che non si tratta di una pubblicazione fotografica. La fotografia, però, vi ha un largo spazio come strumento di riproduzione e vi è accolta con generosità anche come elemento funzionale, per il suo intrinseco valore espressivo".

I volumi sono dedicati a protagonisti del mondo dell'immagine: dal pittore Giuseppe Guerreschi, allo scultore Floriano Bodini, al grafico Pintori, all'architetto Giancarlo De Carlo. I testi sono di importanti personaggi della cultura italiana da Luciano Bianciardi, a Giovanni Arpino, a Carlo Bo, a Vittorio Sereni. I fotografi coinvolti sono numerosi, da Toni Nicolini a Pepi Merisio, allo stesso Cesare Colombo, a Ugo Mulas.

"Gli uomini di quell'ambiente – come scrive Libero De Libero, insieme a Libero Bigiaretti[4], autore dei testi che accompagnano il lavoro di Pintori – erano impegnati in una sorta di Bauhaus ambulante, da cui derivarono lo stimolo e la spinta a sperimentare i nuovi concetti di produzione artistica applicandoli alla produzione industriale. Fu così rinnovato il processo creativo nell'industria ricavando temi, ritmi lineari e volumetrici dalle forme della natura e dalla loro spontanea geometria: secondo un calcolo, una prospettiva, una visione che sono propri dell'espressione artistica e riconducibili alla esattezza, alla proporzione di una 'architettura'". Per raccontare quel protagonista del "Bauhaus italiano", che ha avuto, nel corso del tempo, come punti di riferimento l'ISIA di Monza prima e l'Olivetti in seguito, si sceglie quello che, senza timore di smentita, ci sentiamo di apostrofare come il più intelligente fotografo italiano di quegli anni.

Poco o nulla si sa del rapporto umano tra Giovanni Pintori e Ugo Mulas: a oggi non è stata rintracciata nessuna corrispondenza, non vi sono foto che li ritraggono insieme, è Ugo Mulas che fotografa Pintori in studio e nel tempo libero. I due uomini avevano età diverse e le comuni origini sarde non crediamo siano state motivo di legame: Pintori era sardo, legato alla sua terra, Mulas era figlio di un maresciallo dei carabinieri sardo trasferitosi sulla sponda bresciana del lago di Garda e di una madre trentina, ma non aveva mai vissuto sull'isola.

Il filo rosso che lega i due uomini è l'Olivetti, con la quale entrambi lavoravano, anche se

Imago as the go-between.
Giovanni Pintori in the Photographs by Ugo Mulas

Angela Madesani

Pintori Mulas: what was the link between them? A delightful volume of the *Quaderni di IMAGO* series, number 6, published in 1967, which contains photographs depicting the graphic designer at work in the Olivetti forge.

The *Quaderni* were an interesting publication,[1] which ran for about ten issues, starting in 1964, in the context of the magazine *Imago,* published by Fotoincisioni Bassoli, occupying the experimental field between art and industry from 1960 to 1971.[2]

Photography played a decisive part in the magazine. Acari,[3] a refined intellectual, particularly attentive to the role of photography in the world of art, wrote that, "*Imago*, proposes itself if anything as a prototype of a new way of being of the magazine, [...] One should immediately be warned that this is not a photographic publication. Photography, however, is given extensive space as a means of reproduction and is also generously welcomed as a functional element, given its intrinsic expressive value."

The issues were devoted to leading figures in the world of the image: from the painter Giuseppe Guerreschi to the sculptor Floriano Bodini, the graphic designer Pintori and the architect Giancarlo De Carlo. The texts were by important figures in Italian culture from Luciano Bianciardi to Giovanni Arpino, Carlo Bo and Vittorio Sereni. Numerous photographers were involved, from Toni Nicolini to Pepi Merisio, Cesare Colombo himself and Ugo Mulas.

"The men in that milieu," as Libero De Libero wrote, together with Libero Bigiaretti,[4] the author of the texts that accompanied Pintori's work, "were engaged in a sort of itinerant Bauhaus, from which came the stimulus and drive to experiment with the new concepts of artistic production by applying them to industrial production.

"The creative process in industry was thus renewed by deriving the themes and linear and volumetric rhythms from the forms of nature and their spontaneous geometry: according to a calculation, a perspective, a vision that were proper to artistic expression, and can be traced back to the exactness, the proportion, of an 'architecture'."

To tell the story of that protagonist of the "Italian Bauhaus", who had, over time, as points of reference the ISIA of Monza first and then Olivetti, the choice fell on the person who, without fear of denial, we feel we can term the most intelligent Italian photographer in those years.

Little or nothing is known of the personal relations between Giovanni Pintori and Ugo Mulas. To date no correspondence has come to light and there are no photos portraying them together: Ugo Mulas took photos of Pintori in the studio and in his spare time. The two men were of different ages and there is no reason to believe that their common Sardinian origins were a reason for bonding: Pintori was Sardinian, with close ties to his land; Mulas was the son of a Sardinian sergeant of the Carabinieri

già si conoscevano dai tempi della Scuola del libro della Società Umanitaria[5] di Milano, con la quale entrambi collaborano.

Un rapporto intenso, durato circa quindici anni, quello fra il fotografo e quella che può essere considerata una delle punte di diamante dell'imprenditoria italiana, sia da un punto di vista tecnico che etico. Un'azienda fondata dal giovane ingegnere, Camillo Olivetti, a Ivrea con altri soci, nel 1908, che, a partire dagli anni trenta, trova in Adriano, figlio del fondatore, un importante punto di riferimento, che apre l'impresa alla collaborazione con uno straordinario gruppo di intellettuali, artisti, grafici che la renderanno unica nel mondo. Nell'*house organ Notizie di fabbrica* così viene ricordato il giovane fotografo, scomparso a 44 anni nel 1973: "[…] Ugo Mulas, tra i migliori fotografi italiani e molto conosciuto in campo internazionale, è morto nello scorso mese di marzo. Per ricordarne la figura, l'istituto di storia dell'arte di Parma gli ha dedicato una mostra personale nella quale figurano 250 sue opere. Di Mulas stanno per uscire due libri fotografici. La collaborazione di Ugo Mulas con la Olivetti era iniziata nel 1957, quando venne chiamato ad Ivrea, insieme con altri fotografi europei di fama internazionale, per realizzare una serie di immagini sulle fabbriche e sui servizi sociali, pubblicate sul volume del 'cinquantenario'"[6].

Mulas non può essere definito semplicisticamente un fotografo di industria, la sua è una fotografia che ritengo "umanistica", al di là delle categorie della foto-documentazione e del fotoreportage, che calzano strette a una personalità di quel calibro.

Renzo Zorzi, una delle figure chiave del mondo Olivetti, sottolineava la straordinaria capacità di Mulas nel ritratto, in comparazione ad Aldo Ballo nei prodotti, a Fulvio Roiter negli interni di fabbrica, a Emil Schulthess nelle riprese di architettura, a Henri Cartier Bresson e a Erich Hartmann, entrambi dell'agenzia Magnum, nel reportage[7]. Berengo Gardin che per venticinque anni ha collaborato con l'azienda eporediese scrive: "Alla Olivetti ho sempre avuto la massima libertà di fotografare quello che volevo, quando volevo, senza nessuna censura"[8]. Una condizione lavorativa che ha riguardato, per quanto si riesce a cogliere, anche tutti gli altri fotografi.

Come inizia la collaborazione di Mulas con la Olivetti? Il ricordo dell'*house organ* è piuttosto vago. Pensiamo di potere trovare un momento iniziale di tale legame in una particolare situazione. Nell'ottobre 1957, tre anni dopo la cessione di "Metron", nasce una nuova pubblicazione semestrale, "Zodiac. Rivista internazionale d'architettura contemporanea"[9], i cui promotori sono due: la società Ing. C. Olivetti & C. di Ivrea, nella persona di Adriano Olivetti, e il Palais des Beaux-Arts di Bruxelles, mentre il direttore e ideatore è il critico ed editore Bruno Alfieri. È pubblicata da una collaborazione tra Éditions de la Connaissance di Bruxelles, Les Éditions des Deux Monde di Parigi, George Wittenborn Inc. di New York e Edizioni di Comunità[10], che si occupa dell'edizione italiana. Edizioni di Comunità ha sede a Milano in via Manzoni, 12, un luogo significativo per la cultura del capoluogo lombardo, che, oltre a essere la sede del Museo Poldi Pezzoli, ha ospitato, dalla fine degli anni dieci, per due decenni, la galleria d'arte Pesaro. In quell'antico palazzo, inoltre, dopo qualche anno avrebbe avuto lo studio Ettore Sottsass jr, profondamente legato a Olivetti.

La rivista, il cui direttore artistico in prima battuta è Roberto Sambonet e il cui comitato di direzione inizialmente è formato da Giulio Carlo Argan[11], Riccardo Musatti, Enzo Paci, Geno

Ugo Mulas
Pintori al lavoro nello studio
Olivetti / Pintori at work in
the Olivetti office
1960-1970

who moved to the Brescia shore of Lake Garda and a mother from Trentino, but he had never lived on the island.

The common thread that bound the two men was Olivetti, for which they both worked, even though they already knew each other from the time of the Scuola del Libro of the Società Umanitaria[5] in Milan, with which they both collaborated.

There was a close relationship, lasting about fifteen years, between the photographer and one of the outstanding Italian entrepreneurs, both technically and ethically. The company had been founded by the young engineer Camillo Olivetti in Ivrea with other partners in 1908. Then, in the 1930s, Adriano, the founder's son, played an important part in its development. He also opened the company up to collaborations with an extraordinary group of intellectuals, artists and graphic designers, who made it unique worldwide.

In the house organ *Notizie di fabrica*, the young photographer, who died at the age of 44 in 1973, is remembered as follows:

"Ugo Mulas, one of the finest Italian photographers, and well known internationally, died last March. To commemorate him, the Institute of Art History of Parma has devoted a solo exhibition to him, in which 250 of his works appear. Two photographic books by Mulas are about to be published.

"Ugo Mulas' collaboration with Olivetti began in 1957, when he was called to Ivrea, together with other internationally renowned European photographers, to create a series of images of the factories and social services, published in the volume of its fiftieth anniversary."[6]

Mulas cannot be simplistically termed an industrial photographer; his is photography that I consider 'humanistic', beyond the categories of photo-documentation and photojournalism, which are inadequate for a personality of that calibre.

Renzo Zorzi, one of the key figures at Olivetti, stressed Mulas' extraordinary skill in portraiture, in comparison with Aldo Ballo in products, Fulvio Roiter in factory interiors, Emil Schulthess in architectural photography, Henri Cartier-Bresson and Erich Hartmann, both of the Magnum agency, in reportage.[7] Berengo Gardin, who collaborated with the Ivrea company for twenty-five years, wrote: "At Olivetti I have always had the utmost freedom to photograph what I wanted, when I wanted, without any censorship."[8] A freedom extended, as far as we can tell, to all the other photographers.

How did Mulas' collaboration with Olivetti begin? The house organ is rather vague on this point. I think we can find an initial moment of this bond in a particular situation. In October 1957, three years after the sale of *Metron*, a new biannual publication was issued *Zodiac. Rivista internazionale d'architettura contemporanea*.[9] It had two promoters: the company Ing. C. Olivetti & C. of Ivrea, in the person of Adriano Olivetti, and the Palais des Beaux-Arts in Brussels. Its editor and creator was the critic and publisher Bruno Alfieri. It was published in partnership by Éditions de la Connaissance in Brussels, Les Éditions des Deux Mondes in Paris, George Wittenborn Inc. in New York and Edizioni di Comunità,[10] responsible for the Italian edition. Edizioni di Comunità had its premises at 12 Via Manzoni in Milan, a significant place for the city's culture. In addition to being the premises of the Poldi Pezzoli Museum, it had hosted the Galleria d'Arte Pesaro for two decades since the

Pampaloni e Carlo Ludovico Ragghianti, e che avrebbe cessato le pubblicazioni nel 1973, è stata, a nostro parere l'occasione d'incontro tra il neppure trentenne Mulas e gli eporediesi. La redazione, come già scritto, era a Milano. In quel momento il fotografo cominciava a essere una delle personalità più prestigiose su scala nazionale. Sul primo numero di "Zodiac"[12] viene pubblicata una foto di Mulas con l'elaboratore elettronico Olivetti, Elea 9003, esempio calzante della fulgida stagione in cui collaboravano il geniale ingegnere Mario Tchou, che guidava il gruppo di ricerca su un versante elettronico, il giovane Roberto Olivetti e Sottsass jr.

Da quel momento Mulas ha una fitta collaborazione con l'azienda, che acquista dal suo archivio molte foto per le numerose riviste aziendali e realizza anche parecchi lavori su commissione. "Tra fine anni cinquanta e fine anni sessanta, la collaborazione di Mulas con Olivetti è molto intensa, basti pensare al volume del 1958, in cui è pubblicata una decina di fotografie sugli stabilimenti Olivetti, i nascenti quartieri di case per dipendenti, gli ambienti di formazione della società Olivetti, e allo straordinario servizio sulla donna nella fabbrica uscito sulle pagine di 'Notizie di fabbrica' dal giugno del 1962. Dello stesso anno è il suo lavoro sulle opere degli artisti dell'Arte Programmata', storica mostra presentata da Bruno Munari e Giorgio Soavi e allestita nei negozi Olivetti di Milano, Venezia e Roma, alla Galleria La Cavana di Trieste e in alcune gallerie e musei internazionali[13]. Sono poi da ricordare la pubblicazione del 1967 dedicata a Giovanni Pintori (dal 1936) all'Ufficio pubblicità Olivetti nel sesto numero dei "Quaderni di Imago", il servizio fotografico (conservato in originale) dedicato allo showroom Olivetti di Buenos Aires[14] progettato da Gae Aulenti e quello che documenta l'inaugurazione a Parigi della mostra 'Olivetti formes et recherches' (1969)"[15].

Tra i suoi lavori più significativi realizzati in questo contesto è *La donna che lavora* del 1962. Soggetti sono le operaie e le impiegate degli stabilimenti di Ivrea. Il mondo sta cambiando e il mondo femminile comincia a non accettare più il ruolo marginale che le era stato riservato sino a quel momento. Si comincia ad avvertire nell'aria la voglia del cambiamento: nel 1963 le donne sarebbero state ammesse "a tutte le cariche, professioni e impieghi pubblici, compresa la Magistratura, nei vari ruoli, carriere e categorie, senza limitazione di mansioni e di svolgimento della carriera"[16] per poi giungere al divorzio nel 1970 e nel 1975 alla riforma del diritto di famiglia.

Quello di Mulas sulle donne è un lavoro intelligente, penetrante. Si tratta di donne di età diverse, colte durante la loro professione manuale o impiegatizia, quasi tutte con il grembiule nero. Una donna veste con un maglioncino chiaro, al collo ha una collana di perle, al polso l'orologio. Probabilmente si tratta di un quadro, di una delle rare dirigenti.

Lo sguardo di Mulas entra con totale partecipazione nella situazione per riferire a chi guarda. È la sua modalità operativa, come nel lavoro sui bambini della colonia montana di Brusson. Sono ricerche di matrice antropologica.

Sebbene ci racconti, soprattutto con le donne, un'Italia che cambia, il suo non è un lavoro ideologico, non vuole dimostrare delle tesi, quanto piuttosto rendere edotto e partecipe lo spettatore. La modalità non è diversa rispetto a quella con la quale opera negli studi degli artisti. Mulas ascolta, presta attenzione al di là dell'ambiente in cui si trova a lavorare.

Ugo Mulas
Pintori al lavoro nello studio
Olivetti di Milano / Pintori
at work in the Olivetti office
in Milan
1966

late 1910s. In that ancient building, moreover, a few years later, Ettore Sottsass Jr., with close ties to Olivetti, would have his studio.

The magazine's first artistic director was Roberto Sambonet and its editorial committee initially consisted of Giulio Carlo Argan,[11] Riccardo Musatti, Enzo Paci, Geno Pampaloni and Carlo Ludovico Ragghianti. It ceased publication in 1973, and was, I believe, the opportunity for a meeting between the not yet thirty-year-old Mulas and the company in Ivrea.

The editorial staff, as we have seen, was in Milan. At that time, the photographer was becoming one of the most prestigious figures nationwide. The first issue of *Zodiac*[12] published a photo by Mulas of the Olivetti electronic computer, Elea 9003, a fitting example of the brilliant period of collaboration between the gifted engineer Mario Tchou, who headed the research group in electronics, the young Roberto Olivetti and Sottsass Jr.

From that time on, Mulas worked closely with the company, which bought many photos from his archive for its numerous company magazines and also produced several works on commission. "Between the late Fifties and the end of the sixties, Mulas' collaboration with Olivetti was very intense. Just think of the 1958 volume which published a dozen photographs of the Olivetti factories, the nascent housing estates for the employees, the training facilities at the Olivetti company and the extraordinary report on women in the factory published in *Notizie di fabbrica* from June 1962 on. In the same year Mulas photographed works by the artists of "Arte Programmata", a historic exhibition presented by Bruno Munari and Giorgio Soavi presented in the Olivetti stores in Milan, Venice and Rome, at the Galleria La Cavana in Trieste and in some international galleries and museums.[13] Also worth mentioning are the 1967 publication devoted to Giovanni Pintori (from 1936) at the Ufficio Pubblicità Olivetti in the sixth issue of the "Quaderni di Imago", the photo shoot (preserved in the original) devoted to the Olivetti showroom in Buenos Aires[14] designed by Gae Aulenti, and another one documenting the inauguration in Paris of the exhibition "Olivetti formes et recherches" (1969).[15]

Among his most significant works created in this context was *La donna che lavora* (1962). The subjects were the female factory and office workers at the Ivrea plants. The world was changing and women were no longer ready to accept the marginal role they had been confined to until then. The desire for change began to be felt in the air. In 1963 women would be admitted "to all offices, professions and public employment, including the judiciary, in the various roles, careers and categories, without limitation of duties and career development".[16] This was followed by the law instituting divorce in 1970 and in 1975 the reform of family law.

Mulas' work on women was intelligent and perceptive. These were women of different ages, depicted at their manual or clerical occupations, almost all wearing black smocks. One woman is wearing a light-coloured sweater and a pearl necklace, with a watch on her wrist. She was probably an executive, one of the rare managers.

Mulas' gaze entered the situation with complete empathy to report to the viewer. It was his working method, as in his work on the holiday home for children in the mountains at Brusson. This was anthropological research.

Quello relativo alle donne in fabbrica non è un censimento, un lavoro tassonomico, catalogatorio, è, come già scritto, una ricerca di natura umanistica in cui lui per primo vuole entrare in contatto con i soggetti coinvolti.

Le persone sono importanti così come i luoghi fotografati che non sono semplici paesaggi, ma, a tutti gli effetti, luoghi antropizzati, popolati e non.

Nell'ultima intervista rilasciata, poco tempo prima di morire, a Carlo Arturo Quintavalle, Mulas afferma a proposito dei suoi primi anni: "Gli oggetti no, mi interessava di vedere ciò che succedeva, ma quello che mi interessava era di fotografare la gente: gli attori, i pittori o il mondo dei pittori, gli amici dei pittori, i mercanti. […] Al Giamaica non c'erano soltanto pittori, c'erano anche dei giovani che volevano fare i fotografi; c'erano Alfa Castaldi, Carlo Bavagnoli, Giulia Nicolai e tanti altri. E tra noi si parlava, si discuteva. E anche se poi in fondo, se ci penso adesso, nessuno di noi aveva le idee chiare, era un modo di essere interessati alla fotografia. D'altronde, con chi altro avrei potuto parlare di queste cose? C'era qualche bravo fotografo, evidentemente, ma noi volevamo fare i fotogiornalisti, i fotoreporters di città (pensavamo che la cosa più importante della fotografia fosse il fotogiornalismo): solo dopo ho capito che questo era un aspetto in realtà strumentale. […] eravamo tutti di sinistra, io facevo delle fotografie un po' populistiche, in chiave neorealistica; fotografavo i poveri, i quartieri della periferia, la bidonville dove hanno poi girato *Miracolo a Milano*, la situazione dei baraccati. Siccome passavo anche qualche notte alla stazione quando non avevo una camera, fotografavo la gente che dormiva lì nella sala d'aspetto di terza classe. Sempre con questa voglia, comunque, di imparare, ho sempre sentito questa mia partenza da autodidatta, e proprio questa mia partenza mi ha sempre fatto sentire il bisogno di imparare la tecnica; poi, in realtà, non si impara la tecnica: man mano che vai avanti ti trovi gli strumenti tu per fare il discorso se hai qualche cosa da dire"[17]. Con il passare degli anni, Mulas si allontana da qualsiasi forma di neorealismo, ma la radice sociale rimane in tutta la sua ricerca, come possiamo cogliere anche in alcuni lavori Olivetti, persino in quello su Pintori, in cui il grafico è posto in relazione ai colleghi, all'ambiente.

"Verso il 1958 un libro ha contato molto per me: *Gli americani* di Robert Frank. In quegli anni mi interessava un'altra letteratura fotografica: i grandi fotografi mi sembravano quelli più vicini al pericoloso gioco del potere di cui ho appena parlato. Nel libro di Frank vedevo invece per la prima volta un fotografo che non utilizzava nessun trucco, che faceva delle fotografie che sembravano di un dilettante, tanto erano semplici tecnicamente. Ci ho messo alcuni anni a capirlo, perché, intanto, ero distratto dal lavoro professionale, dalle necessità, da tante cose. Finché ho avuto chiaro il senso dell'opera di Frank: questo non abusare per confondere il gioco della realtà, delle cose, della vita; il fatto che la macchina fotografica lavori direttamente sulla vita, usando la pelle della gente"[18]. Il passaggio, il viaggio di Mulas verso un nuovo tipo di fotografia, sempre più semplice, più diretta, in cui tende a bandire i trucchi di qualsiasi genere, che potevano arrivargli da certi virtuosismi della fotografia sulla quale si era formato, avviene, con una certa lentezza, proprio negli anni durante i quali collabora con l'Olivetti. Quel passaggio ha bisogno di alcuni anni per concretizzarsi e, infatti, le foto su Pintori sono della metà del decennio successivo. Sono

Although he depicted a changing Italy, especially for women, his work was not ideological. He did not want to prove a thesis, rather to make the viewer aware and involved. The method was no different from that with which he worked in artists' studios. Mulas listened, paid attention beyond the setting in which he found himself working. His photos of women in the factory were not a census, a taxonomic, cataloguing work, but, as we have seen, research of a humanist nature in which he first of all wanted to get in touch with the subjects involved.

People were important as well as the places photographed, which were not simple landscapes, but, to all intents and purposes, anthropised places, both populated and deserted. In the last interview he gave, shortly before his death, to Carlo Arturo Quintavalle, Mulas said of his early years: "Not objects, I was interested to see what was happening, but what interested me was to photograph people: actors, painters or the world of painters, friends of painters, art dealers. […] The people who frequented the Bar Jamaica were not just painters. There were also young people who wanted to be photographers: Alfa Castaldi, Carlo Bavagnoli, Giulia Nicolai and many others. And we talked to each other, we discussed things. And even if, after all, if I think about it now, none of us had clear ideas, it was a way of being interested in photography. On the other hand, who else could I have talked to about these things? There were some good photographers, obviously, but we wanted to be photojournalists, news photographers in the city (we thought that the most important thing in photography was photojournalism). I only realised later that this was actually an instrumental aspect. […] We were all left-wing. I took photographs that were a bit populist, in a neorealist key. I photographed the poor, the neighbourhoods of the suburbs, the shanty town where they later filmed *Miracolo a Milano*, the situation in the slums. Since I also spent a few nights at the station when I didn't have a room, I photographed the people sleeping there in the third-class waiting room. But always with this urge to learn, I always felt my starting point as an autodidact, and it was precisely this starting point of mine that always made me feel the need to learn the technique. Then, in reality, you don't learn the technique. As you go on you find the resources you need to express yourself if you have something to say."[17]

Over the years, Mulas moved away from any form of neorealism, but the social root remained in all his research, as we can see in some of his works at Olivetti, including his work on Pintori, in which the graphic artist was seen in relation to colleagues, to the setting.

"Around 1958 one book meant a lot to me: Robert Frank's *The Americans*. In those years I'd been interested in another kind of photographic literature: the great photographers seemed to be the ones closest to the dangerous game of power I have just talked about. In Frank's book, on the other hand, I saw for the first time a photographer who didn't use any tricks, who took photographs that looked like an amateur's, they were so simple technically. It took me a few years to understand it, because in the meantime, I was distracted by professional work, by necessities, by many things. Then finally the meaning of Frank's work became clear. Being straightforward, so as to avoid muddling the play of reality, of things, of life. The fact that the camera works directly on life, using people's skin."[18] The transition, Mulas' journey towards a new type of photography, increasingly simple, more direct, in which he sought to banish tricks of any kind, which might have stemmed from

realizzate al ritorno dal fondamentale viaggio negli Stati Uniti tra il 1964 e il 1965, quando il trentacinquenne entra negli studi degli artisti e comincia a sviluppare un ulteriore sguardo che sempre più si allontana dalla rigorosa chiusura dei generi.

Durante il viaggio statunitense il fotografo aveva, inoltre, avuto modo di conoscere il lavoro di Lee Friedlander del quale gli capita per le mani, nel 1968, una cartella a 4 mani realizzata con Jim Dine. "Mi pare che non ci sia mai stato prima un fotografo così consapevole di quello che un'operazione fotografica coinvolge, di come lo stesso fotografo è dentro, nella macchina o nell'operazione anche fisicamente, e come questo carichi le foto di tutte le ambiguità che accompagnano i discorsi in prima persona. Tra il fotografo e l'oggetto la macchina si anima, è un baluardo, ma non è più il comodo baluardo alla neutralità del fotografo, né è un ostacolo al suo desiderio di intervenire. Ciò che mi prese allora fu proprio la constatazione di come il fotografo si lasci portare dalla macchina, e viceversa, di come la macchina porta il fotografo con una scioltezza veramente insolita"[19].

Nel momento in cui realizza le foto a Pintori, certo non aveva ancora avuto fra le mani la cartella di Fiedlander, ma la riflessione sulla partecipazione attiva del fotografo, guidato dalla fotocamera a entrare nelle situazioni, è già nella sua testa.

Nelle immagini dedicate al grafico, uno dei protagonisti della creazione del famoso "stile Olivetti", che lavora per l'azienda sino al 1967, lo stesso anno della pubblicazione del volume, Mulas si immerge negli ambienti di lavoro per riuscire a comprendere e quindi a narrare.

Non c'è nulla nella sua ricerca che richiami il fotoreporter che coglie l'attimo: nessuno scatto rubato alla Cartier Bresson, piuttosto partecipato. Anche nelle foto della Biennale, del resto, Mulas sottolineava che gli interessava partecipare a quanto vedeva, porsi come osservatore. In tal senso va colta la sua unicità, la forza del suo lavoro.

"A me quello che mi interesserebbe di fare sarebbe anche qui di tornare poi al discorso di prima, di raccogliere delle immagini che siano le più quotidiane possibili, le più apparentemente scontate (in realtà poi mai documentate): cioè, se entro nelle case, è chiaro che non sceglierò quelle case che sono scelte da 'Vogue' o da una rivista di architettura, per esempio; questo non mi interesserebbe proprio niente, oppure mi potrebbe interessare, ma non sarebbe certo in questo contesto, capisci. Per esempio, intanto, la cosa fondamentale sarebbe una serie di immagini deserte, senza persone, perché la presenza della persona attrae talmente immediatamente l'attenzione di chi guarda che spesso l'ambiente scompare"[20].

Nel libro sono, appunto, fotografie che ritraggono Pintori all'opera negli uffici dell'Olivetti. Mulas riesce a coglierne la dedizione, l'impegno, mentre in giacca e cravatta disegna, ritaglia numeri e lettere, compone. Le fotografie di Mulas illustrano le diverse fasi del lavoro del grafico, le sue mani abili che disegnano, ritagliano, incollano, come racconta anche il comunicato stampa che accompagna l'uscita del volume.

Sono immagini ambientate, perfettamente inserite nello spazio. L'aspetto compositivo è determinante. Alcune sono in sequenza narrativa così come aveva già fatto con Lucio Fontana, con Alberto Giacometti. Il fotografo entra nell'atmosfera e ce la restituisce perfettamente. È interessante esaminare la scelta delle immagini fatta dal fotografo[21] per

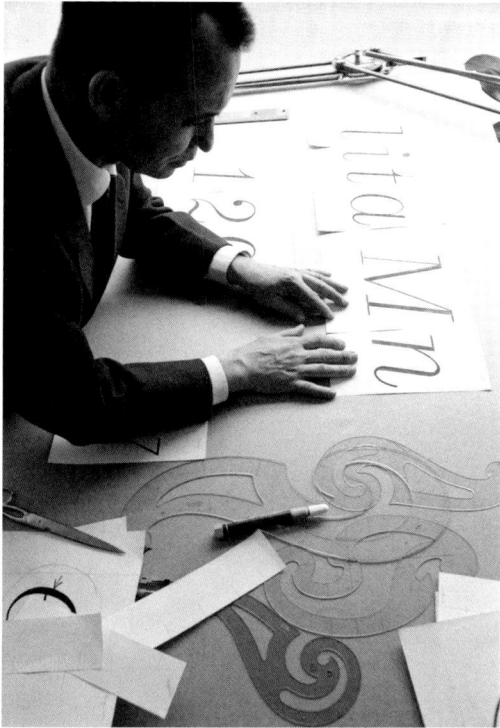

Ugo Mulas
Pintori al lavoro nello studio
Olivetti di Milano / Pintori
at work in the Olivetti office
in Milan
1966

certain virtuoso forms of photography in which he had been trained, came about quite slowly in the years when he worked for Olivetti. That transition took a few years to materialise, and his photos of Pintori date from the middle of the following decade. He took them on his return from his fundamental trip to the United States in 1964-1965, when the thirty-five-year-old entered artists' studios and began to develop a further gaze that increasingly moved away from a rigorous closure of genres.

On his trip to the United States, the photographer had also had the opportunity to get to know the work of Lee Friedlander. A 4-handed portfolio that he had made with Jim Dine in 1968 came into his hands. "I felt there had never before been a photographer so aware of what a photographic operation involves, of how the photographer himself is inside, in the camera or in the operation even physically. And how he charges photos with all the ambiguities that accompany personal discourses. Between the photographer and the object, the camera comes to life. It is a bulwark, but it is no longer the comfortable bulwark of the photographer's neutrality, or an obstacle to his desire to intervene. What gripped me then was the realisation of how the photographer lets himself be carried along by the camera, and vice versa, of how the camera carries the photographer with a truly unusual fluency."[19]

At the time he took the photos of Pintori, he certainly had not yet had the Fiedlander's portfolio in his hands, but reflection on the active participation of the photographer, guided by the camera to enter the situations, was already in his head.

In his images of the graphic designer, a leading figure in the creation of the famous Olivetti style, who worked for the company until 1967, the same year of the volume's publication, Mulas immersed himself in the work environment to be able to understand and so narrate.

There is nothing in his research that recalls the photojournalist who seizes the moment, no shot snapped in the style of Cartier Bresson; rather his work was empathic. Even in the photos of the Biennale, after all, Mulas stressed that he was interested in participating in what he saw, acting as an observer. In this respect we have to grasp his uniqueness and the strength of his work.

"What I would be interested in doing here would be to go back to what I was talking about before, and collect images that are as humdrum as possible, the most apparently obvious (in reality never documented). That means that if I enter the houses, it is clear that I would not choose those houses that would be chosen by *Vogue* or an architecture magazine, for example. That wouldn't interest me at all, or I might be interested, but it certainly wouldn't be in this context, you know. For example, the fundamental thing would be a series of deserted images, without any people, because the presence of the person attracts the attention of the viewer so immediately that the setting often disappears."[20]

The book contains photographs that portray Pintori at work in the Olivetti offices.

Mulas managed to capture his dedication, his commitment, dressed in a suit and tie, as he drew, cutting out numbers and letters, quite composed. Mulas' photographs illustrate the different phases of the graphic designer's work, his skilled hands that draw, cut out and paste, as also recounted in the press release that accompanied the book's publication.

They are photos in a setting, perfectly inserted in space. The compositional aspect is deci-

dare vita all'insieme perfettamente coeso che avrebbe costituito l'apparato iconografico del piccolo, ma rigoroso volume.

Oltre alla serie di immagini pubblicate nel libro, abbiamo un piccolo gruppo di immagini in cui Mulas ritrae Pintori nello showroom Olivetti a metà anni sessanta. Dobbiamo supporre che tra i due uomini si fosse creato un bel rapporto, tanto che abbiamo un paio di immagini più intime che ritraggono il grafico di fronte al mare nella Liguria di Levante.

In una vediamo spuntare la sua testa giovanile da un gozzo, a Bocca di Magra. Tra i due uomini evidentemente era nata un'amicizia e i ritratti non si limitavano a quelli di natura aziendale. Possiamo immaginare che le foto in Liguria siano nate durante una giornata di pausa dal lavoro. Come capitava con gli artisti, anche qui è la capacità di entrare nel personaggio per coglierne l'essenza, la reale natura.

"Io tento di cavar fuori dal negativo tutto quello che sul negativo c'è, cioè dai grigi più tenui ai bianchi più netti; cioè, per esempio, se sei in un interno dove c'è accesa una lampada e la lampada è dentro la fotografia, è chiaro che non ci potrà essere nessun bianco più bianco di quella lampada. Se tu invece usi una carta contrastata, ti succede che la parete bianca è bianca come la lampada, oppure, non so, che il bianco di una camicia ha la stessa forza del bianco della luce, mentre invece devi ottenere il bianco della camicia come un grigio. Io non voglio fare del naturalismo, ma proprio per un rispetto che porto a quella che è la superficie sensibile. Cioè questa realtà in più di cui parlo spesso che è la superficie sensibile: cioè mentre tutte le altre operazioni di tipo creativo o di tipo, diciamo, discorsivo, di racconto, sono sempre state fatte su dei materiali inerti (il pittore lavora su delle carte, lo scultore su delle pietre, cioè materiali sui quali lui può intervenire proprio totalmente, perché non hanno una loro realtà all'infuori diciamo della sua azione), invece la superficie sensibile è 'sensibile', capisci, c'è già nel nome questo fatto ed è una realtà in più con cui tu devi fare i conti"[22]. Un *modus operandi* che, nelle raffinate immagini dedicate a Giovanni Pintori, nella seconda metà dei sessanta, è evidente. In ogni foto, tuttavia, è il piacere della scoperta, la freschezza di chi prova l'intelligente curiosità della scoperta.

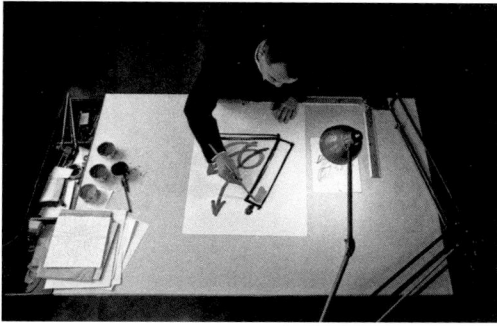

Ugo Mulas
Pintori al lavoro nello studio
Olivetti di Milano / Pintori
at work in the Olivetti office
in Milan
1966

sive. Some are in narrative sequence, like the ones he had already made of Lucio Fontana or Alberto Giacometti. The photographer enters the atmosphere and renders it perfectly. It is interesting to examine the choice of images made by the photographer[21] to give rise to the perfectly cohesive whole that would form the illustrations to the small but rigorous volume. In addition to the series of images published in the book, we have a small group of images in which Mulas portrays Pintori in the Olivetti showroom in the mid-sixties. We must assume that a good relationship was created between the two, so much so that we have a pair of more intimate images that portray the graphic designer before the sea in Eastern Liguria. In one we see his youthful head sticking out of a fishing boat at Bocca di Magra. Between the two men evidently a friendship had formed and the portraits were not limited to those of a corporate nature. We can imagine that the photos in Liguria were taken during a day off work. As happened with artists, here too, Mulas had the ability to enter the character and grasp its essence, its real nature.

"I try to extract from the negative everything that is in the negative, that is, from the softest greys to the sharpest whites. For example, if you are in an interior where there is a lamp lit and the lamp is inside the photograph, it is clear that there can be no whiter white than that lamp. But if you use a contrasting paper, the white wall will be as white as the lamp, or, let's say, that the white of a shirt will have the same strength as the white of the light, while instead you have to make the white of the shirt like a grey.

"I don't want to shoot naturalistic photos, but precisely out of the respect that I have for the perceptible surface. This extra reality that I often speak of, which is the sensitive surface, while all the other operations of a creative type, or let's say a discursive type, have always been performed on inert materials. The painter works on paper, the sculptor on stone, materials on which he can intervene totally, because they have no reality of their own except let's say of his action. Instead the sensitive surface is sensitive, you understand, there is already this fact in the name, and it is one more reality that we have to come to terms with.[22] A working method that is evident in the refined images devoted to Giovanni Pintori, in the second half of the sixties. In every photo, however, there is the pleasure of discovery, the freshness of experiencing the intelligent curiosity of discovery.

1 La redazione grafica dei volumi è a cura del giovane fotografo Cesare Colombo.

2 Cfr. https://aiap.it/prodotto/imago-1960-1971/ Sono quattordici i numeri della rivista usciti alle stampe. La rivista nasce dall'incontro tra il grafico Michele Provinciali e Raffaele Bassoli, titolare della Bassoli Fotoincisioni. È formalmente una rivista aziendale, prodotta per mostrare quanto di meglio in quel particolare momento è reso possibile dalle tecniche di riproduzione di immagini e testi. Grandi personaggi del mondo della grafica quali Max Huber, Giancarlo Iliprandi, Bruno Munari, Remo Muratore, Armando Testa, Pino Tovaglia, dialogano sulla rivista con personaggi del calibro di Dino Buzzati, Piero Chiara, Giuseppe Pontiggia, Mario Soldati.

3 A. Arcari in D. Zanelli, *Antonio Arcari e la cultura fotografica italiana,* in D. Zanelli (a cura di), *Tra le carte di Antonio Arcari. Fotografia, educazione visiva 1950-1980*, Cinisello Balsamo, Museo di Fotografia Contemporanea, 2010, p. 22.

4 Il volume si avvale dei testi delle due prestigiose personalità del mondo della cultura italiana del XX secolo, il poeta e scrittore marchigiano Libero Bigiaretti (1905-1993) e il poeta e narratore ciociaro Libero De Libero (1903-1981).

5 Dal 1954 la vice-direzione (notizia desunta da Zanelli, *Tra le carte di Antonio Arcari* cit.) della scuola, fondata nel 1904 e chiusa nel 1981, è affidata a Michele Provinciali che nel 1959 passa il testimone ad Albe Steiner.

6 "Notizie di fabbrica", n. 5, maggio, 1973, p. 7.

7 La notizia è ricordata da M. Naim in *Gianni Berengo Gardin e la società Olivetti 1965-1990,* in M. Naim e M. Turchetti (a cura di), *Gianni Berengo Gardin e l'Olivetti*, Silvana Editoriale, Cinisello Balsamo 2020, p. 22.

8 Ivi, p. 23.

9 Notizie sulla rivista provengono da M. Turchetti, *Zodiac. Rivista internazionale d'architettura contemporanea* in D. Fornari e D. Turrini (a cura di), *Identità Olivetti. Spazi e linguaggi 1933-1983*, Triest, Zürich 2022, p. 274 e seguenti.

10 È interessante notare che i *clichés* della rivista venivano realizzati dalle fotoincisioni Bassoli, gli stampatori di "IMAGO".

11 Argan si sarebbe dimesso un mese dopo nel momento in cui entra nella rivista Carlo Ludovico Ragghianti. Notizie pubblicate in E. Tinacci, *Carlo Scarpa e il mondo Olivetti, Storia di un progetto culturale tra scritti critici e committenze architettoniche*, Dottorato di ricerca in Storia e conservazione dell'oggetto d'arte e d'architettura - XXV ciclo, Scuola dottorale in Culture e Trasformazioni della Città e del Territorio, Università degli Studi Roma Tre, tutor prof.ssa Letizia Tedeschi tutor esterno prof. Vitale Zanchettin.

12 Foto Ugo Mulas in "Zodiac A review of contemporary architecture", n. 1, anno I, Milano, Edizioni di Comunità, 1957, p. 121.

13 Il catalogo della mostra era accompagnato da un testo di Umberto Eco. La mostra viene proposta sino al 1965.

14 Tali fotografie sono state pubblicate anche in "Domus" n. 466 del settembre 1968.

15 A cura della Città di Ivrea con testi di P. Mantovani e M. Turchetti, *OLIVETTI e la cultura nell'impresa responsabile, I negozi Olivetti. Poter scegliere la bellezza,* catalogo della mostra tenutasi nel Museo Civico Garda, Ivrea, dal 26 novembre 2022 al 5 febbraio 2023, Allemandi, Torino 2023, p. 93.

16 Legge 9 febbraio 1963, n. 66. Ammissione della donna ai pubblici uffici ed alle professioni.

17 U. Mulas in A.C. Quintavalle, *Conversazioni con Ugo Mulas*, Istituto di Storia dell'Arte Università di Parma, Parma, maggio 1973, p. 14. Nella trascrizione dell'intervista è volutamente mantenuto il tono colloquiale.

18 U. Mulas, *La fotografia*, Einaudi, Torino 1973, p. 7 e seguenti.

19 Mulas, *La fotografia* cit., p. 8.

20 U. Mulas in Quintavalle, *Conversazioni con Ugo Mulas* cit., p. 23.

21 I provini del lavoro su Pintori sono conservati a Milano all'Archivio Mulas, dove chi scrive ha potuto prenderne visione.

22 U. Mulas in Quintavalle, *Conversazioni con Ugo Mulas* cit., p. 16 e seguenti.

[1] The graphic editing of the volumes was done by the young photographer Cesare Colombo.

[2] Cf. https://aiap.it/prodotto/imago-1960-1971/ Fourteen issues of the magazine were published. It grew out of the meeting between the graphic designer Michele Provinciali and Raffaele Bassoli, the owner of Bassoli Fotoincisioni. It was formally a company magazine, produced to show the best at that particular moment made possible by the techniques of reproduction of images and texts. Notable graphic artists such as Max Huber, Giancarlo Iliprandi, Bruno Munari, Remo Muratore, Armando Testa and Pino Tovaglia engaged in a dialogue in the magazine with figures of the calibre of Dino Buzzati, Piero Chiara, Giuseppe Pontiggia and Mario Soldati.

[3] A. Arcari in D. Zanelli, *Antonio Arcari e la cultura fotografico italiana* in D. Zanelli ed., *Tra le carte di Antonio Arcari. Fotografia, educazione visiva 1950-1980*, Cinisello Balsamo, Museo di Fotografia Contemporanea, 2010, p. 22.

[4] The book contained texts by two prestigious figures in the world of Italian culture of the twentieth century, the poet and writer Libero Bigiaretti from the Marche region (1905-1993) and the poet and narrator Libero De Libero from Ciociaria (1903-1981).

[5] Since 1954 the deputy director of the school, founded in 1904 and closed in 1981, had been Michele Provinciali (information taken from D. Zanelli *Tra le carte di Antonio Arcari*, op.cit.). In 1959 the post passed to Albe Steiner.

[6] *Notizie di fabbrica* no. 5, May, 1973, p. 7.

[7] The information is recorded by M.Naim in *Gianni Berengo Gardin e la società Olivetti 1965-1990* in edited by M.Naim and M.Turchetti, *Gianni Berengo Gardin e Olivetti*, Cinisello Balsamo, Silvana Editoriale, 2020, p. 22.

[8] Ibid., p. 23.

[9] Information about the magazine comes from M.Turchetti, *Zodiac. Rivista internazionale d'architettura contemporanea* in edited by D.Fornari and D.Turrini, *Identità Olivetti. Spazi e linguaggi 1933-1983*, Trieste, Zurich, 2022; p. 274 and f.

[10] Interestingly, the magazine's stereoplates were made by Bassoli photogravures, the printers of *Imago*.

[11] Argan would resign a month later when Carlo Ludovico Ragghianti joined the magazine. Information recorded in E.Tinacci, *Carlo Scarpa e il mondo Olivetti, Storia di un progetto culturale tra scritti critici e committenze architettoniche*, PhD thesis in History and Conservation of the Art and Architecture Object - XXV cycle, Scuola dottorale in Culture e Trasformazioni della Città e del Territorio, Università degli Studi Roma Tre,, tutor Prof. Letizia Tedeschi external tutor Prof. Vitale Zanchettin.

[12] Photo Ugo Mulas in *Zodiac A review of contemporary architecture*, no. 1, year I, Milan, Edizioni di Comunità, 1957, p.121.

[13] The exhibition catalogue was accompanied by a text by Umberto Eco. The exhibition ran until 1965.

[14] These photographs were also published in *Domus* no. 466 of September 1968.

[15] Edited by the City of Ivrea with texts by P.Mantovani and M.Turchetti, *Olivetti e la cultura nell'impresa responsabile I negozi Olivetti. Poter scegliere la bellezza* (catalogue of the exhibition held in the Museo Civico Garda, Ivrea, from 26 November 2022 to 5 February 2023), Turin, Allemandi, 2023, p. 93.

[16] Law no. 66 of 9 February 1963. Admission of women to public offices and professions.

[17] U. Mulas in A.C. Quintavalle, *Conversazioni con Ugo Mulas*, *Ugo Mulas*, Istituto di Storia dell'Arte Università di Parma, Parma, May 1973, p. 23. The transcript of the interview deliberately kept the conversational tone, p 14.

[18] U. Mulas, *La fotografia*, Turin, Einaudi, 1973, p. 7 and f.

[19] U. Mulas, op. cit. 1973, p. 8.

[20] U. Mulas in A.C. Quintavalle, *Conversazioni con Ugo Mulas*, op. cit., p. 23.

[21] The contact sheets of the work on Pintori are preserved in Milan at the Mulas Archive, where the writer was able to view them.

[22] U. Mulas in A.C.Quintavalle, op.cit., p. 16 and f.

Tavole
Plates

Gli anni della formazione
The Formative Years

2. Giovanni Pintori
Studi di nudo femminile
Studies of the female nude
1934

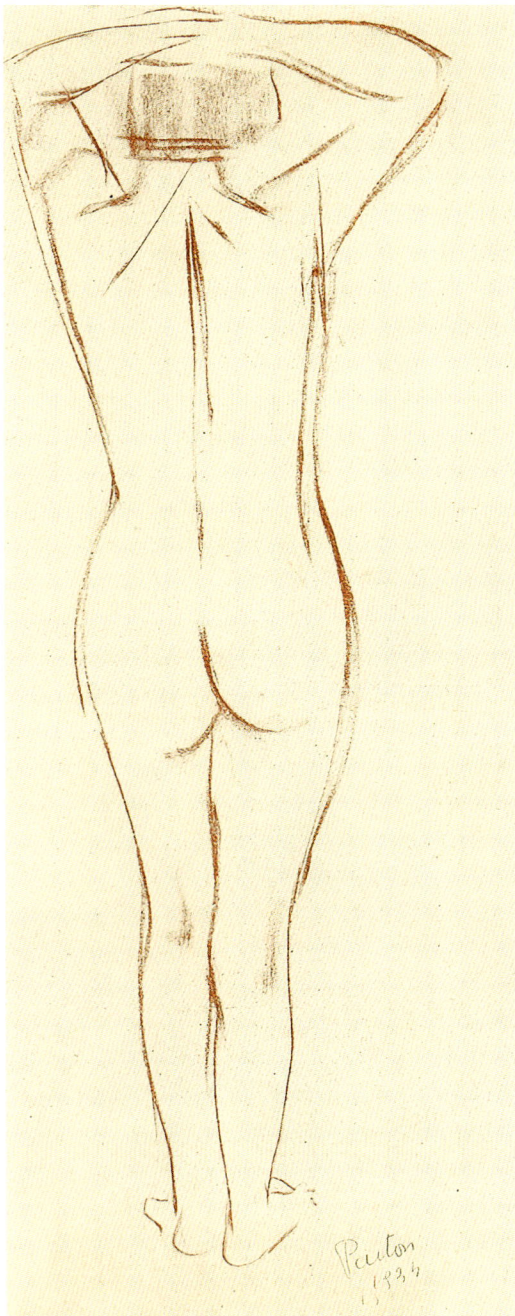

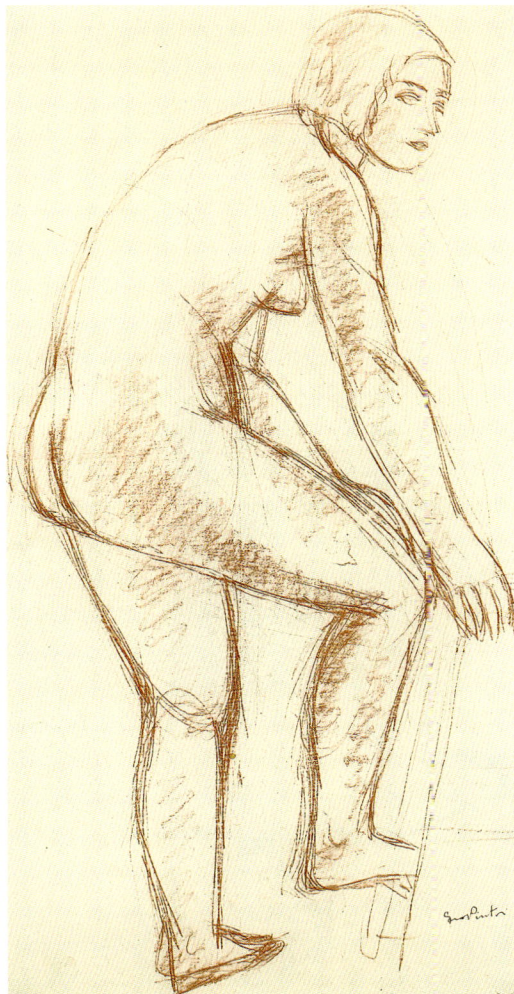

3. Autore sconosciuto
Author unknown
**Giovanni Pintori
a casa sua con l'opera
di Giorgio Morandi,
Natura Morta, olio
(1960)**

**e la scultura di
Salvatore Fancello,
Figura femminile,
ceramica riflessata,
(1938) / Giovanni
Pintori at home with
the work by Giorgio**

**Morandi, *Still Life*, oil
(1960), and sculpture
by Salvatore Fancello,
Female figure,
reflective ceramic
(1938)**
1960 ca.

108

4. Salvatore Fancello
Figura femminile
Female figure
1938

5. Autore sconosciuto
Author unknown
**Costantino Nivola
mentre lavora alla
brochure della Olivetti**
Storia della scrittura,
**pubblicata a Milano
nel 1939** / Costantino
Nivola working on
the Olivetti brochure
Storia della scrittura,
**published in Milan
in 1939**
1939

6. Giovanni Pintori
**Promozione gamma
caratteri tipografici
Olivetti** / Promotion
of Olivetti range
of typefaces
1937-1940

MIKRON – Le macchine Olivetti si distinguono per l'eccezionale nitidezza e la costante uniformità della scrittura

ELITE – Le macchine Olivetti si distinguono per l'eccezionale nitidezza e la cos

PICA – Le macchine Olivetti si distinguono per l'eccezionale nitidez

STAMPATELLO ELITE – LE MACCHINE OLIVETTI SI DISTINGUONO PER L'ECCEZIONALE NITID

STAMPATELLO – LE MACCHINE OLIVETTI SI DISTINGUONO PER L'ECCEZIONALE

SIMPLICITAS – Le macchine Olivetti si distinguono per l'eccezionale

ITALICO – Le macchine Olivetti si distinguono per l'eccezionale nit

ELITE PICA – Le macchine Olivetti si distinguono per l'eccezionale

IMPERIAL – Le macchine Olivetti si distinguono per l'eccezion

MEDIO ROMANO – Le macchine Olivetti si distinguono per l'eccezion

CARATTERI
olivetti

10. Costantino Nivola
**Scultura di / Sculpture
of Frederic Kiesler**
1961

11. Costantino Nivola
**Scultura di / Sculpture
of Saul Steinberg**
1964

12. Costantino Nivola
Sculture, Senza titolo
Sculptures, Untitled
1971-1973

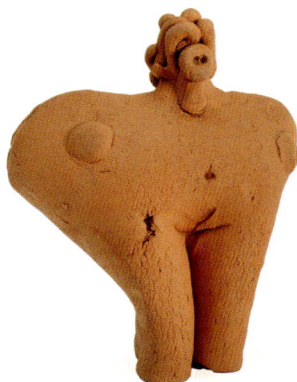

Il primo periodo Olivetti
The First Olivetti Period

14. Giovanni Pintori
Olivetti Studio 42
1940

15. Giovanni Pintori
Olivetti Studio 42
1939

16. Giovanni Pintori
Olivetti Studio 42
1937

17. Giovanni Pintori
Olivetti Studio 42
1940

Ing. C. Olivetti e C.-S. A. - Ivrea

Olivetti Studio 42 - la macchina per la vostra corrispondenza personale

21. Giovanni Pintori
Progetto per manifesto
Design for a poster
1939

22. Giovanni Pintori
Dépliant per la nuova
for the new
Olivetti Studio 42
1939

L'ANALISI CON I RAGGI X HA RIVELATO L'INTIMA STRUTTURA DELLE LEGHE METALLICHE OLIVETTI ADOPERA 37 ACCIAI SPECIALI NELLA FABBRICAZIONE DELLE MACCHINE PER SCRIVERE

OLIVETTI STUDIO 42

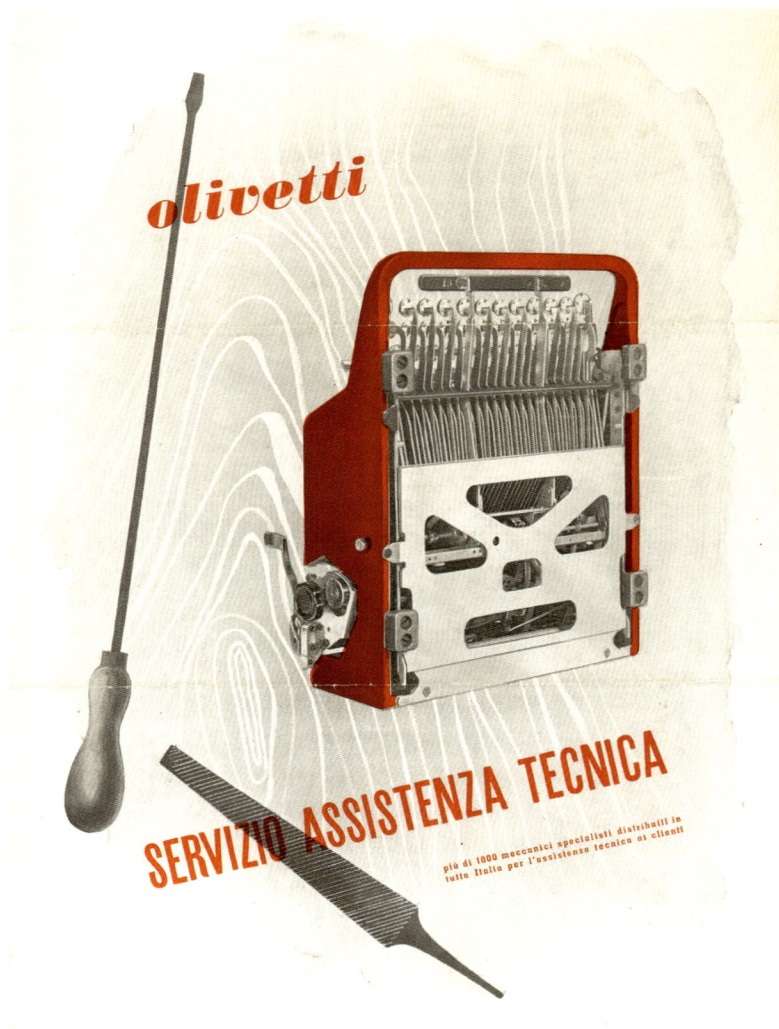

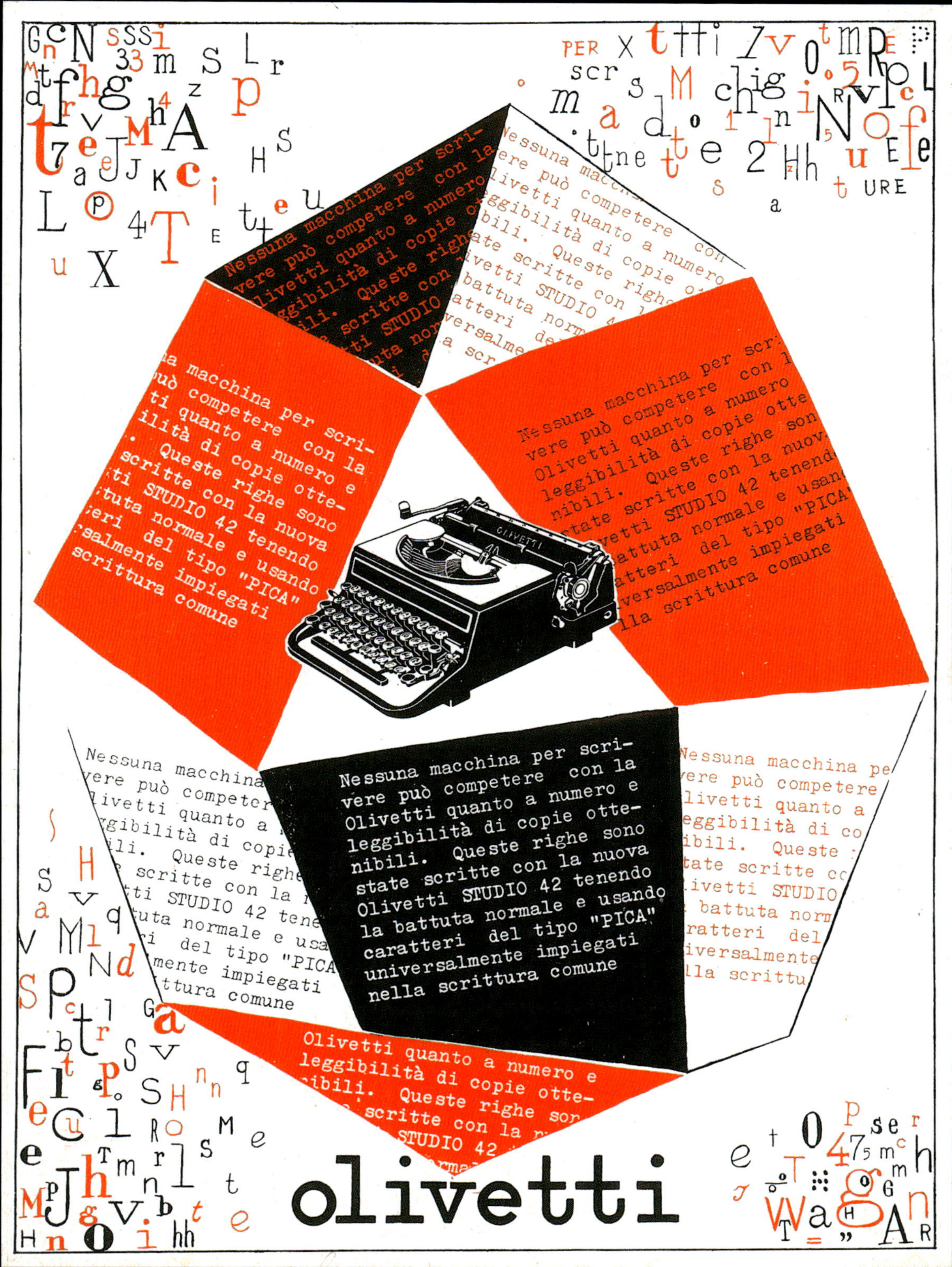

26. Giovanni Pintori
Olivetti Studio 42
1937-1940

27. Giovanni Pintori
[Senza titolo / Untitled]
1938 ca.

28. Giovanni Pintori
**Pagina pubblicitaria
Full-page
advertisement for
Olivetti Studio 42**
1940
Bozzetto / Mock up

29. Giovanni Pintori
Pagina pubblicitaria
Full-page
advertisement for
Olivetti Studio
1946
Bozzetto / Mock up

31. Giovanni Pintori
Pagina pubblicitaria
Full-page
advertisement for
Olivetti Studio
1946-47
Bozzetto / Mock up

32. Giovanni Pintori
Olivetti Studio 42
1936

**Pubblicità nello spazio:
gli allestimenti Olivetti
Advertising in Space:
Olivetti Displays**

33. Giovanni Pintori
Costruzione pubblicitaria stradale installata sulla Roma–Ciampino / Advertising installation on the Rome–Ciampino road, 1950

34. Giovanni Pintori
Strumenti di competizione Instruments for competing 1962

35. Giovanni Pintori
Velocità di scrittura Speed typing Olivetti Studio 42 1940

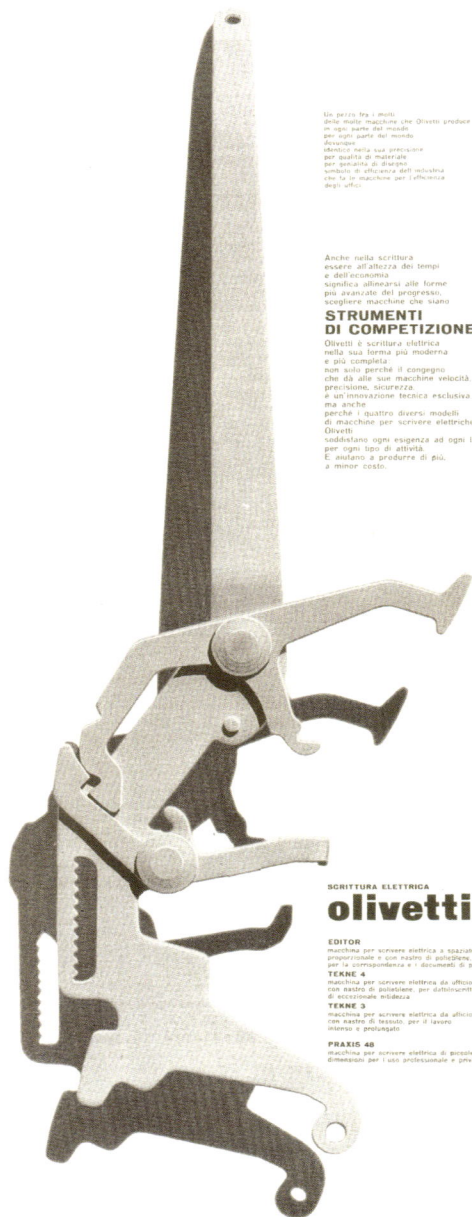

36. Giovanni Pintori
**Stand Olivetti, mostra
delle invenzioni italiane a
Milano / Olivetti stand,
exhibition of Italian
inventions in Milan**,
Palazzo della Triennale
1939

39. Giovanni Pintori
**Installazione per vetrina
del negozio Olivetti in Galleria
a Milano / Window installation
for the Olivetti store in
in Milano Gallery**
1939

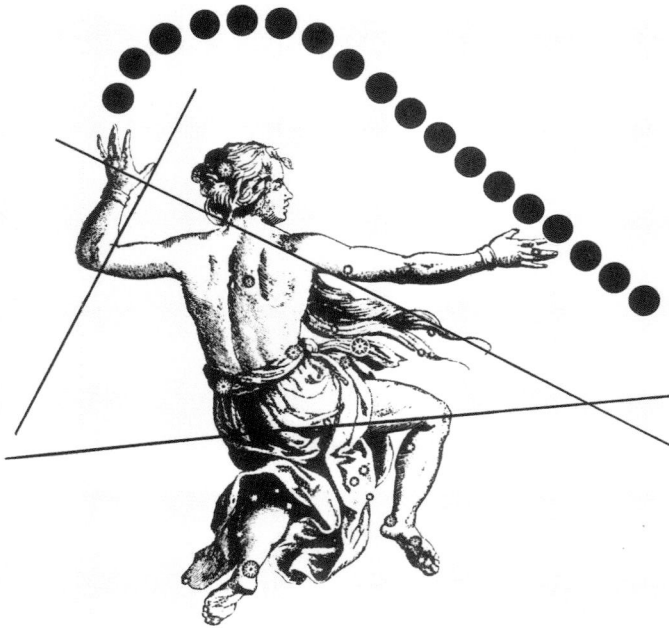

Olivetti Studio

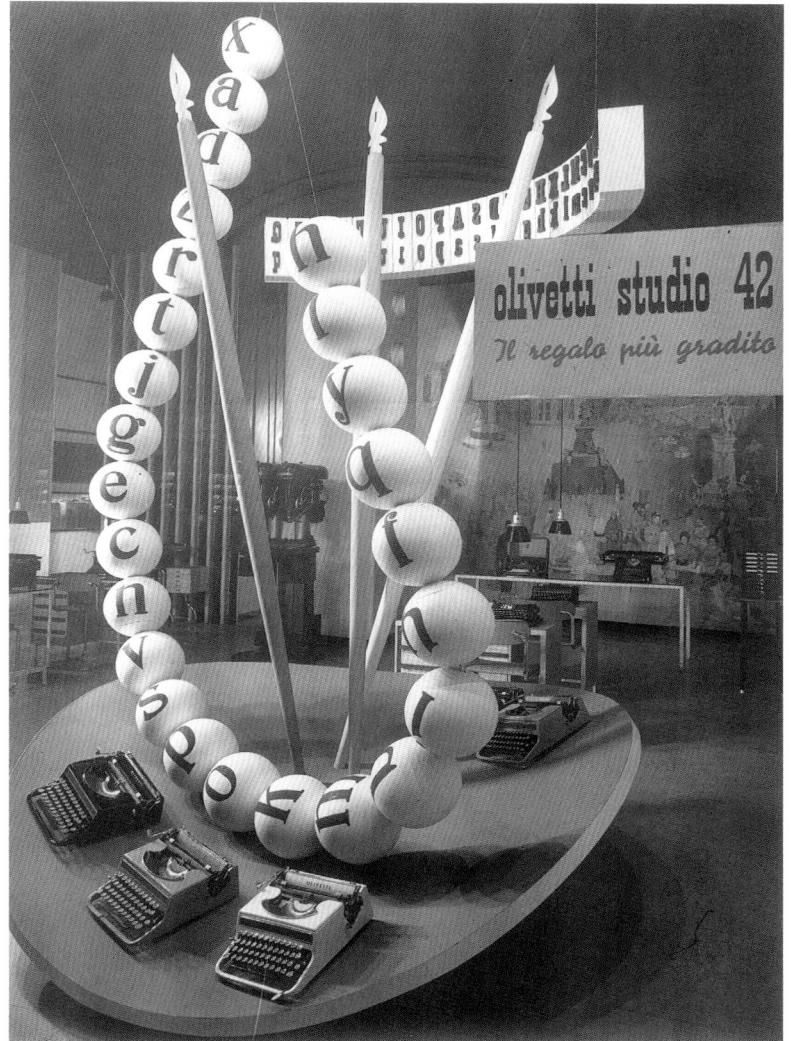

40. Giovanni Pintori
**Modello per struttura
espositiva per negozio
Olivetti / Model for
a display in an Olivetti store**
1948

41. Giovanni Pintori
**Modello per struttura
espositiva per negozio
Olivetti / Model for
a display in an Olivetti
store**, 1948

42. Giovanni Pintori
**Prototipo per strutture
espositive per negozi
Prototype for displays
in store**
1950

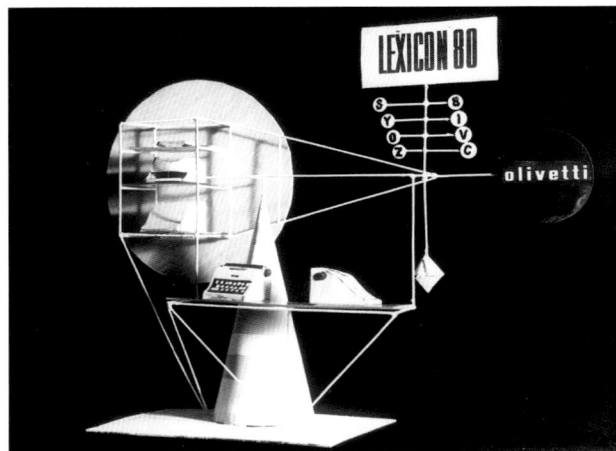

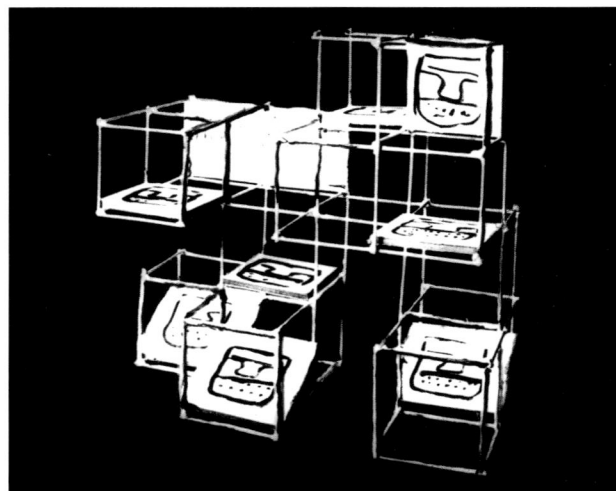

43. Giovanni Pintori
Progetto di stand
Design of a stand
1946

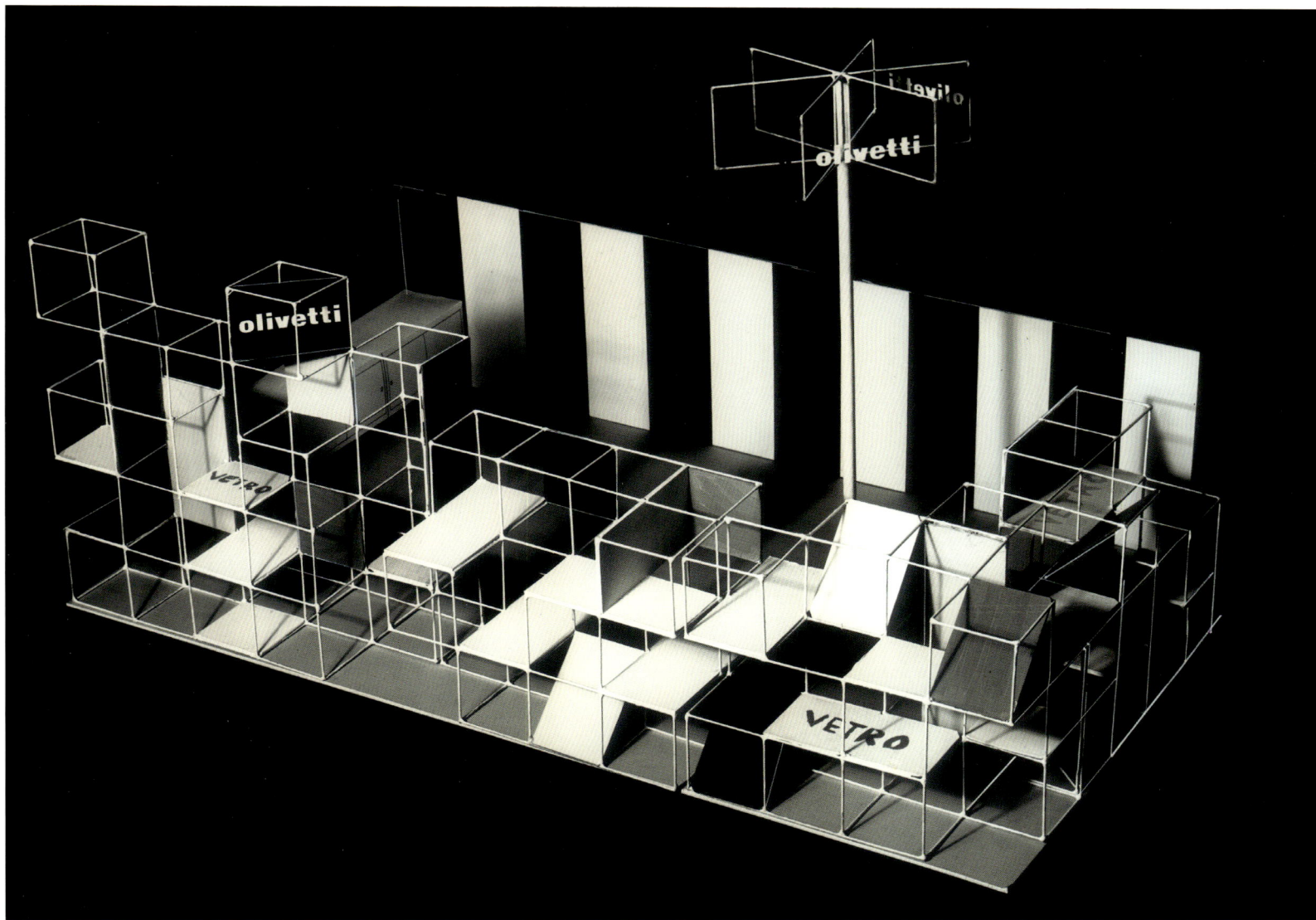

44. Giovanni Pintori
**Struttura espositiva
per negozio
Display for a store**
1949 ca.

45. Giovanni Pintori
**Schema per
esposizione / Scheme
for a display**
1958

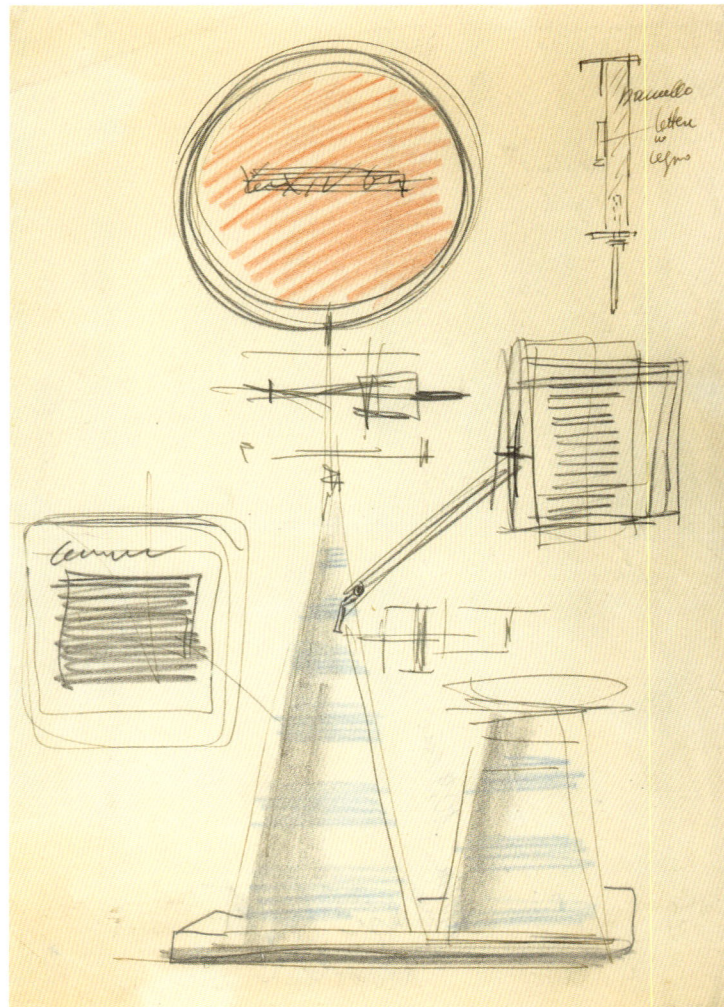

47. Giovanni Pintori
**Allestimento per
negozio / Store fittings**
1950 ca.

48. Giovanni Pintori
**Allestimento per
negozio / Store fittings**
1950 ca.

49. Giovanni Pintori
**Struttura espositiva
per negozio
Display for a store**
1955 ca.

PER I VIAGGI PER LE VACANZE LA OLIVETTI PORTATILE

50. Giovanni Pintori
**Insegna pubblicitaria
stradale Olivetti
Olivetti roadside
advertisement**
1953

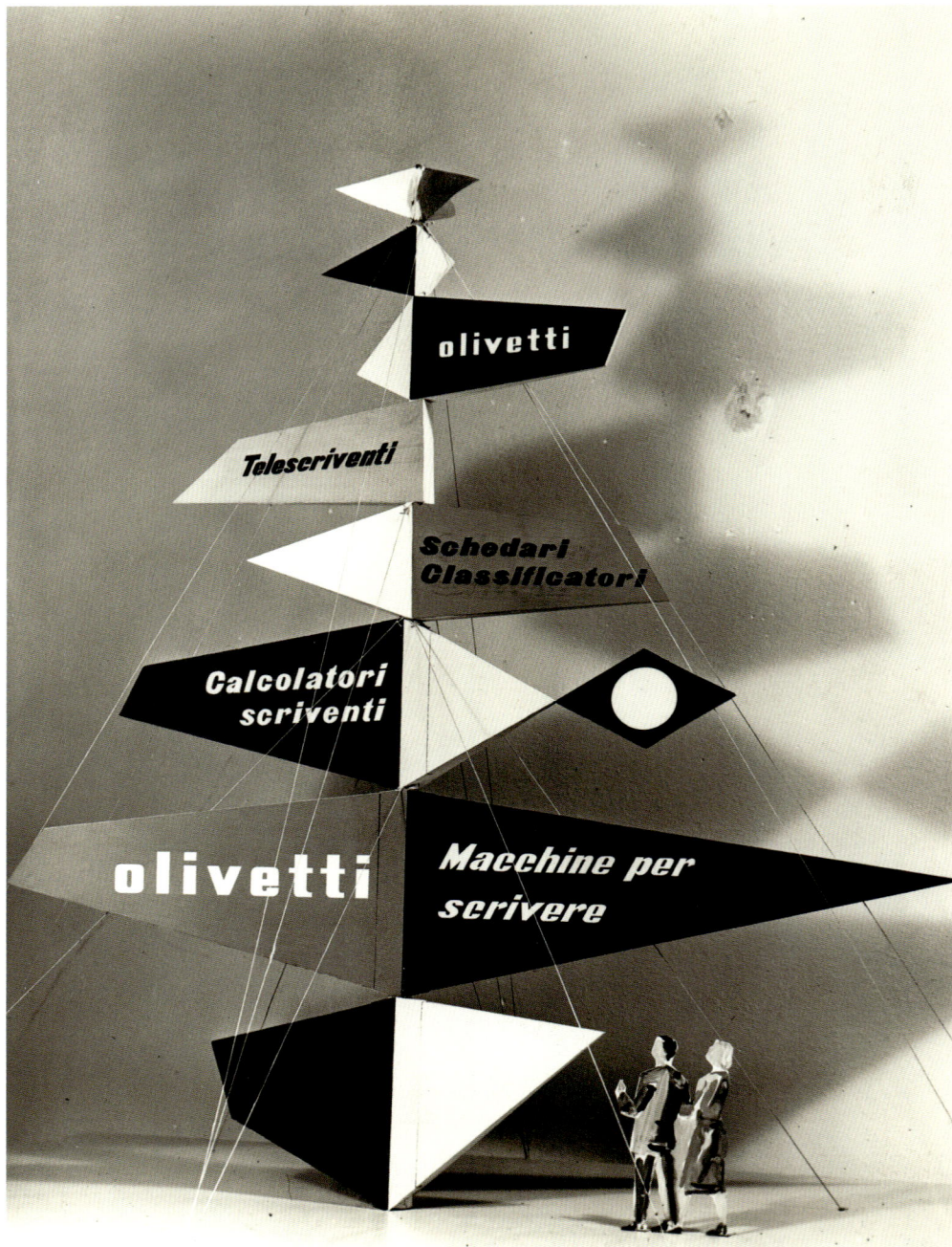

51. Giovanni Pintori
Insegna pubblicitaria autostradale Olivetti Olivetti motorway advertisement
1950
Bozzetto / Mock up

52. Giovanni Pintori
Insegna pubblicitaria autostradale Olivetti Olivetti motorway advertisement
1952

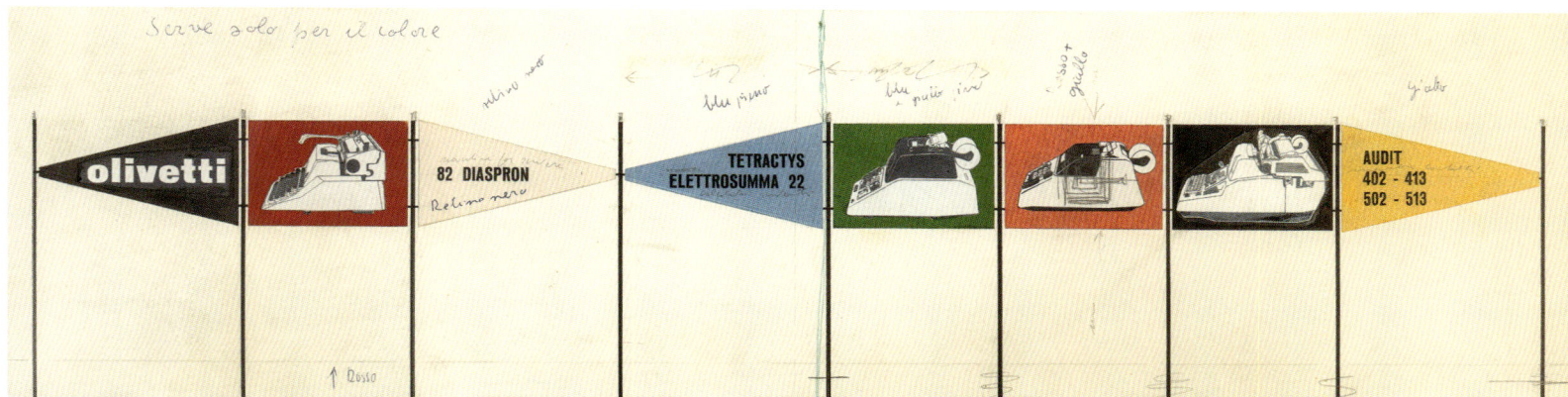

54. Ugo Mulas
Giovanni Pintori
1966

55. Autore sconosciuto
Author unknown
Giovanni Pintori
1954

56. Giovanni Pintori
**Allestimento per
negozi / Store fittings**
1950

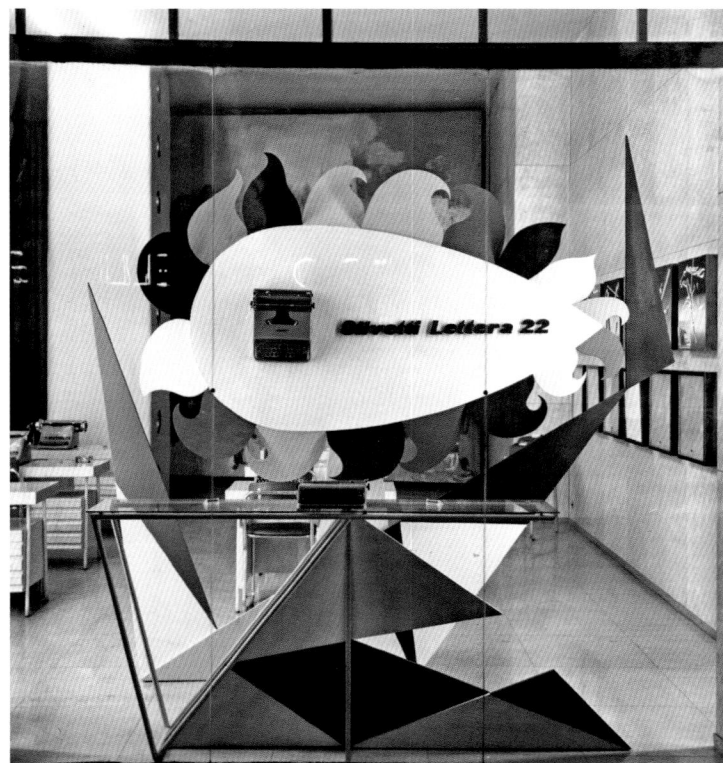

**La direzione dell'Ufficio Tecnico
Pubblicità Olivetti
The Management of the Olivetti
Technical Advertising Office**

olivetti

Letter 58:

SPAZIO RISERVATO ALLE VOSTRE ANNOTAZIONI D'ARRIVO

OLIVETTI

Spett.
Ing. C. Olivetti & C.S.A.
Segreteria del Presidente
I v r e a

SO
MILANO

NOSTRA REFERENZA	DATA VOSTRA LETTERA	VOSTRA REFERENZA	DATA PRESENTE LETTERA
to PI			14.2.41

Vi abbiamo spedito a parte 4 progetti di placchetta per la nuova macchina .

Avevamo previsto di curvare le placchette secondo il campione che ci avete mandato, ma siccome lo zincografo, per errore ce le ha eseguite su lastra troppo spessa, non l'abbiamo potuto fare con i nostri mezzi. Se fosse necessario, si potrà farlo in officina ad Ivrea.

Distinti saluti.

p. Ing. C. Olivetti & C.S.A.
Ufficio Tecnico di Pubblicità

Pintori

Letter 59:

ws.Ad

Ivrea, 2 dicembre 1941 XX

Egregio Signor Giovanni Pintori
M i l a n o

Casabella avava pubblicato un opuscolo sull'architettura moderna, con articoli di vari scrittori.

Vi preghiamo di interessarVi per trovare una copia di tale pubblicazione che vorrete inviare ad Ivrea, indirizzandola personalmente all'Ing. Adriano Olivetti.

Gradite i nostri distinti saluti.

ING. C. OLIVETTI & C.S.A.
L'Amministratore Delegato

60. Giovanni Pintori
Carteggio
Correspondence
8 luglio / July 1941

61. Giovanni Pintori
Carteggio
Correspondence
15 maggio / May 1954

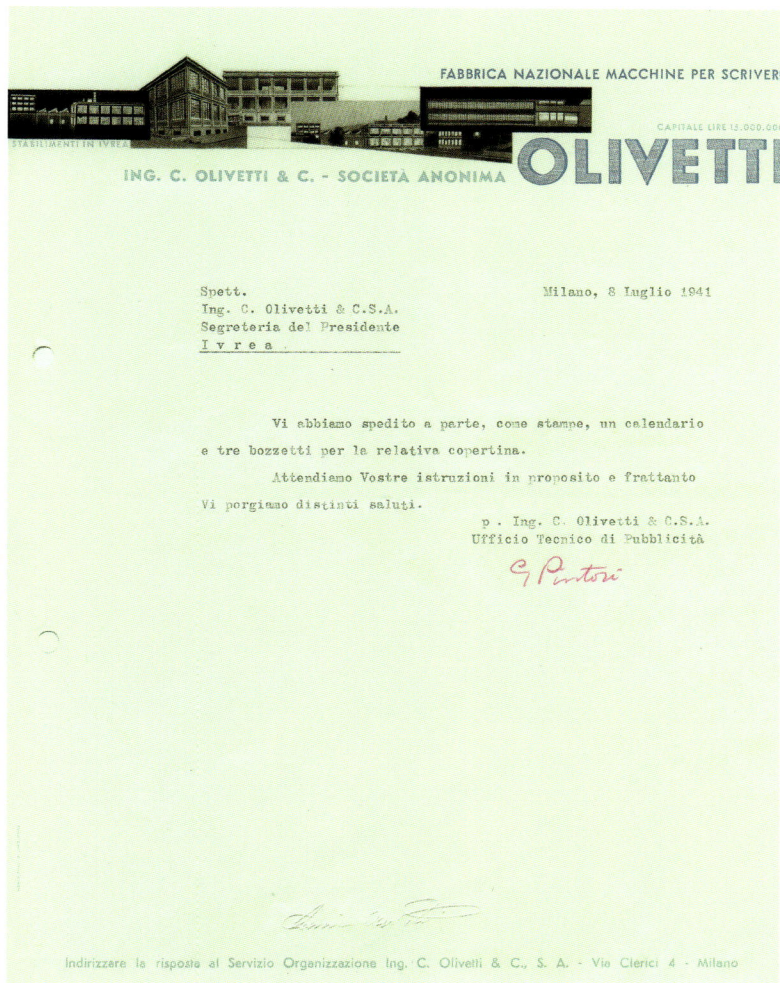

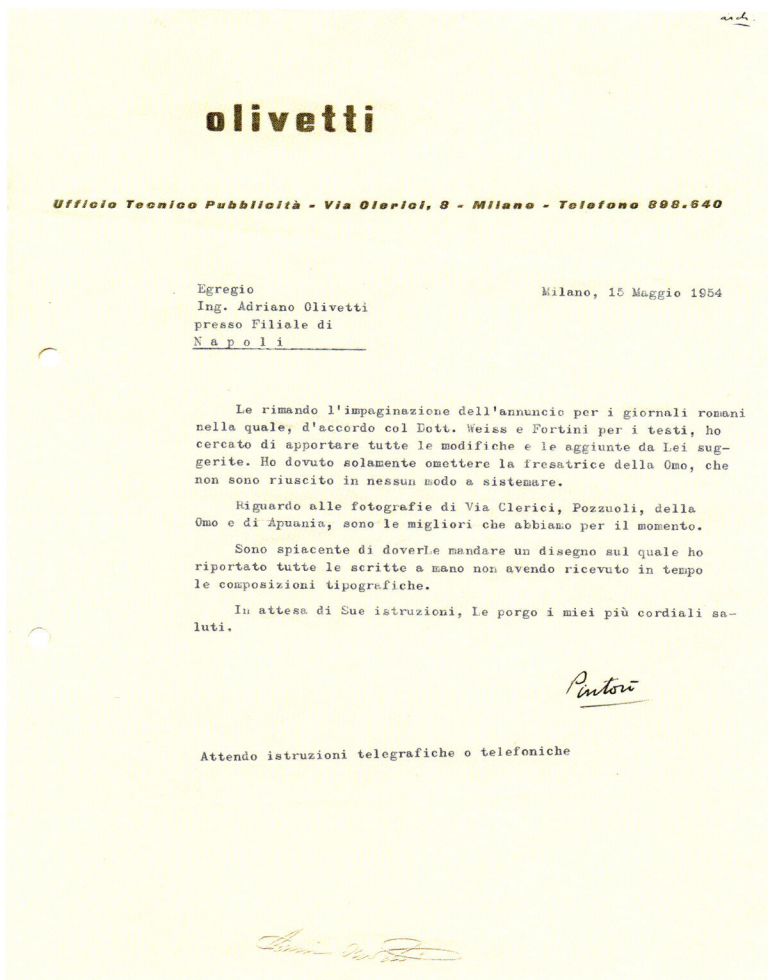

62. Giovanni Pintori
Olivetti Divisumma 14
1948

63. Giovanni Pintori
Olivetti Divisumma
1942-1950

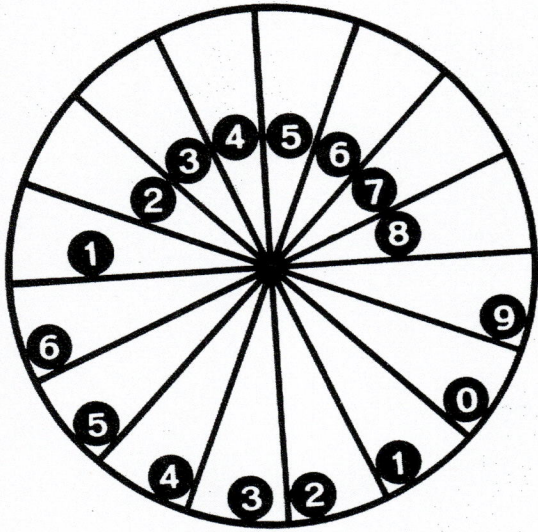

Olivetti Divisumma 14

The Divisumma is an electric printing calculator which carries out automatically addition, subtraction, division, multiplication and gives credit balance. The Divisumma does not only give these results, it writes them down. There is no calculation made in industry, commerce or banking which cannot be quickly and accurately solved by this machine.

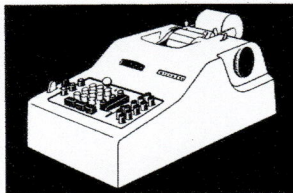

Masters Ltd. - Hamilton

Divisumma

Calcolatore scrivente completo il quale permette di eseguire le quattro operazioni scritte e di ottenere il saldo negativo. La scrittura automatica dei fattori del prodotto, del dividendo, divisore, quoziente e resto, consente il controllo delle singole operazioni senza necessità di ripetere i calcoli.

olivetti

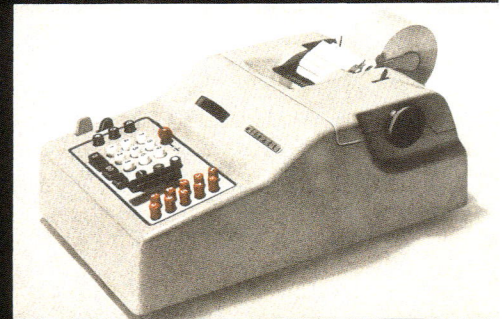

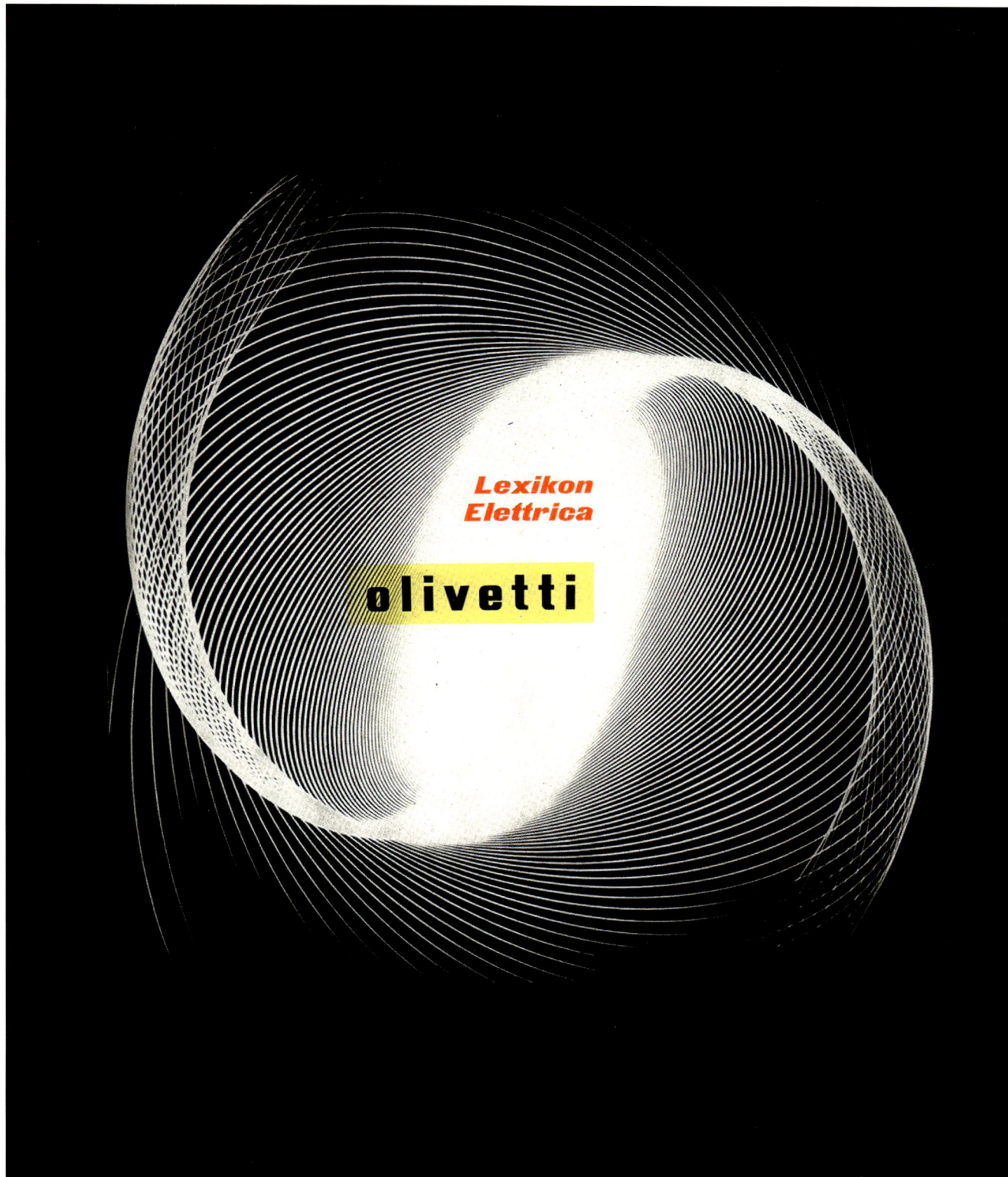

Lexikon
Elettrica

olivetti

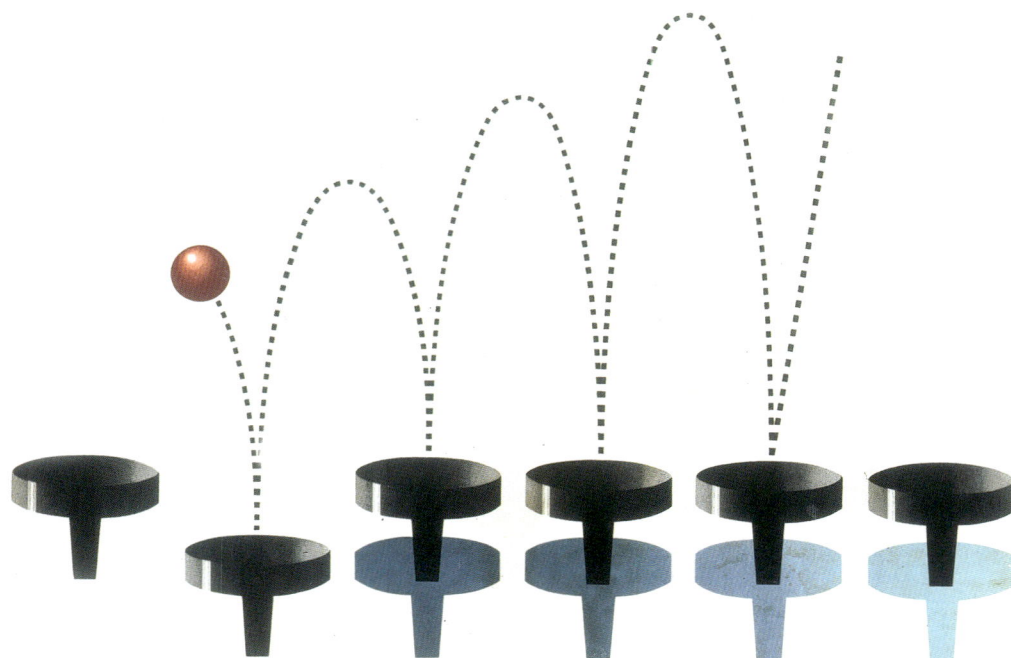

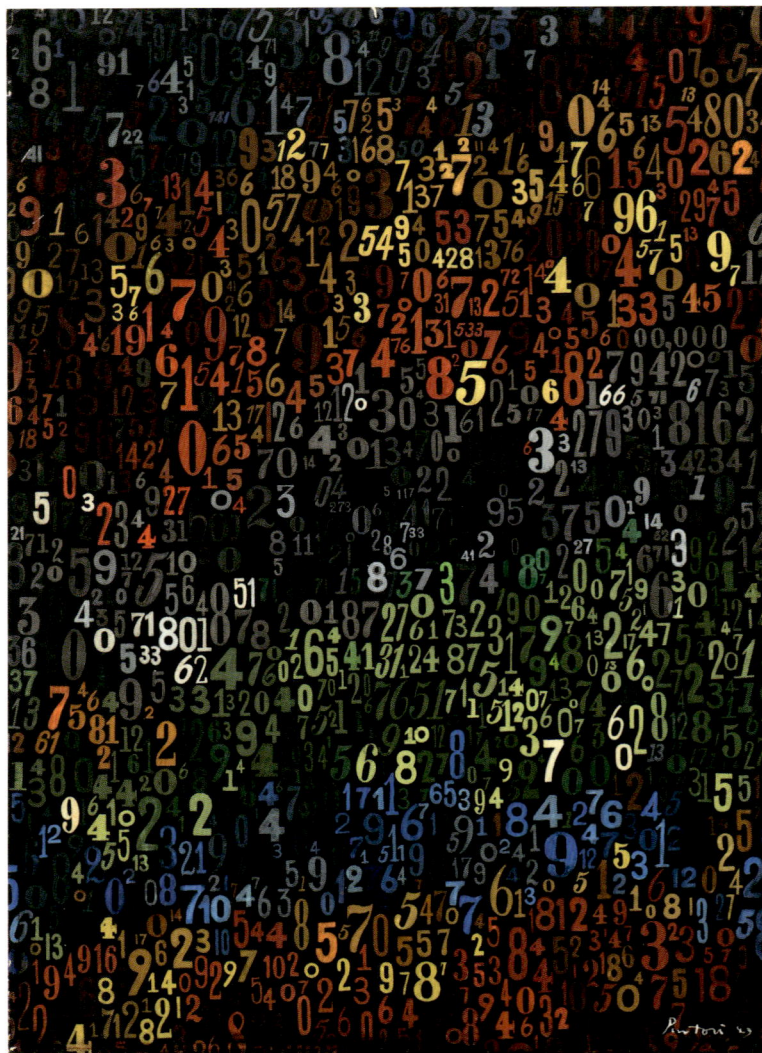

olivetti

69. Giovanni Pintori
Olivetti Divisumma
1955

70. Giovanni Pintori
Olivetti Divisumma 24
1956

71. Giovanni Pintori
Calcolatrice Olivetti
Olivetti calculator
1955

72. Giovanni Pintori
Studio Olivetti 44
1953

73. Giovanni Pintori
Pagina pubblicitaria
Full-page
advertisement Olivetti,
1954
Bozzetto / Mock up

*Five thousand years ago in Babylon
letters and reports were written,
laws and contracts drawn up;
And to serve as signs, seals and formulas,
cylinders of hardest stone were inscribed
with names, titles and symbols
which, rolled on clay,
left their imprint.
These ancient writing instruments
were the first rollers,
the first type matrices.*

Gli strumenti della scrittura
sono mutati nei tempi
col medesimo ritmo
delle tecniche e delle civiltà.
Fu la punta di pietra o di metallo
ad incidere, la canna o la penna
a disegnare i caratteri, finchè
non vennero il piombo e l'acciaio.
E, col secolo della meccanica,
le prime macchine scriventi,
gli ordigni complicati che dovevano
in pochi decenni mutarsi
in veloci strumenti di progresso,
penetrare la vita del lavoro
moderno, l'ufficio, lo studio, la casa;
fino all'eleganza, all'agile elastico tocco
delle macchine per scrivere
che offrono l'ausilio di una precisione
assoluta, i servizi più diversi, e ad un tempo
velocità nitidezza durata
e si chiamano col nome che dichiara
la qualità della loro origine.

Olivetti Studio 44

*aiding the development of
East Africa*

olivetti

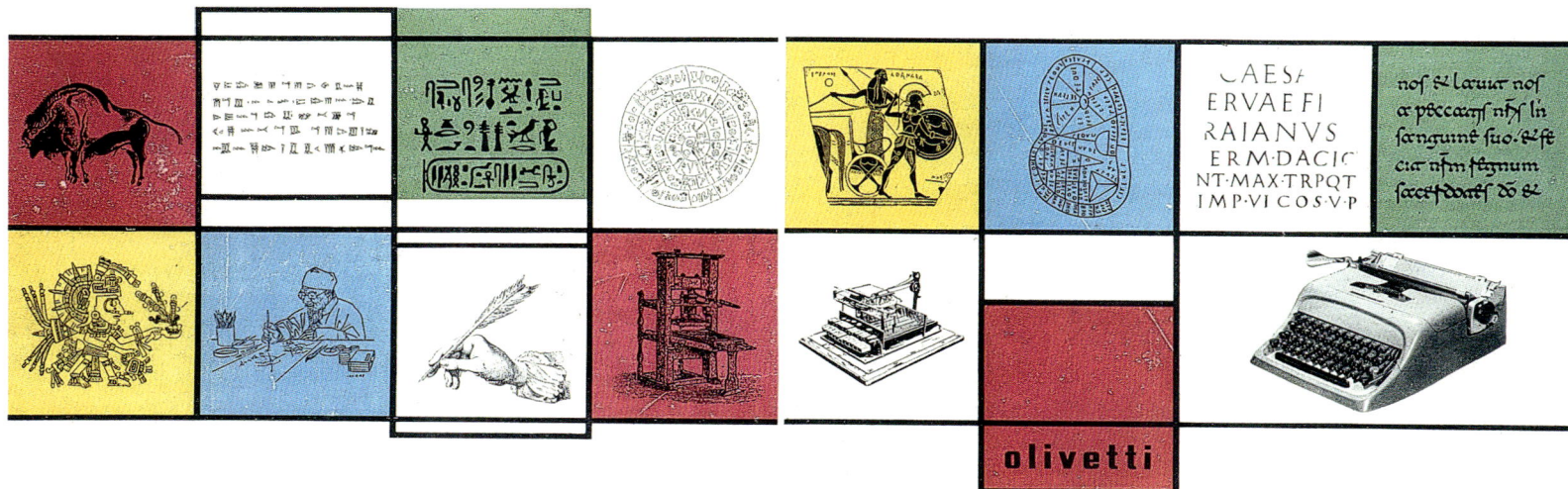

Olivetti Studio 44   Unisce la solidità e il rendimento della macchina per ufficio alla leggerezza ed eleganza della portatile.

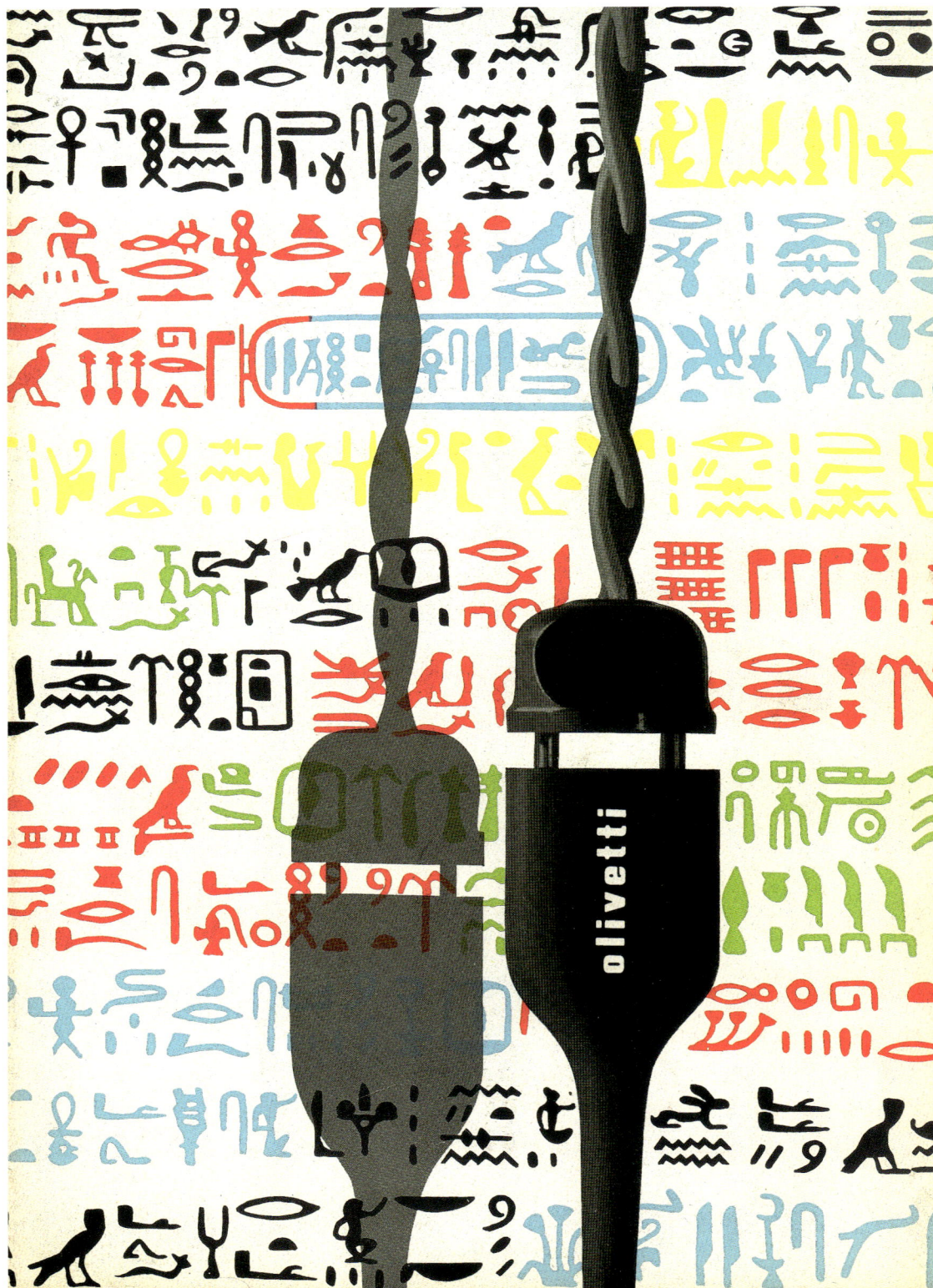

76. Giovanni Pintori
Olivetti Studio 44
1954

77. Giovanni Pintori
Olivetti Lexikon
1953

Olivetti Tekne 3,

Le Olivetti TEKNE
sono già al lavoro
in molti uffici italiani che provano
in concreto le eccezionali qualità
di questa macchina per scrivere
elettrica, forte, efficiente, veloce.
La TEKNE 3, che è oggi
quanto di più moderno esista
nel campo dell'elettroscrittura,
sarà domani in tutti gli uffici
lo strumento base.
Dalle linee di produzione di Ivrea
le nuove TEKNE 3 raggiungono
i centri dell'organizzazione di vendita
Olivetti in tutto il mondo,
riaffermando la grande tradizione italiana
nell'industria delle macchine
per scrivere.

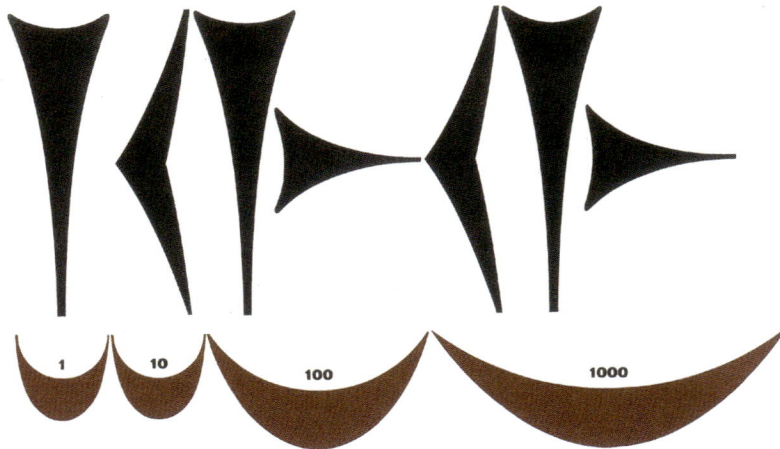

1   10   100   1000

underwood

Research prompted by creative intelligence is the source of every invention, and in this process numbers have an essential role. Every day the challenge of progress demands more accurate figure-facts. Underwood has answered the challenge with a line of computing machines that print all terms and results for verification and reference. Each Underwood-Olivetti machine is distinguished by design that reflects its functional perfection.

78. Giovanni Pintori
Olivetti Tekne 3
1966

79. Giovanni Pintori
Underwood
1958-1962

La Pietra di Rosetta, (II sec. a. C.), rinvenuta in Egitto nel 1799, oggi nel British Museum, Londra. L'iscrizione reca un testo identico in scrittura geroglifica, demotica e greca. Il nome del re Tolomeo Epifane, ripetuto nelle tre parti, fornì la chiave della decifrazione dei geroglifici egiziani, portata a termine da J. F. Champollion (1822).

olivetti

Gli strumenti della scrittura sono mutati nei tempi col medesimo ritmo delle tecniche e delle civiltà. Fu la punta di pietra o di metallo ad incidere, la canna o la penna a disegnare i caratteri, finchè non vennero il piombo e l'acciaio. E, col secolo della meccanica, le prime macchine scriventi, gli ordigni complicati che dovevano in pochi decenni mutarsi in veloci strumenti di progresso, penetrare la vita del lavoro moderno, l'ufficio, lo studio, la casa.

olivetti

Una gran industria mundial como la Olivetti construye sus máquinas de escribir y de calcular sólo con los mejores materiales existentes en el mercado mundial. Emplea sólo los aceros y las aleaciones metálicas que sus laboratorios de control dictaminan que corresponden totalmente a rigurosísimos convenios de suministro.

El valor de las máquinas Olivetti reside en la calidad y esmero del trabajo de alta precisión dedicado a cada una de sus piezas; un trabajo que transforma en instrumentos perfectos las barras y las chapas. Los aceros y las aleaciones metálicas destinados a las máquinas Olivetti pueden ser escogidos y empleados sin reservas. Tienen que ser, y son, garantía absoluta de resistencia y duración.

Máquinas de escribir manuales y eléctricas
Máquinas calculadoras impresoras
Máquinas de contabilidad
Teleimpresoras

Olivetti Argentina S.A., Buenos Aires
Olivetti Industrial S.A., Sao Paulo
Olivetti Colombiana S.A., Bogotá
Olivetti de Centro América S.A., La Habana
Olivetti Mexicana S.A., México 1, D.F.
Olivetti de Venezuela C.A., Caracas

olivetti

Ogni civiltà ha i suoi simboli: incisi
nella pietra e nel metallo o,
più durevolmente, nella mente dell'uomo.
Simboli di lavoro, di progresso, simboli
di pace, simboli matematici,
simboli degli astri, simboli
scientifici. Il nome Olivetti è simbolo
di macchine per ufficio:
milioni di macchine
lo portano in tutto il mondo.

Milioni di macchine Olivetti
scrivono, calcolano, elaborano,
trasmettono i dati della produzione
e dell'economia, parole e numeri
che interessano il lavoro quotidiano,
l'esistenza stessa delle persone. Olivetti
è la macchina per scrivere,
Olivetti è la calcolatrice scrivente,
Olivetti sono le macchine
contabili, Olivetti è il desk-top computer,
Olivetti sono i sistemi di raccolta dei dati,
Olivetti le apparecchiature per
la loro trasmissione a distanza: Olivetti è
insomma ogni moderno strumento
che accelera, automatizza, garantisce
il cammino dell'informazione.
Parola o numero, ogni dato è informazione
che alimenta il circolo vitale, il respiro
della gestione moderna: dal centro
alla periferia, dalla periferia al centro.
Esatta, veloce, sicura, l'informazione
viaggia verso il futuro
dell'impresa - su macchine, su sistemi
Olivetti.

Per lo studente
d'ogni scuola e classe,
robusta per resistere
e servire
alla mano più vivace
e meno esperta.

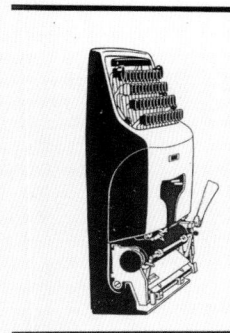

*Olivetti
Lettera 22*

84. Giovanni Pintori
Olivetti Lettera 22
1958-1962

85. Giovanni Pintori
Olivetti Lettera 22
1956

86. 87.
Giovanni Pintori
Olivetti Lettera 22
1950
Bozzetto e manifesto
Mock up and poster

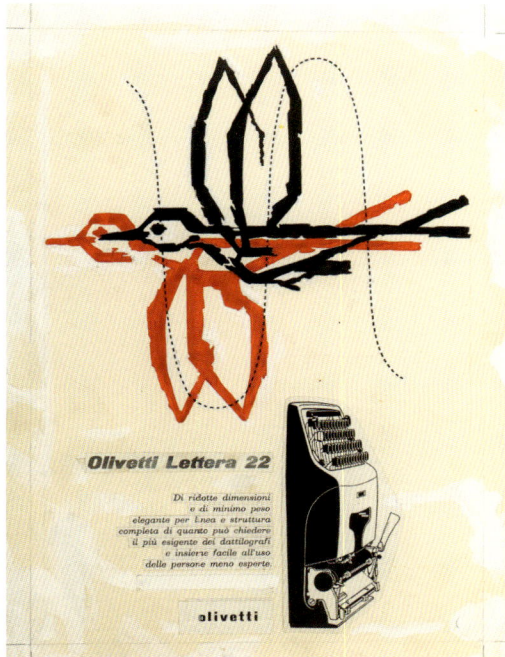

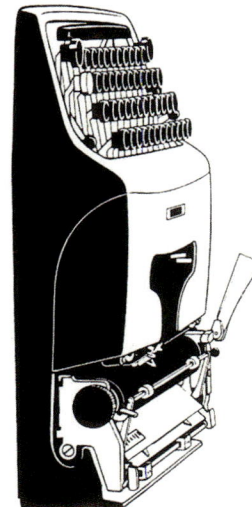

Olivetti Lettera 22

Di ridotte dimensioni
e di minimo peso
elegante per linea e struttura
completa di quanto può chiedere
il più esigente dei dattilografi
e insieme facile all'uso
delle persone meno esperte.

olivetti

88. Giovanni Pintori
Olivetti Lettera 22
1953 ca.
Bozzetto / Mock up

89. Giovanni Pintori
**Annuncio pubblicitario
Advertisement
Olivetti Lettera 22**
1953

The portable with the completeness of an office typewriter

A TRADITION OF TECHNICAL LEADERSHIP

1930 OLIVETTI introduces (in the Model M. 40 typewriter) the basket shift. Today this element, essential to perfect neatness, is a feature of all American and European office typewriters.

1950 OLIVETTI incorporates the basket shift in its brilliant new portable, the Lettera 22, which weighs only 3, 6 kg.

Olivetti Lettera 22

AUSTRO - OLIVETTI - BUROMASCHINEN A. G. WIEN
BRITISH OLIVETTI LTD. GLASGOW
HISPANO OLIVETTI S. A. BARCELONA
OLIVETTI AFRICA PTY. LTD. JOHANNESBURG
OLIVETTI ARGENTINA S. A. BUENOS AIRES
OLIVETTI S. A. BELGE BRUXELLES
S. A. M. P. O. OLIVETTI PARIS
OLIVETTI CORPORATION OF AMERICA NEW YORK 19 · N. Y.
OLIVETTI MEXICANA S. A. MEXICO CITY

90. Giovanni Pintori
Olivetti Lettera 22
1953 ca.
Bozzetto / Mock up

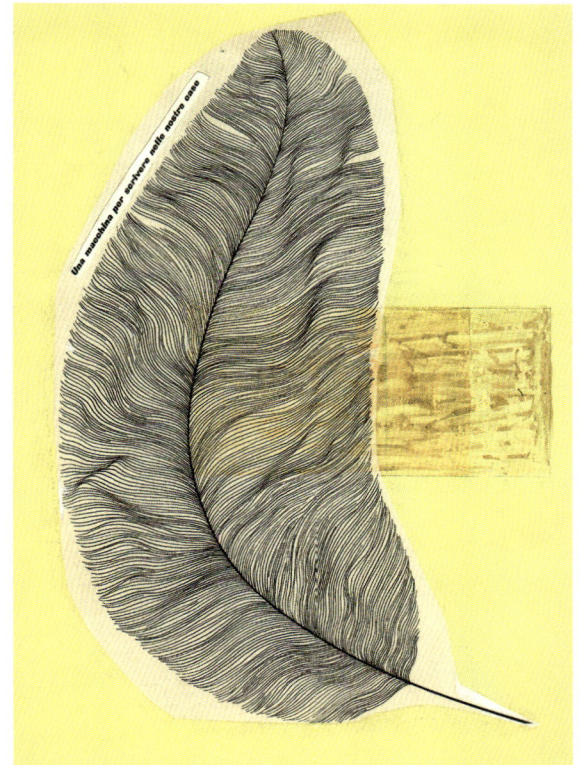

91. Giovanni Pintori
Olivetti Lettera 22
1953
Bozzetto / Mock up

Olivetti Lettera 22

La macchina per scrivere
di ridotte dimensioni e di minimo peso
perfetta per concezione
elegante per linea e struttura
completa di quanto può chiedere
il più esigente dei dattilografi
e insieme facile all'uso
delle persone meno esperte

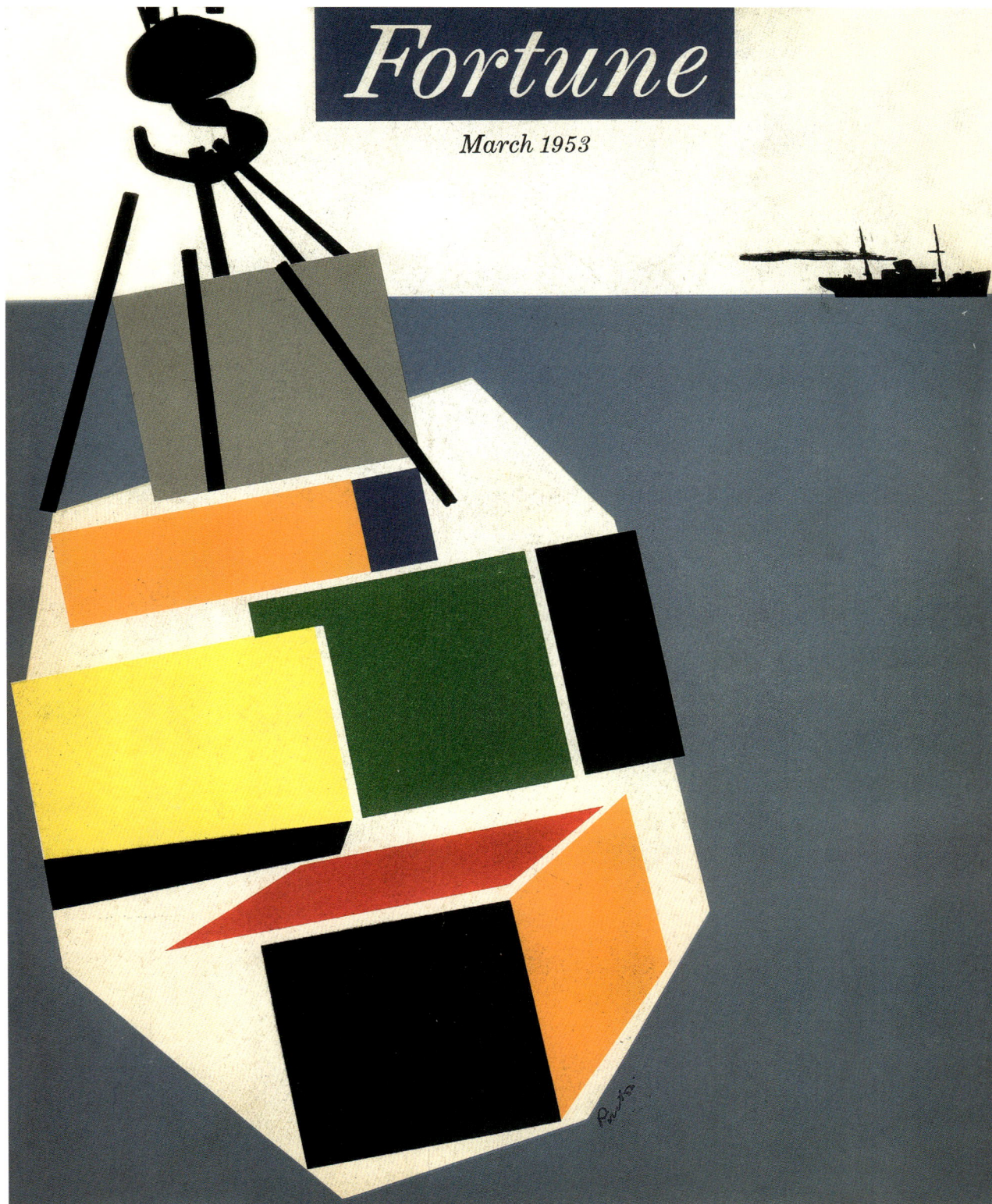

93. Giovanni Pintori
**Copertina per rivista
"Fortune" / Cover of
Fortune magazine**
1953

Fortune

March 1953

97. Giovanni Pintori
Olivetti Studio 44
s.d. / n. d.

98. Giovanni Pintori
Olivetti Lettera 22
1958-1962

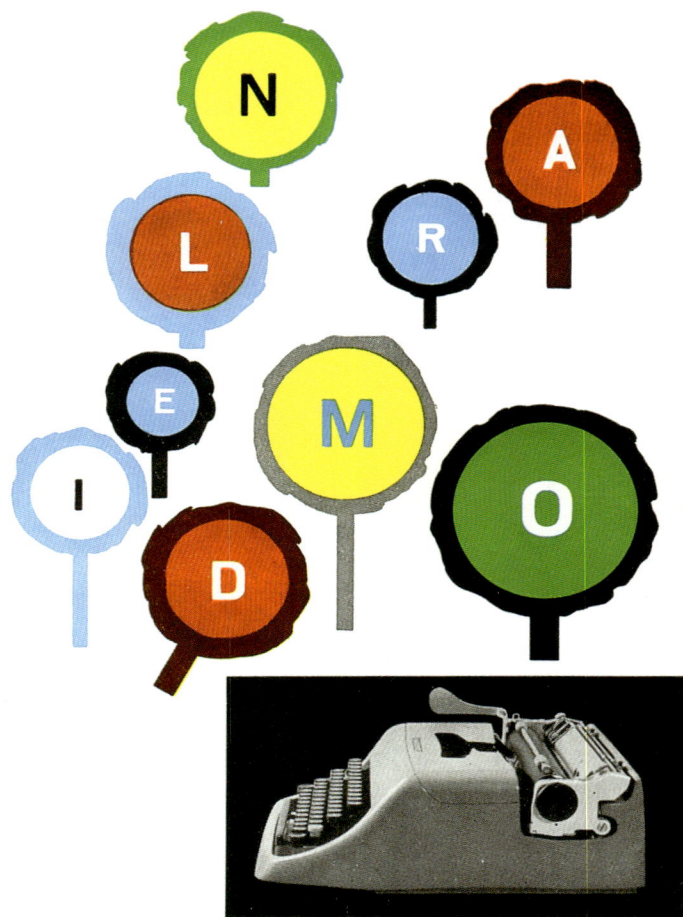

Olivetti Studio 44

LETTERA 22

olivetti

99. Giovanni Pintori
Olivetti Lettera 22
1955

100. Giovanni Pintori
Olivetti Lettera 22
1954

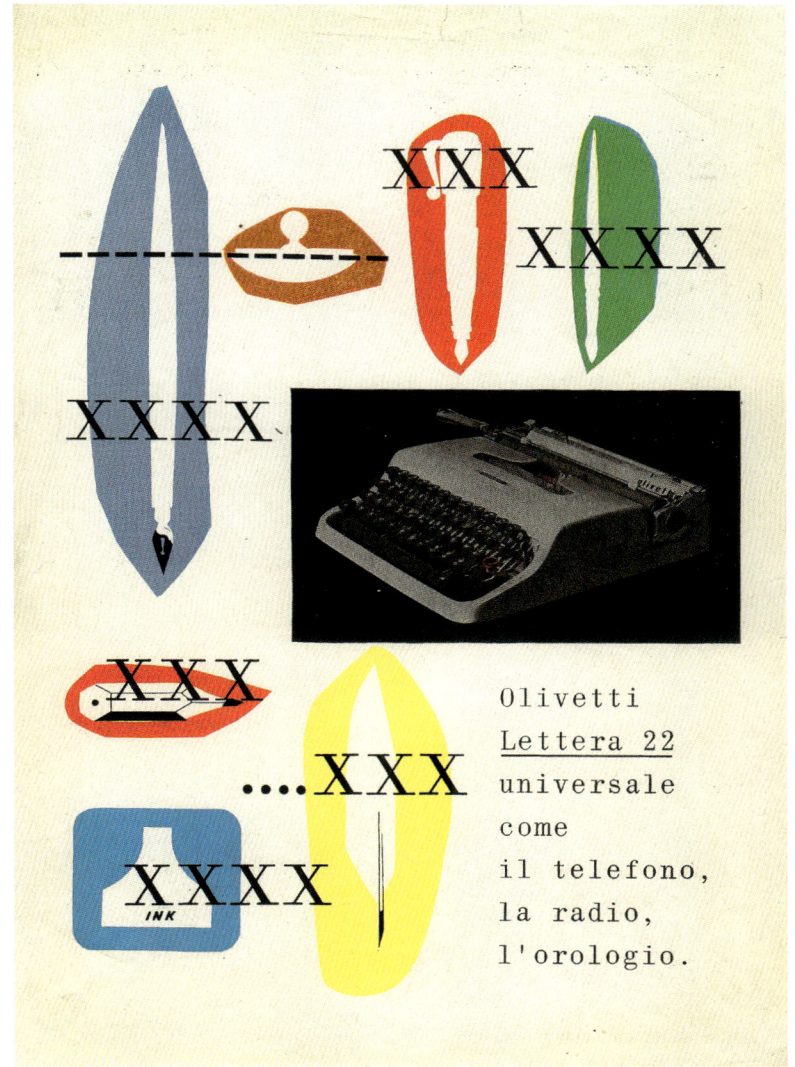

Olivetti
Lettera 22
universale
come
il telefono,
la radio,
l'orologio.

101. Giovanni Pintori
Pagina pubblicitaria
Full-page
advertisement
Olivetti
1960
Bozzetto / Mock up

102. Giovanni Pintori
Olivetti Multisumma 22
1958-1962

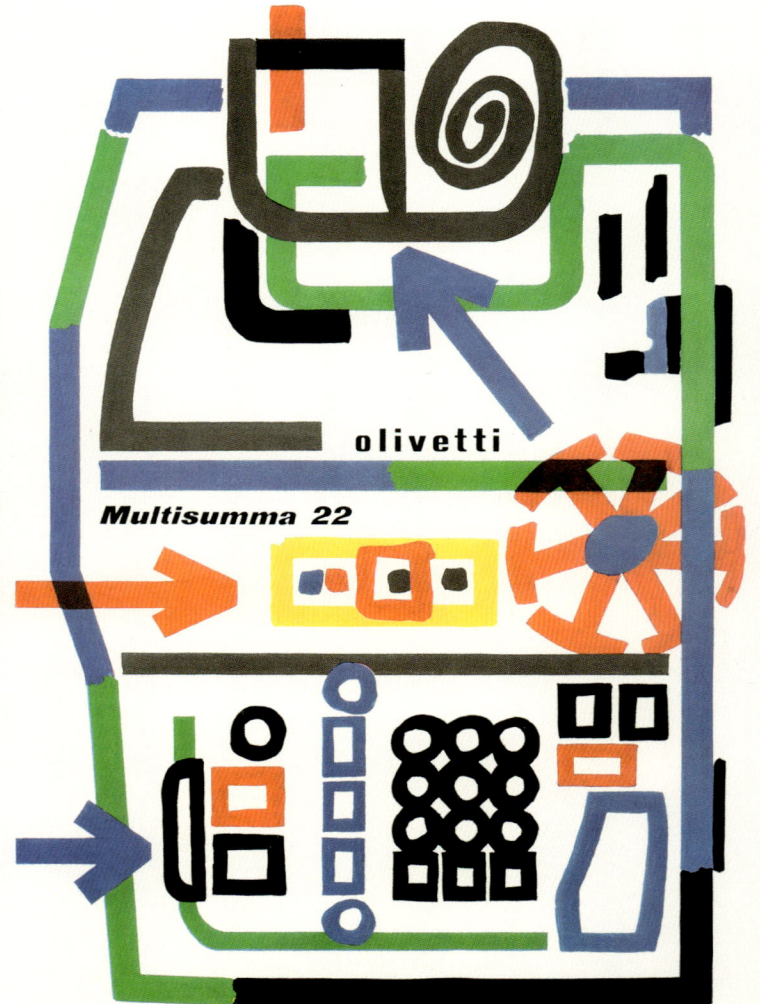

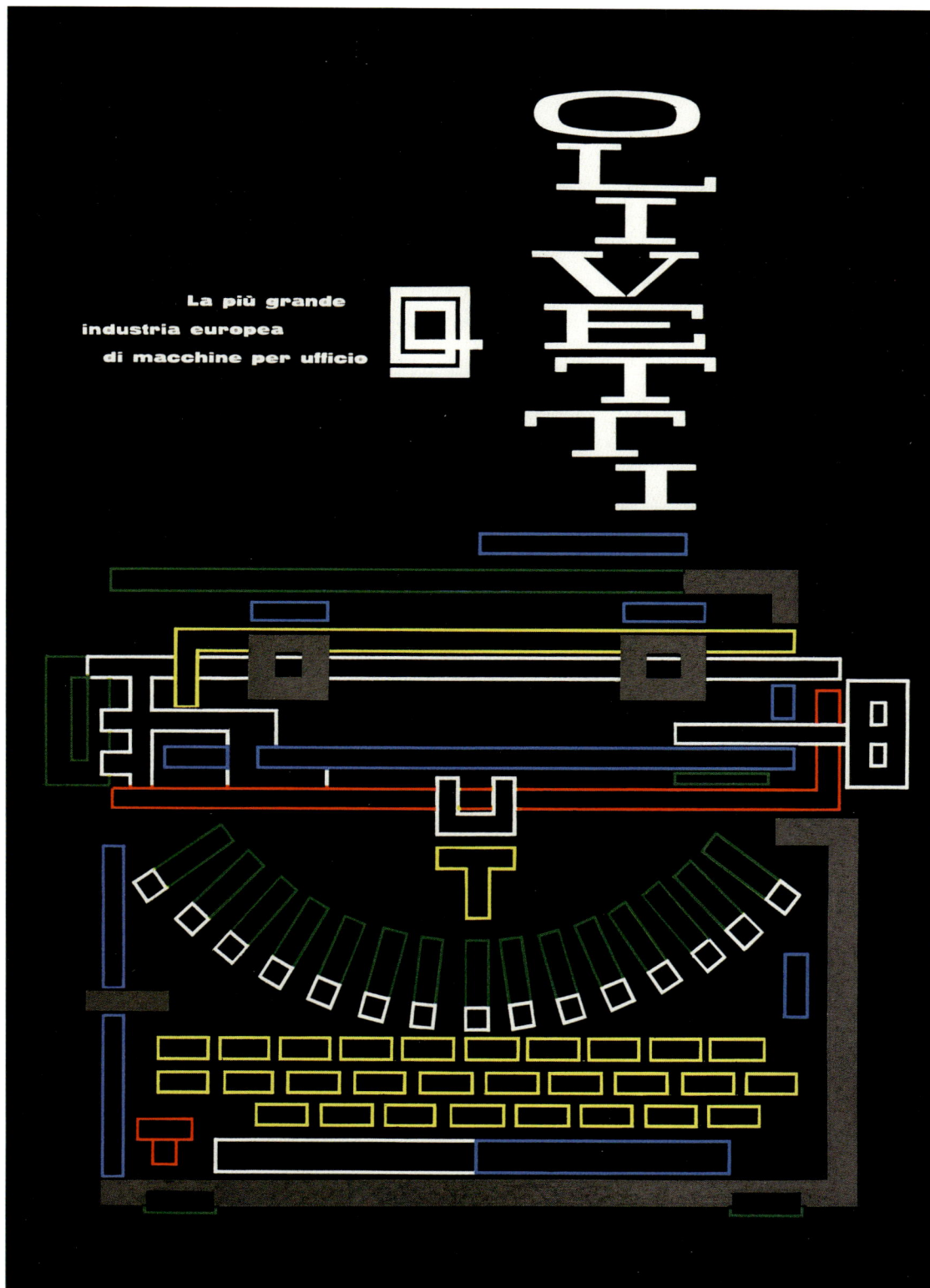

103. Giovanni Pintori
**Olivetti. La più grande industria europea di macchine per ufficio
Olivetti. Europe's largest manufacturer of office machines**
1959-1962

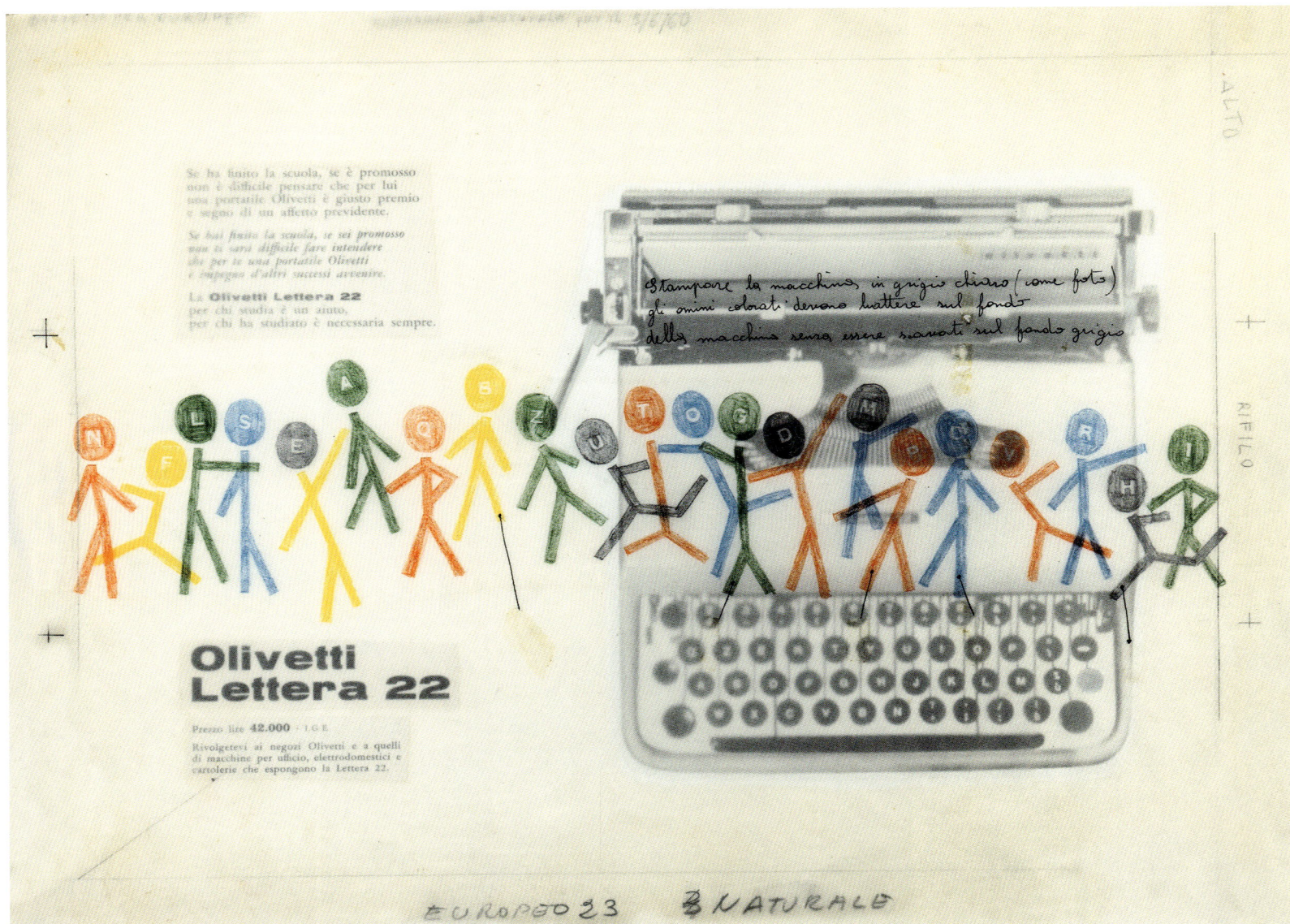

104. Giovanni Pintori
Pagina pubblicitaria
Full-page
advertisement
Olivetti Lettera 22
1959
Bozzetto / Mock up

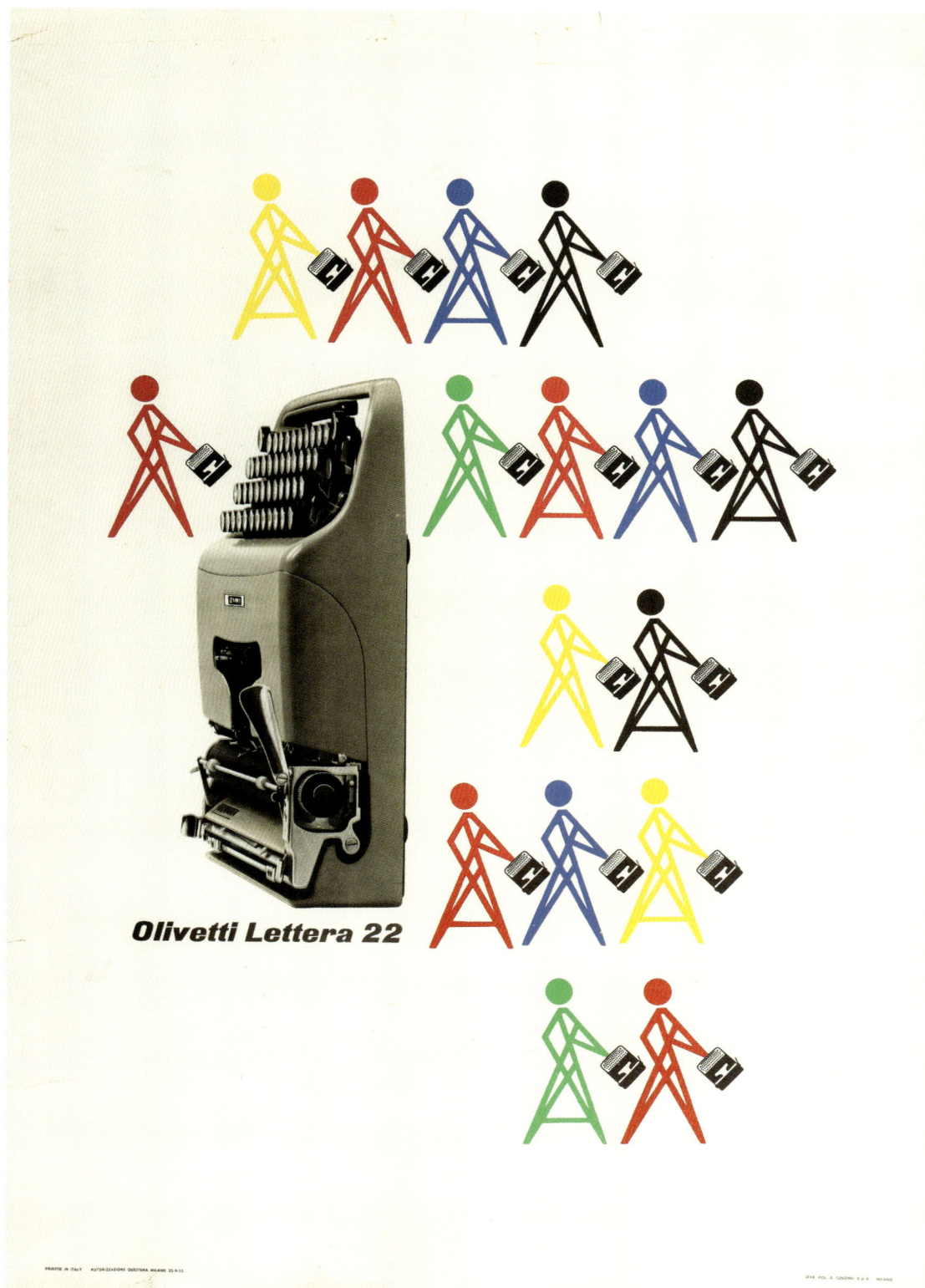

Olivetti Lettera 22

106. Giovanni Pintori
Olivetti Lettera 22
anni '50-'60
1950s-60s

107. Giovanni Pintori
Olivetti Lettera 22
s.d. / n. d.
Bozzetto / Mock up

"Una macchina per scrivere nelle nostre case"

Olivetti Lettera 22

Le lettere d'ogni giorno
le scritture domestiche
le copie di documenti
saranno ordine e chiarezza
su questa portatile
discreta leggera agevole
alla mano meno esperta.
Su questa portatile
che vi accompagna ovunque
in casa come in viaggio
scriverete le parole
che vi uniscono
al mondo degli amici
e a quello del vostro lavoro.

Peso: Kg. 3,7 - Garanzia: un anno
Prezzo per contanti
modello LL . . . . . lire **41.000**
valigetta flessibile lire **3.800**
Per acquisti
anche a pagamento rateale
rivolgetevi ai negozi Olivetti
e a quelli di macchine per ufficio,
elettrodomestici e cartolerie

olivetti

Lettera 22

notizie olivetti   79 Ottobre 1963

111. Giovanni Pintori
Olivetti Calcolatrice
Elettrosumma 22
Olivetti Elettrosumma 22
calculator
1956

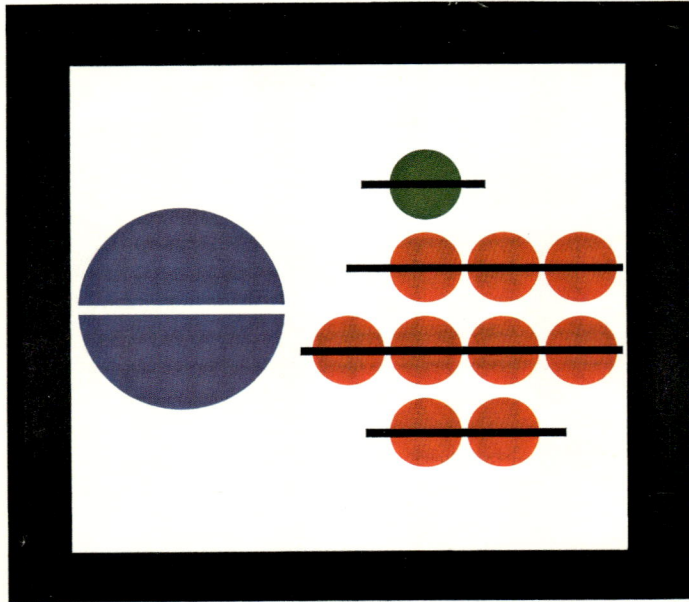

The abacus, its working parts a handful of beads strung on rods, has survived for thousands of years unchanged. But the world has changed, and especially in techniques of production and distribution. Today, business and industry rely on complex machines to process the essential figures on which management decisions are based. Today, Underwood offers a complete line of high-speed, high-capacity adding, calculating and accounting machines that print all terms and results for verification and reference.

underwood

Olivetti Studio 44

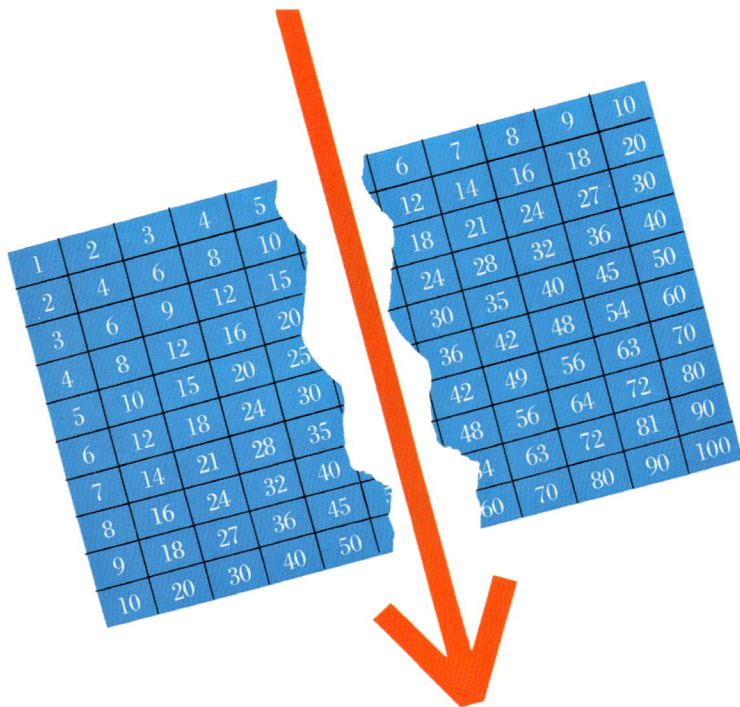

Multisumma 22

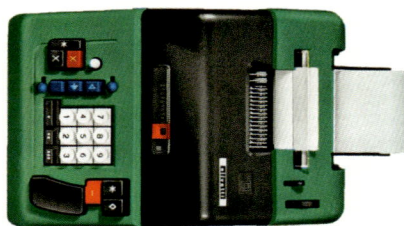

olivetti

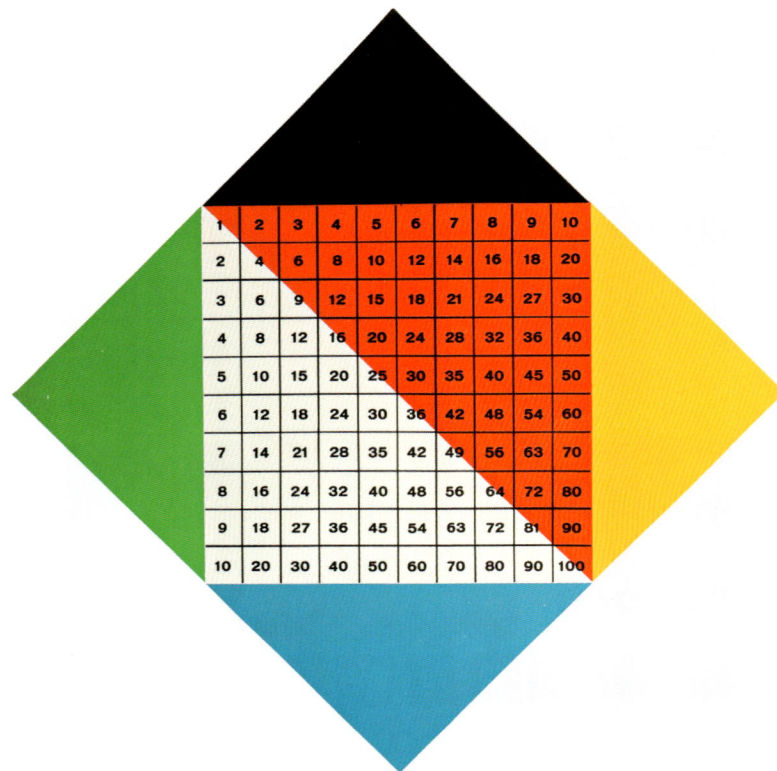

underwood 400

addizionatrice elettrica scrivente rapida

olivetti

Divisumma 24
Tetractys

De las sumas a las ecuaciones

Cada una de estas dos calculadoras eléctricas impresoras,
suma, resta, multiplica, divide,
da el saldo negativo, imprime
las distintas fases de las operaciones y los resultados con
el mismo órden de la escritura
a mano; posee un mecanismo
de memoria que permite con-
servar uno de los factores o el
resultado de una operación eli-
minando reimpresiones y au-
mentando la seguridad y velo-
cidad. La **Tetractys,** que
cuenta con dos totalizadores,
puede cumplir operaciones más
complejas hasta cálculos alge-
braicos y eliminar un número
también mayor de impostaciones
trasladando da un totalizador a
otro y de éste al dispositivo de
memoria o viceversa.
La nueva **Divisumma 24** y la
Tetractys, se llaman Olivetti.
Quien conozca mecánica de precisión sabe lo que ésto significa.

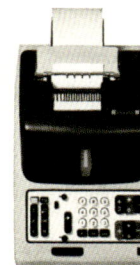

Olivetti Argentina S.A. - Buenos Aires
Olivetti Industrial S.A. - São Paulo
Olivetti Colombiana S.A. - Bogotá
Olivetti Mexicana S.A. - México 1, D.F.
Olivetti Peruana S.A. - Lima
Olivetti De Venezuela C.A. - Caracas

Además Distribuidores en los otros
países de la América Latina

119. Giovanni Pintori
**La nueva máquina
de escribir elétrica
Olivetti 84**
1958-1962

La nueva máquina
de escribir eléctrica
**olivetti
84**

La Olivetti 84 es una máquina
nueva en su forma; nueva, por
la acentuada funcionalidad de
los mecanismos electroimpre-
sores que permiten una perfecta
uniformidad de pulsación e im-
pecable nitidez de escritura,
tanto en el original como en
las copias; excepcional, por la
robustez de su estructura;
ejemplar, por la esmeradísima
selección de sus materiales. Es
un modelo fundamental de máquina eléctrica que se recomien-
da a las oficinas y despachos
profesionales como elemento de
modernismo y eficacia, como
instrumento ideal para un trabajo intenso y contínuo, desti-
nado a satisfacer el doble re-
quisito de la cantidad y calidad.
Es una máquina para trabajar
mucho y bien.

Olivetti Argentina S.A. - Buenos Aires
Olivetti Industrial S.A. - São Paulo
Olivetti Colombiana S.A. - Bogotá
Olivetti Mexicana S.A. - México 1, D.F.
Olivetti Peruana S.A. - Lima
Olivetti De Venezuela C.A. - Caracas

Además Distribuidores en los otros
países de la América Latina

120. Giovanni Pintori
**Olivetti 84. La nuova
macchina per scrivere
elettrica / The new
electric typewriter**
1958-1962

121. Giovanni Pintori
Olivetti
1958-1962

olivetti 84
La nuova macchina per scrivere elettrica

una macchina elettrica costruita per un elevato volume di produzione, robusta ed esatta come una macchina utensile. La scelta fra diverse lunghezze di carrelli arricchisce la varietà delle sue destinazioni. Essa porta a qualsiasi ufficio i vantaggi della elettroscrittura, cioè costanza di impressione, diminuzione di fatica, aumento di velocità.

L'astratta espressione
MECCANIZZAZIONE INTEGRALE
corrisponde in concreto
alla possibilità della integrale razionalizzazione dei servizi,
a un decisivo progresso della organizzazione aziendale,
alla liberazione dalla routine per l'operatore umano
Le macchine Olivetti
della linea della meccanizzazione integrale
dalle contabili numeriche e alfanumeriche Audit
alla fatturatrice Mercator
e alle apparecchiature di lettura e conversione o di
registrazione dei dati,
CBS, RP -
costituiscono un sistema omogeneo,
armonicamente progettato
al fine di una funzionale integrazione fra
"periferia" e "centro"
nella prospettiva
della completa automazione elettronica

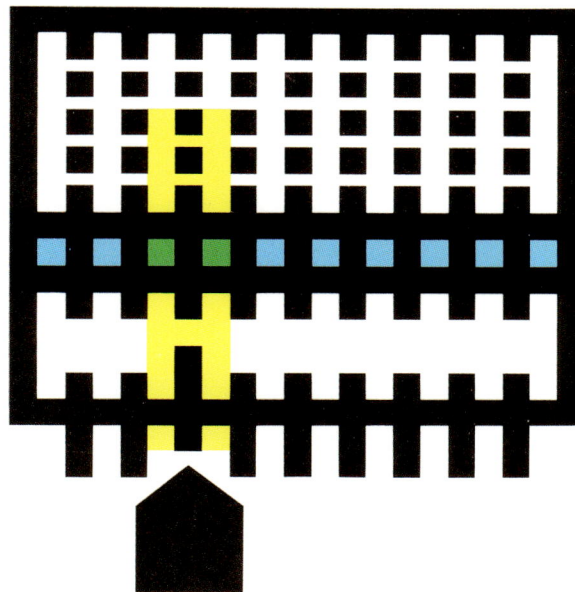

olivetti

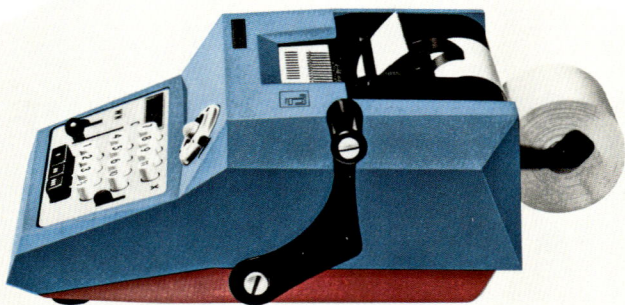

olivetti

YOUR MIND IS FREE, YOUR TIME IS FREE

How much is 437 and 1,721? Seven and one make eight Three plus two five Four plus seven it isn't difficult The answer is 2 158 Even a child can do it But how much time would it take to do ten sums like this? Or twenty subtractions? The **Olivetti Summa**
PRIMA 20
is a printing adding listing machine for sterling and whole numbers It is light sturdy and absolutely dependable The results are printed for you, in an instant, at a finger's touch You can be thinking of something else while you work Your mind is free, your time is free

Allied Companies and Agents in Australia - Fiji - New Caledonia - New Britain Dutch New Guinea - New Zealand - Tahiti

underwood
macchina per scrivere standard da ufficio

Five

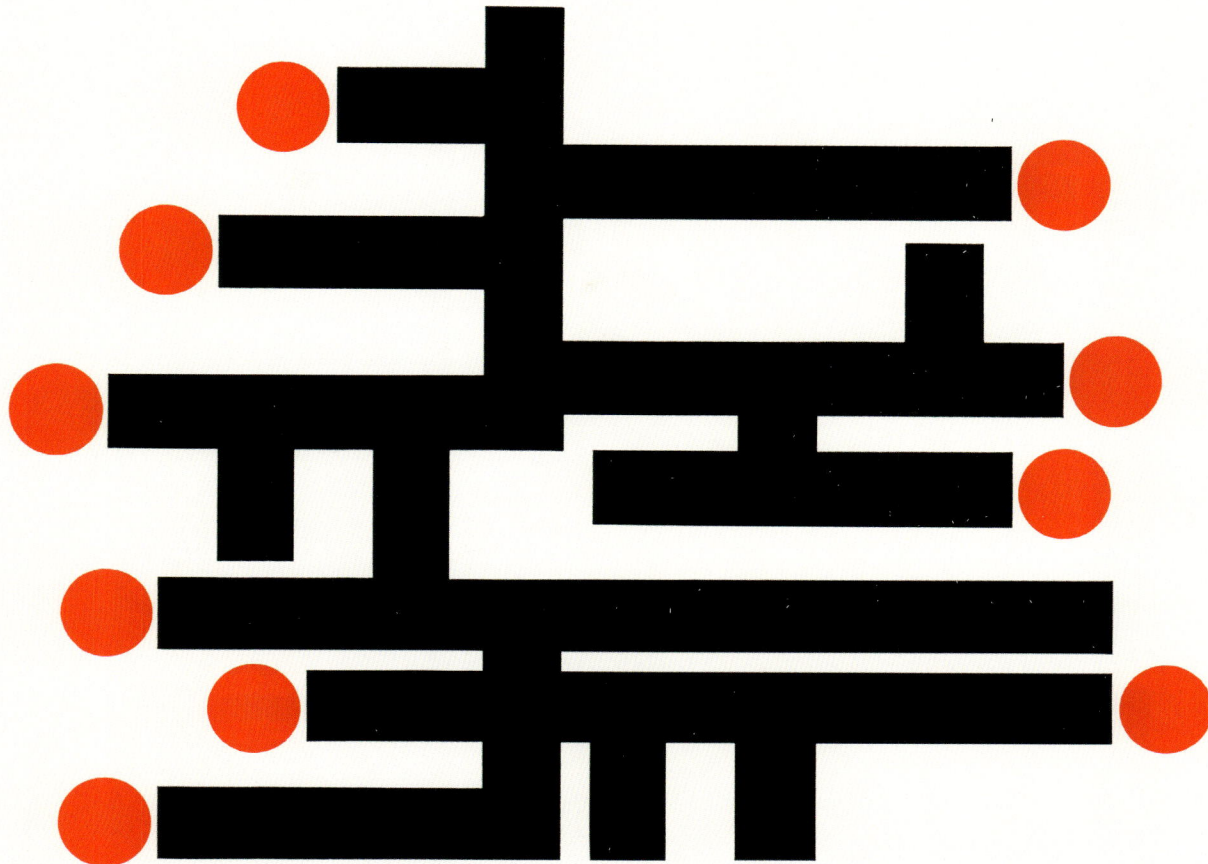

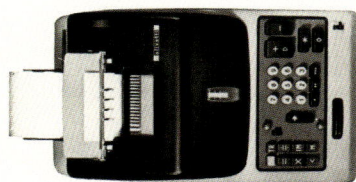

Divisumma 24
Una máquina simple
para todos los cálculos

Puede resolver una sola máquina
todos los problemas de cálculo del
negocio, la industria y el banco
como los del estudio profesional?
En las canteras, los embarcaderos
de mercaderías una sola máquina
realiza el trabajo de cálculo que
habitualmente se hace con dos máquinas. Esta máquina es la Divisumma 24, que no solamente suma,
resta, multiplica, divide y da el
saldo negativo, sino que posee también un mecanismo de memoria y
otros dispositivos capaces de trans-
formar varias operaciones en una
sola. Y presenta además los datos
y resultados escritos.

Olivetti Argentina S.A. - Buenos Aires
Olivetti Industrial S.A. - São Paulo
Olivetti Colombiana S.A. - Bogotá
Olivetti Mexicana S.A. - México 1, D.F.
Olivetti Peruana S.A. - Lima
Olivetti De Venezuela C.A. - Caracas

Además Distribuidores en los otros
países de la América Latina

olivetti

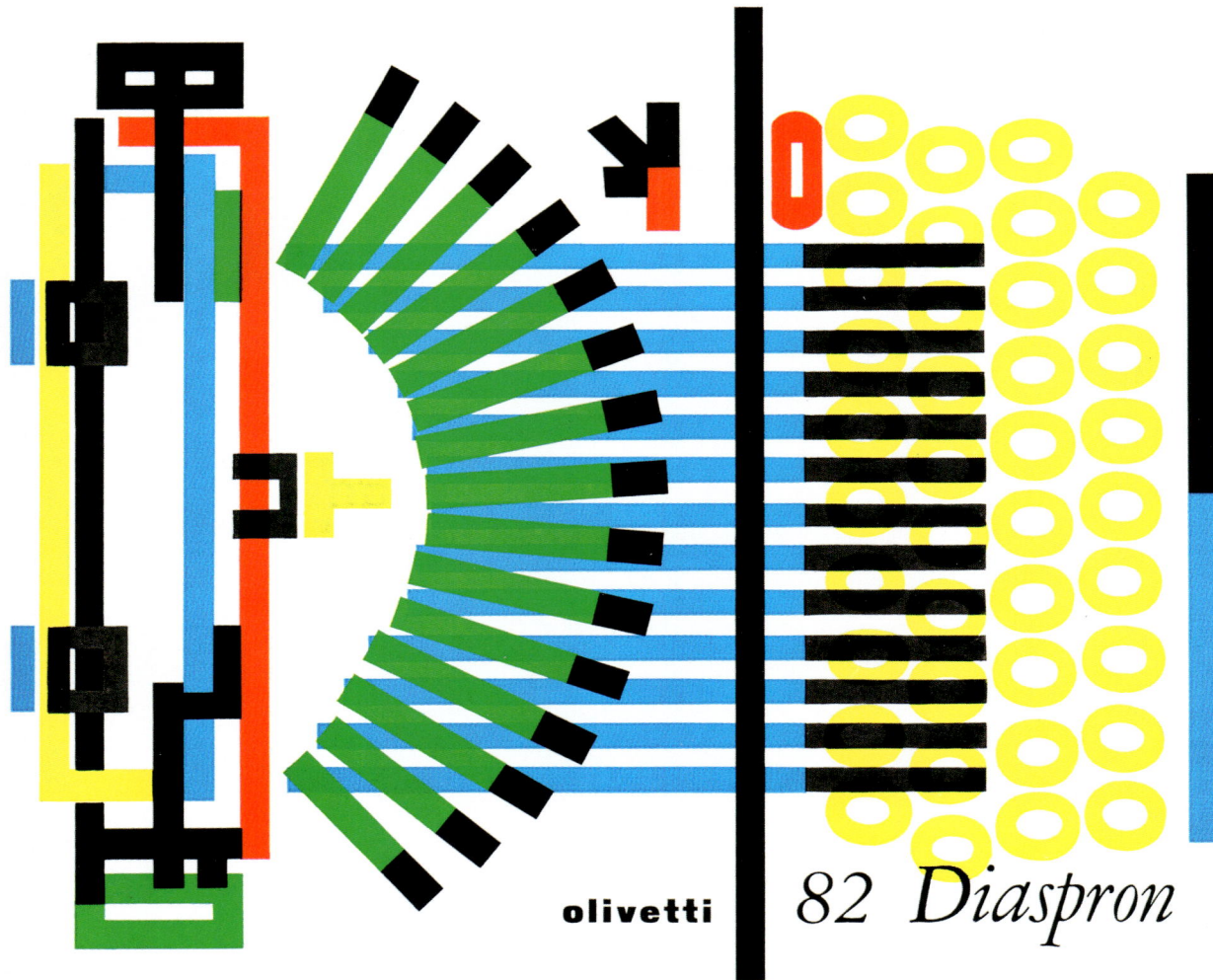

125. Giovanni Pintori
Olivetti 82 Diaspron
1958-1962

olivetti *82 Diaspron*

Olivetti has something new to say. Old in experience but up to the minute in meeting the challenge of new writing needs, Olivetti constantly reviews and improves the products of its vast organization. That is why Olivetti technicians have created a new standard typewriter which inherits the best in an outstanding tradition and at the same time offers distinctive innovations. The 82 Diaspron is the machine that types the kind of page you would like to read.

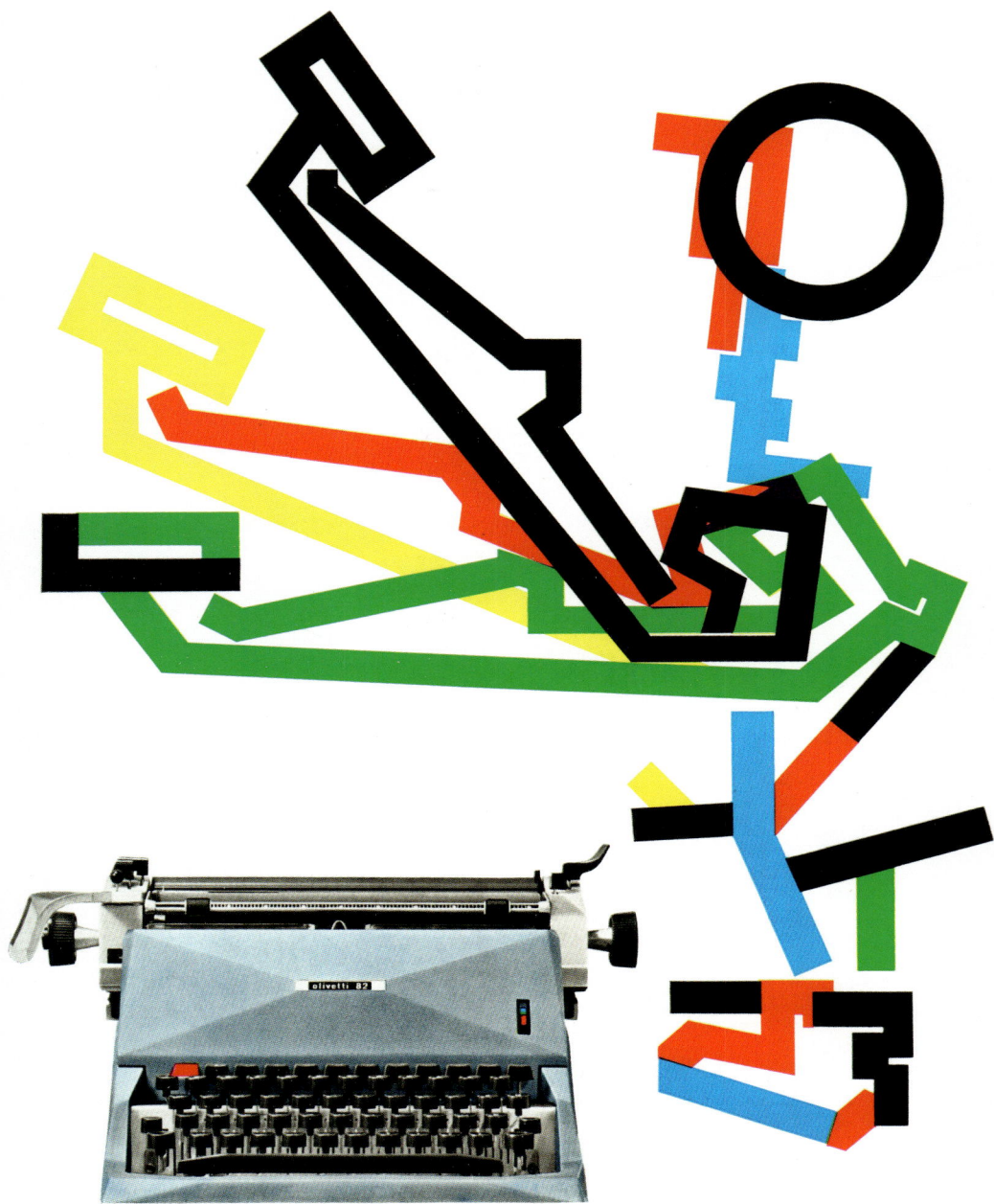

olivetti
82 Diaspron

Olivetti
Graphika

Lettera 22

OGNI SGORBIO È UNO SGARBO.
Nessuno è buon giudice della propria
calligrafia. Quel che per uno è chiarissimo
può essere un rebus per altri.

CHIAREZZA È CORTESIA.
Una lettera scritta a mano
fa perder tempo e pazienza. Una lettera
dattiloscritta parla sempre chiaro.

SCRIVETE A MACCHINA
sulla Olivetti Lettera 22,
facile a usare, resistente e leggera,
che scrive ovunque, in ordine e in più copie.

modello **LL** lire **42.000** + I.G.E.

Rivolgetevi ai negozi Olivetti e a quelli
di macchine per ufficio, elettrodomestici
e cartolerie che espongono la Lettera 22,
oppure, inviando l'importo, direttamente
a Olivetti - D.M.P., via Clerici 4, Milano.

olivetti

Olivetti Lettera 22

Ha la parola facile

Una portatile deve essere leggera e resistente, occupare poco spazio e scrivere con nitidezza. Sono queste le qualità della Lettera 22. La Lettera 22 serve a tutti, in ogni occorrenza della vita quotidiana. Qualifica ogni carta che rechi il vostro nome, vi aiuta e vi presenta in ogni iniziativa di lavoro. Entra in un cassetto della scrivania, esce dalla vostra valigia. Un dito basta a sollevarla, due a farla scrivere.

Lettere di famiglia,
lettere di presentazione,
lettere d'affari,
lettere d'auguri,
lettere di vendita,
lettere riservate,
lettere d'amore,
lettere circolari,
lettere di congedo,
lettere di ringraziamento...

in tutte lettere,
in belle lettere,
tutte
con la

Olivetti
Lettera 22

Prezzo lire **42.000** + I.G.E.

Rivolgetevi ai negozi Olivetti e a
quelli di macchine per ufficio, elettrodomestici e cartolerie che espongono la Lettera 22.

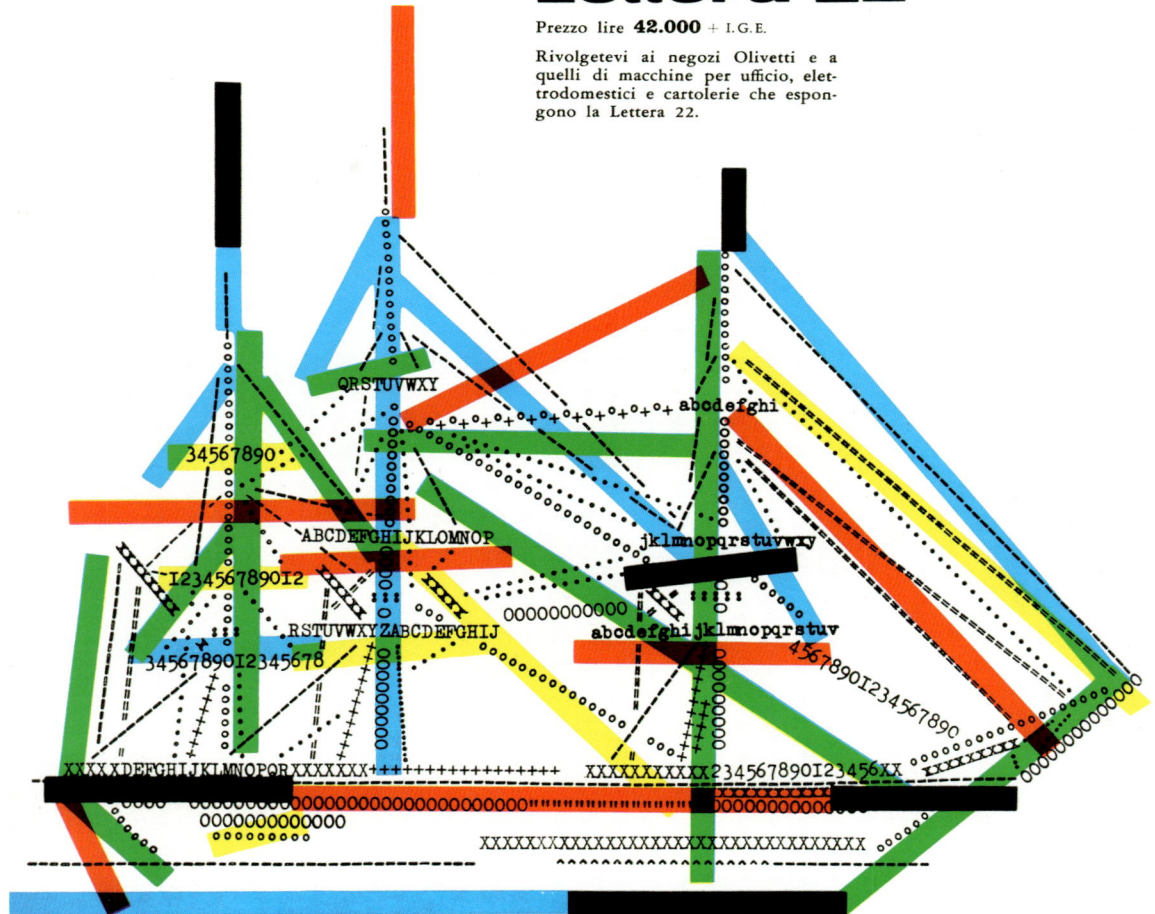

131. Giovanni Pintori
Simboli / Symbols
anni '50-'70
1950s-70s

132. Giovanni Pintori
Divisumma 24
1954

Olivetti Divisumma 24 è una macchina
calcolatrice superautomatica
che non perfeziona un precedente modello
ma risulta da una concezione interamente nuova e diversa.
L'ampiezza delle sue prestazioni può definire la

Olivetti Divisumma 24

macchina da calcolo universale.
La scrittura dei termini e dei resultati conserva nel tempo
tutte le operazioni ed in ogni evenienza ne consente il controllo.
Con questo suo nuovo prodotto la *Olivetti*
reca un contributo decisivo alla
razionalizzazione dei servizi amministrativi.

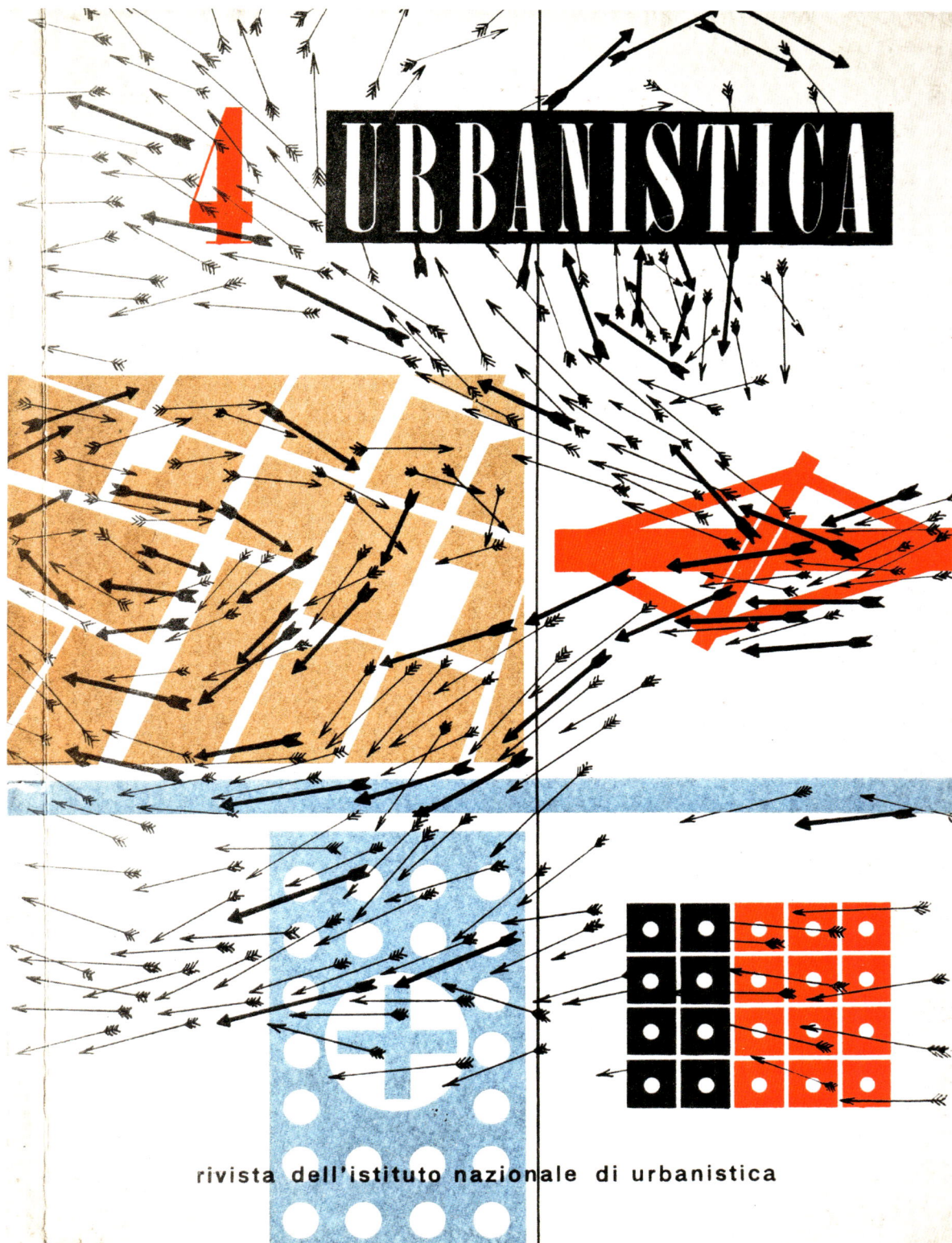

L'arredamento Olivetti a elementi modulari componibili per la moderna architettura industriale

Olivetti "Spazio"

135. Giovanni Pintori
Selezione colori
colour selection
Underwood
1968

Olivetti Lettera 22

Quando il sole è più lontano dalla terra, comincia allora il cammino verso la bella stagione. Per questo i giorni del Natale sono anche augurio e certezza di fiori. L'anno che viene è una pagina bianca. Che ognuno vi possa scrivere le proprie migliori parole.

Prezzo lire 42.000 + I G E

Chi acquisti la portatile Olivetti Lettera 22 fra il primo dicembre 1961 e il 6 gennaio 1962 potrà scegliere uno fra i doni qui elencati

— un volume d'arte con dodici grandi riproduzioni edizione fuori commercio
— un'opera letteraria in edizione speciale fuori commercio

137. Giovanni Pintori
Non fate perder tempo.
Make the most of time.
Olivetti Lettera 22
1958-1962

138. Giovanni Pintori
Olivetti Lettera 22
1956

NON FATE PERDER TEMPO

Chi riceve le vostre lettere non deve risolvere rebus. Siete certa di avere una bella calligrafia? Volete proprio che non si capisca se avete scritto uova o nuora, certa o carta? La simpatia vince tutto ma gela davanti agli sgorbi d'una scrittura indecifrabile. SCRIVETE A MACCHINA

Olivetti Lettera 22

Prezzo lire **42.000** I.G.E.

Rivolgetevi ai negozi Olivetti e a quelli di macchine per ufficio, elettrodomestici e cartolerie che espongono la Lettera 22, oppure, inviando l'importo, direttamente a Olivetti - D.M.P., via Clerici 4, Milano

Lettere di famiglia,
lettere di presentazione,
lettere d'affari,
lettere d'auguri,
lettere di vendita,
lettere riservate,
lettere d'amore,
lettere circolari,
lettere di congedo,
lettere di ringraziamento...

in tutte lettere,
in belle lettere,
tutte
con la

Olivetti Lettera 22

Prezzo lire **42.000** I.G.E.

*Lettere di famiglia,
lettere di presentazione,
lettere d'affari,
lettere d'auguri,
lettere di vendita,
lettere riservate,
lettere d'amore,
lettere circolari,
lettere di congedo,
lettere di ringraziamento...*

in tutte lettere,
in belle lettere,
tutte
con la

Olivetti Lettera 22

modello **LL** lire **42.000** + I.G.E.

Nei negozi Olivetti ed in quelli
di macchine per ufficio, elettrodomestici e cartolerie.

140. Georges Braque
Lettera di / Letter from
Georges Braque a / to
Giovanni Pintori
Parigi / Paris, 28 ottobre /
October 1957

141. Giovanni Pintori
(graphic design)
Calendario Olivetti
Olivetti Calendar
1958

Paris le 28 Octobre 57

Pr Monsieur Pintori

J'ai reçu ce matin l'exemplaire du calendrier 1958. Je vous adresse mes sincères compliments cet album est pri sensei, vous avez atteint là une rare perfection.

J'aimerais en avoir une dizaine d'exemplaires.

Je vous en remercie d'avance et vous prie de croire à mes meilleurs sentiments.

G Braque

Georges Braque è nato nel 1882 ad Argenteuil. Nei primi anni del secolo conosce a Parigi i pittori dell'avanguardia. Nel 1906 entra a far parte del gruppo dei 'fauves'. Ma è la scoperta di Cézanne a fare di Braque uno degli iniziatori e dei massimi maestri del cubismo (1907-1914). Da allora, in una incessante ripresa di pochi temi – nature morte, figure negli interni, volo di uccelli – Braque ha inventato uno spazio con la pazienza di uno scopritore.
Tanto moderno quanto inserito nella tradizione del suo paese – « Amo la regola che corregge l'emozione », ha scritto – Braque è considerato uno fra i maggiori artisti francesi viventi, per la sua pittura volontaria a un tempo e fervida, grave e meditata, frutto di rigore intellettuale e di intima tensione.

Né en 1882 à Argenteuil, Georges Braque fréquente, dès les premières années du nouveau siècle, les milieux de l'avant-garde picturale parisienne, et, en 1906, il vient se joindre au groupe des 'fauves'. Mais c'est la découverte de Cézanne qui fait de lui l'un des pionniers et des maîtres du cubisme (1907-1914). Depuis lors, reprenant inlassablement quelques thèmes – nature morte, figure dans un intérieur, vol d'oiseaux – il a, avec la patience d'un explorateur, inventé un espace qui lui est propre.
Braque est moderne au sens le plus complet du mot, tout en demeurant dans la ligne de la tradition française – « J'aime la règle qui corrige l'émotion », a-t-il écrit – et son œuvre, à la fois lucide et passionnée, grave et méditée, fruit de la rigueur intellectuelle et d'une profonde tension intérieure, lui vaut à juste titre d'être considéré comme l'un des plus grands peintres français vivants.

Georges Braque was born in 1882 at Argenteuil. The turn of the century sees him in touch with the avant-garde painters in Paris. In 1906 he becomes a member of the 'Fauves' group. But it is after his discovery of Cézanne that Braque becomes one of the originators and one of the greatest masters of Cubism (1907-1914). Since then, in an unceasing renewal of a few themes – still lifes, figures in interiors, flights of birds – Braque, with the patience of an inventor, has created his own spatial vision.
As modern as he is part of the tradition of his country – « I like the rule that corrects the emotion », he has written – his painting is spontaneous and at the same time ardent, grave, reflective, the fruit of intellectual discipline and of inner tension, and Braque is accordingly considered one of the major living French artists.

olivetti *1958*

205

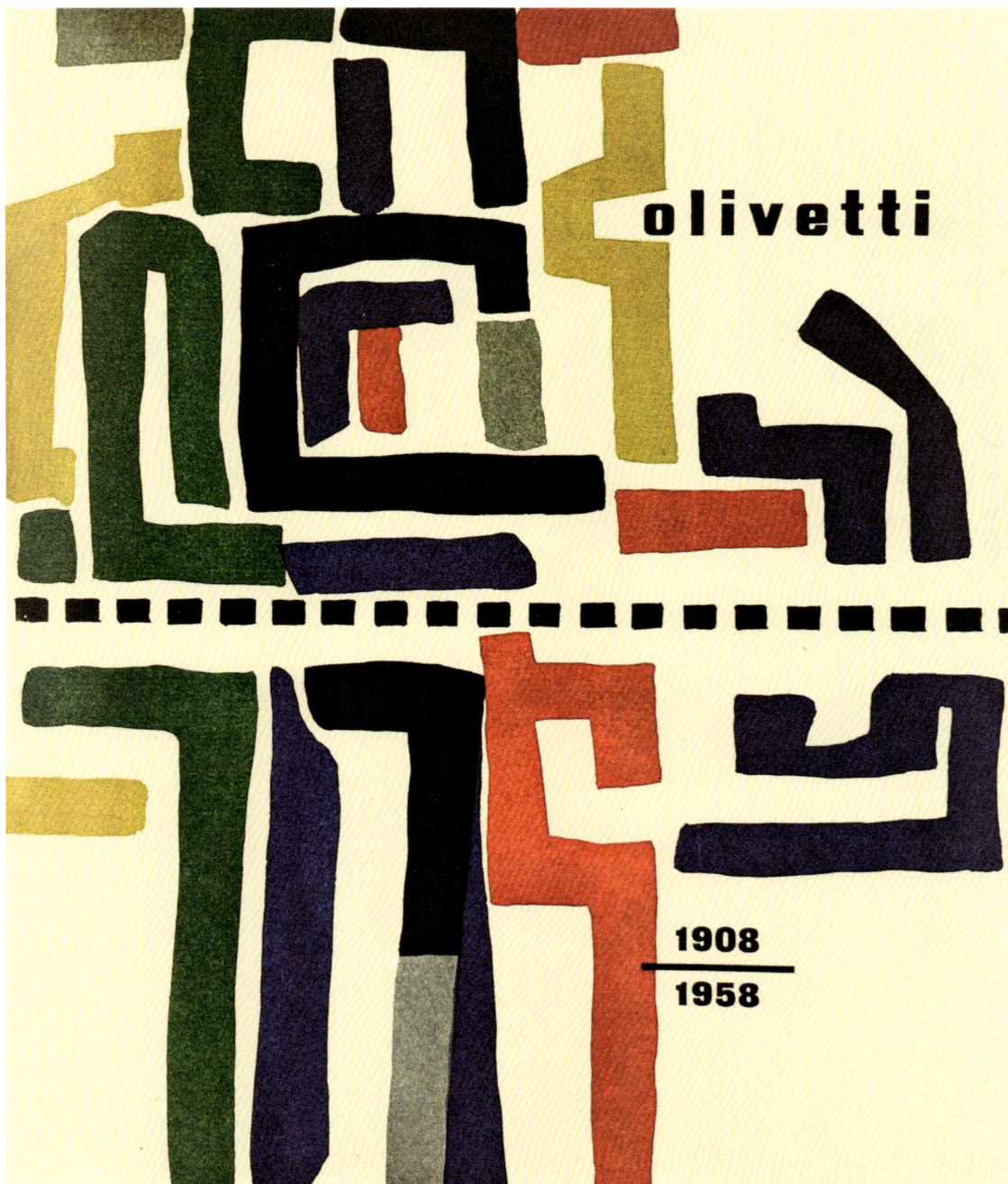

143. Giovanni Pintori
Olivetti Tetractys
1956

144. Giovanni Pintori
Olivetti 82 Diaspron
1959

Olivetti Tetractys

La Tetractys est une machine à calculer imprimante super-automatique. Elle effectue les quatre opérations et en imprime toutes les données. Les termes des opérations se composent de gauche à droite sur le clavier, dans le même ordre que celui où on les écrirait à la main. La Tetractys est dotée de deux totalisateurs et d'un mécanisme de mémoire; elle peut passer de la multiplication à la division en conservant produits ou quotients pour d'ultérieures opérations de calcul; elle permet la recomposition automatique des résultats, les transferts d'un totalisateur à l'autre et de ceux-ci au dispositif de mémoire et vice-versa. Elle a une capacité de 13 chiffres (milliers de milliards) pour les totaux. Le clavier pour la composition est unique.

Olivetti S. A. Belge
Bruxelles - Rue des Plantes, 1-3
Tél.: 18.31.25

Im Wagen ergänzen sich die verschiedenen Einrichtungen durch einfach zu bedienende Mehrfachkommandos

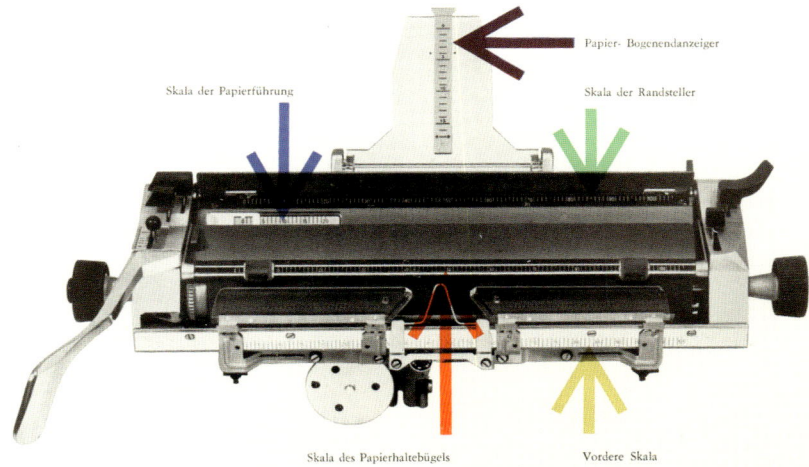

Papier- Bogenendanzeiger

Skala der Papierführung

Skala der Randsteller

Skala des Papierhaltebügels

Vordere Skala

PRINTED IN ITALY

145. 146.
Giovanni Pintori
Schema frecce colore
Pattern of coloured
arrows
1956

olivetti *Tetractys*

Olivetti Lettera 22

Olivetti
Lettera 22

Giovanni Pintori
Pagina pubblicitaria
Full-page
advertisement
Olivetti 82 Diaspron
1959, Bozzetto / Mock up

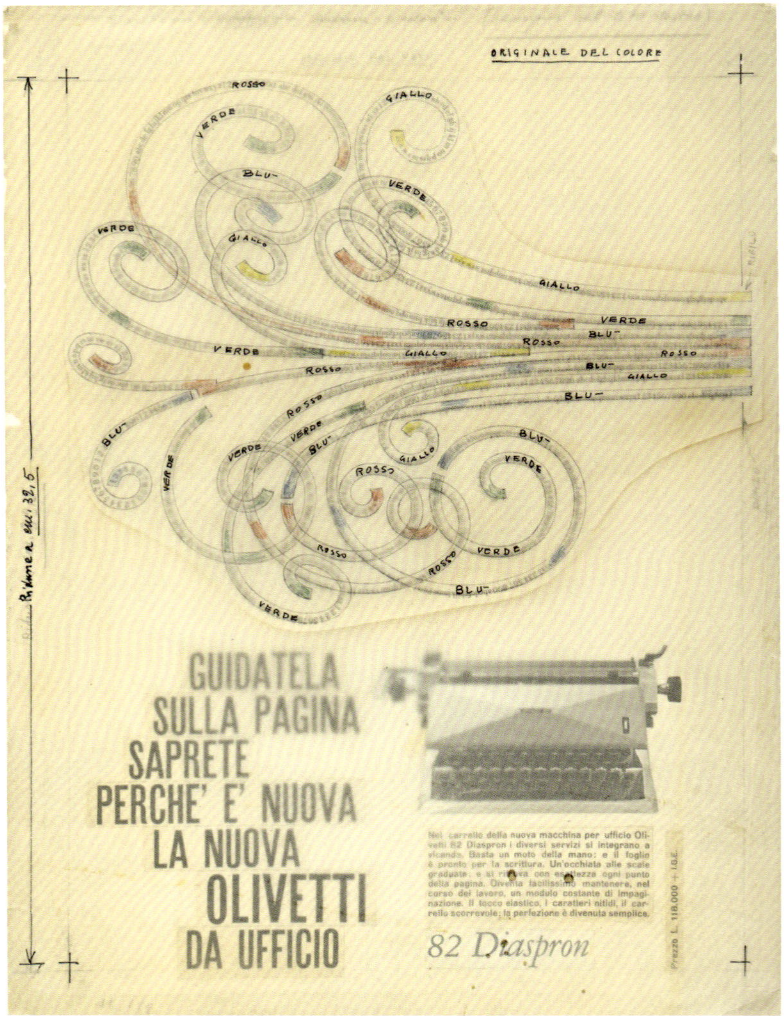

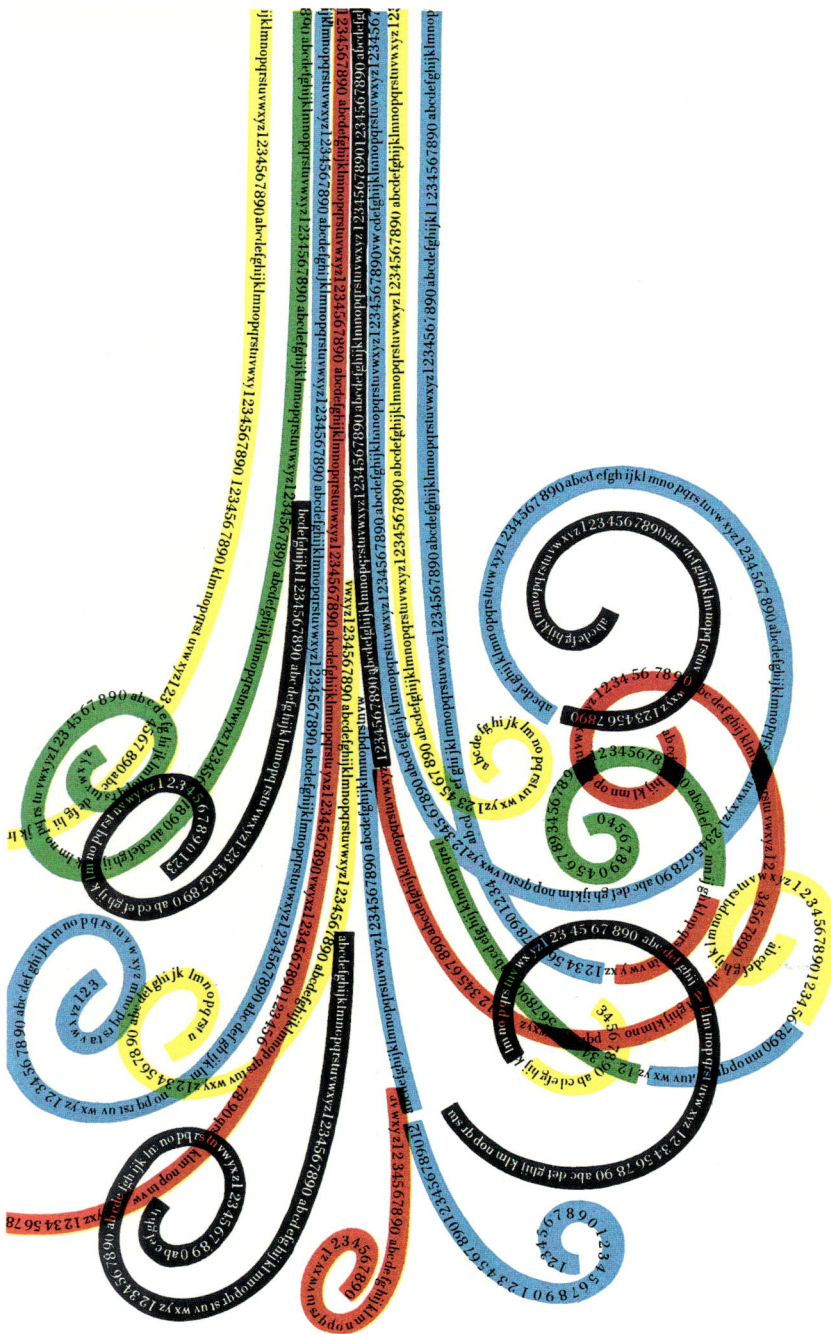

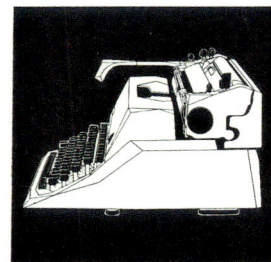

*Olivetti
82 Diaspron*

A new standard typewriter
with integrated carriage controls.

153. Giovanni Pintori
**Payments, Balances,
Recepits**
1958-1962

154. Giovanni Pintori
**El alfabeto vuela
de los dedos**
1958-1962

PAYMENTS, BALANCES, RECEIPTS, are numbers, and more numbers, sums and subtractions, and more sums and time and effort used up And then there is doubt, going back over, checking up An Olivetti **Summa PRIMA 20** printing adding listing machine for sterling and whole numbers frees you from this tangle of figures With perfection and ease, its tally roll gives you your calculation, printed with precision and the utmost clarity

olivetti

AUSTRALIA - Olivetti Australia Pty Ltd - Sydney
FIJI - Wm Breckwoldt & Co - Suva
NOUVELLE CALEDONIE - Soc Maison Barrau - Noumea
NEW BRITAIN - Wm Breckwoldt & Co - Rabaul
NEW ZEALAND - B J Ball (N Z) Ltd - Auckland C 1
ILES DE LA SOCIETE - Maison R Solari - Papeete (Tahiti)

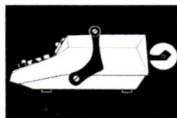

EL ALFABETO
VUELA DE LOS DEDOS

Con la **Olivetti Lexikon
Eléctrica**, la escritura es
veloz, fácil, y ligera. La jornada
es más breve. Quien os lea ma-
nana quedará complacido por
tanta elegancia.

olivetti

ING. C. OLIVETTI & C., S.p.A. IVREA, (Italia)
Sociedades Alladas y Agentes en todos
los países de la América Latina
OLIVETTI ARGENTINA S.A. • BUENOS AIRES • OLIVETTI
INDUSTRIAL S.A. • SAO PAULO • OLIVETTI COLOMBIANA
S.A. • BOGOTA • OLIVETTI DE CENTRO AMERICA S.A. • LA
HABANA • OLIVETTI MEXICANA S.A. • MEXICO 1, D.F. •
OLIVETTI DE VENEZUELA C.A. • CARACAS • Costa Rica -
Casa America, San José • Cuba - Equipos de Oficina Suizos,
S.A., La Habana • Guatemala - M. A. Nicol y Cia., Ltd.,
Guatemala City • Honduras - Antonio Giuliani, Tegucigalpa
D.C. • Nicaragua - E. Palazio & Co. Ltd., Managua • Panamá -
R. Alfaro Borgianni, Panamá R.P. • El Salvador - Almacenes
Sagrera S.A., San Salvador • Rep. Dominicana - V. Grisolia
& Co., C. por A., Ciudad Trujillo • Bermuda - Masters
Limited, Hamilton • Curaçao - C.F. Muskus & Co., Curaçao •
Jamaica - Adolph Levy & Bro. Ltd., Kingston • Trinidad -
Office Equipment Service Co., Port-of-Spain • Guadeloupe -
G. Aubéry & Cie., Pointe-à-Pitre • Netherland's Guiana - J.F.G.
Hannen Co. Ltd., Paramaribo • Haiti - Gérard Chancy, Port-au-
Prince • Martinique - C. Chenaux & P. de Reynal, Fort-de-
France • Bolivia - Linale & Weiss S.A., La Paz • Chile -
Olimac—Piazza, G. von Chrismar y Cia. Ltda., Santiago •
Ecuador - Teleradio S.A., Quito • Paraguay - De Angelis &
De Los Rios S.R.L., Asunción • Perú - Compania Nacional
de Representaciones S.A., Lima • Uruguay - Compania Recona
S.A., Montevideo

Ogni civiltà ha i suoi simboli: incisi
nella pietra e nel metallo o,
più durevolmente, nella mente dell'uomo.
Simboli di lavoro, di progresso, simboli
di pace, simboli matematici,
simboli degli astri, simboli
scientifici. Il nome Olivetti è simbolo
di macchine per ufficio;
milioni di macchine
lo portano in tutto il mondo.

Milioni di macchine Olivetti
scrivono, calcolano, elaborano,
trasmettono i dati della produzione
e dell'economia, parole e numeri
che interessano il lavoro quotidiano.
I resistenza stessa delle persone. Olivetti
è la macchina per scrivere,
Olivetti è la calcolatrice scrivente.
Olivetti sono le macchine
contabili. Olivetti è il desk-top computer.
Olivetti sono i sistemi di raccolta dei dati.
Olivetti le apparecchiature per
la loro trasmissione a distanza. Olivetti è
uscomo ogni moderno strumento
che accelera, automatizza, garantisce
il cammino dell'informazione.
Parola o numero, ogni dato è informazione
che alimenta il circolo vitale, il respiro
della gestione moderna, dal centro
alla periferia, dalla periferia al centro:
Esatta, veloce, sicura, l'informazione
viaggia verso il futuro
dell'impresa: su macchine, su sistemi
Olivetti.

olivetti

Ogni civiltà ha i suoi simboli: incisi
nella pietra e nel metallo o,
più durevolmente, nella mente dell'uomo.
Simboli di lavoro, di progresso, simboli
di pace, simboli matematici,
simboli degli astri, simboli
scientifici. Il nome Olivetti è simbolo
di macchine per ufficio;
milioni di macchine
lo portano in tutto il mondo.

Milioni di macchine Olivetti
scrivono, calcolano, elaborano,
trasmettono i dati della produzione
e dell'economia, parole e numeri
che interessano il lavoro quotidiano.
I resistenza stessa delle persone. Olivetti
è la macchina per scrivere.
Olivetti è la calcolatrice scrivente.
Olivetti sono le macchine
contabili. Olivetti è il desk-top computer.
Olivetti sono i sistemi di raccolta dei dati.
Olivetti le apparecchiature per
la loro trasmissione a distanza. Olivetti è
insomma ogni moderno strumento
che accelera, automatizza, garantisce
il cammino dell'informazione.
Parola o numero, ogni dato è informazione
che alimenta il circolo vitale, il respiro
della gestione moderna, dal centro
alla periferia, dalla periferia al centro:
Esatta, veloce, sicura, l'informazione
viaggia verso il futuro
dell'impresa: su macchine, su sistemi
Olivetti.

olivetti

HOW MANY KEY-STROKES A YEAR?

Olivetti means electric typing. But it means more than the most complete range of electric typewriters produced by any single firm. It means that with an Olivetti comes a wealth of knowhow and experience, and that there is always the right Olivetti for the job. When a new Olivetti electric typewriter joins your office, efficiency goes up, for the work-load will never be too much for it. Don't bother to calculate how many times the keys are struck in a day, a month or a year. Olivetti's designers have already done this, as well as all the testing required to achieve the best designs incorporating the most suitable and durable materials. Olivetti is reliable but always up to the minute, which is why there are Olivetti machines still giving efficient service after 40 years. Olivetti means electric typing in offices throughout the world, and that means high production and high speed with less effort, combined with the prestige of a perfect business letter or typescript.

OLIVETTI

THE MOST READ, THE MOST WRITTEN

Everybody reads and writes Olivetti. Who does not know that Olivetti are the great industrial organisation that manufacture office machines? Everywhere, the name of Olivetti means electric typing. Olivetti electric typewriters are manufactured North and South of the Equator alike. North and South alike, they are distributed and serviced. Everywhere, all over the world, every day, they bring perfect, regular efficiency to tens of thousands of offices. They type in many tongues, in numerous different alphabets. Olivetti produce one quarter of the world's typewriters and right now, efficient and handsome Olivetti electric typewriters are writing the letters and typescripts that are read in every field of enterprise and endeavor.

OLIVETTI

A MACHINE TOOL ON THE DESK

For today's office, the typewriter of today is a production tool in the fullest sense of the word. And quality production depends on the quality of the tool itself. Olivetti know this from their own half century of experience as a large industry organised on advanced lines. Olivetti know that their electric typewriters are in demand in offices all over the world because their product has been designed to last, and is a real investment. Like machine tools in a factory, electric typewriters in the office are meant to yield an output that will repay initial installation cost over and over again. Olivetti means electric typing the world over. All over the world it is the name that spells good business for offices that invest in the sturdy, handsome and efficient electric typewriters of the Olivetti range.

OLIVETTI

THE WORLD IS THE SCENE

An international group of twenty-six associated companies, fourteen factories, thousands of branches, showrooms, agents, dealers and service shops - yet Olivetti is Olivetti the whole world over. All over the world the owner of an Olivetti electric typewriter knows that he has the same consistent assurance of reliability wherever the machine was constructed and wherever it was delivered. As for Olivetti design, manufacturing methods and standards, the quality of the steel, and the training of maintenance personnel - these are exactly the same everywhere in the world. So is the precision of an Olivetti typescript. That is why the name of Olivetti not only means electric typing throughout the world, but the same faultless, swift and efficient electric typing that the truly modern office must have everywhere.

OLIVETTI

ANYONE CAN TELL

According to a famous poet, no one knows a masterpiece when he first sees it, but we maintain that anyone can tell a good electric typewriter immediately. Just try it. You have only to try an Olivetti - a standard office model or a compact studio machine, with ordinary fabric or plastic carbon ribbon, with constant or proportional spacing. And then you have only to state your office needs and personal preferences. However heavy your typing load, and whatever your business or profession, Olivetti can solve your office problems beautifully. Yes, Olivetti offer you not only outstanding typewriters, but a choice of the most suitable models for every type of office work. For the perfect choice, Olivetti can be relied on in every case. All over the world Olivetti means electric typing. Throughout the world Olivetti means a complete range of electric typewriters.

OLIVETTI

162. Giovanni Pintori
Pannello di legno
Wooden panel

163. Giovanni Pintori
Olivetti Lettera 32
1963

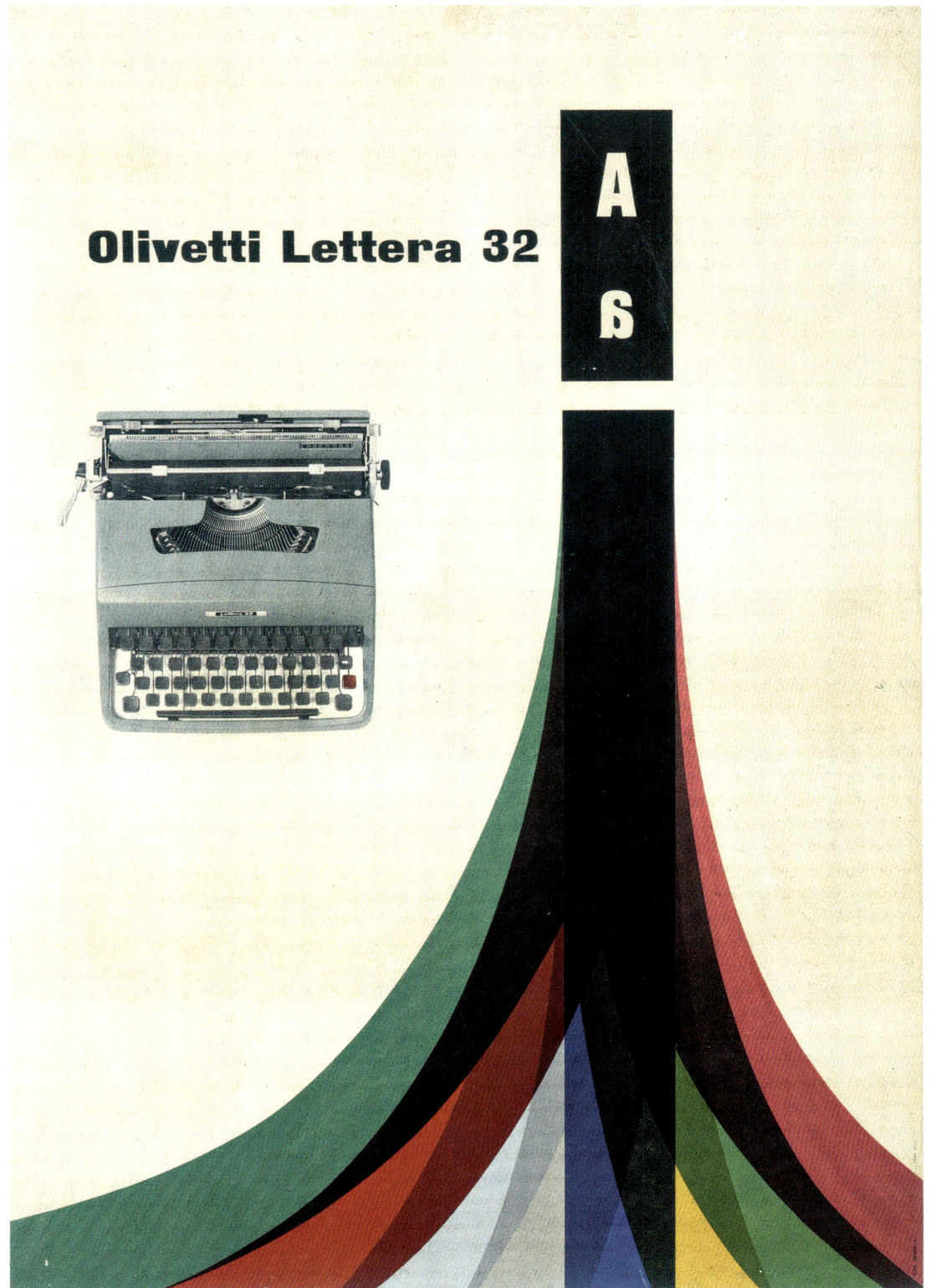

164. Giovanni Pintori
Olivetti Underwood
1961

165. Giovanni Pintori
Olivetti Underwood
1962

UNDERWOOD

On September 30, 1959, Underwood Corporation joined hands with Olivetti. Since that date:

Underwood's main plant at Hartford, Conn., with a new automated assembly line, is again the world's largest daily volume producer of typewriters.

Unit production is up 300% (as of 4/1/61) and still rising. Employment has risen substantially. Both payroll and social benefits have been increased; this includes an hourly rate increase of five percent, with an agreement to provide an additional five percent increase during 1961.

Exports of standard and electric typewriters increased from 19,672 machines in 1959 to 43,430 machines in 1960, and continue to increase.

The Underwood sales force has been increased by 112%, with 302,805 hours of training completed at the Hartford sales-training center.

Underwood Representatives now offer the most complete line of office machines ever available from a single source—are thus uniquely able to match machine to job, free from pressure to sell too much machine for the job, or too little.

An Underwood Representative will call on your company soon. If you'd rather see him right now, telephone him; or write to Underwood Corporation, One Park Avenue, New York 16, New York.

FORTUNE, May 1961   37

UNDERWOOD

This Underwood electric typewriter with polyethylene carbon ribbon introduces a new kind of variable letter spacing. When correspondence is typed on the Raphael the prestige of the sender's organization is enhanced and his high regard for the recipient is made clear. In addition to three new fully-electric typewriters, Underwood offers standard and portable models, adding machines, calculators and accounting machines.

An Underwood Representative will call on your company soon. If office costs are your concern, make him welcome.

Underwood Corporation, One Park Avenue, New York 16, N.Y.

168. Giovanni Pintori
Pannello di legno
Numeri
Wooden panel
Numbers
anni '60
1960s

169. Giovanni Pintori
Olivetti per calcolare
Olivetti to calculate
1961

170. Giovanni Pintori
Olivetti
1961

**Olivetti
per
calcolare**

Senza calcolo non si prevede, ma senza calcolo
scritto non si controlla. **Per questo tutte le addizionatrici e i calcolatori Olivetti scrivono** - immediati, certi e verificabili - i termini, le operazioni e
i risultati.
I modelli sono diversi come sono diverse le necessità di uffici, negozi, fabbriche, istituti di credito
e centri di ricerca. Ma tanto nella macchina che
esegue la più semplice somma quanto in quella
destinata al complesso calcolo algebrico, la qualità
della progettazione e dei materiali è la medesima.
Per questo ogni anno aumenta il numero delle
Olivetti da calcolo esportate nelle nazioni dove
all'alto sviluppo commerciale e industriale è pari
la capacità di distinguere e di scegliere i prodotti
migliori del mercato mondiale.

Dalla operazione più semplice alla più complessa, dalla addizona-
trice a mano al calcolatore elettrico, alla calcolatrice superautomatica scrivente a due totalizzatori :
per ogni compito, dove si richieda
sicurezza e velocità di calcolo, documentazione scritta e possibilità
di controllo delle operazioni, Olivetti produce una serie di macchine
provate da un decennio di esperienza tecnica e riconosciute da
un successo internazionale.

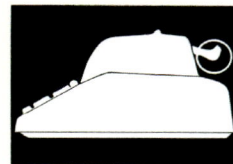 **olivetti**

171. Giovanni Pintori
Ordine / Order
Olivetti Synthesis
1958-1962

172. Giovanni Pintori
Olivetti
1958-1962

Ordine

L'ordine e il segreto del successo
la confusione, gli smarrimenti,
le dimenticanze, fanno perdere tempo
e compromettono l'attività dell'impresa
I classificatori,
gli armadi, gli schedari Synthesis
costituiscono in ogni circostanza
una garanzia fondamentale: con essi
tutto e chiaro, nulla si smarrisce
o si dimentica. Danno
stile al vostro ufficio,
ordine alle vostre carte,
risultati eccezionali al vostro lavoro

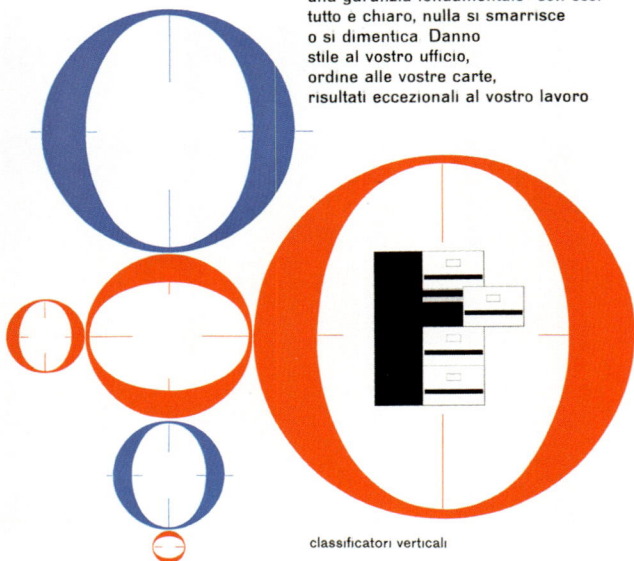

classificatori verticali

olivetti synthesis

olivetti

**OLIVETTI
INDUSTRIA
ITALIANA
EUROPEA
MONDIALE
OVUNQUE CIFRE E PAROLE
SONO STRUMENTI
DI CONOSCENZA
E LAVORO**

Alla sfida quotidiana del progresso
tecnico la Olivetti risponde con una
organizzazione produttiva che per
norme e criteri continuamente aggior-
nati l'ha posta e la mantiene all'avanguardia della scrittura e del calcolo.

Macchine per scrivere - Addizionatrici -
Calcolatori scriventi - Macchine contabili
- Macchine per contabilità e statistica -
Calcolatori elettronici - Telescriventi -
Schedari e classificatori - Mobili metallici
- Macchine utensili di precisione

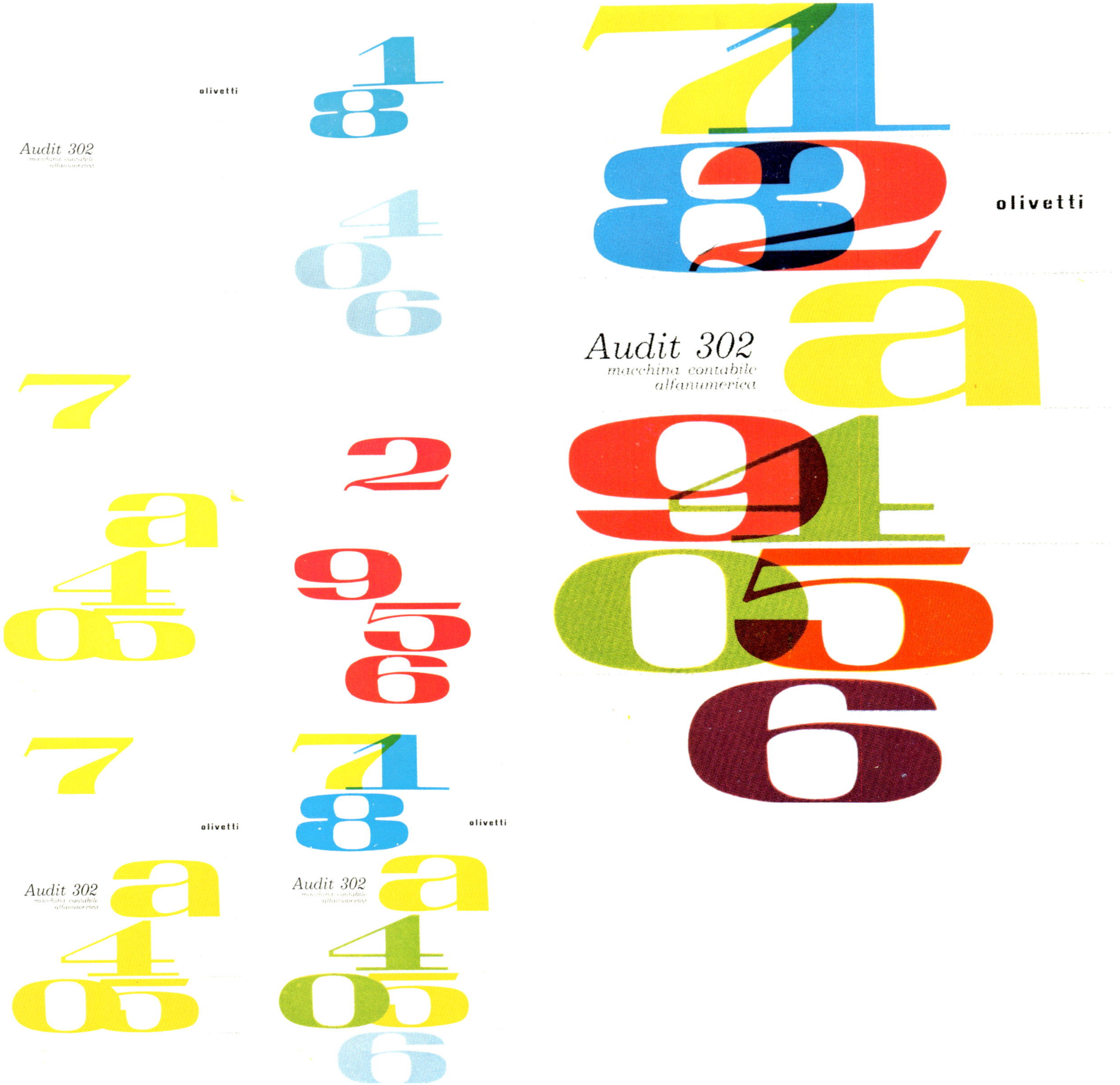

olivetti

Audit 302
macchina contabile
alfanumerica

174. Giovanni Pintori
Selezione colori
colour selection
Audit 302

175. Giovanni Pintori
Olivetti Graphika
1956

Graphika

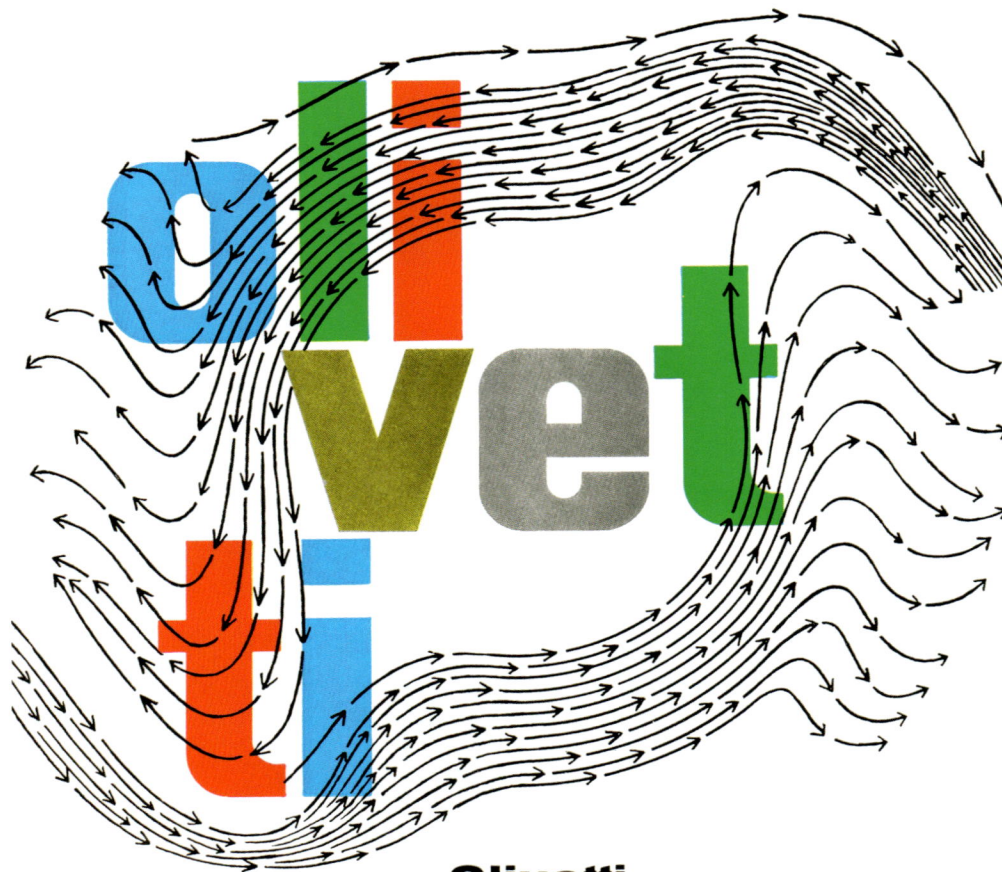

Olivetti
Lexikon
Elettrica

Nella Lexikon Elettrica l'intero complesso scrivente, il ritorno, l'interlinea, il
dispositivo maiuscolo - minuscolo, sono
comandati elettricamente.
Il maggior numero di copie, che la battuta
elettrica rende costantemente uniformi,
e le velocità molto più elevate che si
possono normalmente ottenere, assicu-
rano un rendimento di gran lunga superiore a quello delle macchine manuali.

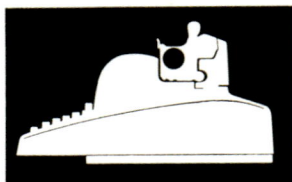

olivetti

LA MACCHINA PER SCRIVERE ELETTRICA A SPAZIATURA DIFFERENZIATA, PER LA CORRISPONDENZA AD ALTO LIVELLO, PER DOCUMENTI DIREZIONALI, PER TESTI RAPPRESENTATIVI; PER QUALIFICARE CHI FIRMA E RISPETTARE CHI LEGGE; PER LE LETTERE DI CHI DIRIGE E LE PAROLE DI CHI DECIDE; PER COLORO CHE SANNO COSA VUOL DIRE LEGGERE, LA MACCHINA CHE SA COSA VUOL DIRE SCRIVERE.

178. *Giovanni Pintori*
Scritta Olivetti in rilievo
Embossed Olivetti
lettering
anni '50
1950s

179. *Giovanni Pintori*
La scrittura si prova
leggendo
The test of writing is
reading
anni '50
1950s

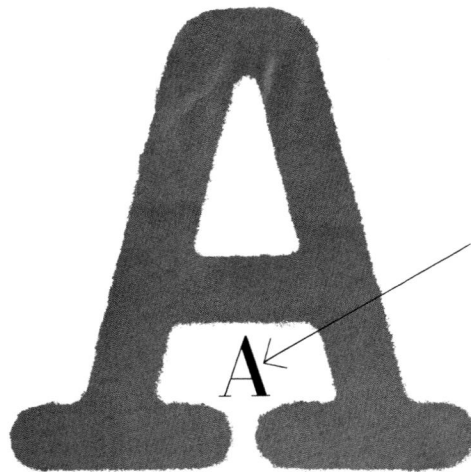

178. *Giovanni Pintori*
Scritta Olivetti in rilievo
Embossed Olivetti
lettering
anni '50
1950s

179. *Giovanni Pintori*
La scrittura si prova leggendo
The test of writing is reading
anni '50
1950s

LA SCRITTURA SI PROVA LEGGENDO

Quel che conta è il risultato: la chiarezza d'ogni segno, l'equilibrio d'ogni parola, il ritmo e l'armonia delle righe e delle pagine.

Oggi esistono tre tipi fondamentali di scrittura meccanica:
- quella tradizionale, cioè a spaziatura normale, dove un intervallo costante si pone tra una lettera e l'altra; ed è la scrittura ottenuta con le comuni macchine di vecchio o nuovo tipo, normali o elettriche;
- quella che consegue una superiore nitidezza mediante l'impiego di un nastro di polietilene, come, ad esempio, nel modello elettrico Olivetti Forum;
- quella, finalmente, a spaziatura differenziata, dove intervalli diversi fra lettera e lettera creano il ritmo e il passo delle pagine a stampa, valorizzando ogni carattere col nastro di polietilene: e questa, nota ormai a chi sa leggere davvero, è la scrittura della Olivetti Raphael.

Dimensioni diverse di carrelli per le diverse esigenze degli uffici, dove non si scrivono lettere soltanto; varietà di caratteri; alto numero di copie: questi i requisiti di tutti i modelli elettrici che, con una lunga esperienza, la Olivetti ha condotto alla perfezione.

olivetti

olivetti

180. Giovanni Pintori
**Olivetti Scrittura
elettrica Olivetti
modelli tre
Olivetti electric typing:
three models**
1963

180. Giovanni Pintori
**Modello in legno per
pubblicità Olivetti
Wooden model for
Olivetti
advertisements**, 1963

OLIVETTI
SCRITTURA
ELETTRICA
OLIVETTI
MODELLI
TRE

olivetti

La macchina per scrivere
elettrica vuol dire meno fatica e più pagine, sempre
impeccabili. Lo sa chi scrive, chi firma e chi legge.
Alla applicazione degli im-
pulsi elettrici deve accom-
pagnarsi una varietà di modelli e di servizi. Anche in
questo campo, una società
in rapido progresso, come
quella italiana, ha esigenze
molteplici. Per questo la
Olivetti presenta tre diversi
modelli di macchine per la
elettroscrittura: la Raphael
a spaziatura differenziata,
modello che definisce una
categoria dell'intelligenza e
del gusto; la macchina a nastro di polietilene, che per
l'assoluta nitidezza della
stampa si destina a importanti testi aziendali; e quella
a nastro normale, per il corrente lavoro d'ufficio.

182. Giovanni Pintori
Olivetti Graphika
1958

183. Giovanni Pintori
Studio per alfabeto in rilievo / Study of embossed alphabet
1965-1976

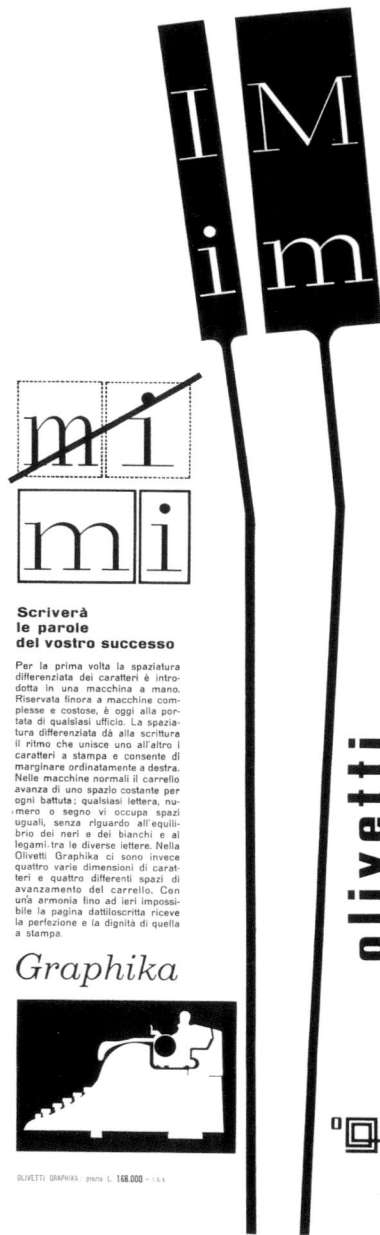

Scriverà
le parole
del vostro successo

Per la prima volta la spaziatura
differenziata dei caratteri è intro-
dotta in una macchina a mano.
Riservata finora a macchine complesse e costose, è oggi alla portata di qualsiasi ufficio. La spaziatura differenziata dà alla scrittura
il ritmo che unisce uno all'altro i
caratteri a stampa e consente di
marginare ordinatamente a destra.
Nelle macchine normali il carrello
avanza di uno spazio costante per
ogni battuta; qualsiasi lettera, numero o segno vi occupa spazi
uguali, senza riguardo all'equilibrio dei neri e dei bianchi e ai
legami tra le diverse lettere. Nella
Olivetti Graphika ci sono invece
quattro varie dimensioni di caratteri e quattro differenti spazi di
avanzamento del carrello. Con
un'armonia fino ad ieri impossibile la pagina dattiloscritta riceve
la perfezione e la dignità di quella
a stampa.

Graphika

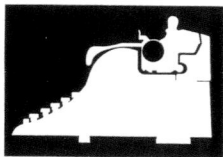

OLIVETTI GRAPHIKA · 27670 L. **168.000** · I.S.E.

olivetti

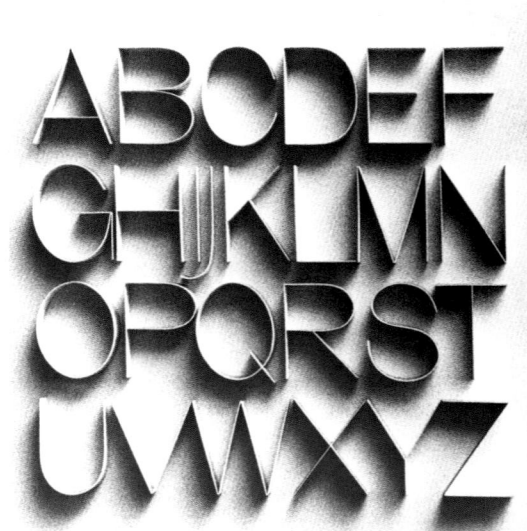

OLIVETTI LINEA 88

**All'ora
della firma**

Portare alla firma lettere scritte
con la nuova Olivetti Graphika
vuol dire aver la sicurezza di una
esecuzione perfetta. La

Graphika

è l'eccezionale strumento che permette un compiuto impiego delle
capacità professionali.
Fin dalla prima riga qualsiasi dattilografa comprende che dalla tastiera della Olivetti Graphika viene
una scrittura nettamente diversa
da quella di qualsiasi altra comune
macchina per scrivere. Eppure
l'occhio vi riconosce anche qualcosa di familiare: il moto, il ritmo,
la fluidità della stampa.
Perchè la pagina scritta dalla Graphika scorre così limpida alla lettura? Perchè questa impressione
di armonia e di ordine? La spaziatura differenziata non si limita
a porre una accanto all'altra le
lettere dell'alfabeto, tutte ad eguali
distanze; ma fa di ogni parola una
unità che lo sguardo afferra più
facilmente. La spaziatura differenziata offre alla macchina per scrivere una impeccabile calligrafia.

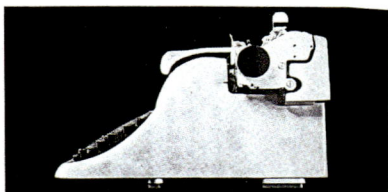

OLIVETTI GRAPHIKA prezzo L. **168.000** + I.G.E.

olivetti

For several thousands of
years men wrote by hand,
with stylus or brush, with
quill or metal pen.

But the world of com-
merce needed a faster, less
expensive, more uniform
way of writing business
letters and documents.

To meet this need, men
began experimenting with
writing machines. In 1896,
in Hartford, Connecticut, a
man named John Thomas
Underwood began manu-
facturing such a machine.
He called it a typewriter.

In a few years, Underwood
typewriters became the
world's standard for de-
pendable performance and
advanced features.

Today, Underwood's lead-
ership is based not alone
on quality and depend-
ability, but on a unique
diversity of product line.

Only Underwood offers
businessmen a choice of
three electric models and
one manual. In features,
application and price, and
in the exceptional beauty
of their specially designed
type faces, each is designed
to solve a specific range of
typing problems. Among
them, there is one ideally
suited to almost every con-
ceivable typing requirement.

These Underwood electric
and manual typewriters,
together with Underwood-
Olivetti adding, calculating
and accounting machines,
constitute the most com-
plete line of office machines
ever to be available from a
single source.

Underwood Corporation,
One Park Ave., New York.

underwood

234

Carattere pica

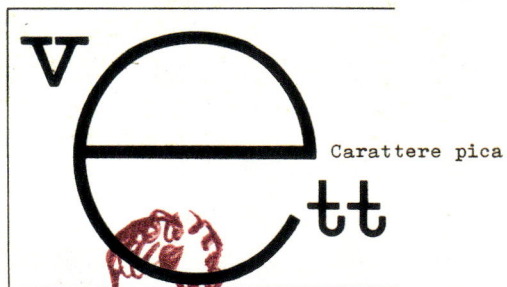

Scegliete nella ricca gamma dei caratteri Olivetti, quello
che meglio risponde alle vostre necessità al vostro gusto

Carattere élite

Carattere imperial

Carattere italico

CARATTERE PERFORANTE

Carattere simplicitas

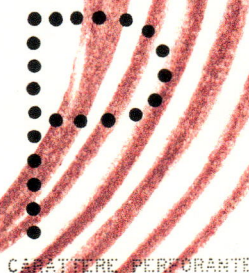

la nuova olivetti studio 42

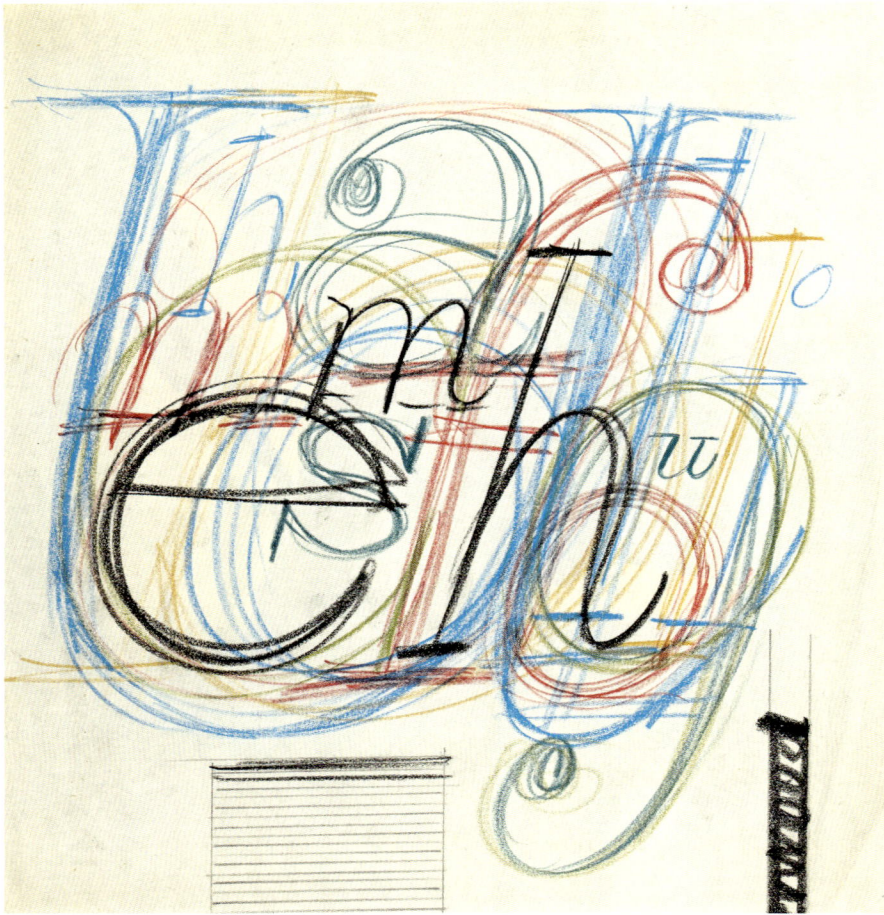

188. Giovanni Pintori
**Pagina pubblicitaria
Full-page
advertisement
Olivetti Studio**
1961
Bozzetto / Mock up

189. Giovanni Pintori
Gabbianelli
1970
Bozzetto / Mock up

190. Giovanni Pintori
Cpertina della rivista
Cover of the magazine
"Notizie Olivetti" n. 43
1957

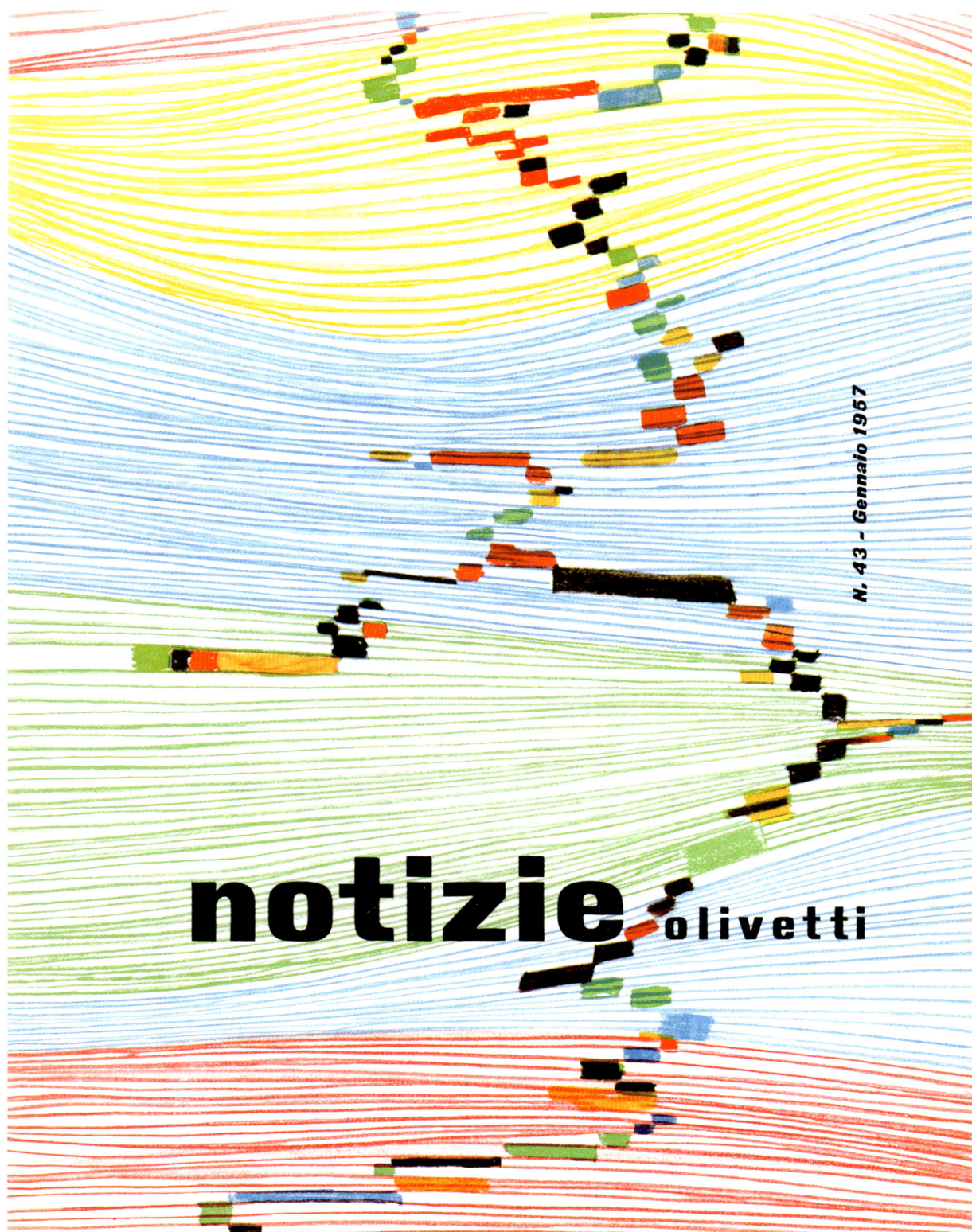

notizie olivetti

N. 43 – Gennaio 1957

191. Giovanni Pintori
Olivetti
1958-1962

192. Giovanni Pintori
Olivetti
1958-1962

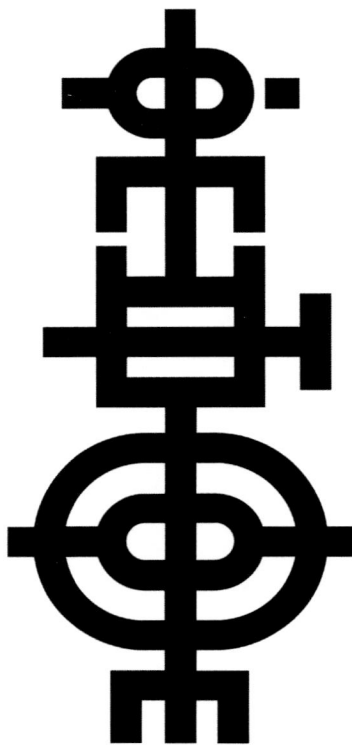

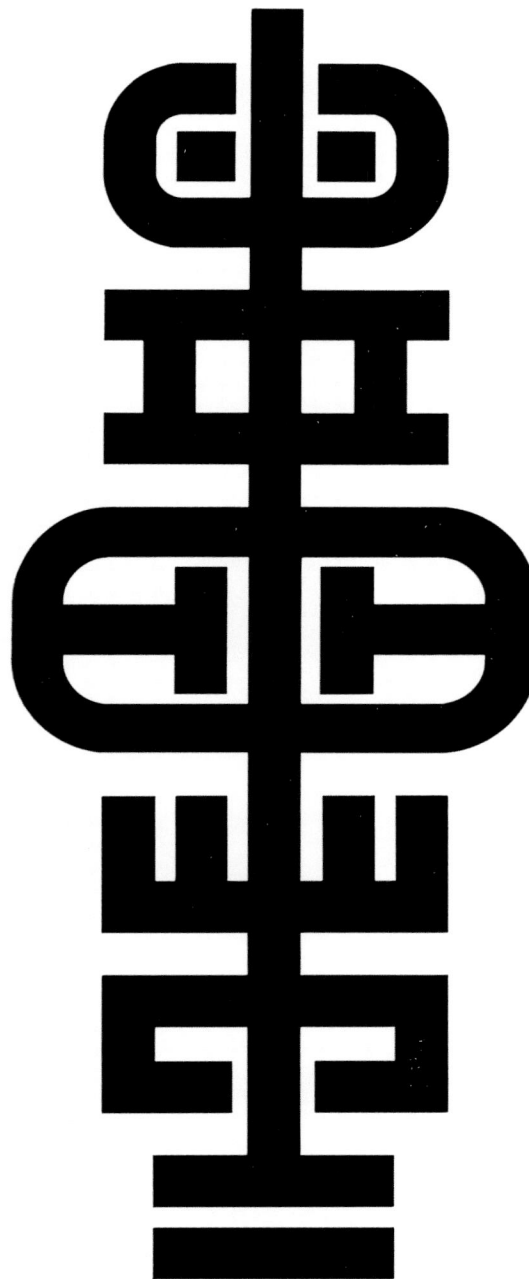

Anche la macchina contabile é Olivetti. Accanto
alle macchine per scrivere e alle calcolatrici,
in migliaia di grandi e piccole industrie, di grandi
e piccoli uffici commerciali, in tutti i paesi del
mondo, macchine contabili Olivetti portano quotidianamente il contributo della loro efficienza
e i concreti vantaggi della meccanizzazione.
Anche senza alcuna esperienza di contabilità
meccanica, qualsiasi impiegato è in grado di
servirsi nel giro di poche ore delle macchine
contabili Olivetti.

olivetti MACCHINE CONTABILI

194. Giovanni Pintori
**Scrittura elettrica
efficienza Olivetti
Electric typing,
Olivetti efficiency**
1965

195. Giovanni Pintori
**La macchina
aritmetica, il calcolo
elettronico
The arithmetic
machine, electronic
calculation**, 1963

SCRITTURA ELETTRICA EFFICIENZA OLIVETTI

Nel campo della scrittura elettrica, che è la forma più moderna ed efficiente di scrittura a macchina, la Olivetti vanta un primato: la più completa linea di modelli. Questo significa che la Olivetti è in grado di soddisfare ogni tipo e livello di domanda, nei grandi come nei piccoli uffici, offrendo sempre e dovunque un risultato verificabile: alto rendimento, massima economia, bella scrittura. Vi occorre una macchina, per così dire, da "gran fondo"? E' la TEKNE 3, che permetterà alle vostre impiegate di produrre ogni giorno pagine e pagine con fatica minima, in molte copie. Il modello TEKNE 4, con nastro di polietilene, servirà invece per dattiloscritti di impeccabile nitidezza, anche destinati alla duplicazione. O volete piuttosto sottolineare il prestigio del vostro ufficio nei documenti che quotidianamente firmate? Sarà allora una EDITOR la macchina a voi riservata: scrive pagine che sembrano stampate, grazie alla sua spaziatura proporzionale. Infine la PRAXIS 48: è per il vostro studio privato, se volete apprezzare di persona i vantaggi della scrittura elettrica.

olivetti

LA MACCHINA ARITMETICA IL CALCOLO ELETTRONICO

Vi occorre una Olivetti da calcolo: dai conti più elementari alle più complesse sequenze di matematica spaziale c'è sempre una Olivetti che può risolvervi il problema, darvi un risultato sicuro, aggiungere all'attivo dell'ufficio tutto il valore del tempo che vi farà risparmiare. Olivetti produce una linea di macchine da calcolo che non ha eguali nel mondo: macchine a due, a tre, a quattro operazioni (come le famose Divisumma); macchine universali e macchine specializzate: manuali, elettriche, elettroniche (come il sorprendente computer da tavolo PROGRAMMA 101); e tutte macchine che, oltre a svolgere l'operazione richiesta, ve ne consegnano anche il documento scritto. Olivetti è la piccola addizionatrice manuale, Olivetti è la calcolatrice automatica, Olivetti è la macchina contabile, Olivetti è la fatturatrice elettronica. Non c'è problema di cifre che non abbia già pronta la sua soluzione nei meccanismi di una macchina Olivetti.

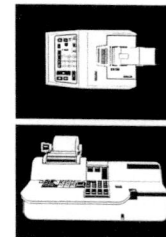

olivetti

**DATI
IMMEDIATI
ELABORAZIONE
COMPLETA**

Ogni classe di azienda ha un suo particolare tipo di problema contabile. Evitare di affrontarlo equivale ad una ininterrotta perdita di velocità. Ogni azienda, grande o piccola deve disporre, in un tempo minimo, del quadro contabile della propria situazione. Oggi la Olivetti, forte della esperienza di decine di migliaia di impianti contabili realizzati in Italia e nel mondo, può suggerire quale modello, fra le sue contabili numeriche e alfanumeriche Audit e le sue fatturatrici elettroniche Mercator, è il più adatto a risolvere un particolare problema di amministrazione aziendale. Anche l'azienda di minori dimensioni è posta così nella condizione di potersi giovare della informazione immediata, certa, esatta; e di quella elaborazione statistica che è ormai un prezioso elemento per qualsiasi dirigente.
La contabilità generale e sezionale, la contabilità di magazzino, quella delle paghe, il calcolo delle provvigioni, le statistiche di vendita, le fatturazioni: ecco alcune delle maggiori operazioni contabili che le Olivetti Audit e le Olivetti Mercator eseguono e verificano.

olivetti

Olivetti Tetractys. Nella calcolatrice scrivente superautomatica Tetractys, ingegneri, architetti, geometri e quanti debbono eseguire calcoli complessi hanno uno strumento che alla velocità associa la possibilità del controllo scritto di tutti i passaggi delle operazioni. Così i calcoli tipici dell'ingegneria, come quelli dei momenti d'inerzia e dei momenti resistenti, delle sollecitazioni semplici e composte, i calcoli delle travi semplici e continue, degli archi, dei telai e delle piastre, le ipotesi di carico, la contabilità dei lavori vengono compiuti col massimo risparmio di tempo e con la certezza di una documentazione permanente.

199. Giovanni Pintori
Copertina della rivista
Cover of the magazine
"Stile Industria", n. 22
1959

200. Giovanni Pintori
Copertina della rivista
Cover of the magazine
"Stile Industria", n. 3
1955

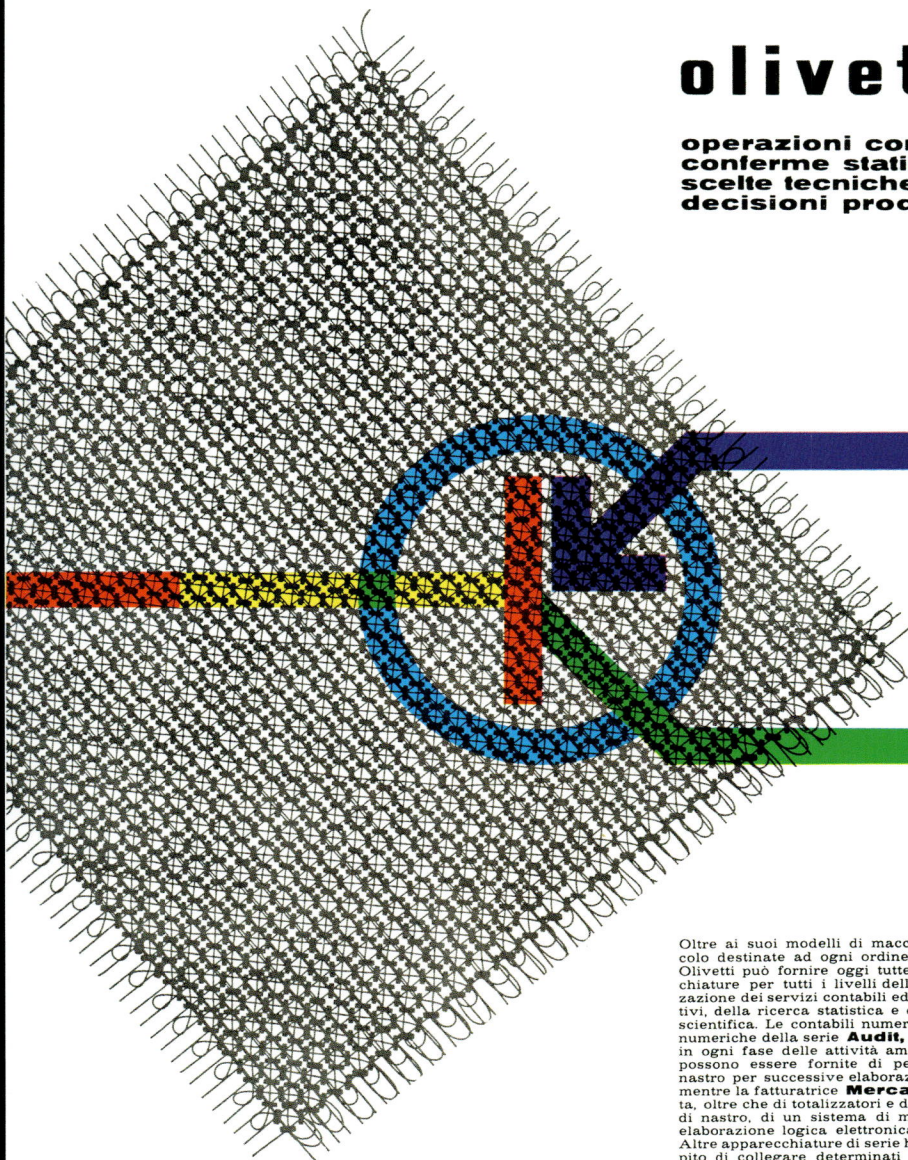

olivetti

**operazioni contabili
conferme statistiche
scelte tecniche
decisioni produttive**

,,O,,

Oltre ai suoi modelli di macchine da calcolo destinate ad ogni ordine di uffici, la Olivetti può fornire oggi tutte le apparecchiature per tutti i livelli della meccanizzazione dei servizi contabili ed amministrativi, della ricerca statistica e dell'indagine scientifica. Le contabili numeriche ed alfanumeriche della serie **Audit,** che operano in ogni fase delle attività amministrative, possono essere fornite di perforatore di nastro per successive elaborazioni di dati; mentre la fatturatrice **Mercator,** è dotata, oltre che di totalizzatori e di perforatore di nastro, di un sistema di memoria e di elaborazione logica elettronica.
Altre apparecchiature di serie hanno il compito di collegare determinati settori della produzione o della amministrazione con macchine contabili o col centro meccanografico, fornendo dati già selezionati e classificati; come, ad esempio, quelli relativi a tempi e quantità di operazioni produttive. Altre ancora provvedono ad aumentare la capacità di totalizzazione delle contabili della serie Audit; e, distribuendo in categorie predisposte i dati che le contabili registrano nell'ordine cronologico, ne rendono possibile l'interpretazione statistica.
Finalmente tutti i dati di meccanizzazione contabile o amministrativa che le macchine Olivetti elaborano su schede o su nastri perforati possono essere letti dalle cellule fotoelettriche dei Convertitori e tradotte su nastri magnetici. Qui, al livello più alto - quelli dei centri meccanografici - operano i calcolatori-elaboratori elettronici della serie **Elea,** con la loro centrale di informazione ed il loro complesso stampante capace di oltre 100.000 caratteri al minuto.

202. Giovanni Pintori
Copertina della rivista
Cover of the magazine
"Notizie Olivetti", n. 69
1960

203. Giovanni Pintori
Copertina della rivista
Cover of the magazine
"Notizie Olivetti", n. 25
1955

204. Giovanni Pintori
Copertina della rivista
Cover of the magazine
"Notizie Olivetti", n. 27
1955

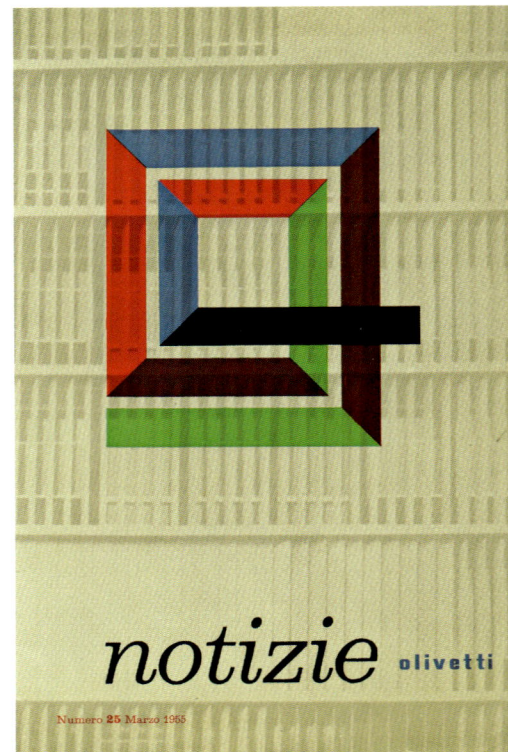

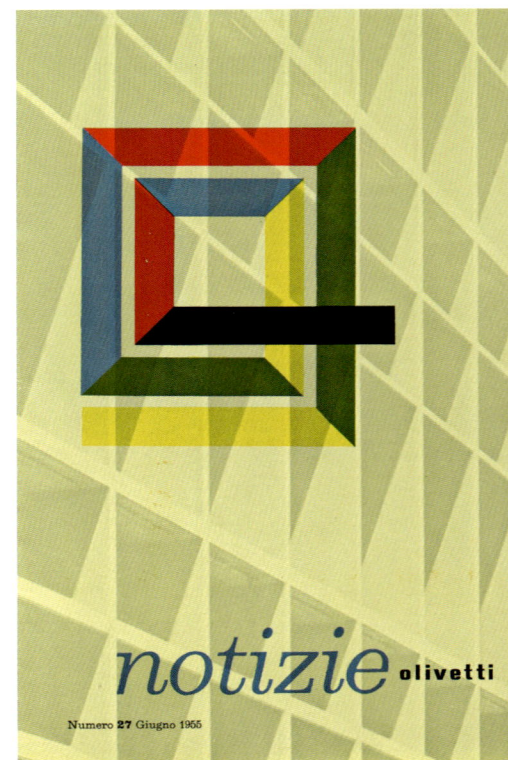

205. Giovanni Pintori
Copertina della rivista
Cover of the magazine
"Notizie Olivetti", n. 76
1962

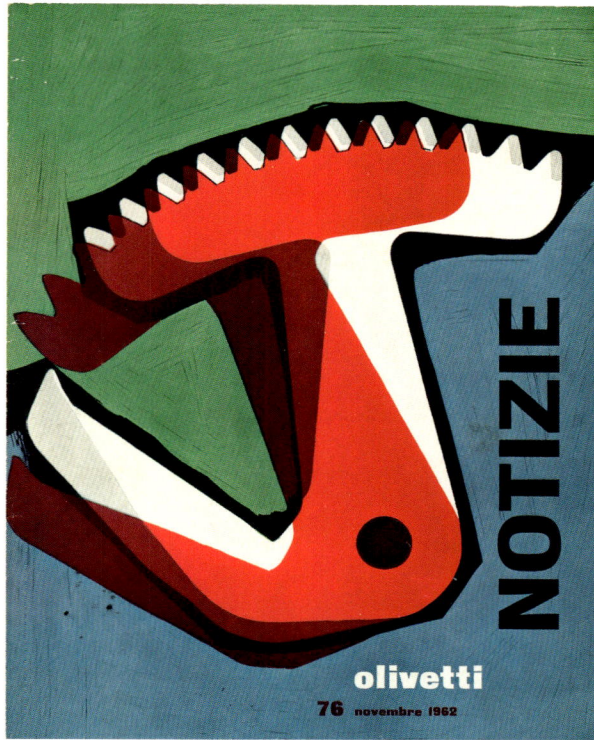

206. Giovanni Pintori
Copertina della rivista
Cover of the magazine
"Notizie Olivetti", n. 77
1963

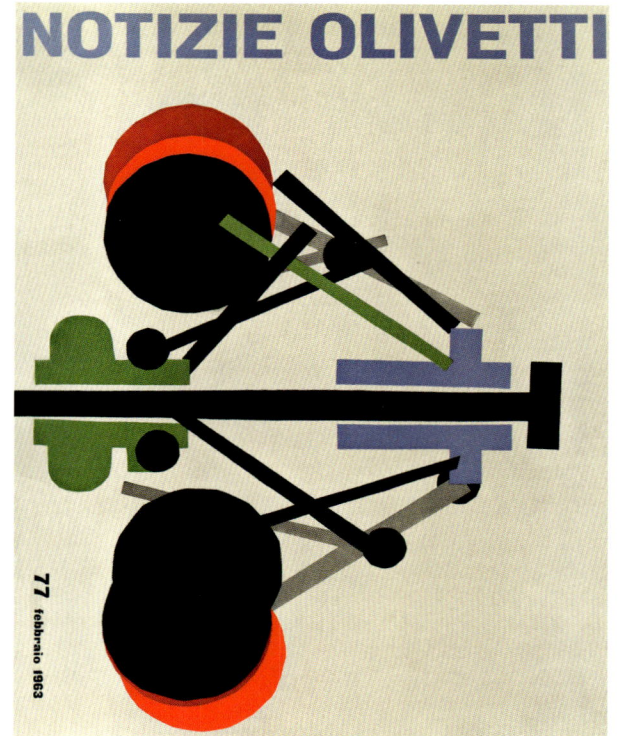

207. Giovanni Pintori
Copertina della rivista
Cover of the magazine
"Notizie Olivetti", n. 67
1959

208. Giovanni Pintori
Copertina della rivista
Cover of the magazine
"Notizie Olivetti", n. 85
1965

Over the years, especially those since the close of World War II, European and American critics have many times singled out the Olivetti company as the leading corporation in the western world in the field of design. The aesthetic quality of Olivetti's individual achievements in architecture, industrial design and advertising, are not the sole reason for such acclaim. Other companies have commissioned distinguished buildings, and many have achieved good advertising and packaging solutions. What has brought Olivetti such wide acclaim in the field of design is the unified, high standard of taste which inspires every visual aspect of the enterprise. Each Olivetti endeavor, from advertising posters to factory buildings and the utilitarian machines produced in them, has been organized in terms of the philosophy that "Ideally there is no reason why an object intended for practical or economic purposes should not also be a vehicle or material for art." The success of such an ambitious undertaking is one of Olivetti's signal accomplishments.

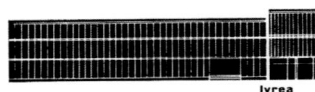

Ivrea

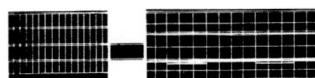

Torino

Olivetti: design in industry

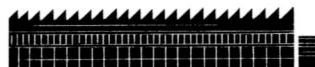

Pozzuoli

Sào Paulo

Detail from a decorative frieze designed by Giovanni Pintori. The frieze, used on company advertisements, shows façades of 10 Olivetti factories in Italy and South America.

**10 fabbriche Olivetti:
eguali metodi,
macchine eguali**
**10 Olivetti factories:
same methods, same
machines**
1956

10 fabbriche Olivetti:
eguali metodi, macchine eguali.

Ivrea

San Bernardo

Aglié

Torino

Apuania

Pozzuoli

Barcelona

Glasgow

São Paulo

Buenos Aires

**Ivrea
Torino
Aglié
San Bernardo
Apuania
Pozzuoli
Barcellona
Glasgow
Buenos Aires
São Paulo**

olivetti

In questi stabilimenti si produce secondo un piano comune di lavoro unitario. I metodi costruttivi sono quelli più progrediti dell'odierna meccanica di precisione; le fabbriche Olivetti dei due continenti promuovono e si scambiano esperienze preziose. I materiali impiegati, i collaudi e i controlli, i criteri per la selezione del personale, sono, in ogni stabilimento, identici. Anche l'assistenza ai clienti, ha in ogni paese del mondo i medesimi caratteri di tempestività ed esattezza. Ovunque si scriva e si calcoli, riconoscibili principi di organizzazione industriale e di stile commerciale si associano al nome della Olivetti.

macchine per scrivere da ufficio, da studio e portatili - addizionatrici e calcolatrici scriventi - macchine per contabilità e statistica - telescriventi - schedari e classificatori - macchine utensili di precisione

Auf der Route Genua-Buenos
Aires oder Liverpool-Sydney
fahren in diesem Augenblick
Schiffe, die in ihrem Lade-
raum Olivetti-Maschinen mit
sich führen, Schreibmaschi-
nen, Rechenmaschinen, Bu-
chungsautomaten oder elek-
tronische Fakturiermaschi-
nen, hergestellt in den Fabri-
ken der Olivetti in Italien oder
in denen ihrer Tochtergesell-
schaften, die auf allen Kon-
tinenten tätig sind.

In einem Büro in Hamburg
beendet eine Stenotypistin
ihre Arbeit und deckt, bevor
sie nach Hause geht, ihre
Olivetti-Maschine zu, während
zur gleichen Zeit in einem
Wolkenkratzer in San Fran-
zisko eine junge Amerikanerin
sich an ihren Schreibtisch
setzt, die Hände auf die Tasten
ihrer „Olivetti" legt und so
mit der Tagesarbeit beginnt.

Schriftzeichen und Tastatu-
ren richten sich nach den
Landessprachen, die von den
Rechenmaschinen ermittel-
ten Werte ändern sich ent-
sprechend den unterschiedli-
chen Maßsystemen. Nichts
aber ändert sich an der Güte
der Maschinen, dem Stil der
Verkaufsorganisation und
dem Technischen Kunden-
dienst, die jeder in der ganzen
Welt der schreibt oder rech-
net, mit dem Namen Olivetti
verbindet.

Ing. C. Olivetti & C., S.p.A. - Ivrea - Italien

Deutsche Olivetti A.G. - Frankfurt a/M
Austro-Olivetti Bürom. A.G. - Wien
British-Olivetti Ltd. - London
Hispano Olivetti S.A. - Barcelona
Olivetti Africa (Pty) Ltd. - Johannesburg
Olivetti Argentina S.A. - Buenos Aires
Olivetti A/S - København
Olivetti Australia Pty. Ltd. - Sydney
Olivetti Colombiana S.A. - Bogotá
Olivetti Corporation of Japan - Tokyo
Olivetti de Venezuela C.A. - Caracas
Olivetti Industrial - São Paulo
Olivetti Mexicana S.A. - México
Olivetti Peruana S.A. - Lima
Olivetti Portuguesa S.a.r.l. - Lisboa
Olivetti s.a.b. - Bruxelles
Olivetti (Suisse) S.A. - Zürich
S.A.M.P.O. Olivetti - Paris
Underwood Corporation - New York
Underwood Limited - Toronto

olivetti

Il numero misura la realtà

La Olivetti produce macchine destinate a rendere più facile, più rapida e più precisa la documentazione della scrittura a del calcolo. E interviene così a rendere più intenso e certo il corso della comunicazioni, che è la vita della città moderna.

Le addizionatrici, i calcolatori e le contabili che la Olivetti progetta ed esegue stanno in una tradizione antica quanto il numero: quella degli strumenti che vogliono risparmiare energie e fatiche mentali. Le tecniche della memoria e i primi automatismi per l'addizione, la tavola di Pitagora come la Tetractys Olivetti, impiegano le capacità combinatorie degli schemi e delle macchine per liberare ad altri fini tempo e intelligenza. Ma per questo la sicurezza della macchina dev'essere assoluta e quindi durare immutata contro l'usura. La Olivetti è questa sicurezza e il mercato mondiale lo sa.

La città moderna è cifra e calcolo. Ad ogni livello della sua vita produttiva corrisponde un diverso modello Olivetti. Risultato di una industria che vuol essere ed è in ognuno dei suoi prodotti, come nello stile che li unifica, una industria di precisione.

olivetti

213. Giovanni Pintori
Olivetti Divisumma 24
1955

214. Giovanni Pintori
Olivetti Divisumma
1952

215. Giovanni Pintori
Olivetti Divisumma
1952

Nel 1614, John Napier, scozzese, inventò i logaritmi; tuttavia, per tutto un secolo, il suo nome fu legato ad un'altra invenzione, i "bastoncini di Napier" che facilitavano le divisioni e le moltiplicazioni e che sono all'origine del regolo calcolatore. Ma se la tecnica ha bisogno del calcolo, anche la sicurezza e la velocità del calcolo hanno bisogno della tecnica: per questo, oggi, i calcolatori sono elettrici e scrivono.

Olivetti Divisumma 24

calcola ricorda scrive

E' la macchina da calcolo che fornisce ad alta velocità i risultati della addizione, della sottrazione, della moltiplicazione e della divisione, ed il saldo negativo.

E' la macchina da calcolo che con un totalizzatore ed un meccanismo di "memoria" può conservare taluni dati e quindi immetterli di nuovo in un calcolo successivo.

E' la macchina da calcolo che scrive tutti i termini, e i risultati, nell'ordine della loro scrittura a mano; che accompagna ogni cifra con chiari simboli dell'operazione impostata o compiuta, che scrive la data.

Capacità numerica, dispositivi di sicurezza e di controllo, possibilità di annullare totalmente o parzialmente una operazione, facilità di impiego ed eccezionali qualità di materiali e di progettazione fanno della Olivetti Divisumma 24 lo strumento capace di operare a tutti i livelli della produzione ed amministrazione contemporanea: dal commercio alla grande banca, dall'istituto scientifico all'industria.

Prezzo L. 325.000 + I.G.E.

---

olivetti

Oltre 30.000 aziende in Europa, nel Sud e nel Nord America hanno finora adottata la Olivetti Divisumma. Quali possono essere i motivi che hanno consentito ad un prodotto italiano una simile affermazione sui più difficili mercati internazionali?

Divisumma

è uno dei pochissimi calcolatori elettrici scriventi che non solo eseguono le quattro operazioni, la moltiplicazione abbreviata e il saldo negativo, ma che scrivono tutti gli elementi del calcolo. Quando, per effettuare controlli rapidi e sicuri, è necessaria la persistenza delle operazioni eseguite, la Divisumma e insostituibile. La sua striscia di carta, dove si imprimono dati e resultati, e documento e memoria. Essa esegue e scrive per l'industriale, il commerciante e l'uomo d'affari calcoli d'ogni sorta, cambi, percentuali, medie.

Nelle officine di Ivrea si selezionano per la Divisumma i migliori acciai del mercato mondiale; ogni parte del calcolatore è sottoposta a controlli e collaudi di eccezionale rigore. Coloro che l'hanno progettata e disegnata ne han fatto uno strumento veloce, preciso e sicuro che non teme nè l'usura nè il tempo.

Eroe mitico dell'industria umana
Dédalo
nome della ricerca e dell'ingegno.

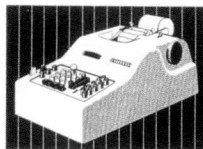

Olivetti Divisumma

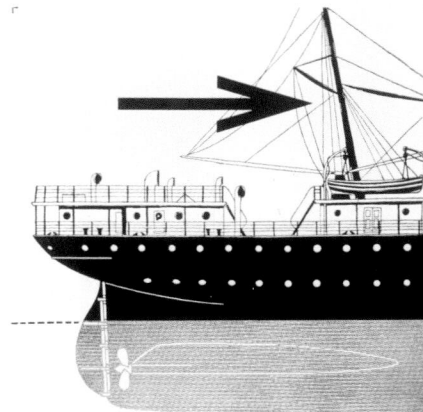

Non esiste oggi nel mondo
nessun altro calcolatore elettrico scrivente
che riunisca in sé
tutto il complesso di prestazioni
della OLIVETTI DIVISUMMA.
Esegue le quattro operazioni
compie la moltiplicazione abbreviata
fornisce i saldi negativi
scrive addendi, fattori, dividendi
divisori, quozienti e resti

olivetti
Divisumma

Questo prodotto di alta precisione
dell'industria meccanica italiana
ha aperto negli Stati Uniti d'America
un nuovo mercato
che è conferma di qualità

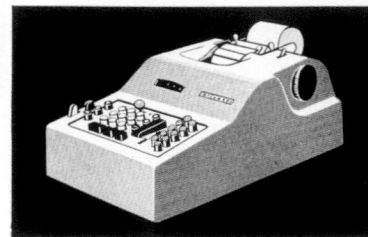

ING. C. OLIVETTI & C., S.p.A. IVREA (ITALIA)
OFFICINA MECCANICA OLIVETTI, IVREA (ITALIA)
AUSTRO OLIVETTI BÜROMASCHINEN A. G., WIEN
BRITISH OLIVETTI LTD., GLASGOW
HISPANO OLIVETTI S.A., BARCELONA
OLIVETTI AFRICA PTY. LTD., JOHANNESBURG
OLIVETTI ARGENTINA S.A., BUENOS AIRES
OLIVETTI S.A. BELGE, BRUXELLES
S.A.M.P.O. OLIVETTI, PARIS
OLIVETTI CORPORATION OF AMERICA, NEW YORK
OLIVETTI MEXICANA S.A., MEXICO CITY
OLIVETTI AUSTRALIA LTD., SYDNEY

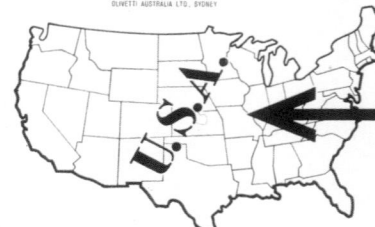

U.S.A.

250

216. Giovanni Pintori
Un universo di segnali
A universe of signals
anni '50
1950s

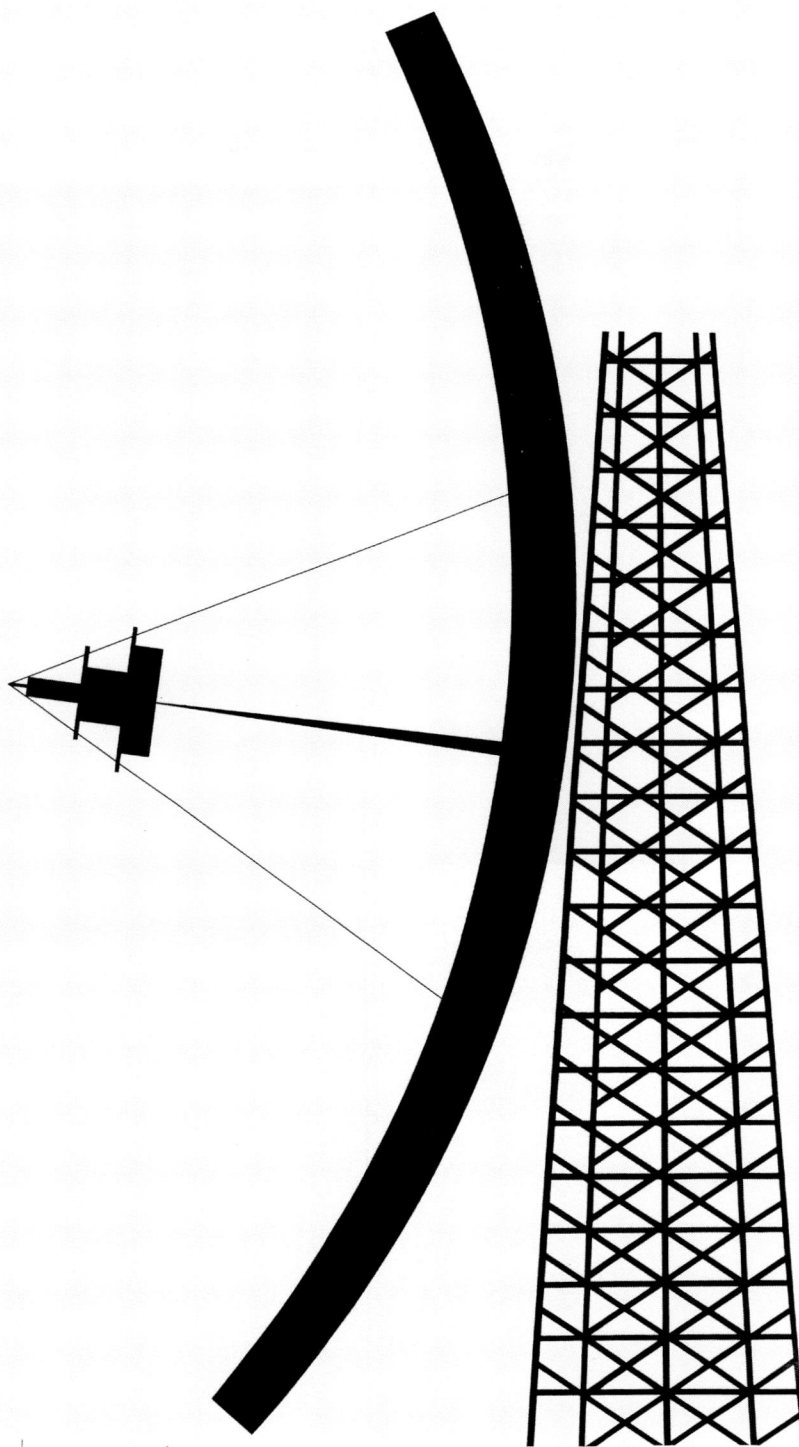

UN UNIVERSO DI SEGNALI

Dal punto e linea di Morse al telestampante di Baudot, dal microfono di Meucci alla bobina di Pupin, ai cavi coassiali, al Telstar, le tecniche di comunicazione fra luogo e luogo, da individuo a individuo, da pensiero a pensiero, si sono sviluppate e si sviluppano con progressiva accelerazione, si sono diffuse sino alle zone più remote del mondo, tentano ormai il dialogo interplanetario.

Come nei campi del trattamento automatico delle informazioni, del riconoscimento delle forme, del "linguaggio comune", del controllo numerico, anche in quello della trasmissione dei dati la Olivetti è presente con una produzione di alta tecnologia.

Oggi le apparecchiature Olivetti per la trasmissione dei dati operano su collegamenti telegrafici (alla velocità di 50-200 Bauds) o su collegamenti telefonici (600-1200 Bauds).

Facilità di installazione presso utenti telegrafici o telefonici – Rilevazione degli errori di linea e di macchina – Sistema di controllo a ridondanza di blocco con codice ciclico – Ripetizione automatica delle informazioni errate – Possibilità di adeguare il sistema di controllo ai diversi tipi di collegamento – Adattabilità a qualsiasi tipo di codice e di supporto in ingresso e in uscita – Massima semplicità operativa

olivetti

218. Giovanni Pintori
Olivetti
1968

219. Giovanni Pintori
Olivetti
1966-1968
Bozzetto / Mock up

OLIVETTI

Dal computer alla macchina per scrivere portatile, dai sistemi di terminali in "real time" all'addizionatrice sul banco del negoziante, dalle complesse apparecchiature per la raccolta e la trasmissione dei dati alle macchine per scrivere elettriche, ai famosi modelli di calcolatrici automatiche, alle nuove copiatrici elettrostatiche, ai sistemi di controllo numerico per macchine utensili: Olivetti estende la gamma dei suoi prodotti a tutto il ciclo di trattamento dell'informazione. Dall'A alla Z. Olivetti produce per le aziende moderne macchine che producono informazioni e trasformano l'informazione in profitto.

221. Giovanni Pintori
Copertina per rivista
Cover of the magazine
"Olivetti News", n. 83
1965

Olivetti Elettrosumma 23

La ricerca grafica: il moto perpetuo
Graphic Research: Perpetual Motion

Perpetuum mobile

Here we see a few of the many projects for perpetual motion which men have imagined over a period of twenty centuries mere Utopian schemes in the eyes of science, and yet symbols of a truth. The only true perpetual motion, of course, lies in human research and technical progress.
The Olivetti Company and its products are an example of this.

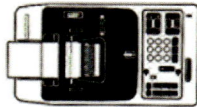

Olivetti printing calculators

have won world-wide favor by their speed, ease of operation and dependability; more than nearly seven hundred thousand have been sold. They offer many unique advantages (Olivetti made the first fully auto-matic printing calculator, and today makes the first and only dual-register printing calculator).

Among the thirteen adding, calculating and accounting machines now offered by Olivetti, there is usually one that fits a particular job as if made to order. Olivetti also offers electric, standard, proportionally spaced, and portable typewriters.

olivetti

224. 225. 226.
Giovanni Pintori
Moto perpetuo
Perpetual motion
anni '60
1960s

227. Giovanni Pintori
**Un altro scrivere
Another writing**
1964

228. Giovanni Pintori
**Che cosa vale una
pagina elettrica
What an electric page
is worth**
1964

Una volta ci fu chi pensò
che una ruota fornita
di sottili lamine di ferro
se posta fra due calamite
avrebbe dovuto girare per sempre
perché la calamita superiore
avrebbe reso il lato sinistro
più leggero e quella inferiore più pesante
il lato destro.
Era l'utopia del moto perpetuo.
Ma lo studio del magnetismo
avrebbe portato a scoprire il rapporto
tra quello e l'elettricità,
destinata a mutarsi
in energia motrice.

L'elettricità è oggi anche
nella scrittura a macchina.
E la macchina elettrica
dà risultati ben diversi
da quella a mano.

Un altro
scrivere

Con le Elettriche Olivetti,
nitidezza di caratteri
e chiarezza di copie.
I tasti non si battono, si sfiorano.
Le copie non si intuiscono, si leggono.
Le lettere si leggono
e si ammirano.
Ogni riga, ogni pagina va via più veloce.
La qualità delle pagine
non dipende più dalla abilità di chi scrive.
Con le Elettriche Olivetti,
mani diverse danno lettere eguali.
L'elettroscrittura è
la forma moderna della dattilografia.

olivetti
scrittura elettrica

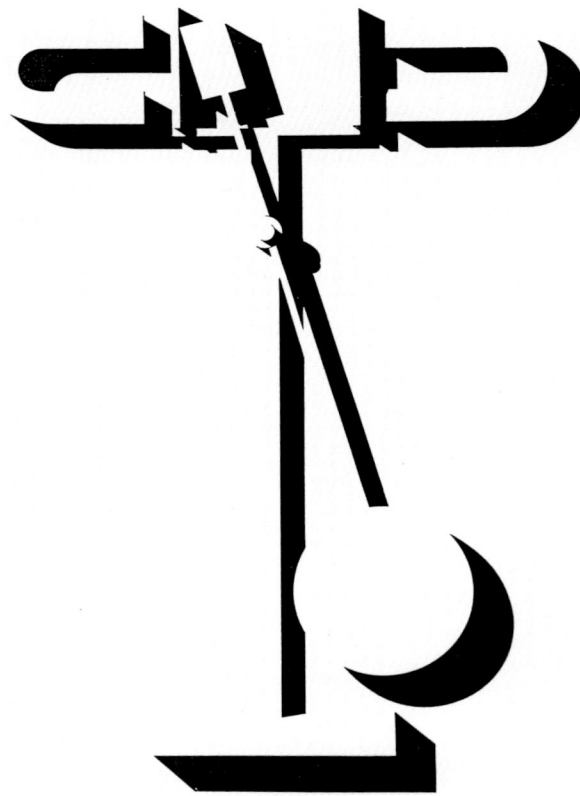

Gli inventori di macchine
per il moto perpetuo
pensarono di sfruttare l'attrazione magnetica.
La parte superiore di un pendolo
avrebbe dovuto essere attirata
successivamente
da due calamite contrapposte,
grazie ad uno schermo che
ad ogni oscillazione
avrebbe dovuto neutralizzare
ora l'una ora l'altra delle due.
Era il sogno di impiegare una energia motrice
che non costasse nulla.
Ma ora sappiamo che nella realtà
si può tendere solo
ad un rapporto ottimo
tra costo e rendimento.

Un rapporto ottimo
tra costo e rendimento
presuppone di conoscere bene
che cosa vale
quel che si produce.

Che cosa vale
una pagina elettrica

Un "posto dattilografico"
è stipendio più attrezzatura
più spese generali.
Se è attrezzato con
una macchina per scrivere elettrica
costa - incluso l'ammortamento -
il 2,4", in più di uno fornito di
macchina a mano.
Ma quella spesa è
largamente compensata:
più velocità, più copie, meno fatica.
Avere nei propri uffici
le Elettriche Olivetti
vuol dire poi destinare ad altro lavoro
una parte del tempo
di chi altrimenti
dovrebbe dedicarlo tutto
alla macchina per scrivere.
L'elettroscrittura è
la forma moderna della dattilografia.

olivetti
scrittura elettrica

229. *Giovanni Pintori*
**La stanchezza non
è una virtù
Tiredness is not
a virtue**
1964

230. *Giovanni Pintori*
**Dal manoscritto
all'elettroscritto
From manuscript to
electroscript**
1964

olivetti
scrittura elettrica

Il Landgravio di Assia,
nel Seicento, aveva un consigliere,
di nome Orphyreus.
Costui aveva elaborato una ruota
a compartimenti radiali.
In ognuno era chiusa una sfera.
Girando la ruota, le sfere
avrebbero dovuto
spostare di continuo
il centro di gravità.
E così la ruota
non si sarebbe fermata mai più.
Ma il solo vero moto perpetuo
è quello della ricerca scientifica
e del progresso tecnico.

Il solo vero moto perpetuo
è quello della ricerca scientifica
e del progresso tecnico.
La Olivetti ne è un esempio.

**Dal
manoscritto
all'elettroscritto**

Chi ha attrezzato i suoi uffici
con le Elettriche Olivetti
ha anticipato il progresso
ed è nella giusta direzione.
Nei paesi che hanno
il più alto livello di vita
si comprano oggi
tante macchine per scrivere
elettriche quante a mano.
Molte delle lettere che il vostro ufficio
ha ricevute oggi
sono state scritte ieri
su di una elettrica Olivetti;
scriverà una Elettrica Olivetti domani
le lettere che firmerete voi.

Villard de Honnecourt,
architetto francese del secolo XIII,
era giunto alla conclusione
che un certo numero di pesi mobili
disposti lungo la circonferenza d'una ruota
avrebbe determinato,
con un perpetuo squilibrio,
un moto perpetuo.
Il disegno che Villard ci ha lasciato
è una delle tante illusioni
d'un moto senza motore e senza fatica.
Solo l'elettricità ha consentito
di introdurre ovunque il motore
e di diminuire ovunque la fatica.

Solo l'elettricità
ha consentito
di introdurre
ovunque il motore:
anche nelle macchine per scrivere.

**La stanchezza
non è una virtù**

Finisce sotto i nostri occhi
l'età della dattilografa
che pesta sui tasti.
Nelle Elettriche Olivetti
c'è un motore che ruota:
costante, silenzioso, veloce.
basta sfiorare i tasti
e l'energia del motore
imprime i caratteri.
L'alfabeto vi fila via dalle dita.
L'elettroscrittura è la forma moderna
della dattilografia.

olivetti
scrittura elettrica

Olivetti Elettrosumma 20

232. Giovanni Pintori
Pagina pubblicitaria
Full-page advertisement
Olivetti Lexicon
Elettrica
1961
Bozzetto / Mock up

233. Giovanni Pintori
Pagina pubblicitaria
Full-page advertisement
Olivetti Lexicon
Elettrica
1961
Bozzetto / Mock up

234. Giovanni Pintori
Olivetti Lexicon
Elettrica
1958-1962

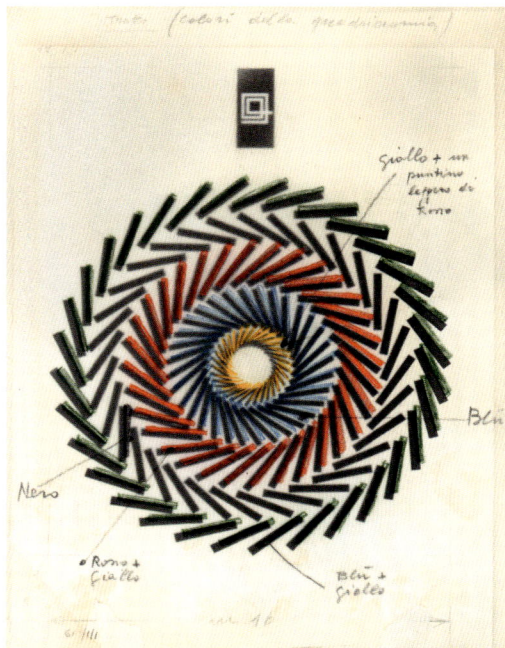

Nell'ufficio commerciale, dove ogni testo dev'essere in più copie - come ovunque si redigano contratti, verbali, circolari ed atti amministrativi - la **Olivetti Lexicon Elettrica,** con la sua velocità, libera per altri compiti una parte del tempo di chi la impiega. Con l'elettroscrittura cresce il volume del lavoro che una sola persona può compiere nel giro di un giorno. Se si analizza il conto effettivo d'una pagina dattiloscritta sulla **Lexikon Elettrica,** si ha la prova che questa macchina diminuisce immediatamente le spese generali dello studio, della amministrazione e dell'ufficio. E al suo disegno semplice, come alla sua assoluta solidità, essa deve una eccezionale sicurezza di impiego.

235. Giovanni Pintori
**L'alfabeto fila via
dalle dita
The alphabet flies
off your fingers**
anni '60
1960s

236. Giovanni Pintori
**L'alfabeto fila via
dalle dita
The alphabet flies
off your fingers**
1958-1962

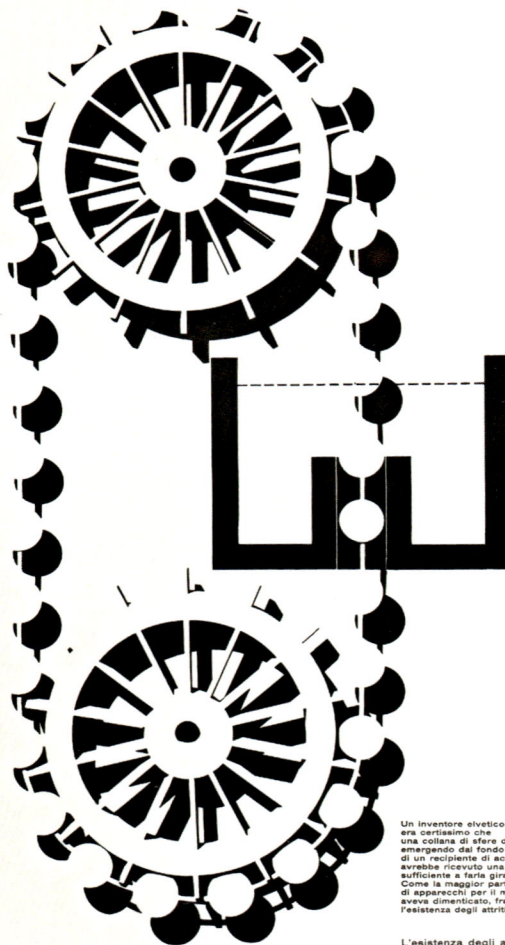

Un inventore elvetico, Leonhardt,
era certissimo che
una collana di sfere di sughero,
emergendo dal fondo
di un recipiente di acqua,
avrebbe ricevuto una spinta
sufficiente a farla girare in perpetuità.
Come la maggior parte degli inventori
di apparecchi per il moto perpetuo,
aveva dimenticato, fra l'altro,
l'esistenza degli attriti.

L'esistenza degli attriti
può essere invece dimenticata
da chi lavora
su di una macchina per scrivere
elettrica.

**L'alfabeto
fila via dalle dita**

Le pagine corrono svelte
perché l'energia è fornita da un motore
e la mano non deve vincere
nessuna resistenza meccanica.
È come se componesse
su di un quadro comandi.
Un'ora di elettroscrittura
dura meno di un'ora alla macchina a mano.
La giornata è più breve,
le menti più disposte.
L'elettroscrittura è
la forma moderna della dattilografia.

olivetti
scrittura elettrica

239. Giovanni Pintori
Moto perpetuo
Perpetual motion
1968

240. Giovanni Pintori
Graphic annual 68/69
1968

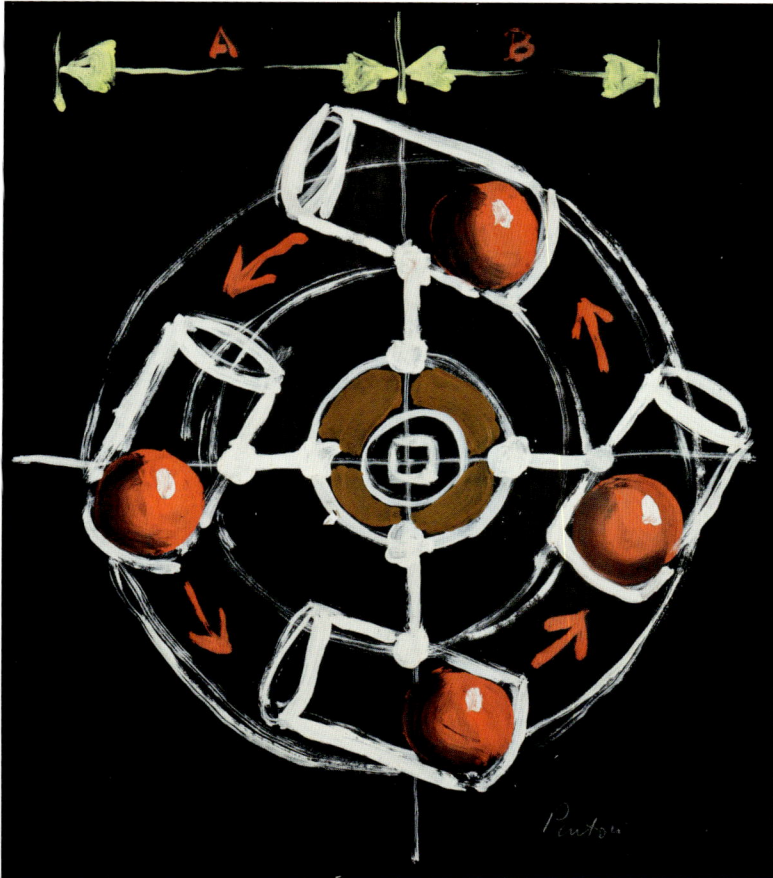

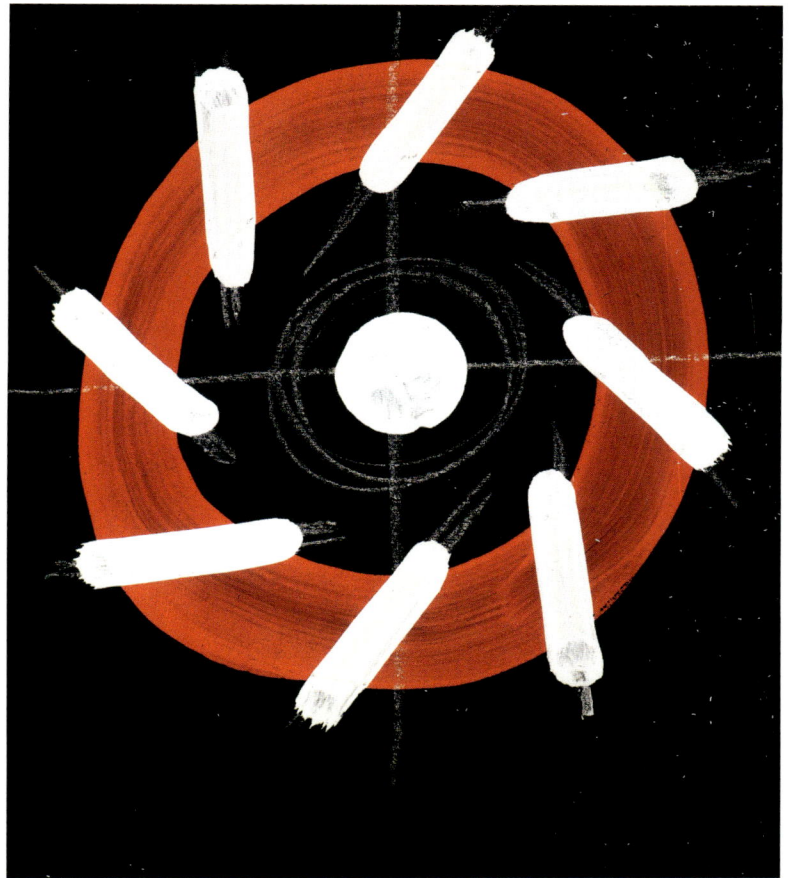

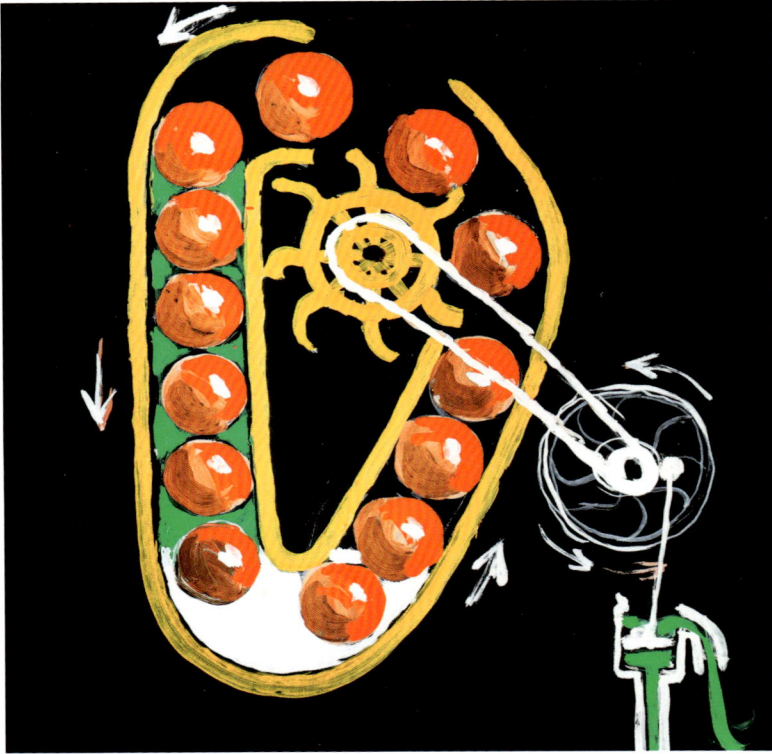

241. Giovanni Pintori
Moto perpetuo
Perpetual motion
anni '60
1960s

242. Giovanni Pintori
Moto perpetuo
Perpetual motion
1961

243. Giovanni Pintori
Moto perpetuo
Perpetual motion
1974

244. Giovanni Pintori
Moto perpetuo
Perpetual motion
anni '60
1960s

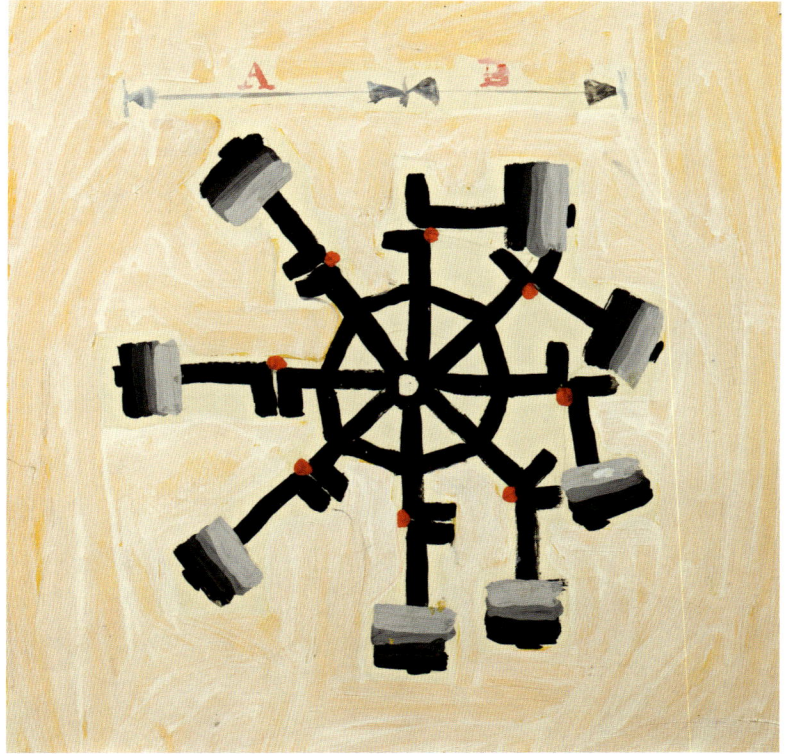

245. Giovanni Pintori
Moto perpetuo
Perpetual motion
anni '60
1960s

246. Giovanni Pintori
Schizzi vari in taccuino
Various drawings in
the sketchbook
anni '60
1960s

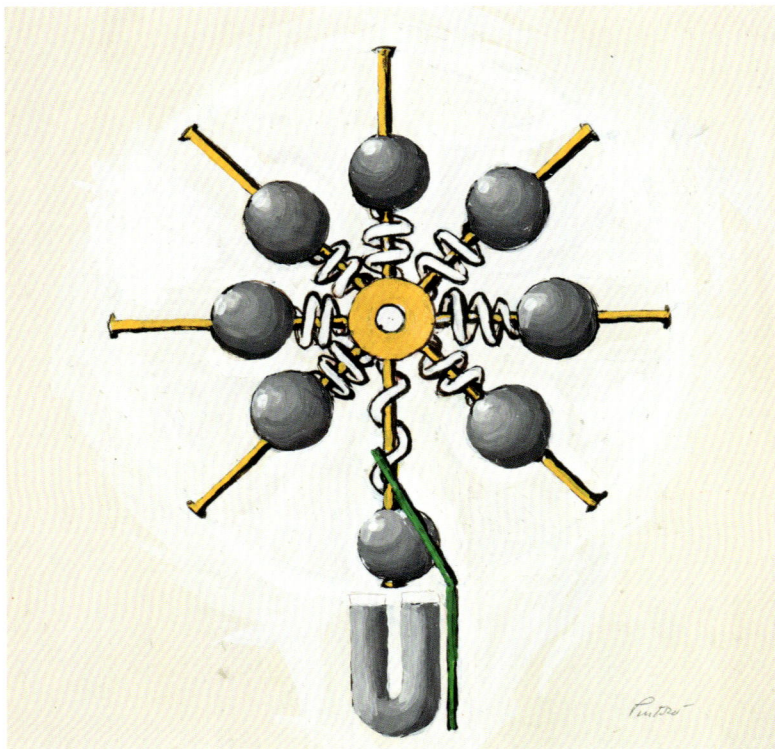

247. Giovanni Pintori
Moto perpetuo
Perpetual motion
anni '60
1960s

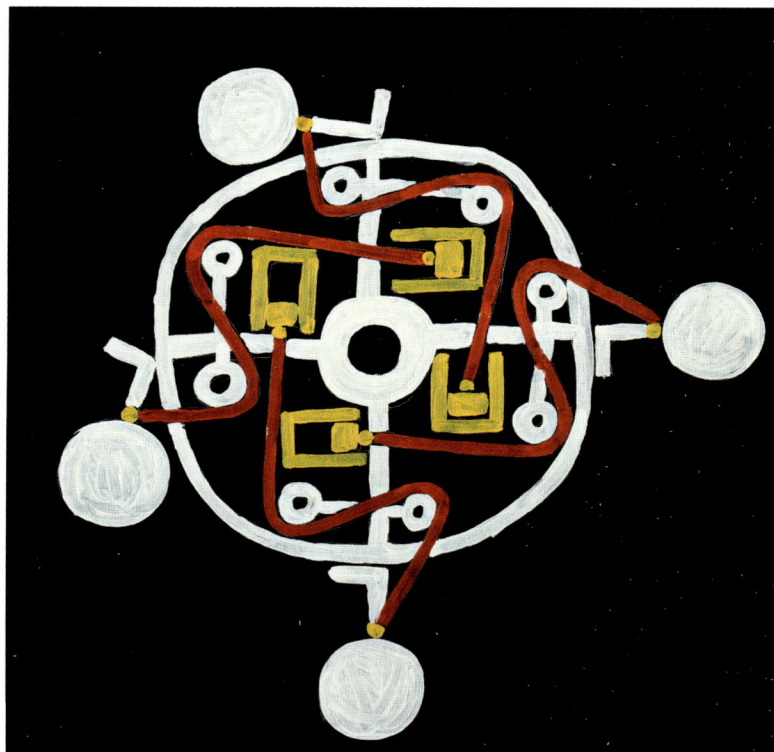

248. Giovanni Pintori
Moto perpetuo
Perpetual motion
anni '60
1960s

249. Giovanni Pintori
Moto perpetuo
Perpetual motion
1962

250. Giovanni Pintori
Moto perpetuo
Perpetual motion
1961

Pintori

L'esperienza giapponese
The Japanese Experience

252.
Autore sconosciuto
Author unknown
**Giovanni Pintori in
Giappone / in Japan**
1967

253. 254.
Giovanni Pintori
Schizzi vari in taccuino
Various drawings in
the sketchbook
anni '50-'60
1950s-60s

255. Giovanni Pintori
Copertina della rivista
Cover of the magazine
"Graphic design", n. 31
(Giappone / Japan)
1968

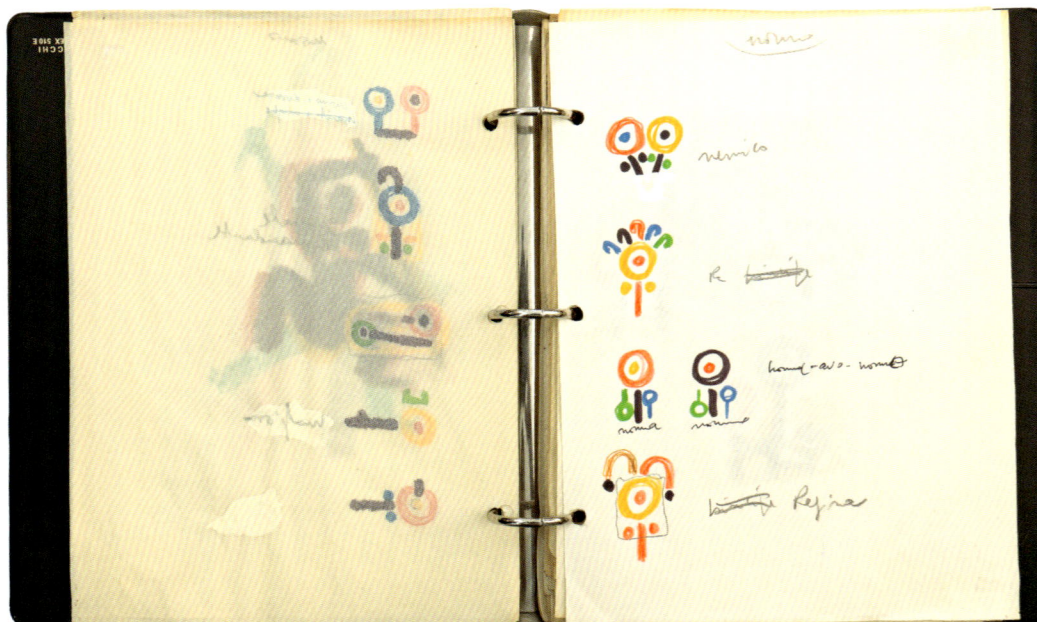

グラフィック デザイン

September 1968 AUTUMN

31

256. Autore sconosciuto
Author unknown
**Giovanni Pintori,
Mostra presso la
Società Umanitaria**

**di Milano
Exhibition at the
Società Umanitaria
in Milan**
1981-82

257. Giovanni Pintori
[Senza titolo / Untitled]
1970

258. 259.
Giovanni Pintori
Schizzi vari in taccuino
Various drawings in
the sketchbook
anni '50-'60
1950s-60s

L'attività indipendente
Independent Practice

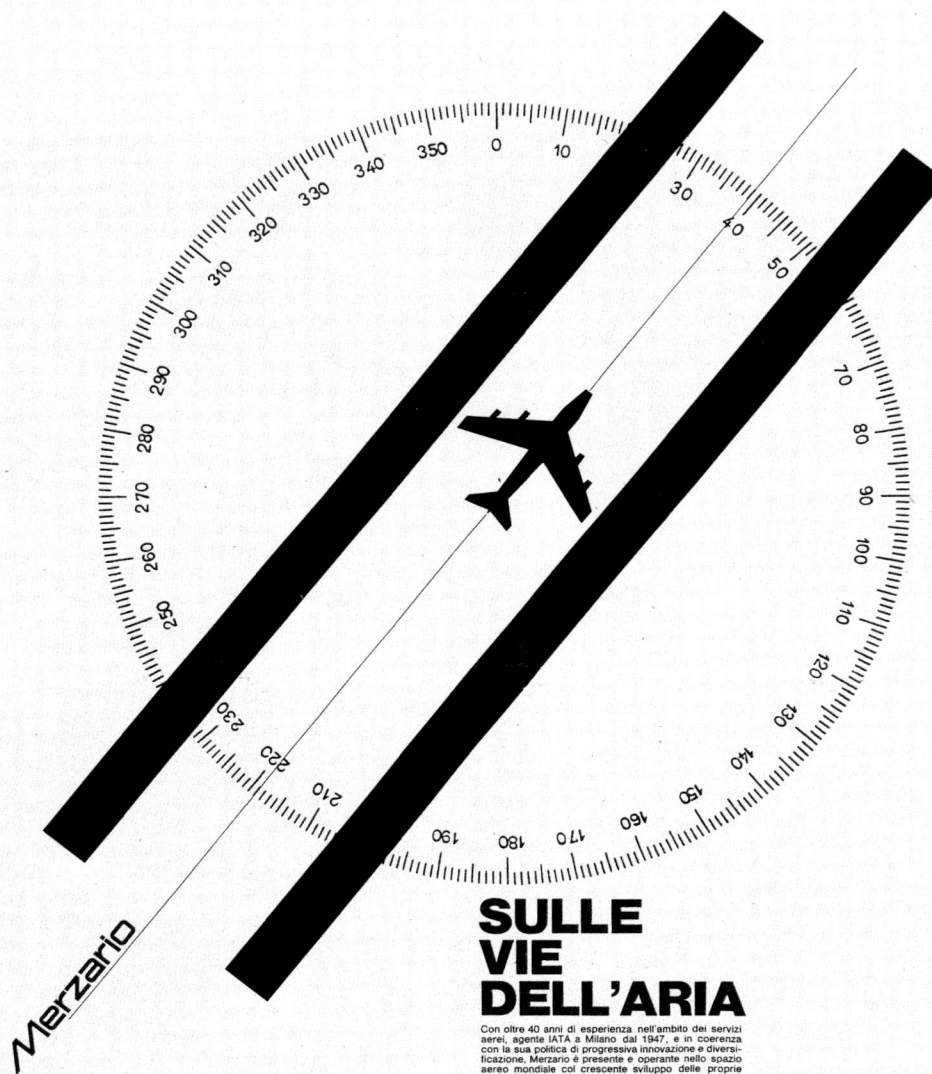

262. Giovanni Pintori
**Copertina per bilancio
Merziario / Cover for
Merziario financial
statement**
1981

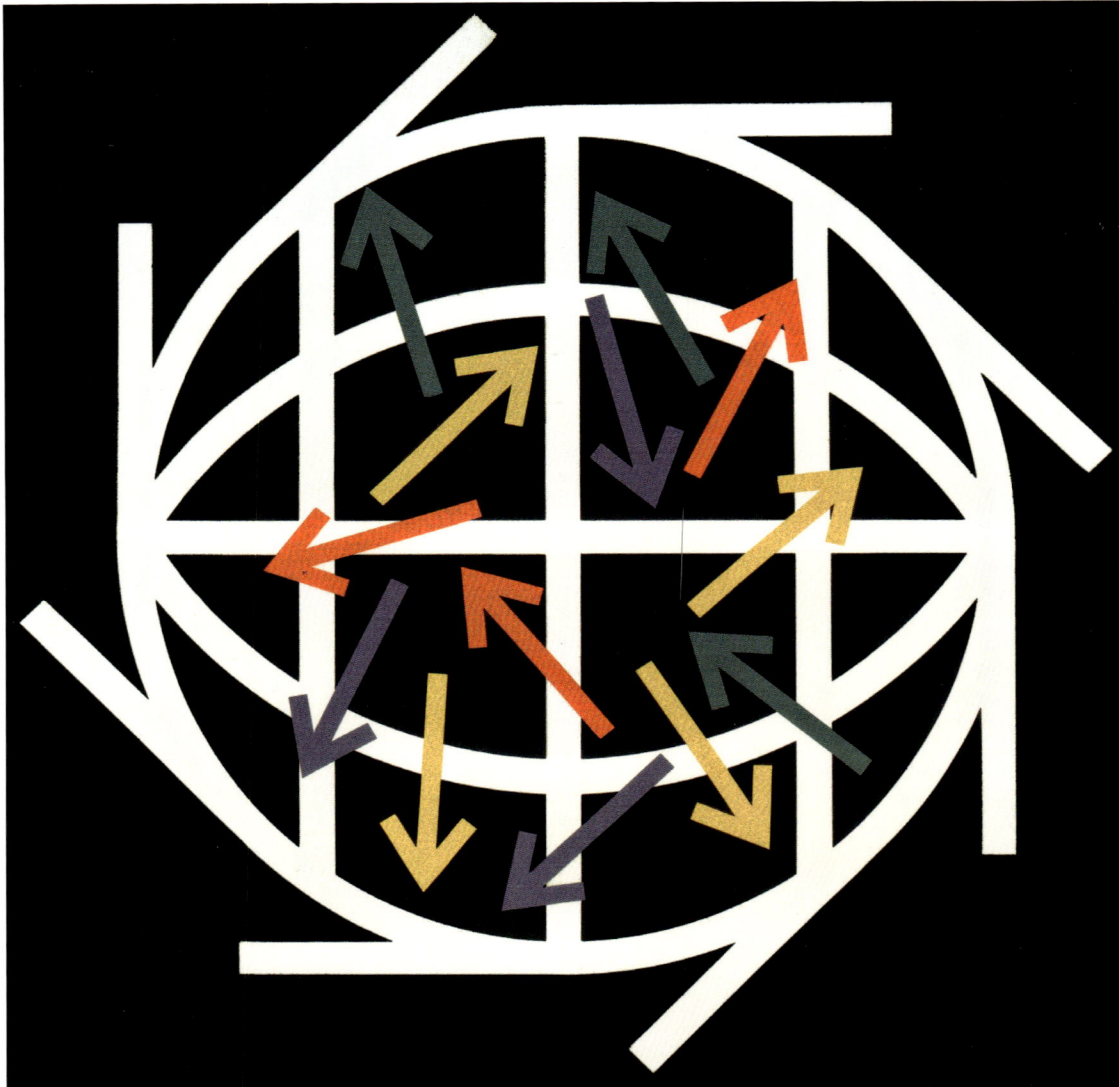

264. Giovanni Pintori
**Merzario. Sbarca
imbarca in poche ore
Boarding and
disembarking in
a few hours**
1981

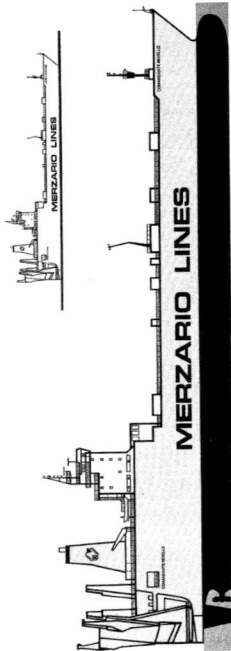

265. Giovanni Pintori
**Merzario. Fino ai paesi
più lontani
To faraway lands**
1982

266. Giovanni Pintori
**Merzario. Spedizionieri
da sempre / Shippers
as always**
1981

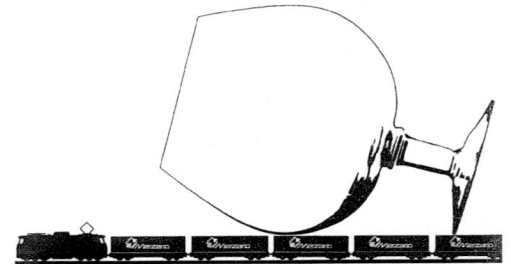

267. Giovanni Pintori
**Merzario. Un lungo
ventaglio di rotte
A broad selection
of routes**
1981

UN
LARGO
VENTAGLIO
DI
ROTTE

La flotta Merzario dispone di 20 navi di stazza
diversa, dalla più piccola con capacità di 110 TEU
alla più grande con capacità di 1600 TEU, varianti
tra la tipologia "RO-RO" e la tipologia "LO-LO".
Predomina la prima di queste, più adeguata alle
esigenze operative dei servizi espletati.

Area geografica servita dalle navi:
Golfo Arabico
Arabia Saudita
Jemen del Nord
Iran
India
Pakistan
Iraq
Giordania
Egitto
Turchia - Siria - Libano
Libia
Spagna
Grecia
Nord Europa

Servizi da porta a porta estremamente affidabili,
anche perché garantiti dalla nostra possibilità di
instradamenti alternativi già collaudati ed operanti
che in situazioni di emergenza ci consentono,
ad esempio, di raggiungere:
- l'hinterland dell'Arabia Saudita, transitando via
Jeddah o Damman.
- l'Iraq oltre che via Mersina o Latakia, anche via
Kuwait e Aqaba.
- l'Iran non solo scalando direttamente Bandar
Khomeini, ma attraverso la Turchia via Mersina.

Merzario

ANCHE UN SERVIZIO TRASLOCHI

Per comune esperienza diretta o indiretta sappiamo tutti
che il trasloco è un'operazione più delicata e complessa
rispetto a quelle del trasporto o della spedizione merci.
Il trasloco (che in certe regioni ha un Patrono e una data rituale)
quasi sempre segna un momento importante della nostra vita;
a volte augurale e felice, a volte drammatico.

Non si può cambiare abitazione, contrada, vicinato, città
senza portarsi dietro, oltre all'arredamento, anche il bagaglio
delle piccole abitudini, buone o cattive, che ci rassicurano
sulla continuità dell'esistenza. Molte abitudini
si materializzano in volumi, forme, pesi e colori:
grandi mobili ereditati e indiscutibili, o minimi oggetti inutili
impreziositi dal tempo e dall'amore con cui li abbiamo conservati.

Per impedire i traumi o i piccoli drammi "da trasloco",
occorre evitare che qualche cosa si sciupi o venga dimenticata:
fosse pure un anonimo scaffaletto fatto in casa
oppure la gabbia dei canarini di una prozia.
Per fare bene un trasloco occorre affidarsi a chi sa trasportare;
a chi possiede esperienza di carico e scarico e di spostamento.

Chi ne ha più di Merzario? Parliamo dello spedizioniere
che dispone di containers, di vettori terrestri e marittimi
nonché di una efficiente organizzazione commerciale
articolata in 40 filiali in Italia e 62 all'estero
e in centri operativi e modernissimi magazzini.
Forte dell'esperienza e delle sue possibilità in uomini e mezzi
Merzario ha deciso di offrire ai suoi clienti
anche un servizio traslochi degno della sua tradizione.

Merzario

269. Giovanni Pintori
Merzario. Hong Kong Singapore Giappone / Japan
1983

270. Giovanni Pintori
Merzario. Da porta a porta con contenitori frigoriferi / Door to door with refrigerated containers
1982

271. Giovanni Pintori
Merzario. Linea del freddo / Refrigerated line
1983

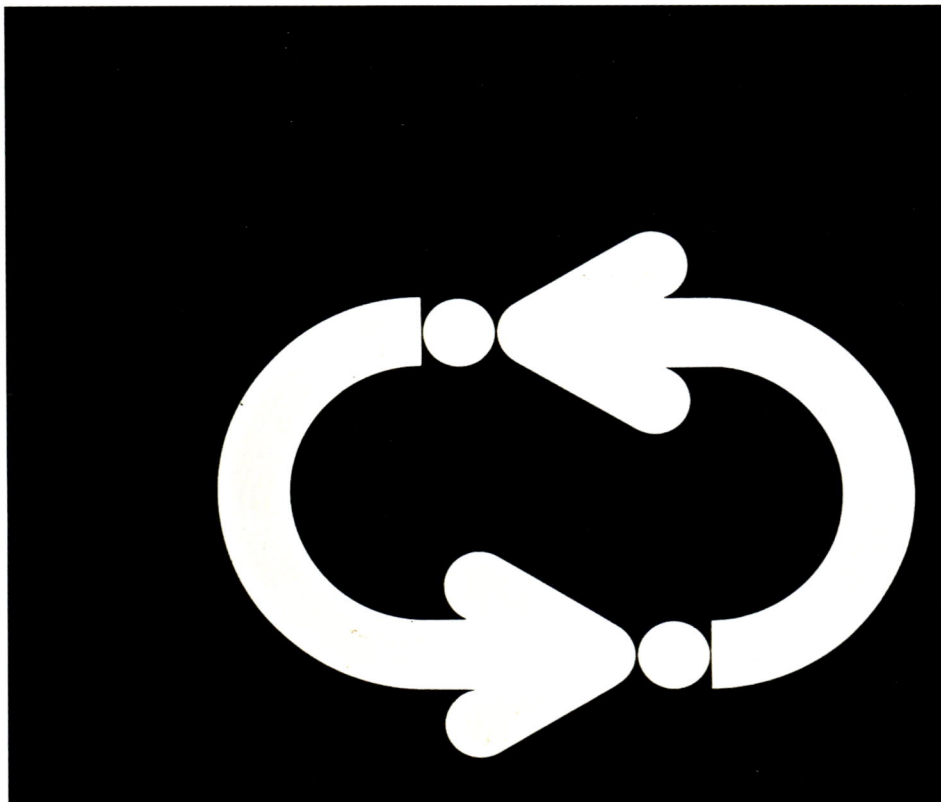

Rapidità, precisione, ripetibilità,
assicurazione di un capace servizio di consulenza ed
assistenza tecnica è ciò che l'industria, la ricerca e la
scuola si aspettano di ottenere dagli strumenti di misura
e dall'organizzazione che ne cura la vendita.

Come tutti i nostri prodotti, I Polyvac e gli altri spettrometri per l'analisi automatica dei materiali ferrosi e non
ferrosi sono costruiti e venduti secondo questi principi
fondamentali. La fiducia nel nostro nome è la misura del
nostro successo.

RANK PRECISION INDUSTRIES s.p.a.

Via Vassallo 31 - 20125 Milano - Tel. 680.631- 690.895-694.857
Telex: 31693 HIWATT - Telegrammi: TAYLORHOBSON

Strumenti di metrologia: rugosimetri, strumenti per la misura della circolarità, proiettori di profili, livelle, clinometri, autocollimatori, telescopi di al-
lineamento, strumenti per la misura della rettilinearità, strumenti per la
misura dello spessore di films sottili vernici e laminati, strumenti per la
determinazione non distruttiva delle caratteristiche fisiche e magnetiche
dei materiali.
Strumenti di analisi: spettrometri automatici ad emissione ottica ed a raggi X, spettrofotometri per ultravioletto, infrarosso ed assorbimento atomico,
analizzatori di carbonio e zolfo, spettrografi fotografici, monocromatori, cri-
stalli coltivati e componenti ottici.
Apparecchiature industriali: obiettivi zoom ed a fuoco fisso per televisione
e televisione a circuito chiuso, obiettivi per apparecchiature industriali,
colorimetri, misuratori a microonde del contenuto di umidità, componenti
per microonde, fibre ottiche e componenti a fibre ottiche, rilevatori di metalli, tubi a raggi catodici.

LEGGE

1° Marzo 1968, n. 186

Disposizioni concernenti
la produzione di materiali,
apparecchiature,
macchinari, installazioni e
impianti elettrici ed elettronici

"La Camera dei Deputati
ed il Senato della Repubblica
hanno approvato:

IL PRESIDENTE DELLA REPUBBLICA

Promulga
la seguente legge:

Art. 1 - Tutti i materiali,
le apparecchiature, i macchinari,
le installazioni e gli impianti
elettrici ed elettronici devono
essere realizzati e costruiti
a regola d'arte.

Art. 2 - I materiali, le apparecchiature,
i macchinari, le installazioni e
gli impianti elettrici ed elettronici
realizzati secondo le norme
del comitato elettrotecnico italiano
si considerano costruiti
a regola d'arte.

La presente legge,
munita del sigillo dello Stato,
sarà inserita nella Raccolta ufficiale
delle Leggi e dei decreti
della Repubblica Italiana.
E' fatto obbligo a chiunque
spetti di osservarla e di farla osservare
come legge dello Stato.

Data a Roma, addì 1° marzo 1968

SARAGAT   **Moro - Andreotti**

Visto, il Guardasigilli: Reale"

**I CAVI
ELETTRICI
PIRELLI
RISPONDONO
ALLE
NORME
DI
LEGGE
1° MARZO 1968
N. 186**

LEGGE

1° Marzo 1968, n. 186

Disposizioni concernenti
la produzione di materiali,
apparecchiature,
macchinari, installazioni e
impianti elettrici ed elettronici

"La Camera dei Deputati
ed il Senato della Repubblica
hanno approvato:

IL PRESIDENTE DELLA REPUBBLICA

Promulga
la seguente legge:

Art. 1 - Tutti i materiali,
le apparecchiature, i macchinari,
le installazioni e gli impianti
elettrici ed elettronici devono
essere realizzati e costruiti
a regola d'arte.

Art. 2 - I materiali, le apparecchiature,
i macchinari, le installazioni e
gli impianti elettrici ed elettronici
realizzati secondo le norme
del comitato elettrotecnico italiano
si considerano costruiti
a regola d'arte.

La presente legge,
munita del sigillo dello Stato,
sarà inserita nella Raccolta ufficiale
delle Leggi e dei decreti
della Repubblica Italiana.
E' fatto obbligo a chiunque
spetti di osservarla e di farla osservare
come legge dello Stato.

Data a Roma, addì 1° marzo 1968

SARAGAT   **Moro - Andreotti**

Visto, il Guardasigilli: Reale"

**I CAVI
ELETTRICI
PIRELLI
RISPONDONO
ALLE
NORME
DI
LEGGE
1° MARZO 1968
N. 186**

L'ultimo periodo:
l'espressione pittorica
The Last Period:
Pictorial Expression

274. Giovanni Pintori
Auguri (nuvola)
Greetings (cloud)
anni '60
1960s

275. Giovanni Pintori
Auguri (mare)
Greetings (sea)
anni '60
1960s

276. Giovanni Pintori
Auguri (natura morta)
Greetings (still life)
anni '60
1960s

277. Giovanni Pintori
Auguri (fiore)
Greetings (flower)
anni '60
1960s

278. Giovanni Pintori
Auguri (pesce)
Greetings (fish)
anni '60
1960s

279. Giovanni Pintori
Rione Seuna, Nuoro
1990

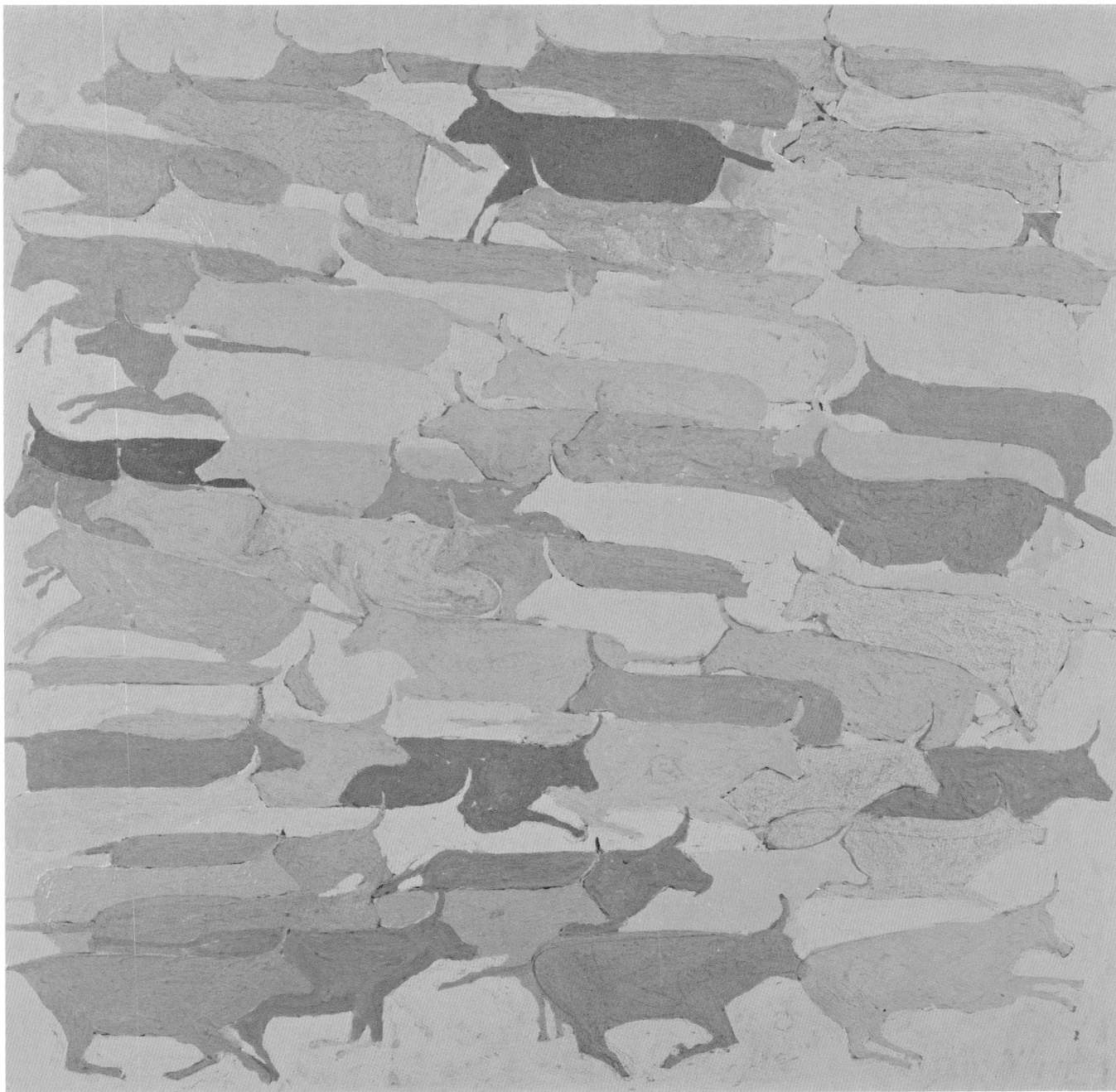

Apparati
Appendix

Elenco delle opere in mostra, riprodotte nel catalogo
List of Works on Display, Reproduced in the Catalogue

1. Salvatore Fancello
Ritratto di Giovanni Pintori / Portrait of Giovanni Pintori
1930 ca.
Disegno a inchiostro su carta / Drawing in ink on paper
30 x 42 cm
Collezione MAN / MAN Collection, Nuoro

2. Giovanni Pintori
Studi di nudo femminile / Studies of the female nude
1934
Matita conté e matita sanguigna / Conté pencil and sanguine pencil
43 x 17 cm, 32 x 32 cm, 43,5 x 23 cm
Collezione Musei Civici di Monza

3. Autore sconosciuto / Author unknown
Giovanni Pintori a casa sua con l'opera di Giorgio Morandi, *Natura Morta*, olio (1960) e la scultura di Salvatore Fancello, *Figura femminile*, ceramica riflessata / Giovanni Pintori at home with the work by Giorgio Morandi, *Still Life*, oil (1960), and sculpture by Salvatore Fancello, *Female figure*, reflective ceramic, 1938
1960 ca.
Stampa fotografica b/n / Photographic print in b/w
31 x 40 cm
Collezione privata Paolo Pintori / Paolo Pintori private collection

4. Salvatore Fancello
Figura femminile / Female figure
1938
Ceramica riflessata / Reflective ceramic
31 x 2 cm1, 56 x 16 cm
Collezione MAN / MAN Collection, Nuoro

5. Autore sconosciuto / Author unknown
Costantino Nivola mentre lavora alla brochure della Olivetti *Storia della scrittura*, pubblicata a Milano nel 1939 / Costantino Nivola working on the Olivetti brochure *Storia della scrittura*, published in Milan in 1939, 1939
Stampa fotografica b/n / Photographic print in b/w
Collezione MAN / MAN Collection, Nuoro

6. Giovanni Pintori
Promozione gamma caratteri tipografici Olivetti / Promotion of Olivetti range of typefaces
1937-1940
Annuncio pubblicitario / Advertisement
Stampa offset / Offset print
24 x 17,5 cm
Collezione MAN / MAN Collection, Nuoro

7. Giovanni Pintori
Pagina pubblicitaria / Full-page advertisement Olivetti Studio
1940
Stampa offset con tempera / Offset print with tempera
40 x 60 cm
Collezione privata Paolo Pintori / Paolo Pintori private collection

8. Giovanni Pintori
Pagina pubblicitaria / Full-page advertisement for Olivetti Studio
1939
Bozzetto / Mock up
Collage e tecnica mista matita e china / Collage and mixed media, pencil and Indian ink
24,4 x 17 cm
Collezione privata Paolo Pintori / Paolo Pintori private collection

9. Giovanni Pintori
Pagina pubblicitaria / Full-page advertisement Olivetti Studio 44
1939
Stampa offset / Offset print
Collezione m.a.x. museo, Chiasso

10. Costantino Nivola
Scultura di / Sculpture of Frederic Kiesler
1961
Terracotta
11 x 12 x 8 cm
Collezione privata, Milano / Milan, private collection

11. Costantino Nivola
Scultura di / Sculpture of Saul Steinberg
1964
Terracotta
12 x 12 x 8 cm
Collezione privata, Milanoo / Milan, private collection

12. Costantino Nivola
Sculture, Senza titolo / Sculptures, Untitled
1971-1973
Terracotta rossa / Red terracotta
misure varie / various sizes
Collezione privata, Milanoo / Milan, private collection

13. Giovanni Pintori
Olivetti Studio 42
1939
Annuncio pubblicitario / Advertisement
Stampa offset / Offset print
25 x 18,5 cm
Collezione MAN / MAN Collection, Nuoro

14. Giovanni Pintori
Olivetti Studio 42
1940
Annuncio pubblicitario / Advertisement
Stampa offset / Offset print
31,5 x 22 cm
Collezione privata Paolo Pintori / Paolo Pintori private collection

15. Giovanni Pintori
Olivetti Studio 42
1939
Annuncio pubblicitario / Advertisement
Stampa offset / Offset print
25 x 18,5 cm
Collezione MAN / MAN Collection, Nuoro

16. Giovanni Pintori
Olivetti Studio 42
1937
Annuncio pubblicitario / Advertisement
Stampa offset / Offset print
29 x 25 cm
Collezione MAN / MAN Collection, Nuoro

17. Giovanni Pintori
Olivetti Studio 42
1940
Annuncio pubblicitario / Advertisement
Stampa offset / Offset print
31,5 x 22 cm
Collezione privata Paolo Pintori / Paolo Pintori private collection

18. Giovanni Pintori
Olivetti Studio 42
1936-1939
Annuncio pubblicitario / Advertisement
Stampa offset / Offset print
35,5 x 25,5 cm
Collezione privata Paolo Pintori / Paolo Pintori private collection

19. Giovanni Pintori
Olivetti Studio
1945
Annuncio pubblicitario / Advertisement
Stampa offset / Offset print
31,5 x 23 cm
Collezione MAN / MAN Collection, Nuoro

20. Giovanni Pintori
[Senza titolo / Untitled]
1940 ca.
Annuncio pubblicitario / Advertisement
Stampa offset / Offset print
Collezione MAN / MAN Collection, Nuoro

21. Giovanni Pintori
Progetto per Manifesto / Design for a poster
1939

Annuncio pubblicitario / Advertisement
Stampa offset / Offset print
32 x 23 cm
Collezione MAN / MAN Collection, Nuoro

22. Giovanni Pintori
La nuova Olivetti Studio 42 / The new Olivetti Studio 42
1939, 22 maggio / May
Dépliant / Brochure
Stampa offset / Offset print
22 x 20,5 cm
Collezione privata Paolo Pintori / Paolo Pintori private collection

23. Giovanni Pintori
Olivetti Studio 42
1937-1939
Annuncio pubblicitario / Advertisement
Stampa offset / Offset print
22 x 17,5 cm
Collezione privata Paolo Pintori / Paolo Pintori private collection

24. Giovanni Pintori
Olivetti Servizio assistenza tecnica / Olivetti technical assistance service
1939
Annuncio pubblicitario / Advertisement
Stampa offset / Offset print
22,5 x 20,5 cm
Collezione privata Paolo Pintori / Paolo Pintori private collection

25. Giovanni Pintori
Olivetti Studio 42
1940
Annuncio pubblicitario / Advertisement
Stampa offset / Offset print
29,5 x 21,5 cm
Collezione MAN / MAN Collection, Nuoro

26. Giovanni Pintori
Olivetti Studio 42
1937-1940
Dépliant / Brochure
Stampa offset / Offset print
26 x 20 cm
Collezione MAN / MAN Collection, Nuoro

27. Giovanni Pintori
[Senza titolo / Untitled]
1938 ca.
Annuncio pubblicitario / Advertisement
Stampa offset / Offset print, 33 x 23 cm
Collezione MAN / MAN Collection, Nuoro

28. Giovanni Pintori
Pagina pubblicitaria / Full-page advertisement Olivetti Studio 42
1940

Bozzetto / Mock up
Cartoncino colorato con tecnica mista matita, tempera e china. Velina con applicazione e matite colorate / Coloured cardstock with mixed media, pencil, tempera and Indian ink. Tissue paper with applique and coloured pencils
37 x 28 cm
Collezione privata Paolo Pintori / Paolo Pintori private collection

29. Giovanni Pintori
Pagina pubblicitaria / Full-page advertisement Olivetti Studio
1946
Bozzetto / Mock up
Collage e acrilico / Collage and acrylic
32,5 x 22 cm
Collezione privata Paolo Pintori / Paolo Pintori private collection

30. Giovanni Pintori
Olivetti Studio
1949
Annuncio pubblicitario / Advertisement
Stampa offset / Offset print
18,5 x 24,5 cm
Collezione MAN / MAN Collection, Nuoro

31. Giovanni Pintori
Pagina pubblicitaria / Full-page advertisement Olivetti Studio
1946-1947
Bozzetto / Mock up
Collage e tecnica mista tempera e china / Collage and mixed media, tempera and Indian ink
34 x 25,5 cm
Collezione privata Paolo Pintori / Paolo Pintori private collection

32. Giovanni Pintori
Olivetti Studio 42
1936
Annuncio pubblicitario / Advertisement
Stampa offset / Offset print
34,5 x 25,5 cm
Collezione privata Paolo Pintori / Paolo Pintori private collection

33. Giovanni Pintori
Costruzione pubblicitaria stradale installata sulla Roma-Ciampino / Advertising installation on the Rome–Ciampino road
1950
Stampa fotografica b/n / Photographic print in b/w
36,5 x 40 cm
(altezza dell'installazione 11 m / installation height 11 m)
Collezione MAN / MAN Collection, Nuoro

34. Giovanni Pintori
Strumenti di competizione / Instruments for competing
1962
Annuncio pubblicitario / Advertisement
32,2 x 23 cm
Collezione MAN / MAN Collection, Nuoro

35. Giovanni Pintori
Velocità di scrittura / Speed typing Olivetti Studio 42
1940
Annuncio pubblicitario / Advertisement
Stampa offset / Offset print
32,2 x 23 cm
Collezione MAN / MAN Collection, Nuoro

36. Giovanni Pintori
Stand Olivetti, mostra delle invenzioni italiane a Milano, Palazzo della Triennale / Olivetti stand, exhibition of Italian inventions in Milan, Palazzo della Triennale
1939
Stampa fotografica b/n / Photographic print in b/w
36,5 x 56 cm
Collezione MAN / MAN Collection, Nuoro

37. Giovanni Pintori
Installazione per vetrina caratterizzata dai pennini del negozio Olivetti in galleria a Milano / Window display featuring pens at the Olivetti store in the Galleria in Milan
1937-1940
Stampa fotografica b/n / Photographic print in b/w, 30 x 24 cm
Collezione privata Paolo Pintori / Paolo Pintori private collection

38. Giovanni Pintori
Olivetti Studio
1936-1939
Annuncio pubblicitario / Advertisement
Stampa offset / Offset print
24 x 18 cm
Collezione MAN / MAN Collection, Nuoro

39. Giovanni Pintori
Installazione per vetrina del negozio Olivetti in galleria a Milano / Window installation for the Olivetti store in Milan Gallery
1939
Stampa fotografica b/n / Photographic print in b/w
23 x 17 cm
Collezione MAN / MAN Collection, Nuoro

40. Giovanni Pintori
Modello per struttura espositiva per negozio Olivetti / Model for a display in an Olivetti store
1948

Stampa offset / Offset print
60 x 46 cm
Collezione MAN / MAN Collection, Nuoro

41. Giovanni Pintori
Modello per struttura espositiva per negozio Olivetti / Model for a display in an Olivetti store
1948
Stampa fotografica b/n / Photographic print in b/w
18 x 24 cm
Collezione privata Paolo Pintori / Paolo Pintori private collection

42. Giovanni Pintori
Prototipo per strutture espositive per negozi / Prototype for displays in stores
1950
Stampa offset / Offset print
23 x 19,5 cm
Collezione MAN / MAN Collection, Nuoro

43. Giovanni Pintori
Progetto di stand / Design of a stand
1946
Stampa fotografica b/n / Photographic print in b/w
29 x 39 cm
Collezione MAN / MAN Collection, Nuoro

44. Giovanni Pintori
Struttura espositiva per negozio / Display for a store
1949 ca.
Stampa fotografica b/n / Photographic print in b/w
25,5 x 20,2 cm
Collezione privata Paolo Pintori / Paolo Pintori private collection

45. Giovanni Pintori
Schema per esposizione / Scheme for a display
1958
Disegno
32, 6 x 24 cm
Collezione privata Paolo Pintori / Paolo Pintori private collection

46. Giovanni Pintori
Allestimento per negozio / Store fittings
1950 ca.
Stampa fotografica b/n / Photographic print in b/w
24 x 17, 5 cm
Collezione MAN / MAN Collection, Nuoro

47. Giovanni Pintori
Allestimento per negozio / Store fittings
1950 ca.

Stampa fotografica b/n / Photographic print in b/w
23 x 13 cm
Collezione MAN / MAN Collection, Nuoro

48. Giovanni Pintori
Allestimento per negozio / Store fittings
1950 ca.
Stampa fotografica b/n / Photographic print in b/w
23,5 x 16,5 cm
Collezione MAN / MAN Collection, Nuoro

49. Giovanni Pintori
Struttura espositiva per negozio / Display for a store
1955 ca.
Stampa fotografica b/n / Photographic print in b/w
23,6 x 17,4 cm
Collezione privata Paolo Pintori / Paolo Pintori private collection

50. Giovanni Pintori
Insegna pubblicitaria stradale Olivetti / Olivetti roadside advertisement
1953
Stampa fotografica b/n / Photographic print in b/w
23,6 x 17,6 cm
Collezione privata Paolo Pintori / Paolo Pintori private collection

51. Giovanni Pintori
Insegna pubblicitaria autostradale Olivetti / Olivetti motorway advertisement
1950
Bozzetto / Mock up
Collage
12 x 45 cm
Collezione privata Paolo Pintori / Paolo Pintori private collection

52. Giovanni Pintori
Insegna pubblicitaria autostradale Olivetti / Olivetti motorway advertisement
1952
Stampa fotografica b/n / Photographic print in b/w
35 x 67,5 cm
Collezione privata Paolo Pintori / Paolo Pintori private collection

53. Ugo Mulas
Giovanni Pintori
1966
Stampa fotografica / Photographic print
15 x 20 cm
Collezione privata Paolo Pintori / Paolo Pintori private collection

54. Ugo Mulas
Giovanni Pintori
1966
Stampa fotografica b/n / Photographic print
in b/w
15 x 20 cm
Collezione privata Paolo Pintori /
Paolo Pintori private collection

55. Autore sconosciuto / Author unknown
Giovanni Pintori
1954
Stampa fotografica b/n / Photographic print
in b/w
15 x 20 cm
Collezione privata Paolo Pintori /
Paolo Pintori private collection

56. Giovanni Pintori
Allestimento per negozi / Store fittings
1950
Stampa fotografica b/n / Photographic print
in b/w
23 x 17 cm
Collezione privata Paolo Pintori /
Paolo Pintori private collection

57. Giovanni Pintori
Pallottoliere / Abacus
1946-1947
Bozzetto / Mock up
Fotografia con anilina / Photograph with aniline
37 x 26 cm
Collezione privata Paolo Pintori /
Paolo Pintori private collection

58. Giovanni Pintori
Carteggio / Correspondence
14 febbraio / February 1941
Inchiostro su carta intestata Olivetti
e firma a matita / Ink on Olivetti headed
notepaper and signature in pencil
28 x 22 cm
Collezione Associazione
Archivio Storico Olivetti

59. Giovanni Pintori
Carteggio / Correspondence
2 dicembre / December 1941
Inchiostro su carta / Ink on paper
28 x 22 cm
Collezione Associazione
Archivio Storico Olivetti

60. Giovanni Pintori
Carteggio / Correspondence
8 luglio / July 1941
Inchiostro su carta intestata Olivetti
e firma a matita / Ink on Olivetti headed
notepaper and signature in pencil
28 x 22 cm
Collezione Associazione
Archivio Storico Olivetti

61. Giovanni Pintori
Carteggio / Correspondence
15 maggio / May 1954
Inchiostro su carta intestata Olivetti
e firma a penna / Ink on Olivetti headed
notepaper and signature in pencil
28 x 22 cm

Collezione Associazione
Archivio Storico Olivetti

62. Giovanni Pintori
Olivetti Divisumma 14
1948
Pagina rivista / Page of a magazine
Stampa offset / Offset print
21 x 14 cm
Collezione Associazione
Archivio Storico Olivetti

63. Giovanni Pintori
Olivetti Divisumma
1942-1950
Annuncio pubblicitario / Advertisement
Stampa offset / Offset print
32 x 22 cm
Collezione MAN / MAN Collection, Nuoro

64. Giovanni Pintori
Lexicon Elettrica Olivetti
1954 ca.
Annuncio pubblicitario / Advertisement
Stampa offset / Offset print
30 x 21 cm
Collezione MAN / MAN Collection, Nuoro

65. Giovanni Pintori
Olivetti Lexikon
1952
Carta su pannello di legno / Paper on wooden
panel
53,5 x 46,5 cm
Collezione MAN / MAN Collection, Nuoro

66. Giovanni Pintori
Olivetti Lexikon
1947
Pagina di rivista / Page of a magazine
Stampa offset / Offset print
41,5 x 58 cm
Collezione MAN / MAN Collection, Nuoro

67. Giovanni Pintori
Numeri / Numbers
1949
Bozzetto / Mock up
Stampa offset / Offset print
70 x 50 cm
Collezione MAN / MAN Collection, Nuoro

68. Giovanni Pintori
Numeri / Numbers
1949
Manifesto / Poster
Stampa offset / Offset print
70 x 50 cm
Collezione MAN / MAN Collection,
Nuoro

69. Giovanni Pintori
Olivetti Divisumma
1955
Manifesto / Poster
Stampa offset / Offset print
70 x 50 cm
Collezione privata Paolo Pintori /
Paolo Pintori private collection

70. Giovanni Pintori
Olivetti Divisumma 24
1956
Manifesto / Poster
Stampa offset / Offset print
70 x 50 cm
Collezione privata Paolo Pintori /
Paolo Pintori private collection

71. Giovanni Pintori
Calcolatrice Olivetti / Olivetti calculator
1955
Annuncio pubblicitario / Advertisement
Stampa offset / Offset print
29,5 x 21 cm
Collezione MAN / MAN Collection, Nuoro

72. Giovanni Pintori
Olivetti Studio 44
1953
Dépliant / Brochure
Stampa offset / Offset print
30 x 21,2 cm
Collezione privata Paolo Pintori /
Paolo Pintori private collection

73. Giovanni Pintori
**Pagina pubblicitaria / Full-page
advertisement Olivetti**
1954
Bozzetto / Mock up
Collage e tempera
32,5 x 24 cm
Collezione privata Paolo Pintori /
Paolo Pintori private collection

74. Giovanni Pintori
Olivetti Studio 44
1955
Annuncio pubblicitario / Advertisement
Stampa offset / Offset print
35 x 58 cm
Collezione privata Paolo Pintori /
Paolo Pintori private collection

75. Giovanni Pintori
**Macchine elettriche Olivetti / Olivetti
electric office machines**
1953
Dépliant / Brochure
Stampa offset / Offset print
29,2 x 21,2 cm
Collezione MAN / MAN Collection, Nuoro

76. Giovanni Pintori
Olivetti Studio 44
1954
Dépliant / Brochure
Stampa offset / Offset print
29,8 x 21,2 cm
Collezione MAN / MAN Collection, Nuoro

77. Giovanni Pintori
Olivetti Lexikon
1953
Dépliant / Brochure
Stampa offset / Offset print
22,5 x 29 cm
Collezione MAN / MAN Collection, Nuoro

78. Giovanni Pintori
Olivetti Tekne 3
1966
Annuncio pubblicitario / Advertisement
Stampa offset / Offset print
36,5 x 54,5 cm
Collezione MAN / MAN Collection, Nuoro

79. Giovanni Pintori
Underwood
1958-1962
Annuncio pubblicitario / Advertisement
Stampa offset / Offset print
38 x 28 cm
Collezione Associazione
Archivio Storico Olivetti

80. Giovanni Pintori
Olivetti
1958-1962
Annuncio pubblicitario / Advertisement
Stampa offset / Offset print
38 x 28 cm
Collezione Associazione
Archivio Storico Olivetti

81. Giovanni Pintori
Olivetti
1956 ca.
Annuncio pubblicitario per quotidiani /
Newspaper advertisement
Stampa offset / Offset print
58 x 41,5 cm
Collezione MAN / MAN Collection, Nuoro

82. Giovanni Pintori
Olivetti Lettera 22
1950-1960
Manifesto / Poster
Stampa offset / Offset print
70 x 50 cm
Collezione privata Paolo Pintori /
Paolo Pintori private collection

83. Giovanni Pintori
Olivetti Lettera 22
1953
Annuncio pubblicitario per quotidiani /
Newspaper advertisement
Stampa offset / Offset print
12 x 4,5 cm
Collezione privata Paolo Pintori /
Paolo Pintori private collection

84. Giovanni Pintori
Olivetti Lettera 22
1958-1962
Annuncio pubblicitario / Advertisement
Stampa offset / Offset print
38 x 28 cm
Collezione Associazione
Archivio Storico Olivetti

85. Giovanni Pintori
Olivetti Lettera 22
1956
Annuncio pubblicitario / Advertisement
Stampa offset / Offset print
25 x 18 cm
Collezione privata Paolo Pintori /
Paolo Pintori private collection

86. Giovanni Pintori
Olivetti Lettera 22
1950
Bozzetto / Mock up
Collage
19 x 13 cm
Collezione MAN / MAN Collection, Nuoro

87. Giovanni Pintori
Olivetti Lettera 22
1950
Annuncio pubblicitario / Advertisement
Stampa offset / Offset print
29,7 x 21 cm
Collezione MAN / MAN Collection, Nuoro

88. Giovanni Pintori
Olivetti Lettera 22
1953 ca.
Bozzetto / Mock up
Collage e tempera / Collage and tempera
36 x 20 cm
Collezione MAN / MAN Collection, Nuoro

89. Giovanni Pintori
Olivetti Lettera 22
1953
Annuncio pubblicitario / Advertisement
Stampa offset / Offset print
32,5 x 24 cm
Collezione privata Paolo Pintori /
Paolo Pintori private collection

90. Giovanni Pintori
Olivetti Lettera 22
1953 ca.
Bozzetto / Mock up
Collage su cartoncino / Collage on
cardstock
34 x 24,5 cm
Collezione MAN / MAN Collection, Nuoro

91. Giovanni Pintori
Olivetti Lettera 22
1953
Bozzetto / Mock up
Collage su cartoncino
colorato a tempera / Collage on
cardstock coloured with tempera
35 x 25 cm
Collezione privata Paolo Pintori /
Paolo Pintori private collection

92. Giovanni Pintori
Olivetti Lettera 22
1953
Bozzetto / Mock up
Collage e cartoncino colorato
a tempera / Collage and cardstock
coloured with tempera
35 x 25 cm
Collezione privata Paolo Pintori /
Paolo Pintori private collection

93. Giovanni Pintori
**Copertina per rivista "Fortune" /
Cover of Fortune magazine**
1953
Stampa offset / Offset print
33 x 25,6 cm
Collezione MAN / MAN Collection, Nuoro

94. Giovanni Pintori
Olivetti Lexikon Elettrica
1956
Manifesto / Poster
Stampa offset / Offset print
70 x 50 cm
Collezione privata Paolo Pintori /
Paolo Pintori private collection

95. Giovanni Pintori
Olivetti Lettera 22 e / and Studio 44
1953
Annuncio pubblicitario per quotidiani /
Newspaper advertisement
Stampa offset / Offset print
53,5 x 17,5 cm
Collezione MAN / MAN Collection, Nuoro

96. Giovanni Pintori
Olivetti Summa 15
1953-1957
Annuncio pubblicitario / Advertisement
Stampa offset / Offset print
53,5 x 17,5 cm
Collezione privata Paolo Pintori /
Paolo Pintori private collection

97. Giovanni Pintori
Olivetti Studio 44
s.d. / n.d.
Copertina brochure / Brochure cover
Stampa offset / Offset print
16 x 11 cm
Collezione Associazione
Archivio Storico Olivetti

98. Giovanni Pintori
Olivetti Lettera 22
1958-1962
Annuncio pubblicitario / Advertisement
Stampa offset / Offset print
38 x 28 cm
Collezione Associazione
Archivio Storico Olivetti

99. Giovanni Pintori
Olivetti Lettera 22
1955
Manifesto / Poster
Stampa offset / Offset print
70 x 50 cm
Collezione privata Paolo Pintori /
Paolo Pintori private collection

100. Giovanni Pintori
Olivetti Lettera 22
1954
Annuncio pubblicitario / Advertisement
Stampa offset / Offset print
35 x 25 cm
Collezione MAN / MAN Collection, Nuoro

101. Giovanni Pintori
**Pagina pubblicitaria / Full-page
advertisement Olivetti**
1960
Bozzetto / Mock up
Tempera e acrilico / Tempera and acrylic
23,3 x 18,3 cm
Collezione privata Paolo Pintori /
Paolo Pintori private collection

102. Giovanni Pintori
Olivetti Multisumma 22
1958-1962
Annuncio pubblicitario / Advertisement
Stampa offset / Offset print
38 x 28 cm
Collezione Associazione
Archivio Storico Olivetti

103. Giovanni Pintori
**Olivetti. La più grande industria europea
di macchine per ufficio / Olivetti. Europe's
largest manufacturer of office machines**
1959-1962
Annuncio pubblicitario / Advertisement
Stampa offset / Offset print
38 x 28 cm
Collezione Associazione
Archivio Storico Olivetti

104. Giovanni Pintori
**Pagina pubblicitaria / Full-page
advertisement Olivetti Lettera 22**
1959
Bozzetto / Mock up
Cartoncino con collage e matita,
velina con tecnica mista, matite
colorate e china / Cardstock with collage and
pencil, tissue paper with mixed media,
coloured pencils and Indian ink
32,2 x 43,2 cm
Collezione privata Paolo Pintori /
Paolo Pintori private collection

105. Giovanni Pintori
Olivetti Lettera 22
1956
Manifesto / Poster
Stampa offset / Offset print
70 x 50 cm
Collezione MAN / MAN Collection, Nuoro

106. Giovanni Pintori
Olivetti Lettera 22
anni '50-'60 / 1950s-60s
Schizzi da taccuino / Drawings from the
sketchbook
Matite colorate su carta / Coloured pencils
on paper
24 x 20 cm
Collezione privata Paolo Pintori /
Paolo Pintori private collection

107. Giovanni Pintori
Olivetti Lettera 22
s.d. / n.d.
Bozzetto / Mock up
Collage
Collezione privata Paolo Pintori /
Paolo Pintori private collection

108. Giovanni Pintori
Olivetti Lettera 22
1959
Annuncio pubblicitario / Advertisement
Stampa offset / Offset print
29,7 x 21 cm
Collezione MAN / MAN Collection, Nuoro

109. Giovanni Pintori
[Senza titolo / Untitled]
anni '50-'60 / 1950s-60s
Schizzi da taccuino / Drawings from the
sketchbook
Matite colorate su carta / Coloured pencils
on paper
24 x 20 cm
Collezione privata Paolo Pintori /
Paolo Pintori private collection

110. Giovanni Pintori
**Copertina della rivista /
Cover of the magazine
"Notizie Olivetti", n. 79**
1963 ottobre / October
Stampa offset / Offset print
28 x 22 cm
Collezione Associazione
Archivio Storico Olivetti

111. Giovanni Pintori
**Olivetti Calcolatrice Elettrosumma 22 /
Olivetti Elettrosumma 22 calculator**
1956
Stampa pubblicitaria / Printed advertisement
60 x 50 cm
Collezione MAN / MAN Collection, Nuoro

112. Giovanni Pintori
Underwood
1959
Annuncio pubblicitario / Advertisement
Stampa offset / Offset print
33,5 x 25 cm
Collezione privata Paolo Pintori /
Paolo Pintori private collection

113. Giovanni Pintori
Olivetti Studio 44
1964
Brochure / Brochure
Stampa offset / Offset print
21 x 21 cm
Collezione Associazione
Archivio Storico Olivetti

114. Giovanni Pintori
Olivetti Contabile Audit 202
1956
Dépliant / Brochure
Stampa offset / Offset print
30 x 21 cm
Collezione MAN / MAN Collection, Nuoro

115. Giovanni Pintori
Olivetti Contabile Audit 202
anni '50 / 1950s
Stampa offset / Offset print
29,5 x 20,5 cm
Collezione privata Paolo Pintori /
Paolo Pintori private collection

116. Giovanni Pintori
Olivetti Multisumma 22
1958-1962
Annuncio pubblicitario / Advertisement
Stampa offset / Offset print
38 x 28 cm
Collezione Associazione
Archivio Storico Olivetti

117. Giovanni Pintori
Underwood 400
1950-1960
Manifesto / Poster
Stampa offset / Offset print
70 x 50 cm
Collezione privata Paolo Pintori /
Paolo Pintori private collection

118. Giovanni Pintori
Olivetti Divisumma 24
1958-1962
Annuncio pubblicitario / Advertisement
Stampa offset / Offset print
38 x 28 cm
Collezione Associazione
Archivio Storico Olivetti

119. Giovanni Pintori
**La nueva máquina de escribir elétrica
Olivetti 84**
1958-1962
Annuncio pubblicitario / Advertisement
Stampa offset / Offset print
38 x 28 cm
Collezione Associazione
Archivio Storico Olivetti

120. Giovanni Pintori
**Olivetti 84. La nuova macchina
per scrivere elettrica / The new electric
typewriter**
1958-1962
Annuncio pubblicitario / Advertisement
Stampa offset / Offset print
38 x 28 cm
Collezione Associazione
Archivio Storico Olivetti

121. Giovanni Pintori
Olivetti
1958-1962
Annuncio pubblicitario / Advertisement
Stampa offset / Offset print
38 x 28 cm
Collezione Associazione
Archivio Storico Olivetti

122. Giovanni Pintori
Olivetti Summa Prima 20
1958-1962
Annuncio pubblicitario / Advertisement
Stampa offset / Offset print, 38 x 28 cm
Collezione Associazione
Archivio Storico Olivetti

123. Giovanni Pintori
Underwood five
1950-1960
Manifesto / Poster
Stampa offset / Offset print
70 x 50 cm
Collezione privata Paolo Pintori /
Paolo Pintori private collection

124. Giovanni Pintori
Olivetti Divisumma 24
1958-1962
Annuncio pubblicitario / Advertisement
Stampa offset / Offset print
38 x 28 cm

Collezione Associazione
Archivio Storico Olivetti

125. Giovanni Pintori
Olivetti 82 Diaspron
1958-1962
Annuncio pubblicitario / Advertisement
Stampa offset / Offset print
38 x 28 cm
Collezione Associazione
Archivio Storico Olivetti

126. Giovanni Pintori
Olivetti 82 Diaspron
1958-1962
Annuncio pubblicitario / Advertisement
Stampa offset / Offset print
38 x 28 cm
Collezione Associazione
Archivio Storico Olivetti

127. Giovanni Pintori
Olivetti Graphika
1955
Manifesto / Poster
Stampa offset / Offset print
70 x 50 cm
Collezione MAN / MAN Collection, Nuoro

128. Giovanni Pintori
Olivetti Lettera 22
1958-1962
Annuncio pubblicitario / Advertisement
Stampa offset / Offset print
38 x 28 cm
Collezione Associazione
Archivio Storico Olivetti

129. Giovanni Pintori
Olivetti Lettera 22
1957
Bozzetto / Mock up
Collage e tempera acrilica su cartoncino /
Collage and acrylic tempera on cardstock
36,5 x 28,5 cm
Collezione privata Paolo Pintori /
Paolo Pintori private collection

130. Giovanni Pintori
Olivetti Lettera 22
1958-1962
Annuncio pubblicitario / Advertisement
Stampa offset / Offset print, 38 x 28 cm
Collezione Associazione
Archivio Storico Olivetti

131. Giovanni Pintori
Simboli / Symbols
anni '50-'70 / 1950s-60s
Schizzi / Sketches, Tecnica Mista / Mixed media
24 x 20 cm
Collezione privata Paolo Pintori /
Paolo Pintori private collection

132. Giovanni Pintori
Divisumma 24
1954
Annuncio pubblicitario / Advertisement
Stampa offset / Offset print
27,5 x 19,5 cm
Collezione MAN / MAN Collection, Nuoro

133. Giovanni Pintori
**Copertina della rivista /
Cover of the magazine
"Urbanistica", n. 4**
1950
Stampa offset / Offset print
30 x 21,5 cm
Collezione privata Paolo Pintori /
Paolo Pintori private collection

134. Giovanni Pintori
Olivetti "Spazio"
1958-1962
Annuncio pubblicitario / Advertisement
Stampa offset / Offset print
38 x 28 cm
Collezione Associazione
Archivio Storico Olivetti

135. Giovanni Pintori
**Selezione colori / Colour selection
Underwood**
1968
Prove di stampa offset / Offset print
proofs
22 x 23 cm
Collezione privata Paolo Pintori /
Paolo Pintori private collection

136. Giovanni Pintori
Olivetti Lettera 22
1958-1962
Annuncio pubblicitario / Advertisement
Stampa offset / Offset print
38 x 28 cm
Collezione Associazione
Archivio Storico Olivetti

137. Giovanni Pintori
**Non fate perder tempo / Make
the most of time.
Olivetti Lettera 22**
1958-1962
Annuncio pubblicitario / Advertisement
Stampa offset / Offset print
38 x 28 cm
Collezione Associazione
Archivio Storico Olivetti

138. Giovanni Pintori
Olivetti Lettera 22
1956
Annuncio pubblicitario per rivista /
Magazine advertisement
38 x 28 cm
Collezione Associazione
Archivio Storico Olivetti

139. Giovanni Pintori
Olivetti Lettera 22
1958-1962
Annuncio pubblicitario / Advertisement
Stampa offset / Offset print
38 x 28 cm
Collezione Associazione
Archivio Storico Olivetti

140. Georges Braque
**Lettera di / from Georges Braque a /
to Giovanni Pintori**
Parigi / Paris, 28 ottobre / October 1957

Copia della lettera scritta a mano /
Copy of the letter written by hand
29,7 x 21 cm
Collezione privata Paolo Pintori /
Paolo Pintori private collection

141. Giovanni Pintori (graphic design)
Calendario Olivetti / Olivetti calendar
1958
39 x 28,7 cm
Collezione d'arte e grafica, Centro
Culturale Chiasso

142. Giovanni Pintori
Olivetti 1908-1958
1958
Sovraccoperta di Giovanni Pintori e grafica di
Max Huber; a cura di Riccardo Musatti,
Libero Bigiaretti, Giorgio Soavi / Dust jacket
by Giovanni Pintori and Graphics by Max
Huber; edited by Riccardo Musatti, Libero
Bigiaretti, Giorgio Soavi
Collezione m.a.x. museo, Chiasso

143. Giovanni Pintori
Olivetti Tetractys
1956
Pagina di brochure / Page of a brochure
Stampa offset / Offset print
29 x 18 cm
Collezione Associazione
Archivio Storico Olivetti

144. Giovanni Pintori
Olivetti 82 Diaspron
1959
Libretto di istruzioni / Instruction booklet
Collezione privata Paolo Pintori /
Paolo Pintori private collection

145. Giovanni Pintori
**Schema frecce colore / Pattern of coloured
arrows**
1956
Disegno / Drawing
Matite colorate / Coloured pencils
31 x 21,5 cm
Collezione privata Paolo Pintori /
Paolo Pintori private collection

146. Giovanni Pintori
**Schema frecce colore / Pattern of coloured
arrows**
1956
Disegno / Drawin, Tecnica mista / Mixed media
28 x 20,5 cm
Collezione privata Paolo Pintori /
Paolo Pintori private collection

147. Giovanni Pintori
Olivetti Tetractys
1956
Manifesto / Poster
Stampa offset / Offset print
70 x 50 cm
Collezione privata Paolo Pintori /
Paolo Pintori private collection

148. Giovanni Pintori
Olivetti Lettera 22
1954

Manifesto / Poster
Stampa offset / Offset print
70 x 50 cm
Collezione privata Paolo Pintori /
Paolo Pintori private collection

149. Giovanni Pintori
Olivetti Lettera 22
1953
Manifesto / Poster
Stampa offset / Offset print
70 x 50 cm
Collezione privata Paolo Pintori /
Paolo Pintori private collection

150. Giovanni Pintori
**Pagina pubblicitaria / Full-page
advertisement Olivetti 82 Diaspron**
1959
Bozzetto / Mock up
Cartoncino con collage e velina con tecnica
mista / Cardstock with collage and tissue
paper with mixed media, 40,3 x 30,2 m
Collezione privata Paolo Pintori /
Paolo Pintori private collection

151. Giovanni Pintori
**Pagina pubblicitaria / Full-page
advertisement Olivetti 82 Diaspron**
1959
Bozzetto / Mock up
Cartoncino con collage e velina con tecnica
mista, matite colorate e china / Cardstock
with collage and tissue paper with mixed
media, coloured pencils and Indian ink
40,3 x 30,2 m
Collezione privata Paolo Pintori /
Paolo Pintori private collection

152. Giovanni Pintori
Olivetti 82 Diaspron
1958-1962
Annuncio pubblicitario / Advertisement
Stampa offset / Offset print, 38 x 28 cm
Collezione Associazione
Archivio Storico Olivetti

153. Giovanni Pintori
Payments, Balances, Recepits
1958-1962
Annuncio pubblicitario / Advertisement
Stampa offset / Offset print
38 x 28 cm
Collezione Associazione
Archivio Storico Olivetti

154. Giovanni Pintori
El alfabeto vuela de los dedos
1958-1962
Annuncio pubblicitario / Advertisement
Stampa offset / Offset print
38 x 28 cm
Collezione Associazione
Archivio Storico Olivetti

155. Giovanni Pintori
Olivetti
1957
Annuncio pubblicitario per quotidiani /
Newspaper advertisement
Stampa offset / Offset print

58,5 x 43,5 cm
Collezione MAN / MAN Collection, Nuoro

156. Giovanni Pintori
Olivetti
1957
Annuncio pubblicitario per quotidiani /
Newspaper advertisement
Stampa offset / Offset print
58,5 x 43,5 cm
Collezione privata Paolo Pintori /
Paolo Pintori private collection

157. Giovanni Pintori
**Olivetti
How many key-strokes a year?**
1967
Annuncio pubblicitario / Advertisement
Stampa offset / Offset print
36 x 26,5 cm
Collezione MAN / MAN Collection, Nuoro

158. Giovanni Pintori
**Olivetti
The most read, the most written**
1968
Annuncio pubblicitario / Advertisement
Stampa offset / Offset print
36 x 26,5 cm
Collezione MAN / MAN Collection, Nuoro

159. Giovanni Pintori
**Olivetti
A machine tool on the desk**
1969
Annuncio pubblicitario / Advertisement
Stampa offset / Offset print
36 x 26,5 cm
Collezione MAN / MAN Collection, Nuoro

160. Giovanni Pintori
**Olivetti
The world is the scene**
1970
Annuncio pubblicitario / Advertisement
Stampa offset / Offset print
36 x 26,5 cm
Collezione MAN / MAN Collection, Nuoro

161. Giovanni Pintori
**Olivetti
Anyone can tell**
1971
Annuncio pubblicitario / Advertisement
Stampa offset / Offset print
36 x 26,5 cm
Collezione MAN / MAN Collection, Nuoro

162. Giovanni Pintori
Pannello di legno / Wooden panel
Stampa fotografica b/n / Photographic print in b/w
29 x 24,5 cm
Collezione MAN / MAN Collection, Nuoro

163. Giovanni Pintori
Olivetti Lettera 32
1963, novembre / November
Annuncio pubblicitario per rivista "Novella" /
Advertisement for *Novella* magazine
Stampa offset / Offset print
36 x 26,5 cm

Collezione privata Paolo Pintori /
Paolo Pintori private collection

164. Giovanni Pintori
Olivetti Underwood
1961
Annuncio pubblicitario / Advertisement
Stampa offset / Offset print
32,5 x 25,5 cm
Collezione privata Paolo Pintori /
Paolo Pintori private collection

165. Giovanni Pintori
Olivetti Underwood
1962
Annuncio pubblicitario / Advertisement
Stampa offset / Offset print
32,5 x 25,5 cm
Collezione privata Paolo Pintori /
Paolo Pintori private collection

166. Giovanni Pintori
Olivetti Underwood
1963
Annuncio pubblicitario / Advertisement
Stampa offset / Offset print
32,5 x 25,5 cm
Collezione privata Paolo Pintori /
Paolo Pintori private collection

167. Giovanni Pintori
Olivetti Underwood
1960
Stampa fotografica b/n / Photographic print
in b/w
29 x 24,5 cm
Collezione MAN / MAN Collection, Nuoro

168. Giovanni Pintori
**Pannello di legno Numeri /
Wooden panel Numbers**
anni '60 / 1960s
Modello in legno / Wooden model
68 x 72 cm
Collezione privata Paolo Pintori /
Paolo Pintori private collection

169. Giovanni Pintori
Olivetti per calcolare / Olivetti to calculate
1961
Annuncio pubblicitario / Advertisement
Stampa offset / Offset print
32,5 x 25,5 cm
Collezione privata Paolo Pintori /
Paolo Pintori private collection

170. Giovanni Pintori
Olivetti
1961
Annuncio pubblicitario / Advertisement
Stampa offset / Offset print
33 x 24 cm
Collezione privata Paolo Pintori /
Paolo Pintori private collection

171. Giovanni Pintori
Ordine / Order Olivetti Synthesis
1958-1962
Annuncio pubblicitario / Advertisement
Stampa offset / Offset print
38 x 28 cm

Collezione Associazione
Archivio Storico Olivetti

172 Giovanni Pintori
Olivetti
1958-1962
Manifesto / Poster
Stampa offset / Offset print
70 x 50
Collezione privata Paolo Pintori /
Paolo Pintori private collection

173. Giovanni Pintori
**Olivetti. Industria Italiana Europea.
Ovunque Cifre e Parole sono
strumenti di conoscenza e lavoro /
Olivetti. Italian European Industry.
Figures and Words are tools of work
and knowledge everywhere**
1958-1962
Annuncio pubblicitario / Advertisement
Stampa offset / Offset print
38 x 28 cm
Collezione Associazione
Archivio Storico Olivetti

174. Giovanni Pintori
**Selezione colori / Colour selection
Audit 302**
Prove di Stampa offset / Offset print
proofs
22 x 23 cm
Collezione privata Paolo Pintori /
Paolo Pintori private collection

175. Giovanni Pintori
Olivetti Graphika
1956
Dépliant / Brochure
Stampa offset / Offset print
30 x 21 cm
Collezione MAN / MAN Collection, Nuoro

176. Giovanni Pintori
Olivetti Lexikon Elettrica
1958-1962
Annuncio pubblicitario / Advertisement
Stampa offset / Offset print
38 x 28 cm
Collezione Associazione
Archivio Storico Olivetti

177. Giovanni Pintori
**Olivetti Raphael. La macchina
per scrivere a spaziatura differenziata /
The typewriter with variable
spacing**
1961
Copertina Dépliant / Brochure cover
Collezione m.a.x. museo, Chiasso

178. Giovanni Pintori
**Scritta Olivetti in rilievo / Embossed
Olivetti lettering**
anni '50 / 1950s
Stampa fotografica / Stampa fotografica
Collezione privata Paolo Pintori /
Paolo Pintori private collection

179. Giovanni Pintori
La scrittura si prova leggendo / The test of writing is reading
anni '50 / 1950s
Annuncio pubblicitario / Advertisement
Stampa offset / Offset print
64,2 x 31 cm
Collezione privata Paolo Pintori /
Paolo Pintori private collection

180. Giovanni Pintori
Scrittura elettrica Olivetti modelli tre / Olivetti electric typing: three models
1963
Annuncio pubblicitario per quotidiani /
Newspaper advertisement
Stampa offset / Offset print
57,5 x 26 cm
Collezione MAN / MAN Collection, Nuoro

181. Giovanni Pintori
Modello in legno per pubblicità Olivetti / Wooden model for Olivetti advertisements
1963
Stampa fotografica b/n / Photographic print
in b/w
Collezione MAN / MAN Collection, Nuoro

182. Giovanni Pintori
Olivetti Graphika
1958
Annuncio pubblicitario / Advertisement
Stampa offset / Offset print
60 x 22 cm
Collezione MAN / MAN Collection, Nuoro

183. Giovanni Pintori
Studio per alfabeto in rilievo / Study of embossed alphabet
1965-1976
Stampa fotografica / Photographic print
Collezione privata Paolo Pintori /
Paolo Pintori private collection

184. Giovanni Pintori
Olivetti Linea 88
1967
Manifesto / Poster
Stampa offset / Offset print
70 x 50 cm
Collezione privata Paolo Pintori /
Paolo Pintori private collection

185. Giovanni Pintori
Olivetti Graphika
1958
Annuncio pubblicitario per quotidiani /
Newspaper advertisement
Stampa offset / Offset print
59,50 x 22,3 cm
Collezione privata Paolo Pintori /
Paolo Pintori private collection

186. Giovanni Pintori
Olivetti Underwood
1963
Annuncio pubblicitario / Advertisement
Stampa offset / Offset print
32,5 x 24,5 cm
Collezione MAN / MAN Collection, Nuoro

187. Giovanni Pintori
La nuova Olivetti Studio 42 / The new Olivetti Studio 42
1938
Annuncio pubblicitario / Advertisement
Stampa offset / Offset print
29,7 x 21 cm
Collezione MAN / MAN Collection, Nuoro

188. Giovanni Pintori
Pagina pubblicitaria / Full-page advertisement Olivetti Studio
1961
Bozzetto / Mock up
Matite colorate su carta / Coloured pencils
on paper
26 x 26 cm
Collezione privata Paolo Pintori /
Paolo Pintori private collection

189. Giovanni Pintori
Gabbianelli
1970
Bozzetto per copertina / Mock up of the cover
Velina con china colorata / Tissue paper with
coloured ink
17,5 x 25 cm
Collezione privata Paolo Pintori /
Paolo Pintori private collection

190. Giovanni Pintori
Copertina della rivista / Cover of the magazine "Notizie Olivetti", n. 43
1957, gennaio / January
Stampa offset / Offset print
26 x 20 cm
Collezione Associazione
Archivio Storico Olivetti

191. Giovanni Pintori
Olivetti
1958-1962
Annuncio pubblicitario / Advertisement
Stampa offset / Offset print
38 x 28 cm
Collezione Associazione
Archivio Storico Olivetti

192. Giovanni Pintori
Olivetti
1958-1962
Annuncio pubblicitario / Advertisement
Stampa offset / Offset print
38 x 28 cm
Collezione Associazione
Archivio Storico Olivetti

193. Giovanni Pintori
Olivetti
1958-1962
Annuncio pubblicitario / Advertisement
Stampa offset / Offset print
38 x 28 cm
Collezione Associazione
Archivio Storico Olivetti

194. Giovanni Pintori
Scrittura elettrica efficienza Olivetti / Electric typing, Olivetti efficiency
1965

Annuncio pubblicitario per quotidiani /
Newspaper advertisement
Stampa offset / Offset print
57 x 25 cm
Collezione MAN / MAN Collection, Nuoro

195. Giovanni Pintori
La macchina aritmetica, il calcolo elettronico / The arithmetic machine, electronic calculation
1963
Annuncio pubblicitario per quotidiani /
Newspaper advertisement
Stampa offset / Offset print
55 x 28 cm
Collezione MAN / MAN Collection, Nuoro

196. Giovanni Pintori
Dati immediati elaborazione corretta / Immediate data, correct processing
1958-1962
Annuncio pubblicitario / Advertisement
Stampa offset / Offset print
38 x 28 cm
Collezione Associazione
Archivio Storico Olivetti

197. Giovanni Pintori
Olivetti Tetractys
1956
Pagina di rivista / Magazine page
Stampa offset / Offset print
29 x 20,5 cm
Collezione Associazione
Archivio Storico Olivetti

198. Giovanni Pintori
Simboli / Symbols
anni '50-'70 / 1950s-70s
Schizzi su taccuino / Drawings in sketchbook
Tecnica mista / Mixed media
24 x 20 cm
Collezione privata Paolo Pintori /
Paolo Pintori private collection

199. Giovanni Pintori
Copertina della rivista / Cover of the magazine "Stile Industria", n. 22
1959
Stampa offset / Offset print
32,5 x 24,5 cm
Collezione MAN / MAN Collection, Nuoro

200. Giovanni Pintori
Copertina della rivista / Cover of the magazine "Stile Industria", n. 3
1955
Stampa offset / Offset print
32 x 24 cm
Collezione MAN / MAN Collection, Nuoro

201. Giovanni Pintori
Operazioni contabili, conferme statistiche, scelte tecniche, decisioni produttive / Accounting operations, statistical confirmations, technical choices, production decisions
1958-1962

Annuncio pubblicitario / Advertisement
Stampa offset / Offset print
38 x 28 cm
Collezione Associazione
Archivio Storico Olivetti

202. Giovanni Pintori
Copertina della rivista / Cover of the magazine "Notizie Olivetti", n. 69
1960
Stampa offset / Offset print
26 x 20 cm
Collezione MAN / MAN Collection, Nuoro

203. Giovanni Pintori
Copertina della rivista / Cover of the magazine "Notizie Olivetti", n. 25
1955
Stampa offset / Offset print, 26 x 17 cm
Collezione Associazione
Archivio Storico Olivetti

204. Giovanni Pintori
Copertina della rivista / Cover of the magazine "Notizie Olivetti", n. 27
1955
Stampa offset / Offset print
26 x 17 cm
Collezione Associazione
Archivio Storico Olivetti

205. Giovanni Pintori
Copertina della rivista / Cover of the magazine "Notizie Olivetti", n. 76
1962
Stampa offset / Offset print
28 x 22 cm
Collezione MAN / MAN Collection, Nuoro

206. Giovanni Pintori
Copertina della rivista / Cover of the magazine "Notizie Olivetti", n. 77
1963
Stampa offset / Offset print
28 x 22 cm
Collezione Associazione
Archivio Storico Olivetti

207. Giovanni Pintori
Copertina della rivista / Cover of the magazine "Notizie Olivetti", n. 67
1959
Stampa offset / Offset print
26 x 20 cm
Collezione Associazione
Archivio Storico Olivetti

208. Giovanni Pintori
Copertina della rivista / Cover of the magazine "Notizie Olivetti", n. 85
1965
Stampa offset / Offset print
28 x 22 cm
Collezione Associazione
Archivio Storico Olivetti

209. Giovanni Pintori
Olivetti: design in industry
1965
Stampa offset / Offset print
30 x 21,5 cm
Collezione Associazione
Archivio Storico Olivetti

210. Giovanni Pintori
**10 fabbriche Olivetti: eguali metodi,
macchine eguali / 10 Olivetti factories:
same methods, same machines**
1956
Annuncio pubblicitario / Advertisement
Stampa offset / Offset print
58 x 41,5 cm
Collezione MAN / MAN Collection, Nuoro

211. Giovanni Pintori
Olivetti
1958-1962
Annuncio pubblicitario / Advertisement
Stampa offset / Offset print
38 x 28 cm
Collezione Associazione
Archivio Storico Olivetti

212. Giovanni Pintori
**Il numero misura la realtà / Number
measures reality**
1955
Annuncio pubblicitario / Advertisement
Stampa offset / Offset print
58 x 41,5 cm
Collezione MAN / MAN Collection, Nuoro

213. Giovanni Pintori
Olivetti Divisumma 24
1955
Annuncio pubblicitario per quotidiani /
Newspaper advertisement
Stampa offset / Offset print
60 x 23 cm
Collezione privata Paolo Pintori /
Paolo Pintori private collection

214. Giovanni Pintori
Olivetti Divisumma
1952
Annuncio pubblicitario per quotidiani /
Newspaper advertisement
Stampa offset / Offset print
53,5 x 16,5 cm
Collezione MAN / MAN Collection, Nuoro

215. Giovanni Pintori
Olivetti Divisumma
1952
Annuncio pubblicitario per quotidiani /
Newspaper advertisement
Stampa offset / Offset print
60 x 22 cm
Collezione MAN / MAN Collection, Nuoro

216. Giovanni Pintori
**Un universo di segnali /
A universe of signals**
anni '50 / 1950s
Manifesto / Poster
Stampa offset / Offset print
61 x 44,5 cm

Collezione privata Paolo Pintori /
Paolo Pintori private collection

217. Giovanni Pintori
Olivetti
1968
Prova di stampa / Print proof
Stampa offset / Offset print
33,7 x 25 cm
Collezione privata Paolo Pintori /
Paolo Pintori private collection

218. Giovanni Pintori
Olivetti
1968
Annuncio pubblicitario / Advertisement
Stampa offset / Offset print
33,7 x 25 cm
Collezione privata Paolo Pintori /
Paolo Pintori private collection

219. Giovanni Pintori
Olivetti
1966-1968
Bozzetto / Mock up
Composizione con cartoncini colorati /
Composition with pieces of coloured
cardstock
27 x 27 cm
Collezione privata Paolo Pintori /
Paolo Pintori private collection

220. Giovanni Pintori
Olivetti tekne 3
1963
Manifesto / Poster
Stampa offset / Offset print
70 x 50 cm
Collezione privata Paolo Pintori /
Paolo Pintori private collection

221. Giovanni Pintori
**Copertina della rivista / Cover
of the magazine
"Olivetti News", n. 83**
1965
Stampa offset / Offset print
28 x 22 cm
Collezione Associazione
Archivio Storico Olivetti

222. Giovanni Pintori
Olivetti Elettrosumma 23
1966
Brochure
Stampa offset / Offset print
21 x 21 cm
Collezione Associazione
Archivio Storico Olivetti

223. Giovanni Pintori
Olivetti Printing Calculators
1958
Annuncio pubblicitario / Advertisement
Stampa offset / Offset print
33 x 25 cm
Collezione MAN / MAN Collection, Nuoro

224. Giovanni Pintori
Moto perpetuo / Perpetual motion
anni '60 / 1960s

Modello in legno / Wooden model
79 x 73 cm
Collezione privata Paolo Pintori /
Paolo Pintori private collection

225. Giovanni Pintori
Moto perpetuo / Perpetual motion
anni '60 / 1960s
Modello in legno / Wooden model
79 x 73 cm
Collezione privata Paolo Pintori /
Paolo Pintori private collection

226. Giovanni Pintori
Moto perpetuo / Perpetual motion
anni '60 / 1960s
Modello in legno / Wooden model
83 x 70 cm
Collezione privata Paolo Pintori /
Paolo Pintori private collection

227. Giovanni Pintori
Un altro scrivere / Another writing
1964
Annuncio pubblicitario per quotidiani /
Newspaper advertisement
Stampa offset / Offset print
54,5 x 26,5 cm
Collezione MAN / MAN Collection, Nuoro

228. Giovanni Pintori
**Che cosa vale una pagina elettrica / What
an electric page is worth**
1964
Annuncio pubblicitario per quotidiani /
Newspaper advertisement
Stampa offset / Offset print
54,5 x 26,5 cm
Collezione MAN / MAN Collection, Nuoro

229. Giovanni Pintori
**La stanchezza non è una virtù / Tiredness
is not a virtue**
1964
Annuncio pubblicitario per quotidiani /
Newspaper advertisement
Stampa offset / Offset print
51,7 x 20 cm
Collezione MAN / MAN Collection, Nuoro

230. Giovanni Pintori
**Dal manoscritto all'elettroscritto /
From manuscript to electroscript**
1964
Annuncio pubblicitario / Advertisement
Stampa offset / Offset print
53 x 27 cm
Collezione MAN / MAN Collection, Nuoro

231. Giovanni Pintori
Olivetti Elettrosumma 20
1965
Brochure, Stampa offset / Offset print
21 x 21 cm
Collezione Associazione
Archivio Storico Olivetti

232. Giovanni Pintori
**Pagina pubblicitaria / Full-page
advertisement Olivetti Lexicon Elettrica**
1961

Bozzetto / Mock up
Collage e matita / Collage and pencil
32 x 24cm
Collezione privata Paolo Pintori / Paolo Pintori
private collection

233. Giovanni Pintori
**Pagina pubblicitaria / Full-page
advertisement Olivetti Lexicon Elettrica**
1961
Bozzetto / Mock up
Cartoncino collage con applicata velina
con matite colorate e note a matita /
Collage on cardstock with tissue paper
applique with coloured pencils and notes
in pencil
29 x 21,4cm
Collezione privata Paolo Pintori /
Paolo Pintori private collection

234. Giovanni Pintori
Olivetti Lexikon Elettrica
1958 -1962
Annuncio pubblicitario / Advertisement
Stampa offset / Offset print
38 x 28 cm
Collezione Associazione
Archivio Storico Olivetti

235. Giovanni Pintori
**L'alfabeto fila via dalle dita / The alphabet
flies off your fingers**
anni '60 / 1960s
Fotografia di un modello / Photograph of
a model
Stampa offset / Offset print
Collezione privata Paolo Pintori /
Paolo Pintori private collection

236. Giovanni Pintori
**L'alfabeto fila via dalle dita / The alphabet
flies off your fingers**
1958-1962
Annuncio pubblicitario / Advertisement
Stampa offset / Offset print
38 x 28cm
Collezione Associazione
Archivio Storico Olivetti

237. Giovanni Pintori
Moto perpetuo / Perpetual motion
Anni '60 / 1960s
Schizzo / Sketch
Tempera su carta / Tempera on paper
46 x 40 cmm
Collezione MAN / MAN Collection, Nuoro

238. Giovanni Pintori
Moto perpetuo / Perpetual motion
Anni '60 / 1960s
Schizzo / Sketch
Acrilico su carta / Acrylic on paper
32,5 x 32,5 cm
Collezione privata Paolo Pintori / Paolo Pintori
private collection

239. Giovanni Pintori
Moto perpetuo / Perpetual motion
1968
Schizzo / Sketch
Tempera e matita / Tempera and pencil

49,5 x 48,5 cm
Collezione MAN / MAN Collection, Nuoro

240. Giovanni Pintori
Graphic annual 68 / 69
1968
Schizzo / Sketch
Tempera e matita / Tempera and pencil
49,5 x 48,5 cm
Collezione MAN / MAN Collection, Nuoro

241. Giovanni Pintori
Moto perpetuo / Perpetual motion
anni '60 / 1960s
Acrilico su carta / Acrylic on paper
49,7 x 51,5 cm
Collezione privata Paolo Pintori /
Paolo Pintori private collection

242. Giovanni Pintori
Moto perpetuo / Perpetual motion
1961
Acrilico su carta / Acrylic on paper
34,5 x 35 cm
Collezione privata Paolo Pintori /
Paolo Pintori private collection

243. Giovanni Pintori
Moto perpetuo / Perpetual motion
1974
Acrilico su tela / Acrylic on canvas
35,2 x 34,8 cm
Collezione privata Paolo Pintori /
Paolo Pintori private collection

244. Giovanni Pintori
Moto perpetuo / Perpetual motion
anni '60 / 1960s
Acrilico su carta / Acrylic on paper
33 x 33 cm
Collezione privata Paolo Pintori /
Paolo Pintori private collection

245. Giovanni Pintori
Moto perpetuo / Perpetual motion
anni '60 / 1960s
Acrilico su carta / Acrylic on paper, 33 x 33 cm
Collezione privata Paolo Pintori /
Paolo Pintori private collection

246. Giovanni Pintori
**Schizzi vari in taccuino /
Various drawings in the sketchbook**
anni '60 / 1960s
Disegno / Drawing, Matite colorate /
Coloured pencils, 24 x 20 cm
Collezione privata Paolo Pintori /
Paolo Pintori private collection

247. Giovanni Pintori
Moto perpetuo / Perpetual motion
anni '60 / 1960s
Schizzo / Sketch
Acrilico su carta / Acrylic on paper
34,5 x 35,5 cm
Collezione privata Paolo Pintori /
Paolo Pintori private collection

248. Giovanni Pintori
Moto perpetuo / Perpetual motion
anni '60 / 1960s

Schizzo / Sketch
Acrilico su carta / Acrylic on paper
51 x 49,3 cm
Collezione privata Paolo Pintori /
Paolo Pintori private collection

249. Giovanni Pintori
Moto perpetuo / Perpetual motion
1962
Schizzo / Sketch
Acrilico su tela / Acrylic on canvas
24,5 x 29,5 cm
Collezione privata Paolo Pintori /
Paolo Pintori private collection

250. Giovanni Pintori
Moto perpetuo / Perpetual motion
1961
Schizzo / Sketch
Acrilico su velina / Acrylic on tissue paper
42 x 42 cm
Collezione privata Paolo Pintori /
Paolo Pintori private collection

251. Giovanni Pintori
Moto perpetuo / Perpetual motion
1980 ca.
Schizzo / Sketch
Acrilico su tela / Acrylic on canvas
30 x 25 cm
Collezione MAN / MAN Collection, Nuoro

252. Autore sconosciuto / Author unknown
**Giovanni Pintori in Giappone /
in Japan**
1967
Stampa fotografica / Photographic print
25 x 30 cm
Collezione privata Paolo Pintori /
Paolo Pintori private collection

253. Giovanni Pintori
**Schizzi vari in taccuino /
Various drawings in the sketchbook**
anni '50-'60 / 1950s-60s
Disegno / Drawing
Tecnica mista / Mixed media
24 x 20 cm
Collezione privata Paolo Pintori /
Paolo Pintori private collection

254. Giovanni Pintori
**Schizzi vari in taccuino /
Various drawings in the sketchbook**
anni '50-'60 / 1950s-60s
Disegno / Drawing
Tecnica mista / Mixed media
24 x 20 cm
Collezione privata Paolo Pintori /
Paolo Pintori private collection

255. Giovanni Pintori
**Copertina della rivista /
Cover of the magazine
"Graphic design", n. 31 (Giappone /
Japan)**
1968, settembre
Stampa offset / Offset print
30 x 25,5 cm
Collezione MAN / MAN Collection,
Nuoro

256. Autore sconosciuto / Author unknown
**Giovanni Pintori, mostra presso la Società
Umanitaria di Milano / exhibition at the
Società Umanitaria in Milan**
1981- 1982
Stampa fotografica / Photographic print
31 x 40,5 cm
Collezione privata Paolo Pintori /
Paolo Pintori private collection

257. Giovanni Pintori
[Senza titolo / Untitled]
1970
Acrilico su carta / Acrylic on paper
70 x 70 cm
Collezione privata Paolo Pintori /
Paolo Pintori private collection

258. Giovanni Pintori
**Schizzi vari in taccuino / Various drawings
in the sketchbook**
anni '50-'60 / 1950s-60s
Disegno / Drawing
Penna e matita / Pen and pencil
24 x 20 cm
Collezione privata Paolo Pintori /
Paolo Pintori private collection

259. Giovanni Pintori
**Schizzi vari in taccuino / Various drawings
in the sketchbook**
anni '50-'60 / 1950s-60s
Disegno / Drawing
Pennarello / Felt-tip pen
24 x 20 cm
Collezione privata Paolo Pintori /
Paolo Pintori private collection

260. Giovanni Pintori
Coppia giapponese / Japanese couple
1976
Manifesto / Poster
Stampa offset / Offset print, 66 x 48 cm
Collezione privata Paolo Pintori /
Paolo Pintori private collection

261. Giovanni Pintori
**Merzario Sulle vie dell'aria / On the
airways**
1983
Annuncio pubblicitario / Advertisement
Stampa offset / Offset print
58 x 41,5 cm
Collezione MAN / MAN Collection, Nuoro

262. Giovanni Pintori
**Copertina per bilancio Merziario /
Cover for Merziario financial
statement**
1981
Stampa offset / Offset print
27 x 27 cm
Collezione MAN / MAN Collection, Nuoro

263. Giovanni Pintori
**Copertina per bilancio Merziario / Cover
for Merziario financial statement**
1982
Stampa offset / Offset print
27 x 27 cm
Collezione MAN / MAN Collection, Nuoro

264. Giovanni Pintori
**Merzario. Sbarca imbarca in poche ore /
Boarding and disembarking in a few
hours**
1981
Annuncio pubblicitario per quotidiani /
Newspaper advertisement
Stampa offset / Offset print
56 x 41 cm
Collezione privata Paolo Pintori /
Paolo Pintori private collection

265. Giovanni Pintori
**Merzario. Fino ai paesi più lontani /
To faraway lands**
1982
Annuncio pubblicitario per quotidiani /
Newspaper advertisement
Stampa offset / Offset print
57,5 x 41,5 cm
Collezione MAN / MAN Collection, Nuoro

266. Giovanni Pintori
**Merzario. Spedizionieri da sempre /
Shippers as always**
1981
Annuncio pubblicitario per quotidiani /
Newspaper advertisement
Stampa offset / Offset print
58 x 41,5 cm
Collezione MAN / MAN Collection, Nuoro

267. Giovanni Pintori
**Merzario. Un lungo ventaglio di rotte /
A broad selection of routes**
1981
Annuncio pubblicitario / Advertisement
Stampa offset / Offset print
58 x 42 cm
Collezione MAN / MAN Collection, Nuoro

268. Giovanni Pintori
**Merzario. Anche un servizio traslochi /
Also a removal service**
1983
Annuncio pubblicitario / Advertisement
Stampa offset / Offset print
57,5 x 41,5 cm
Collezione MAN / MAN Collection, Nuoro

269. Giovanni Pintori
**Merzario. Hong Kong Singapore
Giappone / Hong Kong Singapore
Japan**
1983
Annuncio pubblicitario / Advertisement
Stampa offset / Offset print
57,5 x 41,5 cm
Collezione MAN / MAN Collection, Nuoro

270. Giovanni Pintori
**Merzario. Da porta a porta
con contenitori frigoriferi /
Door to door with refrigerated
containers**
1982
Annuncio pubblicitario per quotidiani /
Newspaper advertisement
Stampa offset / Offset print
57,5 x 41,5 cm
Collezione MAN / MAN Collection, Nuoro

271. Giovanni Pintori
Merzario. Linea del freddo / Refrigerated line
1983
Annuncio pubblicitario per quotidiani /
Newspaper advertisement
Stampa offset / Offset print
57,5 x 41,5 cm
Collezione MAN / MAN Collection, Nuoro

272. Giovanni Pintori
Rank precision industries
1970
Annuncio pubblicitario / Advertisement
Stampa offset / Offset print
30 x 21 cm
Collezione privata Paolo Pintori /
Paolo Pintori private collection

273. Giovanni Pintori
Pirelli
anni '90 / 1990s
Annunci pubblicitari / Advertisements
Stampa offset / Offset print
28 x 18,5 cm
Collezione privata Paolo Pintori /
Paolo Pintori private collection

274. Giovanni Pintori
Auguri (nuvola) / Greetings (cloud)
anni '60 / 1960s
Acrilico su cartoncino / Acrylic on cardstock
21 x 21 cm
Collezione privata Paolo Pintori /
Paolo Pintori private collection

275. Giovanni Pintori
Auguri (mare) / Greetings (sea)
anni '90 / 1990s
Acrilico su cartoncino / Acrylic on cardstock
21 x 21 cm
Collezione privata Paolo Pintori /
Paolo Pintori private collection

276. Giovanni Pintori
Auguri (natura morta) / Greetings (still life)
anni '90 / 1990s
Acrilico su carta / Acrylic on paper
42 x 42 cm
Collezione privata Paolo Pintori /
Paolo Pintori private collection

277. Giovanni Pintori
Auguri (fiore) / Greetings (flower)
anni '90 / 1990s
Acrilico su carta / Acrylic on paper
40 x 40 cm
Collezione privata Paolo Pintori /
Paolo Pintori private collection

278. Giovanni Pintori
Auguri (pesce) / Greetings (fish)
anni '90 / 1990s
Acrilico su carta / Acrylic on paper
42 x 43 cm
Collezione privata Paolo Pintori /
Paolo Pintori private collection

279. Giovanni Pintori
Rione Seuna, Nuoro
1990

Matite colorate e gessi / Coloured pencils
and chalks
35 x 50 cm
Collezione privata Paolo Pintori /
Paolo Pintori private collection

280. Giovanni Pintori
Chiesa di / Church of Santa Maria, Nuoro
1990
Matite colorate e gessi / Coloured pencils
and chalks
44 x 62 cm
Collezione privata Paolo Pintori /
Paolo Pintori private collection

281. Giovanni Pintori
[Senza titolo / Untitled]
1970
Acrilico su carta / Acrylic on paper
69 x 100 cm
Collezione privata Paolo Pintori /
Paolo Pintori private collection

282. Giovanni Pintori
[Senza titolo / Untitled]
1980-1990
Acrilico su carta / Acrylic on paper
70 x 70 cm
Collezione privata Paolo Pintori /
Paolo Pintori private collection

283. Giovanni Pintori
[Senza titolo / Untitled]
1980- 1990
Tempera su carta / Tempera on paper
70 x 50 cm
Collezione privata Paolo Pintori /
Paolo Pintori private collection

Antologia di scritti di e su Giovanni Pintori

a cura di Nicoletta Ossanna Cavadini e Davide Cadeddu

Sono qui di seguito riportati alcuni testi importanti scritti da Giovanni Pintori sul suo lavoro artistico come presentazioni di cataloghi di mostre personali o riflessioni sul suo lavoro apparse in pubblicazioni di settore, o ancora appunti dattiloscritti conservati nel suo archivio privato, accompagnati da saggi fondamentali scritti sul suo lavoro citati nei testi in catalogo.

Guido Ballo
Giovanni Pintori, in "Linea Grafica", n. 9-10, sett / ott 1955, pp. 242-247

Particolare importanza assume, nella storia della cultura artistica italiana, l'ambiente milanese formatosi poco dopo il 1930. Il dilagante novecentismo, ormai ufficiale, faceva sentire a suo modo il problema della decorazione: la pittura da cavalletto sembrava quasi non rispondesse più alle esigenze del tempo: si cercava di tornare alla parete, al grande affresco, al mosaico, al rapporto tra architettura e pittura.
Ma proprio il *Novecento*, che stabiliva il ritorno a una tradizione da museo, non poteva risolvere il problema decorativo che in modo equivoco: si tendeva al monumentale, e quindi al retorico, e non si potevano capire le nuove funzioni della decorazione in una società europea rinnovata nelle strutture e nel costume. D'altra parte, l'architettura ufficiale italiana del *Novecento*, alla Piacentini, cadeva anch'essa nella vuota retorica del monumentale.
Ma a Milano, già in quel periodo, avvenne la prima decisa opposizione al *Novecento*. Nelle arti figurative questa opposizione si attuò dando maggior valore al colore, liberandolo da ogni monumentalità formale, che troppo spesso nascondeva origini accademiche, e ricollegando il gusto ai Fauves, al postimpressionismo, all'espressionismo, con una visione più internazionale; per la decorazione – da intendere questa volta nel significato più vasto – si cominciò a intuire chiaro il rapporto tra nuova architettura, funzione, struttura sociale e linguaggio. Si cercò di rispondere alle nuove esigenze di una società, europea e non provinciale, che, basandosi sul prodotto industriale in serie, potesse anche pervenire a oggetti artistici belli e funzionali: portando la nuova bellezza nella quantità, senza miti romantici.

Era ancora il problema della Bauhaus: che in Italia però trovava rispondenza solo in pochissimi artisti innovatori. Si trattava di risalire per la strada dell'astrattismo: non tanto al primo periodo di Kandinskij, ancora carico di accenti espressionisti, quanto al più recente Kandinskij, a certo Klee e ai Neoplastici olandesi: a quella tendenza che risolveva in modo nuovo i rapporti tra architettura, arti applicate all'industria, funzione sociale. Gropius diventava il grande innovatore dell'architettura.
L'architetto Giuseppe Pagano, Edoardo Persico, Nizzoli contribuirono alla formazione di questo nuovo clima in Italia: le prime mostre astratte alla galleria del Milione, le accese polemiche su Casabella, le costruzioni di Terragni concorsero a rinnovare il costume artistico. La grafica e l'architettura pubblicitaria e, in genere, le arti applicate trovarono nuovi stimoli.
Quando dalla nativa Sardegna, nel 1931, Giovanni Pintori – allora diciannovenne – giunse a Milano, tra il novecentismo più ufficiale trovò questi nuovi fermenti, che aprivano nuove strade. S'iscrisse all'Istituto Superiore per le Industrie Artistiche, a Monza: dove, accanto allo scultore Marino Marini (Martini se n'era già andato), e ai pittori Semeghini e De Grada, insegnavano già nel '33 Pagano, Nizzoli, Persico. Questi tre ultimi influirono sulla formazione di Pintori, che a scuola aveva preso l'indirizzo della pubblicità grafica. Nizzoli insegnava grafica e manifesto pubblicitario: ma Cassandra, di cui Persico commentava a scuola i manifesti (famoso, tra i giovani, quello per i Wagons-Lits), costituiva per il linguaggio in formazione di Pintori una valida premessa.
Nel '34 egli venne chiamato da Pagano per collaborare alla Mostra dell'Aeronautica a Milano: in questa mostra rimase memorabile, e influì come esempio per la purezza di strutture, la Sala delle Medaglie d'Oro, allestita da Nizzoli e Persico.
Ed eccolo, dal '36, alla Olivetti, dove lavora ancora oggi, all'Ufficio Pubblicità. Pintori in questo modo ha potuto raggiungere una coerenza da specialista, per aver fatto sempre uno stesso lavoro, senza dispersioni.
Gran parte della pubblicità Olivetti è passata per le sue mani.
L'inventiva dell'immagine si accomuna in lui a una rara chiarezza grafica: gli spazi, i colori, i caratteri. Le sagome allusive

degli oggetti, mentre attirano l'occhio con efficace immediatezza emotiva, sono sottilmente calcolati, ma senza uniformità o monotonia di schemi. Si può dire anzi che l'astrattismo neoplastico abbia influito su Pintori solo in parte, soprattutto nel rigore compositivo: ma le impaginazioni in realtà sono varie, agili, affidate con chiarezza ai valori allusivi, con una fantasia inventiva che si rinnova a ogni occasione. Tra i manifesti sono veramente belli quello per la *Lettera 22*, con vari strumenti di scrittura in un festoso ritmo colorato, del '52, l'altro per la *Lexicon,* di un anno dopo, con tasti della macchina e una pallina che, saltando, suggerisce l'idea di leggerezza: e, soprattutto, l'altro manifesto per la *Lettera 22,* del '54, con un estroso fuoco d'artificio, che evoca l'andamento delle dita sui tasti: proprio questo ha ottenuto successo a Parigi, nella recente mostra dell'Alliance Graphique Internationale.
In questi esempi l'allusione si attua con purezza grafica, valendosi di ritmi e colori, ma anche di fotografie di oggetti che, dall'accostamento analogico, acquistano nuova efficacia e chiarezza evocativa. Anche per gli annunci su quotidiani, il sistema usato da Pintori è il medesimo: poiché non può servirsi del colore, affida allo spazio bianco, attorno a pochi elementi simbolici, l'evidenza del richiamo, con una impaginazione grafica chiara. Negli annunci a colori per riviste settimanali e nei *dépliants*, egli può ancora valersi degli effetti cromatici, che usa in modo vario ma sempre rigoroso. Tra i più belli sono quello, ormai noto, del pallottoliere con fiori, di rarissima efficacia grafica e allusiva, del '47, l'altro del *Divisumma*, dove le cifre, in vari caratteri policromi, acquistano non soltanto un valore evocativo nuovo ma un ritmo di suggestiva fantasia, quello per *Olivetti Studio 44*, dove il fondo è costituito da segni di scrittura minoica, in grigio con greca a colori, e anche l'altro per la *Lexicon Elettrica*, con scrittura corsiva a vari colori e un cordone elettrico. Tutti questi manifesti e *dépliants* raggiungono veramente un alto grado di perfezione: rivelano inventiva fantastica, chiarezza di idee, rigore, ma nello stesso tempo libertà spregiudicata, sorretta da un mestiere accortissimo.
Dal 1951 Pintori ha potuto attuare un'idea pubblicitaria utilissima anche per la divulgazione della cultura: ha iniziato la serie dei Calendari Olivetti. Rousseau, la Pittura Pompeiana, Carpaccio, Lorenzetti, la Pittura Etrusca, sono calendari proposti da Pintori: che sceglie i soggetti, stabilisce i tagli delle illustrazioni e ne cura, in

modo veramente perfetto, la riproduzione colorata.
Giovanni Pintori, tra i grafici pubblicitari, ha una sua voce ormai chiara. Si può capire perché tutte le riviste specializzate hanno pubblicato e recensito favorevolmente suoi lavori: ed è comprensibile anche il particolare successo ottenuto nel '52 al Museo di Arte Moderna a New York e, recentemente, alla Mostra dell'Alliance Graphique Internationale, al Louvre di Parigi.

Giovanni Pintori
Olivetti: A Designer's View, in "Print: America's graphic design magazine", a. XV, n. 11, marzo-aprile 1961, pp. 35-43; traduzione di Davide Cadeddu

Come può essere narrata la storia della Olivetti? Attraverso una biografia dei fondatori? Attraverso le loro visioni filosofiche riguardanti la responsabilità dell'industria verso l'individuo? Attraverso un resoconto del modo in cui fu scolpito un impero industriale? Attraverso la loro influenza sul visual design industriale? Ci sono molti modi di raccontare la storia della Olivetti e, alla fine, "Print" si augura di poter esplorare la maggioranza di essi. In questo numero iniziamo con Giovanni Pintori, l'uomo che molti dicono aver contribuito maggiormente a tradurre la filosofia olivettiana in una forma visiva. Le parole che seguono sono sue.

Lavoro per la Olivetti da ventiquattro anni. Questo significa che tutta la mia esperienza professionale è stata sviluppata nell'atmosfera di questa fabbrica.
Credo di avere contribuito personalmente a definire ciò che oggi è conosciuto come "stile Olivetti", ma sono convinto allo stesso modo che, nella circostanza particolare in cui ho potuto lavorare, la personalità della fabbrica e la natura moderna dei suoi prodotti siano stati elementi positivi nello sviluppo del mio lavoro e del mio vocabolario grafico.
È stato molto importante per me, all'inizio della mia carriera, incontrare un uomo come Adriano Olivetti. Questo notevole industriale fu un uomo di pensiero e cultura moderna. Considerò lo sviluppo dell'espressione e della comunicazione umana come un fattore fondamentale per la creazione di una nuova società. Ritengo che fu la personalità straordinaria

Anthology of Writings by and of Giovanni Pintori

edited by Nicoletta Ossanna Cavadini and Davide Cadeddu

Here follow some important texts written by Giovanni Pintori on his artistic work as presentations of catalogues of solo exhibitions or reflections on his work that appeared in publications in the sector, or in some cases typed notes kept in his private archive, accompanied by fundamental essays written about his work cited in the catalogue essays.

Guido Ballo
"Giovanni Pintori", *Linea Grafica*, nos. 9-10, Sept / Oct. 1955, pp. 242-247

The Milanese environment that formed shortly after 1930is of particular importance in the history of Italian artistic culture. The spread of the Novecento movement, now official, made the problem of decoration felt in its own way. Easel painting almost seemed to no longer respond to the needs of the time. People were trying to return to the wall, the large fresco, the mosaic, the relation between architecture and painting. But it was precisely the Novecento that established a return to a museum tradition that could only solve the decorative problem in an equivocal way. It had a tendency towards the monumental, and therefore the rhetorical, and could not understand the new functions of decoration in a European society renewed in its structures and customs. Moreover, the Novecento movement's official Italian architecture in the manner of Piacentini also fell into the empty rhetoric of the monumental. But, already in that period, the first decisive opposition to the Novecento was taking place in Milan. In the figurative arts, this opposition was implemented by giving a greater value to colour, freeing it from any formal monumentality, which all too often concealed academic origins, and reconnecting taste to the Fauves, Post-Impressionism and Expressionism, with a more international vision. For decoration — this time to be understood in the broadest sense — the relationship between the new architecture, function, social structure and language began to be clearly understood. An attempt was made to respond to the new needs of a society, European and not provincial, based on the serial industrial product, which could create beautiful and functional artistic objects, so bringing the new beauty in quantity, without romantic myths.

This was still the problem of the Bauhaus. In Italy, however, it found a response only in very few innovative artists. It was a matter of going back down the road of abstraction, not so much to Kandinsky's first period, still full of Expressionist accents, as the more recent Kandinsky, a certain strand of Klee and the Dutch Neoplastics: to that tendency that resolved in a new way the relationships between architecture, the arts applied to industry and their social function. Gropius became the great innovator in architecture.
The architect Giuseppe Pagano, Edoardo Persico and Marcello Nizzoli, shaped this new outlook in Italy. The first exhibitions of Abstract art at the Galleria del Milione, the heated controversy over "Casabella", and Terragni's buildings contributed to renewing the art. Graphic design, advertising architecture and, in general, the applied arts found new stimuli. When Giovanni Pintori — then nineteen years old — arrived in Milan from his native Sardinia in 1931, in addition to the more official Novecento approach, he found these new developments that were opening up new paths. He enrolled in the Istituto Superiore per le Industrie Artistiche in Monza. Here in 1933, Pagano, Nizzoli and Persico were already teachers, together with the sculptor Marino Marini (Martini had already left), and the painters Semeghini and De Grada. The first three influenced Pintori's education in graphic advertising at the school. Nizzoli taught graphics and advertising posters: but Cassandra, whose posters Persico commented on at the school (the one for the Wagons-Lits is famous among young people), formed a valid premise for Pintori's developing technique.
In 1934 Pagano appointed him to collaborate on the Aeronautical Exhibition in Milan, in the Sala delle Medaglie d'Oro. The exhibition design by Nizzoli and Persico remained memorable and influential by the purity of its structures.
In 1936 he was taken on in the Advertising Office at Olivetti, where he still works today. In this way Pintori has been able to achieve the consistency of a specialist, by having always done the same job, without dispersing his energies. Much of Olivetti's advertising has passed through his hands.
He combines the inventiveness of the image with a rare graphic clarity: spaces, colours and fonts. The allusive silhouettes

of objects, while attracting the eye with effective emotional immediacy, are subtly calculated, but without uniformity or monotonous patterns. Indeed, it can be said that Neoplastic abstraction influenced Pintori only in part, especially in compositional stringency. But the layouts are actually varied, deft, clearly entrusted to allusive values, with an inventive imagination that is renewed at every opportunity.
Among the posters, the one for the Lettera 22 is very fine. With various writing instruments in a festive coloured rhythm, from '52, the other for the Lexicon, from a year later, with the keys and a bouncing ball that evokes lightness: and, above all, the other poster for the Lettera 22, from '54 with fanciful fireworks evoking the movement of the fingers on the keys. This one was a success in Paris at the recent exhibition of the Alliance Graphique Internationale. In these examples, the allusion is implemented with graphic purity, making use of rhythms and colours, as well as photographs of objects that acquire new effectiveness and evocative clarity from the analogical juxtaposition.
Also for newspaper ads, the system used by Pintori is the same. Since he cannot use colour, he entrusts the white space around a few symbolic elements to set off the appeal with a clear graphic layout. In colour advertisements for weekly magazines and brochures, he can still make use of colour effects in a varied but always precise way. Among the most beautiful are the well-known one of the bullet with flowers, with a very rare graphic and allusive effectiveness, from '47; the other for the Divisumma, where the numbers, in various polychrome characters, acquire not only a new evocative value but a strikingly imaginative rhythm; that for the Olivetti Studio 44, where the background is made up of signs of Minoan writing, in grey with a coloured frieze; and also the one for the Lexicon Elettrica, with cursive writing in various colours and an electric cord. All these posters and brochures truly reach a high degree of perfection. They reveal fantastic inventiveness, clarity of ideas, stringency, as well as confident freedom supported by a very shrewd skill.
From 1951 on Pintori was able to implement an advertising idea that was also very useful for disseminating culture. He began the series of Olivetti calendars on themes that included Rousseau,

Pompeian painting, Carpaccio, Lorenzetti and Etruscan painting. He chose the subjects, established the angles of the illustrations and undertook the coloured reproduction to perfection.
Among advertising graphic designers, Giovanni Pintori now has his own clear voice. One can understand why all the specialist magazines have published and favourably reviewed his works, and the particular success obtained in 1952 at the Museum of Modern Art in New York and, recently, at the Exhibition of the Alliance Graphique Internationale at the Louvre in Paris.

Giovanni Pintori
"Olivetti: A Designer's View", in "*Print: America's graphic design magazine*", a.XV, n.11, march-april 1961, pp. 35-43.

How does one tell the story of Olivetti? Through a biography of the founders? Through their philosophies on industry's responsibility to the individual? Through an account of how a huge industrial empire was carved? Through their influence on visual industrial design? There are so many ways to tell the Olivetti story, and in time, PRINT hopes to explore most of them. We start in this issue with Giovanni Pintori, the man who many say did the most to translate the Olivetti philosophy into visual form. The words that follow are Pintori's own.

I have been working for Olivetti for the last 24 years. This means that all my professional experience has been developed in the atmosphere of this firm. I believe that I have personally contributed to define what today is known as the "Olivetti Style", but I am equally convinced that in the particular circumstance in which I have been able to work, the character of the company and the modern nature of its products have been positive factors in the development of my work and my graphic vocabulary. It was very important for me, at the beginning of my career, to meet such a man as Adriano Olivetti. This remarkable industrialist was a man of modern thought and culture. He considered the development of expression and of human communication a fundamental factor for the creation of a new society. It was the extraordinary personality of Adriano Olivetti, I believe, that brought

di Adriano Olivetti a generare, tra lui e i suoi colleghi, una solidarietà di gusto, all'interno di una cornice di libertà creativa individuale. Egli richiedeva sistematicamente il meglio dai suoi collaboratori e aveva successo nello stimolare verso il massimo delle loro capacità potenziali. In effetti, per quanto riguarda il mio lavoro personale, devo ammettere che è sempre stata colpa mia quando esso si è rivelato inferiore a quell'"optimum" verso il quale mi sentivo legato, moralmente e professionalmente, dalla prolungata fiducia e dai suggerimenti preziosi di Adriano Olivetti. Solitamente, accade il contrario, perché le richieste pratiche di un cliente limitano il lavoro di un artista. Occorre poi aggiungere che Adriano Olivetti desiderava fortemente l'affermazione dei propri collaboratori fuori dal contesto della fabbrica, perché il successo esterno confermava la validità delle sue scelte e delle sue intenzioni.

Ho sempre creduto nella forza delle idee semplici e nel bisogno di un linguaggio chiaro e immediato, che fosse davvero accessibile a tutti. Con questo non mi riferisco all'idioma grafico abbassato al livello del gusto più banale, ma, al contrario, a un idioma che ha inteso elevare il gusto medio. Questo è l'obiettivo che mi sono proposto da tempo.

Non ho mai confuso, né tentato di confondere il linguaggio della pubblicità grafica con il linguaggio della pittura, per la ragione fondamentale che credo nel valore autonomo e nella dignità artistica dei grafici. Amo il mio lavoro, con il quale esprimo me stesso, precisamente come i miei amici pittori, scultori e architetti esprimono sé stessi nel linguaggio delle loro arti.

Non credo che la differenza tra arte e non arte debba essere individuata nella presenza o nell'assenza di un tema assegnato o di un cliente. Ritengo, invece, che la chiarezza e l'efficacia da me raggiunta dipendano dal fatto che per molti anni ho dovuto affrontare lo stesso soggetto – macchine per scrivere e calcolatori – e ho dovuto estrarre gli elementi del mio linguaggio dal carattere e dalle funzioni di questi strumenti.

Inoltre, il mio lavoro con la Olivetti nell'ambito pubblicitario non fu limitato a una partecipazione occasionale, come l'esecuzione di questo o quel bozzetto, ed esso mi assorbe e continua ad assorbirmi a causa del suo ampio raggio di azione, come la pianificazione di campagne, il coordinamento di presentazioni di vari prodotti ecc., anche se oggi non ho i suggerimenti e la guida di Adriano Olivetti che mi aiutino a sviluppare un discorso organico di espressione pubblicitaria.

La necessità di non ignorare le fasi precedenti del mio lavoro e, per quanto possibile, di anticipare quelle future mi ha salvato dalla tentazione del manierismo.

Questa continuità mi ha permesso di dimostrare come un artista grafico, con la coerenza dei propri simboli, possa intervenire per definire la relazione tra una grande impresa e il pubblico. So che i miei manifesti suscitano nella mente dell'osservatore lo 'stile Olivetti', ma spero che lo 'stile Olivetti' porti, a sua volta, a pensare a me.

Non cerco di parlare in nome delle macchine. Al contrario, ho tentato di far parlare loro autonomamente, attraverso l'illustrazione grafica dei loro elementi, delle loro operazioni e del loro uso. Ovviamente, ho semplificato. Quando, per esempio, ho presentato un calcolatore accanto a un pallottoliere con dei fiori intrecciati alle sfere, ho voluto semplicemente dire questo: "Sommare e calcolare sono un lavoro che stanca la mente; questa bella macchina risolve le più complicate operazioni con la semplicità di un'azione elementare realizzata su un pallottoliere". Tu potresti chiedere: e i fiori? Li ho messi lì allo scopo di scoraggiare la nostalgia possibile per quel bel abaco.

In altre occasioni, ho affidato il mio messaggio pubblicitario a una massa di numeri, o a una profusione grafica di frecce, che suggerisce la complessità e la varietà delle operazioni di un calcolatore automatico, o a un movimento di profilo dei tasti di una macchina per scrivere, al fine di rappresentarlo in azione. Il messaggio grafico, quando riesce a diventare una forma d'arte, è il solo che raggiunga la totalità del suo pubblico potenziale. L'artista grafico, perciò, ha una responsabilità verso questo pubblico immenso e sconosciuto.

Se l'efficacia delle vendite del mio lavoro mi interessa, è molto più interessante e gratificante per me sapere che, anche senza una riga di spiegazione, i miei schemi ricordano agli osservatori, in ogni parte, il mondo dei prodotti per i quali essi sono stati creati.

Ho parlato così del mio lavoro grafico; lo stesso, in ogni caso, si applica al mio lavoro come industrial designer, un ambito al quale sono tornato dopo un esperimento di molti anni fa, quando progettai una macchina utensile. Recentemente, ho disegnato una serie di caratteri per macchina per scrivere e due nuove macchine per scrivere, continuando, tuttavia, a lavorare sullo stesso materiale, attraverso la creazione di pubblicità. Ho continuato a incontrare le stesse limitazioni, questa volta all'interno di una dimensione più ampia e su materiale grezzo con un maggiore livello di impegno.

Spero che il design delle mie macchine possa costituire una introduzione coerente alle loro caratteristiche, una anticipazione delle loro peculiarità tecniche e funzionali, e un messaggio pubblicitario recapitato attraverso la forma del prodotto.

Si ringrazia la dott. Valentina Da Tos,

Biblioteca della Biennale-ASAC, Fondazione La Biennale di Venezia, per la generosa collaborazione.

Giovanni Pintori

Un'esperienza di disegno industriale, in "Notizie Olivetti", n. 71, aprile 1961, pp. 53-55

Uno dei primi esempi organici di Industrial Design fu attuato dalla Olivetti su una macchina utensile: una fresatrice-pialla, realizzata dai tecnici della OMO che l'ing. Adriano Olivetti mi incaricò di disegnare nel 1938. A quel tempo Egli già imponeva ad ogni livello della attività aziendale la sua originale visione della industria moderna nei diversi aspetti tecnici, economici, estetici e culturali. In quel caso, come ho accennato, si trattò di una soluzione organica di disegno industriale: infatti la realizzazione della FP-2 non si ispirava a criteri esterni e formalistici, ma era strettamente funzionale. Ogni particolare del disegno era stato accuratamente discusso con i tecnici ed io stesso mi ero dovuto impegnare in lunghe dimostrazioni, aiutandoli nelle soluzioni di certi problemi che comportavano l'abbandono di criteri tradizionali. Del resto, dalle due fotografie della macchina, prima e dopo la mia rielaborazione, si può constatare che non si trattò di disegnare un nuovo rivestimento, ma di dare alla macchina un carattere nuovo, integrando in modo organico tutta una serie di servizi che erano, nel vecchio modello, disordinatamente sovrapposti o aggiunti a un corpo principale. Poi, per vent'anni, non mi occupai più di disegno di macchine, completamente assorbito com'ero dal mio lavoro di grafico pubblicitario. Fu lo stesso ing. Adriano Olivetti a offrirmi, poco prima della sua scomparsa, l'occasione di una nuova esperienza, proprio richiamandosi a quel lontano episodio. Egli mi incaricò infatti di disegnare nel più breve tempo possibile la forma di una nuova macchina per scrivere. Dovevo disegnare carrozzeria, forme di leve, manopole e tasti, cioè tutte le parti visibili, e anche i caratteri di scrittura; e per giunta il mio lavoro era condizionato da tutta una serie di punti fissi, di passaggi obbligati, di cui dovevo e volevo tenere conto, anche se la difficoltà che ne derivava era a volte veramente scoraggiante. In pratica dovevo: 1) disegnare una carrozzeria facilmente realizzabile in pressofusione, conveniente dal punto di vista produttivo, e agevolmente componibile nelle sue varie parti, senza dare luogo a inconvenienti di sorta (dislivelli, giustapposizioni irregolari, ecc.); 2) realizzare il disegno di un rivestimento che garantisse la massima accessibilità ai meccanismi interni della macchina e la massima facilità di manutenzione; 3) ordinare in soluzioni unitarie i comandi dei diversi

servizi: dalle leve, ai tasti, alle manopole. Mi impegnai a presentare nel termine di un mese ai responsabili della produzione una proposta definitiva in ogni particolare; e nel tempo previsto potei consegnare ai tecnici il modello della macchina da me materialmente realizzato, sul quale sono stati poi effettuati i rilievi e ricavati i disegni per l'esecuzione degli stampi. Col modello della macchina, consegnai anche gli alfabeti completi dei due nuovi caratteri dattilografici.

Un'opera di *Industrial Design* diventa, nel tempo, assai più impegnativa di un'opera puramente grafica: un manifesto mediocremente riuscito può anche essere dimenticato; ma una macchina, e specialmente una macchina per scrivere, a parte le grosse responsabilità economiche connesse alla sua produzione, è destinata a rimanere per molti anni come una tangibile prova di merito per l'artista che l'ha disegnata; ma – se il suo disegno è mediocre – anche come una tangibile prova di mediocrità.

Mi è stato prezioso il fatto di essere particolarmente portato ai lavori manuali, anche di carattere meccanico; so alla buona saldare, tornire e lavorare il legno; riesco a rimontare un motore a scoppio, conosco i diversi tipi di colle e di stucchi e di vernici; i sistemi di fusione e pressofusione: ed è per queste ragioni che sono stato in grado di consegnare una proposta immediatamente realizzabile davanti alla quale nessuno ha sollevato l'obiezione sconcertante che molto spesso i tecnici oppongono alle nostre proposte: "Non si può fare".

Dalla soluzione dei singoli problemi, corrispondenti ai diversi passaggi obbligati cui ho accennato più sopra, è scaturita la soluzione globale e definitiva, ossia l'aspetto che la macchina attualmente presenta: e questo procedimento offre, secondo me, una implicita indicazione di quello che il disegno industriale dovrebbe essere. Io credo, in altri termini, che non si tratti di inventare una bella forma e sovrapporla, come un abito fatto, ad una macchina che potrebbe indifferentemente sopportare anche una soluzione formale diversa; ma credo che si tratti di dare alla macchina il suo tipico e inconfondibile aspetto esterno, che consenta di metterne in evidenza al massimo le qualità intrinseche e di conferire la massima funzionalità ai suoi servizi. Questo, ripeto, è possibile soltanto attraverso la soluzione coerente dei singoli problemi specifici, da cui deriva la soluzione del problema nel suo complesso.

Un'organica soluzione di disegno industriale, nella fattispecie il disegno di una macchina per scrivere, deve accontentare almeno tre gruppi di persone: i responsabili della produzione, che non intendono dover affrontare operazioni complesse ed economicamente sconvenienti dal punto di vista della fabbricazione; i dirigenti

about between him and his colleagues a solidarity of taste within a frame of individual creative freedom. From his collaborators he systematically required the best and he succeeded in stimulating to the maximum their potential abilities. In fact, as far as my personal work is concerned, I must admit that when it has been inferior to that "optimum" to which I felt committed morally and professionally by the long trust and precious suggestions of Adriano Olivetti, it has always been my fault. Usually, the opposite occurs, that is to say that the practical requirements of the client limit the work of the artist. It must also be added that Adriano Olivetti strongly wished that his collaborators succeed outside of the domain of the company because outside success confirmed the validity of his choices and his intents.

I have always believed in the force of simple ideas and in the need for a language clear and immediate, truly accessible to all. By this I do not mean that graphic idiom which has been depressed to the level of the most common taste, but on the contrary an idiom intended to improve the average taste. This is the objective that I long ago proposed to myself. I have never confused, nor attempted to confuse the language of graphic advertising with the language of painting, for the very reason that I believe in the autonomous value and in the artistic dignity of graphics. I love my work, and I express myself through it, just as my friends who are painters, sculptors and architects express themselves in the language of their arts.

I do not believe that the difference between art and non-art is to be found in the presence or absence of an assigned theme or of a client. Instead, I believe that what clarity and efficacy I have achieved is owing to the fact that for many years I had to face the same subject – typewriters and calculators – and that I had to extract the elements of my language from the character and the functions of these instruments. Furthermore, my work with Olivetti in the advertising field was not limited to occasional participation, as to the execution of this or that sketch and because of its long-range character, planning campaigns, coordinating presentations of the various products, etc., it absorbs me and continues to absorb me, even if today I do not have Adriano Olivetti's advice and guidance to help me develop an organic discourse of advertising expression.

The necessity not to ignore the previous phases of my work and to anticipate as far as possible future ones, has saved me from the temptation of mannerism. This continuity has enabled me to demonstrate how a graphic artist, with the coherence of his symbols, can intervene in defining the relationship between a large corporation and the public. I know that my posters bring to the observer's mind the "Olivetti Style," but I hope that the "Olivetti Style" also brings me to mind. I do not attempt to speak on behalf of the machines. Instead I have tried to make them speak for themselves, through the graphic presentation of their elements, their operations and their use. Obviously, I have simplified. When, for example, I presented a calculator near an abacus with flowers intertwining the beads, I intended simply to say this: "To add and calculate is a work that tires the mind; this beautiful machine solves the most complex operations with the ease of an elementary operation performed on an abacus." You may ask: and the flowers? I put them there to discourage possible nostalgia for that beautiful abacus. In other instances I have entrusted my advertising message to a mass of numbers, or to a graphic profusion of arrows that suggest the complexity and the variety of operations of an automatic calculator, or to a profile movement of the keys of a typewriter to represent it in action. The graphic message, when it succeeds in becoming a form of art, is the only one that reaches the totality of its potential audience. The graphic artist, therefore, has a responsibility to his immense and unknown public.

If the sales effectiveness of my work interests me, it is much more interesting and comforting to know that even without a line of copy, my layouts remind viewers in every part of the world of the products for which they have been created.

I have only spoken of my graphic work; the same, however, applies to my work as an industrial designer, a field to which I have returned after an experiment of many years ago, when I designed a machine tool. Recently, I have designed a series of typewriter type faces and two new typewriters, thus continuing to work on the same subject material as when designing advertising. I have continued to face the same limitations, this time within an added dimension and on raw material of a more committal scale.

I hope that the design of my machines may constitute a coherent introduction to their characteristics, an anticipation of their technical and functional features, and an advertising message delivered through the form of the product.

Giovanni Pintori

"An industrial design experience", *Olivetti News*, no. 71 April 1961, pp. 53-55

One of the first coherent examples of Industrial Design was adopted by Olivetti for a machine tool: a milling-planer, made by the OMO technicians, which Adriano Olivetti commissioned me to design in 1938. At that time he was already asserting his original vision of modern industry with its various technical, economic, aesthetic and cultural aspects on every level of business activity. In that case, as I have said, it was a coherent example of industrial design. The creation of the *FP-2* was not inspired by external and formal principles, but was strictly functional. Every particular dpi drawing had been carefully discussed with the technicians and I myself had to engage in long demonstrations, helping them in the solutions of certain problems that involved discarding traditional principles. Moreover, from the two photos of the machine, before and after my reworking, it can be seen that it was not a question of designing a new case, but of giving the machine a new character, coherently incorporating a whole series of functions that in the old model were superimposed in a clumsy way or added to the main body. Then, for twenty years, I was no longer involved in the design of machines, being completely absorbed by my work as an advertising graphic designer. It was Adriano Olivetti who offered me, shortly before his death, the opportunity for a new experience by referring to that distant episode. He commissioned me to design the form of a new typewriter in the shortest possible time. I had to design the body, the forms of the levers, knobs and keys, all the visible parts, and also the lettering. My work was constrained by a whole series of fixed points and obligatory sequences, which I had to and wanted to take into account, even though the difficulty involved was sometimes discouraging. In practice, I had to: 1) design a chassis that could be easily made by die-casting, convenient to manufacture, and easily modular in its various parts, without giving rise to any inconveniences whatsoever (differences in height, irregular juxtapositions, etc.); 2) to create the design of the casing that would ensure maximum accessibility to the inner workings of the typewriter and utmost ease of maintenance; 3) order the controls of the different functions in unified solutions: from the levers, to the keys and the knobs. I undertook to present a design that was definitive in every detail within a month to the production managers. In the time agreed I was able to deliver to the technicians the model of the machine I had physically made, of which studies were then made and the drawings for the execution of the moulds. With the model of the machine, I also delivered the complete alphabets of two new typefaces.

A work of industrial design becomes, over time, much more demanding than a purely graphic work. A mediocrely successful poster can be forgotten, but a machine, and especially a typewriter, apart from the great financial investments involved in its production, is intended to work for many years as a tangible proof of merit for the artist who designed it. But if its design is mediocre, it will also remain as a tangible proof of mediocrity.

I cherished being particularly inclined to manual work, even of a mechanical nature. I know how to weld, turn and work wood. I can reassemble an internal combustion engine. I know the different types of glues and fillers and paints, casting and die-casting systems. And because of this I was able to deliver an immediately feasible design, and no one raised the disconcerting objection that technicians very often make to our ideas: "It can't be done."

The solution of the individual problems corresponding to the various obligatory steps listed above led to the comprehensive and definitive solution, the appearance that the typewriter has now. This procedure, in my opinion, offers an implicit indication of what industrial design should be. I believe, in other words, that it is not a question of inventing a beautiful shape and superimposing it, like a readymade suit, on a machine that could indifferently be given some different form. Rather, I believe that it is a matter of giving the machine its typical and unmistakable external appearance, which fully brings out its intrinsic qualities and makes its functions completely efficient. This, I repeat, is only possible through a coherent solution of individual specific problems, from which stems the solution of the problem as a whole.

A coherent industrial design, in this case of a typewriter, has to satisfy at least three groups of people: production managers, who do not want to have to deal with complex and economically inconvenient manufacturing operations; sales managers, who want a machine whose external appearance, due to its novelty and beauty, will in itself be a selling point and an advertisement for the typewriter; its users, who want a beautiful, efficient, convenient instrument for their work. I hope I have pleased everyone.

Libero Bigiaretti, Libero De Libero

Giovanni Pintori, Quaderni di Imago no. 6, Arti Grafiche F. Ghezzi, Milan 1967 also published in *Graphic designers en Europe. 2. Giovanni Pintori, Edward Bawden, Hans Hillmann, Herbert Leupin*, ed. by Henri Hillebrand, Office du Livre, Fribourg

LIBERO BIAGIARETTI

Among the people I know, there is not one, in my opinion, who would be capable of getting along better than Pintori if he were in put in the place of Robinson Crusoe. Finding food would be no problem for Pintori, islander, sailor and fisherman. And building a house with all the comforts, including plumbing and

commerciali, che desiderano una macchina il cui aspetto esteriore, per la sua novità e bellezza, possa costituire di per sé un punto di vendita e un diretto elemento pubblicitario; gli utenti della macchina, ossia le persone che dovranno servirsene e che desiderano per il loro lavoro uno strumento bello efficiente, confortevole. Io mi auguro di aver potuto accontentare tutti.

Libero Bigiaretti, Libero De Libero
Giovanni Pintori, "Quaderni di Imago", n. 6, Arti Grafiche F. Ghezzi, Milano 1967, pubblicato anche in *Graphic designers en Europe. 2. Giovanni Pintori, Edward Bawden, Hans Hillmann, Herbert Leupin*, a cura di Henri Hillebrand, Office du Livre, Fribourg

LIBERO BIGIARETTI
Fra le persone di mia conoscenza non ve n'è una – secondo me – capace di cavarsela meglio di Pintori ove fosse messo nella necessità di fare il Robinson Crusoe. A parte che il procurarsi il cibo non sarebbe un problema per Pintori, isolano, marinaio e pescatore, che cosa sarebbe per lui costruirsi una abitazione con tutte le comodità, impianto idraulico e di riscaldamento compresi? Già una volta, non proprio in un'isola ma nel centro di Milano, il mio amico s'è fatto un appartamento dove il mobilio e perfino i divisori, le strutture portanti di un piano elevato e la scala erano ricavati da vecchio legname. La sua casetta di Robinson Crusoe, Pintori la dipingerebbe, la decorerebbe da par suo. Potrebbe, se ne avesse voglia, popolare il giardino – coltivato alla perfezione, come l'orto – di sculture, di mobili, di costruzioni pop e di visualizzazioni op. È ancora nulla rispetto alle altre previsioni che posso fare intorno alla capacità di Pintori di costruirsi una barca, di armarla e di governarla; di fabbricarsi un fucile a pietra focaia, di inventare trappole e tagliole per catturare la selvaggina. Se il relitto del naufragio da cui fosse scampato si trovasse non molto lontano, il Pintori, recuperati alcuni aggeggi metallici, un po' di ferraglia, cavi e bulloni, potrebbe costruirsi degli attrezzi, magari anche un tornio, una fresatrice. Completata l'attrezzatura tecnologica, il nostro amico partirebbe per un viaggio di esplorazione dell'isola. In automobile. È capacissimo di costruirsi un'automobile, e non sarebbe la prima volta. C'è chi se lo ricorda, anni fa, uscire con una macchina per così dire autarchica, dopo mesi di lavoro o di dopolavoro in un capannone abbandonato. Quella volta, è vero, aveva un vecchio motore a scoppio, i cerchioni delle ruote poco più. Tutto il resto, chassis, carrozzeria, finiture, lo fece da sé, usando vecchi infissi, lamiere, maniglie e bulloname presi qua e là.
Potrebbe sembrare, da quel che ho

detto, che Pintori sia soprattutto un gran meccanico. Invece è soltanto un artista che capisce le macchine, che riesce a mettersi in comunicazione con loro attraverso l'esperanto del disegno, il disegno è il sesto senso di Pintori; è il prolungamento naturale del suo occhio e della sua mano. Osservi una vite in un transatlantico, può sezionarli, ricostruirli sulla carta. Se guarda una casa, da fuori, può ricavarne la pianta; di un fiore può elencare, col disegno, petali, corolle, pistilli. Eppure in tutto ciò che ha fatto come grafico non c'è niente di ossessivamente meticoloso. I suoi risultati migliori di pittore, di grafico, di designer sono effetto di sintesi; ma la sintesi è risultato di analisi.
Pintori forse è nato con un pezzo di matita in mano, certamente l'ha succhiata al posto del biberon. A ogni modo, quand'ora bambino a Nuoro, negli anni della prima guerra mondiale, un bambino piccolo e scuro, un fenicio, un moro, quale è rimasto, Pintori scoperse il giuoco meraviglioso del disegno. Il disegno diventò il suo modo di prendere conoscenza del mondo ancora primitivo che lo circondava. Ma dopo la conoscenza sentì il bisogno di far intervenire la coscienza; il giudizio, la domanda. La coscienza gli sembrava si trovasse non tanto nel profondo impreciso dell'anima, ma tra le pagine dei libri. A dodici anni, si mostrava così affamato di carta stampata da capire l'interesse di un vecchio canonico, il quale gli disse di andare da lui: aveva molti libri e poteva regalarglieli. Tanto ormai aveva poco più da leggere e da vivere. Pintori si trovò di fronte a una montagna polverosa di libri, tra cui si mise a frugare con furia. Con l'aiuto di sua madre e di una grande cesta, il ragazzino si portò a casa i libri del canonico; e li divorava uno per uno con indiscriminata voracità. Si cercò un lavoro, qualche anno dopo (fece il dattilografo), ma soprattutto continuò a disegnare e a leggere. Con il disegno capiva le forme, con la lettura scopriva la polpa, la sostanza del mondo. Alcuni dei libri di allora hanno lasciato il segno in Pintori. Per esempio, il Don Chisciotte, con le illustrazioni del Dorè. E Verne, La Certosa di Parma, Pinocchio e i Reali di Francia, una grammatica latina e, più meraviglioso di tutti, il Dizionario della lingua italiana del Petrocchi.
Con il suo occhio fresco di ragazzo, Pintori leggeva e disegnava, finché gli dissero che meritandosi una certa borsa di studio, sarebbe potuto andare a studiare il disegno in una scuola famosa, in Continente, figurarsi, vicino a Milano. Pintori presentò i suoi disegni e fu ammesso alla Scuola d'arte di Monza. Comincia di lì la storia del nostro amico. Monza fu una guida, fino a un certo punto, ma fu soprattutto l'occasione. Come nelle favole lette nei libri del canonico, accadde per Pintori l'incontro risolutore. L'incontro con Adriano Olivetti, talent scout dalla

mano felice. Pintori cominciò a disegnare per Olivetti planimetrie per un piano urbanistico, poi i primi avvisi pubblicitari. Conobbe pittori, poeti, scrittori (tra questi ultimi i suoi migliori amici: ecco perché ho detto che le letture di ragazzo hanno lasciato il segno; il sogno di un gusto, di una predilezione), disegnò manifesti, pieghevoli, avvisi che hanno corso il mondo, che stupiscono nei treni, negli aerei, che si aprono ilari e fantastici nelle pagine dei settimanali.
Sono passati trent'anni, inutilmente smentiti dalla faccia di Pintori. È sempre lì a inventare immagini, a progettare una nuova pittografia e una nuova segnaletica pubblicitaria. È sempre fresco e imprevedibile; il lavorare per un solo committente, l'obbligo di esaltare i valori di macchine per scrivere e da calcolo avrebbe fiaccato qualsiasi altro. Ma Pintori ha il dono di eccitare ogni giorno il proprio estro. Non lavora a rime obbligate, si crea una metrica sua a vi si attiene con poetica libertà.
Il nome di Pintori oggi è famoso fra gli intenditori. Era già famoso a New York quando, nel '52 Pintori vi si recò la prima volta, e supponeva che nessuno lo conoscesse. Invece trovò Paul Rand, Schawinsky, Lionni e altri famosi grafici a fargli festa.
"Fortune" gli commissionò subito una copertina, amici e amiche mai visti prima si contendevano il sardo estroso e di poche parole. Allora non conosceva l'inglese ma se la cava pronunciando le parole che conosceva e quelle che pescava nel dizionario così come sono scritte, all'italiana. Pintori assicura che lo comprendevano benissimo. Come lo comprendono i grafici e gli architetti giapponesi con cui è in relazione, come lo compresero a Parigi, nel '51, quando si tenne al Louvre una grande rassegna della pubblicità Olivetti (quasi interamente pintoriana): come lo comprendono a Düsseldorf o nel Sud America: il linguaggio grafico di Pintori, le sue metafore dipinte, sono di una suggestione immediata.
Pintori è insieme nome e cognome anche per i vecchi amici, nessuno lo chiama Giovanni, neppure sulla firma compare mai il nome di battesimo. Pintori, dunque, da qualche anno s'è fatto più taciturno di quanto non sia di natura, un taciturno, però, che ride volentieri, e sa stare allo scherzo. Insomma è un po' cambiato da qualche tempo, non a seguito di dispiacere o di malattie, né per crisi d'età o di opinioni. Gli è capitato un guaio. Andando a caccia per le foreste vergini dell'Isola che ho immaginato per lui, Pintori ha catturato una tarantola e se la tiene con sé. La nutrisce. La tarantola della pittura, che lo morde tutti i giorni. La pittura pittorica, disinteressata, forse quella che sognava confusamente da bambino. Della sua pittura si può vedere qualche cosa in questo libro. Pintori ne

è gelosissimo. A domandargli di vedere qualche suo dipinto, diventa sospettoso, evasivo, arrossisce. Sembra che lui stesso tema che un giorno o l'altro il pittore, uscito alla luce, diventi più bravo dei grafici. Se continua a nutrire la tarantola potrà anche finire così.

LIBERO DE LIBERO
C'è un capitolo ancora tutto da scrivere, sull'arte moderna italiana nel momento in cui diventa cultura, gusto, costume, e deve ambientarsi a Milano dove si svolse tra il 1928 e il 1935, dopo la marea del novecentismo.
È proprio in questa città che Edoardo Persico e l'architetto Giuseppe Pagano, la Galleria del Milione con le sue mostre d'arte astratta e, sopraggiunti man mano, pittori, architetti, poeti e scrittori determinarono avvenimenti di decantazione e di chiarificazione nel confuso e stagnante mondo della cultura in quegli anni. Per troppa gente il futurismo, la pittura metafisica, l'architettura razionale, la nuova poesia erano soltanto fenomeni.
La rivista "Casabella", diretta da Persico e da Pagano, divenne il centro generatore di un'attività mentale e pratica, che doveva presto allargare la propria influenza oltre i limiti sperati; e l'impresa, annunciata anzitutto nelle discussioni da caffè, crebbe invece nel naturale calore delle idee e maturò nelle vicende più significative delle opere e della critica.
Sembrò davvero che la città di Milano, benché stata la matrice forzosa di quel super nazionalismo fanatico e retrivo quale il fascismo era dichiarato, volesse purgarsi dai ristagni così fetenti respirando avidamente nell'aria salutare che si levava dai discorsi di questi nuovi "chierici". Erano impegnati pur essi in una sorta di "Bauhaus" ambulante, da cui derivarono lo stimolo e la spinta a sperimentare i nuovi concetti di produzione artistica applicandoli alla produzione industriale. Fu così rinnovato il processo creativo nell'industria ricavando temi, ritmi lineari e volumetrici dalle forme della natura e dalla loro spontanea geometria: secondo un calcolo, una prospettiva, una visione che sono propri dell'espressione artistica, e riconducibili alla esattezza, alla proporzione di un'architettura.
Tardivo in Italia, ma non meno ricco di conseguenze, solo a Milano poteva realizzarsi un connubio così fortunato tra artisti e tecnici, tra cultura e industria: tanto fu schietto e immediato che mancarono i manifesti, i congressi perditempo. Più che un proposito intellettuale, quel connubio nacque da un'esigenza morale che ne rese possibile e attivante ogni azione sì da imporla in breve tempo negli uffici di produzione industriale e di pubblicità, trasformandoli in centri di creazione, nei quali la massima autorità venne riconosciuta ad alcuni architetti, artisti, uomini di cultura che

heating, would be child's play. Already once, not really on an island but in the centre of Milan, my friend laid out an apartment where the furniture and even the partitions, the load-bearing structures of a high floor and the staircase were made from old wood. Pintori would paint his Robinson Crusoe house, he would decorate it in his own way. He could, if he wished, fill the garden, cultivated to perfection, like the vegetable patch, with sculptures, furniture, pop constructions and op images. This is still nothing compared to the other predictions I can make about Pintori's ability to build a boat, rig it and steer it, make a flintlock rifle, and invent traps and snares for catching game. If the wreckage of the ship he escaped from was not far away, Pintori would retrieve some metal contraptions, scrap metal, cables and bolts, and build himself tools, perhaps even a lathe and a milling machine. Once the technological equipment was completed, our friend would set off on a journey to explore the island. By car. He is quite capable of building a car, and it would not be the first time. There are those who remember, years ago, driving around in a car that was so to speak autarkic, after months of work, or after-hours work, in a vacant warehouse. That time, it is true, he had an old internal combustion engine, wheel rims and little more. Everything else, chassis, bodywork, finishes, he did himself, using old fixtures, sheet metal, handles and bolts picked up here and there.

It might seem, from what I have said, that Pintori is above all a great mechanic. Rather he is simply an artist who understands machines, who manages to communicate with them through the Esperanto of drawing. Drawing is Pintori's sixth sense; it is the natural extension of his eye and his hand. He sees a screw or an ocean liner, and can dissect them, reconstruct them on paper. If he looks at a house, from the outside, he can draw its plan; of a flower he can draw its separate petals, corollas, pistils. Yet in everything he has done as a graphic designer there is nothing obsessively meticulous. His finest achievements as a painter and graphic designer are the effect of synthesis; but the synthesis is the result of analysis. Pintori may have been born with a piece of pencil in his hand. He certainly sucked it instead of a bottle. In any case, when he was a child in Nuoro, in the years of World War I, a small, dark child, a Phoenician, a Moor, as he has remained, he discovered the wonderful game of drawing. Drawing became his way of exploring the still primitive world around him. But after the knowing it he felt the need to employ his consciousness, with judgment and questioning. Consciousness seemed to him to be found not so much in the unspecified depths of the soul, but the pages of books. When he was twelve,

he was so hungry for printed paper that he attracted the interest of an elderly Canon, who told him to come to him: he had many books and could give them to him. By now he had little time left to read and live. Pintori found a dusty mountain of books, and began to rummage among them furiously. With his mother's help and a large basket, the boy took home the Canon's books, and devoured them one by one with indiscriminate voracity. A few years later he looked for a job (he worked as a typist), but above all he continued to draw and read. With drawing he understood forms, with reading he discovered the core, the substance of the world. Some of the books from that time have left their mark on Pintori; for instance *Don Quixote* illustrated by Doré. And Verne, *The Charterhouse of Parma*, *Pinocchio* and *I Reati di Francia*, a Latin grammar and, most wonderful of all, Petrocchi's *Dizionario della lingua italiana*. With his fresh boyish eye, Pintori read and drew, until they told him that if he won a certain scholarship, he could go and study drawing in a famous school, on the mainland, near Milan. Pintori presented his drawings and was admitted to the Scuola d'Arte in Monza. That's where our friend's story begins. Monza was a guide, up to a point, but it was above all the opportunity, as in the folk tales he read in the Canon's books, Pintori had a decisive encounter there. He met Adriano Olivetti, a talent scout with a happy instinct. Pintori began by drawing the site plans for an urban plan by Olivetti, then he designed the first advertisements. He met painters, poets and writers (these were among his closest friends: this is why I said that the boy's reading had left a mark; the dream of a taste, a predilection). He designed posters, leaflets and signs that travelled around the world, that amazed in trains and planes, that opened cheerfully and imaginatively in the pages of weekly magazines.

Thirty years have gone by, uselessly denied by Pintori's face. He is still inventing images, designing new pictographs and new advertising signage. He is always fresh and unpredictable, working for a single client. The obligation to enhance the values of typewriters and calculating machines would have weakened anyone else. But Pintori has the gift of eliciting his own inspiration every day. He does not work to a fixed rhyme scheme. He has devised a metre of his own and keeps to it with poetic freedom.

Pintori's name is now famous among the insiders. He was already famous in New York when, in 1952 he went there for the first time, and he supposed that no one knew him. Instead he met Paul Rand, Alexander Schawinsky and Leo Lioni, and other famous graphic designers who commended him.
"Fortune" immediately commissioned

him to create a cover; friends he had never seen before vied for the company of the gifted Sardinian of few words. At the time he knew no English, but he got away with uttering the few he knew and those he fished out in the dictionary as they are written, as if they were Italian. Pintori assures us that they understood him very well Like the Japanese graphic designers and architects with whom he associated, and as they understood him in Paris, in 1951, when a major exhibition of Olivetti's advertising (almost entirely by Pintori) was held at the Louvre; as they understand his graphic language, his immediately communicative painted metaphors, in Düsseldorf or South America.
Pintori is both a name and surname even for old friends, no one calls him Giovanni, his first name never appears even in his signature. So for some years he has become more taciturn than he is by nature, taciturn yet he laughs easily, and is capable of joking. In short, he has changed a bit over time, not as a result of sorrow or illness, or crises of age or opinions. But he's had a mishap. Hunting through the virgin forests of the island, as I imagined, Pintori caught a tarantula and has kept it. He feeds it. The tarantula of painting, which bites him every day. Pictorial painting, disinterested, which perhaps he dreamed confusedly of as a child. Something can be seen of his painting in this book. Pintori is very jealous of it. When he you ask him to look at some of his paintings, he becomes suspicious, evasive, blushing. It seems that he himself fears that one day or another the painter, having come out into the light, will become better than the graphic designers. If he continues to feed his tarantula, he may even end up that way.

LIBERO DE LIBERO
There is a chapter still to be written, on modern Italian art at the moment when it became culture, taste and customs. It has to be set in Milan, where it took place between 1928 and 1935, after the high tide of the Novecento movement.
It was in this city that Edoardo Persico and the architect Giuseppe Pagano, the Galleria del Milione with its exhibitions of abstract art and, as they gradually arrived, painters, architects, poets and writers determined events of decantation and clarification in the confused and stagnant world of culture in those years. For too many people, Futurism, Metaphysical painting, Rational architecture, and the new poetry were only phenomena. The magazine "Casabella", edited by Persico and Pagano, became the driving force of a mental and practical activity, which was soon to expand its influence beyond the hoped-for limits; and the undertaking, announced first of all in discussions in cafés, grew in the natural warmth of ideas and matured in the most

significant events of works and criticism. It really seemed that the city of Milan, although it had been the forced matrix of that fanatical and backward supernationalism that fascism had declared itself, wanted to purge itself of such stinking stagnation by breathing in avidly the healthy air that arose from the discourses of these new "clerics". They were also engaged in a sort of itinerant "Bauhaus", from which derived the stimulus and the drive to experiment with the new concepts of artistic production by applying them to industrial production. The creative process in industry was thus renewed by deriving themes, linear and volumetric rhythms from the forms of nature and their spontaneous geometry: according to a calculation, a perspective, a vision that are peculiar to artistic expression, and can be traced back to the exactitude and proportions of architecture. Belatedly in Italy, but no less rich in consequences, only in Milan could such a fruitful union between artists and technicians, between culture and industry, be achieved. It was so frank and immediate that there were no manifestos, no time-wasting conferences. More than from an intellectual purpose, that union stemmed from a moral need that made every action possible and activating, so that it was soon asserted in the offices of industrial production and advertising, transforming them into centres of creativity. In them, the highest authority was attributed to some architects, artists and men of culture who performed a significant part in the evolution of Italian industry.
It was in this environment of open and contrasting revolt against the pompous rhetoric then in force that architects such as Terragni, Pagano, Figini, Pollini, Peressutti and Rogers were spiritually formed and the fate of the first industrial designer Marcello Nizzoli was decided. Some abstract painters became graphic designers; and in the midst of them all the poet Sinigalli with the whims and fancies of his muse presented as ideas for advertising.
In that same period, in 1931 to be precise, when so many reasons to say and do were pressing around Persico, and thoughts and words were uttered by those "clerici loquentes" in shining forms: it was then that the nineteen-year-old Giovanni Pintori enrolled in the School of Monza, where, among others, Persico, Pagano and Nizzoli taught. He came from his native Sardinia, small, olive-skinned and quick. And his companion was his fellow islander Fancello, who barely had time to model some memorable ceramics before dying too young.
It can easily be imagined what a cornucopia of ardour and grace the teaching of that affable and reckless trio poured into the mind of a novice like Pintori, who could have expected craft

nell'evoluzione dell'industria italiana non ebbero la minor parte.

È in questo ambiente di aperta e contrastata rivolta alla pomposa retorica allora vigente che si formarono spiritualmente architetti come Terragni, Pagano, Figini, Pollini, Peressutti, Rogers e si decise la sorte del primo disegnatore industriale Marcello Nizzoli; e alcuni pittori astrattisti divennero grafici; e in mezzo a tutti quanti il poeta Sinisgalli coi capricci e grilli della propria musa propugnati come idee pubblicitarie.

In quello stesso giro di tempo, proprio nel 1931 quando maggiormente intorno a Persico premevano tanti motivi di dire e di fare e da quei "clerici loquentes" si levavano pensieri e parole in forme splendenti: fu allora che nella Scuola di Monza, dove tra gli altri insegnavano Persico e Pagano e Nizzoli, andò a iscriversi il diciannovenne Giovanni Pintori. Veniva dalla natia Sardegna, piccolo, olivastro, veloce, e gli era compagno il conterraneo Fancello, che fece appena in tempo a modellare qualche ceramica memorabile prima di morire precocemente.

È da immaginare quale cornucopia di ardori e di grazie rovesciò l'insegnamento di quel "trio" tanto affabile e spericolato nella mente di un novizio nuovo come Pintori, che poteva attendersi la routine artigianale e trovò invece la propria sorte nella pentola di siffatti prestidigitatori. Pronti a spiegargli il valore della forma di una foglia e dell'imbuto, del profilo d'un sasso e dell'ellisse d'un occhio piuttosto che il tracciato del corpo umano o di una facciata classica; capaci di rivelargli le ragioni segrete d'uno scatto di colore sulla propria superficie piuttosto che la miscela migliore per ottenere un verde o un rosso più splendente. E una architettura di Gropius, Le Corbusier, Loos, Mies van der Rohe; un quadro di Boccioni, De Chirico, Morandi, Picasso, Mondrian, Kandinski; un concerto di Strawinsky, Hindemith, Berg; un verso di Valéry, Ungaretti e Montale servivano, più di qualunque testo classico, a fissare un punto fondamentale per la ricerca d'una nuova armonia. Di certo quella scuola non fu sempre per Pintori il padiglione delle meraviglie, come potrebbe credersi. Era il luogo più difficile per resistere ai mille cavilli imbastitigli da persone convinte profondamente: che l'artista debba far l'esercizio migliore sugli infiniti aspetti della natura e che anche i bisogni dell'uomo trovano la forma rispondente nell'oggetto che l'artista gli ricava della stessa natura nella specie della casa, dell'arredamento, della macchina, del libro, del quadro, della scultura, del richiamo pubblicitario. Non era affatto l'antro dove scovare la Sibilla e ottenerne la spiegazione d'un teorema: quella scuola non fu diversa da un'ampia e aperta distesa per dove tutte le avventure erano possibili allo sguardo di un artista che non cerca e trova risposte anche alle

domande meno plausibili. Non so se siano stati pochi o molti gli allievi a sopportare una disciplina che soltanto in apparenza lasciava liberi e despoti del proprio talento. Ma Pintori mi pare uno dei rari che siano sbarcati dalla zattera navigante sul mare tempestoso di quegli anni in cui, dopo la morte di Persico e di Terragni e di Pagano, certezze e speranze eroicamente difese sembrarono perite nell'immenso naufragio. Tanta impresa di rinnovamento culturale e di creazione artistica, durata quasi un decennio e documentata nell'opera stessa degli architetti e pittori e scrittori che vissero intorno a Persico, non poteva non divenire e non fare tradizione, non legarsi alla più vasta tradizione europea. A mantenerla attiva e pregnante, non vi fosse altro che è ben vivo e attuale, basterebbero le forme standard ideate e realizzate da Nizzoli nella produzione meccanica, perfette nella concisione dei ritmi lineari e volumetrici, riconoscibili tra le più armoniose e le più tipiche nell'eleganza strutturale, e sono pur esse un'espressione dell'arte moderna: oggetti creati per il piacere dello spirito oltre che per il bisogno e l'uso.

Dalla stessa tradizione, che non esitiamo a definire nel suo clima di poesia tradotta in termini mnemonici e abbaglianti, hanno origine e significato gli ideogrammi pubblicitari che Pintori illustra in tavole grafiche servendosi di geometrie policrome, di collages meccanici, di macchie simboliche, di numeri cabalistici, di oggetti riavvicinati secondo una analogia funzionale. A volte è la semplice calligrafia di una lettera o la parabola di uno e cento ghirigori affioranti dalla pagina delicatamente colorita. Oppure l'insieme nasce da un'impaginazione puramente tipografica e spaziata quel tanto che ne risulti la concretezza dell'esortazione e dello stimolo: una faccenda di chiarezza compositiva che fa testo.

Tanta leggerezza di tocco si ritrova nelle costruzioni pubblicitarie che si levano improvvise in un punto del paesaggio, dove quelle architetture fanno arabesco con la sequenza di rette filiformi libere o intrecciate, appena svettanti in una curva di nastro o il richiamo si pronunzia nella natura con un semplice accento di allegria. Nell'addobbo delle vetrine, a volte è la pura ellisse d'un supporto, che nel suo vuoto implica il pieno della forma meccanica con l'illusione d'un perpetuo roteare. Pur legato dal 1937 esclusivamente alla pubblicità d'una notissima industria, Pintori sembra tuttavia trarre da questa condizione, che potrebbe divenire monotona e stucchevole, una specie di particolare privilegio per esporre in mille modi e maniere una sua idea poetica di pubblicità con l'ossessione dell'artista evocante sempre la stessa immagine nelle tante immagini che egli illumini o descriva: come un soliloquio fatto di parole ora sottovoce, ora a voce alta ora gridate. Il suo nome è ormai

scritto nell'album internazionale dei grafici: questi pittori di giovane specie che con tanta prepotenza di stile si sono introdotti nella storia della civiltà moderna.

Giovanni Pintori
Discorso tenuto a Tokyo in occasione della mostra a lui dedicata, 1967

Mi trovo in una situazione per me doppiamente inconsueta: dovermi esprimere per mezzo delle parole anziché dei mezzi grafici e dover parlare a migliaia di chilometri dal luogo dove abitualmente lavoro. So però di trovarmi in un paese dove ho dei buoni amici, e dove l'arte grafica di tutti i tempi ha stabilito esempi nobilissimi e dove, in particolare, la moderna grafica pubblicitaria ha trovato più di un maestro di fama mondiale. Così, mentre vi ringrazio della vostra attenzione, devo necessariamente augurarmi che le mie parole possano in qualche modo essere un breve commento a quelli che sono gli elementi abituali della mia espressione: le immagini, i segni, i simboli pubblicitari in cui si riassumono, nella mostra di Tokyo, trent'anni del mio lavoro.

Fin dalla fine degli studi ho avuto un'opportunità meravigliosa: lavorare sempre per l'industria e soltanto per essa, dall'inizio della sua espansione fino al raggiungimento della sua importanza mondiale. Considero quindi il mio lavoro come un lungo e ininterrotto discorso, rivolto per mio tramite da questa industria ai suoi clienti e al pubblico di tutto il mondo.

Fui chiamato personalmente a lavorare da Adriano Olivetti, uno dei primi industriali a comprendere l'importanza della pubblicità e del design che sempre volle dirigere di persona, convinto che questi servizi fossero fondamentali per un'industria moderna. Alla genialità e alla chiarezza di vedute di quest'uomo che diresse l'azienda dal 1930 al 1960, portandola da un livello nazionale all'attuale posizione di grande industria mondiale, si deve tutto il successo della Olivetti.

Oggi sono in grado di assicurarvi che una certa direzione del design è risultato per noi un ottimo affare e un grande successo e, non vi sembri ridicolo quanto dico, che all'Olivetti ci accorgemmo di essere noti e celebri anche in paesi dove non eravamo arrivati con i nostri prodotti e che la gente parlava di noi in modo elogiativo, in certi casi anzi ci valutava molto più grandi di quanto effettivamente non fossimo in quel momento.

Io, come tanti altri che hanno lavorato per questa Azienda, ho fatto quello che ho potuto e devo onestamente dire che mi è stato chiesto sempre il meglio che potessi dare: quando i frutti del mio lavoro sono stati modesti è dipeso solamente da me e non da limitazioni imposte dall'Azienda.

Il nostro è un tempo di grandi interventi pubblicitari e più questi interventi sono numerosi più disorientano riducendone le capacità ricettive dei destinatari, determinando tra gli autori di messaggi una gara sempre più costosa, accesa e difficile. Il consumatore privato, il naturale destinatario della comunicazione collettiva, si trova sempre più ad essere nella condizione di un influente personaggio la cui anticamera sia affollata di individui in attesa di udienza: come l'influente personaggio, il consumatore finisce per esercitare il suo diritto di scelta fra gli inviti che gli vengono rivolti.

Si svolge tra i concorrenti una lotta dura e difficilissima per comunicare al consumatore, per convincerlo, perché i messaggi si insinuino nella sua memoria. Bisogna che ricordi questo importante aspetto chi debba fare comunicazione pubblicitaria nello sforzo di sollecitare scelte e consumi, specialmente quando ci si affidi al linguaggio dell'immagine, di adottare un sostenuto livello qualitativo, altrimenti si rischia uno sforzo pubblicitario inutile. Le industrie che hanno seguito questa direzione possono vedersi incoraggiate anche da quello che possiamo definire un ulteriore rendimento dei loro messaggi pubblicitari, che li vedranno trasferiti dalla loro utilizzazione specifica in sedi di una ragionata e autorevole valutazione, cioè citati a esempio dalle riviste specializzate, nei libri, nelle esposizioni e in quelle sedi questi messaggi continueranno a far parlare di quelle industrie, dell'artista e delle finalità che hanno ispirato questa comunicazione.

Io credo che il grande pubblico dei destinatari sappia benissimo che, accanto alla comunicazione pubblicitaria petulante, fastidiosa e volgare, c'è anche una comunicazione pubblicitaria qualitativamente elevata e ispirata al rispetto, che non mortifica il buon gusto, ma anzi contribuisce a formarlo e a stimolarlo.

Una buona pubblicità non si misura dalle cifre in denaro spese per realizzarla. Facendo solo dei confronti posso dire che un'industria italiana di elettrodomestici, che fa una pubblicità molto anonima e scadente, che non ha certo le fabbriche e l'organizzazione nel mondo della Olivetti, ha un budget pubblicitario cinque volte maggiore di quello nostro in Italia e spende solo in Italia quasi il doppio di quello che spendiamo noi per tutto il mondo. Un'altra organizzazione, che produce e vende generi alimentari, spende per la sua pubblicità in Italia circa dodici volte la cifra che spendiamo noi in Italia.

Io credo che una pubblicità senza chiarezza di idee e senza coerenza, anche quando ha qualche esempio isolato di buon design, è destinata fatalmente a perdere gran parte della sua efficacia nei confronti del pubblico perché lo

routine, and instead found his fate in the cauldron of such conjurers. Ready to explain to him the value of the shape of a leaf and a funnel, the profile of a stone and the ellipse of an eye, rather than the trace of the human body or of a classical façade; capable of revealing the secret reasons for a burst of colour on its surface rather than the finest mixture to get a brighter green or red. Architecture by Gropius, Le Corbusier, Loos, Mies van der Rohe; painting by Boccioni, De Chirico, Morandi, Picasso, Mondrian, Kandinsky; a concert by Stravinsky, Hindemith, Berg; a verse by Valéry, Ungaretti and Montale, served, more than any classical text, to establish a fundamental point for the search for a new harmony. Certainly that school was not always a pavilion of wonders for Pintori, as one might believe. It was the most difficult place to resist the thousand quibbles thrust on him by people who had convictions: that the artist must make the best practice on the infinite aspects of nature, and that even the needs of man find the corresponding form in the object that the artist derives from nature itself in the form of a house, furnishings, a car, a book, a painting, a sculpture, an advertisement. It was by no means the grotto in which to find the Sibyl and obtain the explanation of a theorem. That school was like a spacious open field where all adventures were possible to the gaze of an artist who sought and found answers even to the least plausible questions. I don't know whether there were few or many students who put up with a discipline that only apparently left them free and despots of their talent. But Pintori seems to have been one of the few who disembarked from the raft sailing on the stormy sea of those years in which, after the death of Persico and Terragni and Pagano, heroically defended certainties and hopes seemed to have perished in the immense shipwreck. Such an undertaking of cultural renewal and artistic creation, which lasted almost a decade and is documented in the work of the architects, painters and writers who lived around Persico, could not fail to become and make tradition, to become linked to the broader European tradition. To keep it active and meaningful, if there were nothing else that is very alive and current, the standard forms designed and created by Nizzoli in mechanical production would suffice, perfect in the concision of linear and volumetric rhythms, recognisable among the most harmonious and the most typical in structural elegance, and they are also an expression of modern art: objects created for the pleasure of the spirit as well as for need and use. In the same tradition, which can be defined in its climate of poetry translated into mnemonic and dazzling terms, have their origin and meaning the advertising ideograms that Pintori illustrates in graphic panels using polychrome geometries,

mechanical collages, symbolic blurs, cabalistic numbers, objects brought together according to a functional analogy. Sometimes it is the simple calligraphy of a letter or the parable of one and a hundred scrawls emerging from the delicately coloured page. Or the whole arises from a purely typographical layout, spaced just enough to result in the concreteness of the exhortation and stimulus: a matter of compositional clarity is exemplary. Such lightness of touch is found in the advertisements that rise suddenly in a point of the landscape, where those architectures make arabesques with the sequence of free or entwined thread-like lines, barely fluttering in the curve of a ribbon, and the summons is pronounced in nature with a simple accent of joy. In the decoration of shop windows, it is sometimes the pure ellipse of a support, which in its emptiness implies the fullness of mechanical form with the illusion of a perpetual rotation. Although linked since 1937 exclusively to advertising for a well-known manufacturer, Pintori nevertheless seems to draw from this condition, which could become monotonous and cloying, a kind of special privilege to exhibit in a thousand ways and manners his poetic idea of advertising with the obsession of the artist always evoking the same image in the many images he illuminates or describes: like a soliloquy made up of words now whispered, now spoken out loud, and now shouted. His name is now written in the international album of graphic designers: these painters of a young species who with such arrogance of style have introduced themselves into the history of modern civilization.

Giovanni Pintori
Address delivered in Tokyo at the exhibition devoted to his work, 1967

I find myself in a doubly unusual situation for me: having to express myself in words instead of with graphic techniques and having to speak thousands of kilometres away from the place where I usually work. However, I know that I am in a country where I have good friends, and where the graphic art of all times has established very noble examples, and where, in particular, modern advertising graphics have found more than one world-famous master.
So, while I thank you for your attention, I must necessarily hope that my words can in some way be a brief comment on what are the usual elements of my expression: the images, the signs and the advertising symbols in which thirty years of my work are embodied in the Tokyo exhibition. Since the end of my studies I have had a wonderful opportunity: to always work for a company, and only for it, from the beginning of its expansion until it reached

its worldwide importance.
I therefore consider my work as a long and continuous discourse, addressed through me by this company to its customers and to the public around the world.
I was personally appointed by Adriano Olivetti, one of the first industrialists to understand the importance of advertising and design, which he always wanted to direct personally, convinced that these services were essential to a modern industry. The success of Olivetti is due to the genius and clarity of vision of this man who directed the company from 1930 to 1960, taking it from a national level to its current position as a major world industry. Today I am able to assure you that a certain direction of design is a very good business for us, as well as a great success and, you should not think it is ridiculous if I say that at Olivetti we realised that we were known and famous even in countries where we had not arrived with our products, and that people spoke of us in a laudatory way, in some cases even believing we were much larger than we actually were at that time.
I, like many others who have worked for this company, have done what I could and I must honestly say that I have always been asked for the best I could give. When the fruits of my work have been modest, it has depended only on me and not on limitations imposed by the company.
Ours is a time of great widespread advertising, and the more widespread advertising is, the more bewildering it becomes, reducing the receptive capacity of the recipients, resulting in an increasingly expensive, heated and difficult competition between the advertisers. The private consumers, the natural recipients of collective communication, increasingly find themselves in the state of an influential person whose antechamber is crowded with individuals waiting for a hearing. Like the influential person, consumers end up by exercising their right to choose between the petitions addressed to them. A hard and very difficult struggle takes place between the competitors to communicate with consumers, to persuade them, so that the advertisements seep into his memory. It is necessary to remember this important aspect for those who have to do advertising communication in the effort to solicit choices and consumption, especially when relying on the language of the image, to adopt a sustained level of quality, otherwise there is the risk of a useless advertising effort. The industries that have followed this direction can also see themselves encouraged by what we can call a further return on their advertising messages, which will see them transferred from their specific use to forums of reasoned and authoritative evaluation. They will be cited, for example,

in specialist magazines, books, exhibitions and places where these messages will continue to talk about those industries, about the artist and the purposes that inspired this communication.
I believe that the general public of recipients knows very well that, alongside insistent, annoying and vulgar advertising, there is also advertising of high quality, inspired by respect, which does not offend against good taste, but rather shapes and stimulates it.
Good advertising is not measured by the money spent to make it. By only making comparisons, I can say that an Italian household appliances industry, which makes a very anonymous and poor advertisement, which certainly does not have the factories and organization in the world of Olivetti, has an advertising budget five times greater than ours in Italy and spends almost twice as much in Italy alone as we do for the whole world. Another organisation, which produces and sells foodstuffs, spends about twelve times the amount we spend in Italy on its advertising in Italy.
I believe that advertising without clarity of ideas and without coherence, even when it has a few isolated examples of good design, is fatally destined to lose much of its effectiveness with the public, because the style of an industry asserts itself in the substantial and formal quality of its products, but it presents itself and makes itself known in the careful and unified inspiration of its message to the public. There are examples of industries that have contributed in this post-war period to creating a high-level market for graphic artists, encouraging a considerable creative selection in the graphic field and, as an advantageous and reasonable counterpart, have managed to personalise themselves in the eyes of the public. This observation led to the concept of the corporate image, which is the unwritten business card with which an industry presents itself, mainly through advertising and the formal characterisation of products in an unmistakable image.
I hope that the example set by the finest industries in Japan and throughout the world will lead to a more attentive sensibility in the field of advertising on the part of all the other commissioning bodies, and help strengthen certain indispensable bases of clarity, taste, and honesty of information, without which advertising is fatally doomed to be downgraded into mystification, and to mortify and offend the sensibilities of its recipients.
Now I will tell you what my points of view are about my work, that is advertising graphics. The figure of the graphic designer has acquired a precise form in recent years, since advertising posters, with rare exceptions, were no longer signed by generic painters, adapting for practical needs to a genre that was

stile di un'industria si afferma nella qualità sostanziale e formale dei suoi prodotti, ma si presenta e si fa conoscere nell'ispirazione attenta e unitaria del suo messaggio al pubblico.

Vi sono esempi di industrie che hanno contribuito in questo dopoguerra a creare per gli artisti grafici un mercato ad alto livello, incoraggiando nel campo grafico una notevole selezione creativa e, come vantaggiosa e ragionevole contropartita, sono riuscite a personalizzarsi agli occhi del pubblico. Da questa constatazione è nato il concetto di "Corporate Image" che è il biglietto da visita non scritto con cui un'industria presenta sé stessa, prevalentemente attraverso la produzione pubblicitaria e la caratterizzazione formale dei prodotti in un'immagine inconfondibile.

Io mi auguro che l'esempio offerto dalle migliori industrie in Giappone e in tutto il mondo, possa suscitare nel campo della pubblicità una più attenta sensibilità da parte di tutti gli altri committenti e contribuire al rafforzamento di certe indispensabili basi di chiarezza, di gusto, e di onestà informativa, senza le quali la pubblicità è fatalmente destinata a declassarsi in mistificazioni e a mortificare e offendere la sensibilità dei suoi destinatari.

Ora vi dirò quali sono i miei punti di vista circa il mio lavoro, cioè la grafica pubblicitaria. La figura del grafico ha acquistato negli ultimi anni una precisa fisionomia da quando i manifesti pubblicitari, con rare eccezioni, non sono stati più firmati da pittori generici adattandosi per esigenze pratiche a un genere che veniva considerato di sotto-pittura, bensì da artisti impegnati esclusivamente nel campo della pubblicità grafica, a un livello di genere artistico autonomo, nel quale gli uomini che vi si dedicarono devono impegnarsi totalmente.

Diffusione internazionale della stampa, del cinema, della televisione, l'identità degli scopi e la rapidità delle comunicazioni, hanno fatto sì che le manifestazioni grafiche moderne, siano valide per ogni gran parte del mondo. Così, sono caduti i nazionalismi e si sono svuotati i luoghi comuni della grafica inglese per gli inglesi o americana per gli americani: artisti grafici di tutto il mondo si scambiano esperienze e informazioni in Giappone, in Europa o in America, ovunque vediamo gli stessi richiami grafici, gli stessi film, le stesse riviste.

Anche la grafica, come la poesia, la pittura, è inserita e contribuisce alla vita e al progresso dei popoli e, come genere artistico indipendente, anch'essa è un momento della cultura contemporanea: come tale partecipa dei caratteri comuni agli altri movimenti culturali. Nei confronti della pittura, evidentemente, il rapporto è più stretto: spesso la grafica pubblicitaria riesce a trasmettere a un pubblico

enormemente vasto le espressioni più aggiornate del gusto pittorico, facendo anche opera di educazione e divulgazione del gusto moderno.

Il grafico al servizio di un'azienda assume una grande responsabilità e, come nel mio caso, deve intervenire giornalmente anche nella soluzione di vari problemi che assorbono molto tempo e lo impegnano seriamente perché proprio per questo genere di cose spicciole e varie, sono messe alla prova la serietà della preparazione e la chiarezza delle idee: occorre prendere decisioni rapide e responsabili, garantendo un buon livello di esecuzione e di efficacia, anche naturalmente tenendo conto di quegli elementi obbligati che sono sempre presenti nelle nostre opere grafiche pubblicitarie, come slogan, nomi o marchi di fabbrica, simboli o fotografie. Tutti i giorni, noi grafici, ci saremo al passo con il nostro tempo, dobbiamo scoprire qualcosa di nuovo, spostare avanti una bandierina ideale che segnerà la nostra nuova posizione: questo è il lato più bello e anche più impegnativo del nostro lavoro.

Vittorio Sereni
Prove per un ritratto, in "Pirelli", n. 9-10, sett / ott 1968

Potrebbe sembrare, da quel che ho detto, che Pintori sia soprattutto un gran meccanico. Invece è soltanto un artista che capisce le macchine, che riesce a mettersi in comunicazione con loro attraverso l'esperanto del disegno. Il disegno è il sesto senso di Pintori; è il prolungamento naturale del suo occhio e della sua mano. Osservi una vite o un transatlantico, può sezionarli, ricostruirli sulla carta. Se guarda una casa, da fuori, può ricavarne la pianta; di un fiore può elencare, col disegno, petali, corolle, pistilli. Eppure in tutto ciò che ha fatto come grafico non c'è niente di ossessivamente meticoloso. I suoi risultati migliori di pittore, di grafico, di designer sono effetti di sintesi; ma la sintesi è risultato di analisi.
Pintori forse è nato con un pezzo di matita in mano....
(Libero Bigiaretti)

A volte è la semplice calligrafia di una lettera o la parabola di uno e cento ghirigori affioranti dalla pagina delicatamente colorata. Oppure l'insieme nasce da un'impaginazione puramente tipografica e spaziata quel tanto che ne risulti la concretezza dell'esortazione e dello stimolo: una faccenda di chiarezza compositiva che fa testo…
(Libero De Libero)

I testi di Libero Bigiaretti e Libero De Libero sono tratti da *Giovanni Pintori* nella collana "Quaderni di Imago", Arti Grafiche F. Ghezzi, Milano 1967.

Mi pregano di mettere in parole il mio amico Giovanni Pintori e avverto in concreto come ci siano più probabilità di riuscita a immaginare, scrivendo, di scrivere una cosa, a fare congetture su come scriverla che non a scriverla. Sarà la difficoltà del "soggetto"? Oppure subisco l'influsso, per simpatia, della fatica che deve avere fatto per tanto tempo Giovanni a cavare – se non sangue dalle rape – dai meccanismi e dalle qualità delle macchine-per-scrivere e affini le analogie che servono? Oui, du perdrix, mais toujours du perdrix enfin… Un prato o un giardino dove i fiori sono numeri di colori vividi ci viene sciorinato davanti; una manciata di fiori sfugge dall'aggeggio meccanico e dalla sua custodia o piuttosto fiorisce direttamente dentro a essa; una struttura, una stratificazione, un progetto urbano, un'intera metropoli vista dall'alto e di sbieco (ma la parte di struttura, l'elemento che sta in cima, come un tetto, un culmine, un coronamento, evoca la forma elegante di un alato) proietta e dilata l'oggetto, l'*Elettrosumma 22* e le sue prestazioni, in una sintesi immaginativa, il fenomeno nel suo colorito fantasma.

Ma il prato, la manciata di fiori, il corrispettivo colorito dell'Elettrosumma non saranno per caso la compensazione, la scappatoia di quest'ultimo tra gli ultimi tigli della civiltà pastorale messo a lavorare tra le realtà della tecnologia? È la prima cosa che viene in mente a conoscerlo, dunque la più facile. Sarà poi, Giovanni, uomo di nostalgie? Impossibile accertarlo anche a me che pure gli sono amico da tanti anni.

Il discorso del resto si può rovesciare agevolmente sostenendo che appunto certe qualità istintive -- vengano o no dalla civiltà contadina o pastorale – gli hanno permesso di digerire ogni volta l'eterna, pur squisita, pernice: di fare splendidamente – cioè con lo splendore dell'evidenza e dei colori o delicati o nitidi o smaglianti: l'avverbio non è pleonastico – il suo mestiere di grafico al servizio della pubblicità e dell'industria.

Lo si è già osservato. Passato un determinato episodio produttivo con le esigenze commerciali e pubblicitarie che gli sono connesse, il prodotto del grafico sembra sfuggire ai dati perentori che gli sono imposti in partenza, lievitare sul campo rigidamente delimitato entro il quale si era svolto, acquistare una sua autonomia figurativa. Comincia una sua seconda esistenza, più libera della precedente che a poco a poco si offusca. Il prodotto scompare sullo sfondo, viene assorbito nel tempo, nell'anno o nel giro di mesi che gli era proprio e di cui l'espressione grafica, osservata a distanza, conserva l'aroma. Si può persino dimenticare il nome del prodotto, il segno grafico è lì, con la sua impronta stilistica, a riportarvi a quell'anno o giro di mesi. Accade ai prodotti grafici qualcosa di simile a ciò che è dei documenti diplomatici, delle carte segrete che accompagnano un evento e che arrivano nelle mani

dello studioso quando hanno perso il loro veleno o buona parte di esso. Come questi costituiscono materiale d'archivio ma anche di studio, e intanto alimentano la storiografia, quelli compongono una galleria che è poi la testimonianza per simboli e segni, ormai disgiunti dai singoli prodotti, dell'esistenza e dello sviluppo di quell'industria e azienda, la sua faccia immediatamente riconoscibile per le strade dirette ed elementari dello sguardo. Purché il grafico ci sappia fare, naturalmente, e abbia a sua volta una linea che sia insieme di coerenza e di sviluppo.

Che sia giusto il caso di Giovanni Pintori, non occorre proprio che sia io a dimostrarlo. Lo dice da sé, a parte ogni altra forma di riconoscimento nazionale e internazionale, lo sterminato album di variazioni sul tema, per tanti e tanti anni lo stesso, che si potrebbe mettere insieme, la successione di immagini che alla cattura del particolare significante alternano la proiezione e dilatazione della cosa osservata, le immagini come sintesi di osservazione e di estro, la persuasione all'uso e l'accentuazione eloquente delle qualità, il prodotto e il nome industriale che ne attua l'eccellenza. Ma a dire dell'equilibrio non compassato, sempre scattante e divertito dell'arte di Pintori tra esigenze del committente e personale spinta inventiva, e a suggerire, quasi, il piacere di una scrittura all'infinito e in ogni possibile direzione, ci sarà sempre, forse soprattutto, una pallina colorata lungo rigorose eppure immaginose traiettorie da un tasto all'altro, che rimbalza, rimbalza… Pintori, bel nome per uno che fa il grafico con un senso squisito del colore e che in segreto dipinge. Ha in sé il destino dell'uomo che lo porta. All'uomo, tolta qualche ferma convinzione e una precisa coscienza professionale, non si cavano molte parole, sul suo lavoro e sul significato che gli annette. Interrogato in proposito vi dirà tutt'al più che "la grafica non è sotto pittura", ma semplicemente altra cosa dalla pittura, con un suo linguaggio autonomo e in rapporto sì con la pittura, ma che non sia "di contaminazione o di tentazione pittorica". Vi lascerà capire che dicendo questo non intende la grafica pubblicitaria come un'arte applicata, ma proprio come un'arte di cui avverte il condizionamento d'origine e insieme la possibilità di liberare le risorse latenti contenute nell'oggetto o prodotto che le viene proposto. Pintori rimane tra i pochi che si affidano ai risultati più che alla discussione e alla congettura degli stessi, tra i pochi che ancora prendono rilievo dal lavoro e non dal supporto di progettazioni e ipotesi con cui oggi il lavoro è sostentato quando non è addirittura surrogato. Posizione sempre più ardua la sua, se posizione è, e non piuttosto condizione nella quale si opera, in un tempo che vede infranti i metri della valutazione e dunque resi sempre più opinabili i risultati e quasi destituito

considered subordinate to painting, but by artists engaged exclusively in the field of graphic advertising, to the level of an independent artistic genre, in which the people who devote themselves to it have to be completely committed to it.
The international diffusion of the press, cinema and television, the identity of purposes and the rapidity of communications, have meant that modern graphic expression is valid for every large part of the world. In this way, nationalism has fallen and the clichés of British graphics for the British or American graphics for the Americans have been emptied. Graphic artists from all over the world exchange experiences and information in Japan, Europe or America, wherever we see the same graphic references, the same films, the same magazines.
Graphics, like poetry and painting, is also inserted in the life and progress of peoples and contributes to it as an independent artistic genre. It, too, is a phase of contemporary culture: as such it participates in the characteristics common to other cultural movements. Evidently, the relationship with painting is closer. Advertising graphics often manage to convey the most up-to-date expressions of pictorial taste to an enormously vast audience, so doing the work of education and dissemination of modern taste.
The graphic designer in the service of a company assumes a great responsibility and, as in my case, also has to intervene daily in the solution of various problems that absorb a lot of time and engage him seriously, because precisely these small and varied things are the test of the seriousness of one's training and the clarity of one's ideas. It is necessary to make quick and responsible decisions, ensuring a good level of execution and effectiveness, while also of course taking into account those obligatory elements that are always present in our advertising graphic works, such as slogans, names or trademarks, symbols or photographs. Every day, we graphic designers, if we are in step with our time, have to discover something new, and advance an ideal flag that will mark our new position. This is the most beautiful and also the most demanding side of our work.

Vittorio Sereni
"Prove per un ritratto", Pirelli, nos. 9-10, Sept / Oct 1968

"It might seem, from what I have said, that Pintori is above all a great mechanic. Rather he is simply an artist who understands machines, who manages to communicate with them through the Esperanto of drawing. Drawing is Pintori's sixth sense; it is the natural extension of his eye and his hand. He sees a screw or an ocean liner, and can dissect them,

reconstruct them on paper. If he looks at a house, from the outside, he can draw its plan; of a flower he can draw its separate petals, corollas, pistils. Yet in everything he has done as a graphic designer there is nothing obsessively meticulous. His finest achievements as a painter and graphic designer are the effect of synthesis; but the synthesis is the result of analysis. "Pintori may have been born with a piece of pencil in his hand."
(Libero Bigiaretti)

"Sometimes it is the simple handwriting of your letter or the parable of hiatus and a hundred scrawls emerging from the delicately coloured page. Or the whole arises from a purely typographical layout, spaced so much as results in the concreteness of exhortation and stimulus: a compositional clarity that is exemplary."
(Libero De Libero)

The texts by Libero Bigiaretti and Libero De Libero are taken from Giovanni Pintori in the series "Quaderni di Imago", Arti Grafiche F. Ghezzi, Milano 1967.

They have asked me to put my friend Giovanni Pintori into words, and I realize in concrete terms that there is a greater chance of success in imagining, while writing, how to write something, to offer conjectures about how to write it than to write it. Is this due to the difficulty of the subject? Or am I influenced, out of sympathy, by the effort that Giovanni must have made for so long to extract, if not blood from turnips, then the necessary analogies from the mechanisms and qualities of typewriters and the like? Oui, du perdix, mais toujours du perdrix enfin...
A lawn or a garden where flowers are numbers of vivid colours is paraded before us. A handful of flowers escape from a mechanical contraption and its case, or rather bloom directly from it. A structure, a stratification, an urban project, an entire metropolis seen from above and at an angle (but the part of the structure, the element that is at the top, like a roof, a culmination, a parapet, evokes the elegant shape of a winged man) projects and expands the object, the Electrosumma 22 and its functions, in an imaginative synthesis, the phenomenon in its phantom colour.
But aren't the lawn, the handful of flowers and the corresponding colour of the Electrosumma a form of compensation for the machine, an escape hole amid the last lindens of pastoral civilisation set to work amid the realities of technology? It is the first thing that comes to mind when you get to know it, therefore the easiest. Is Giovanni then a nostalgic? It is impossible to ascertain this even for me, after being friends with him for many years.
The discourse, moreover, can be easily reversed by arguing that it is precisely

certain instinctive qualities — whether or not they come from peasant or pastoral civilization — that have enabled him to digest the eternal, albeit exquisite, partridge each time: to do splendidly — that is, with the splendour of evidence and colours delicate or sharp or dazzling: the adverb is not pleonastic — his profession as a graphic designer at the service of advertising and industry. This has already been observed. After a certain production episode with the commercial and advertising needs that are connected to it, the product of the graphic designer seems to escape the peremptory data that are imposed on him at the outset, to rise above the rigidly bounded field within which it took place, and acquire its figurative independence. He begins a second existence, freer than the previous one, which gradually blurs. The product disappears into the background, it is absorbed over time, in the year or the months that it was typical of and whose aroma, observed from a distance, is retained. You might even forget the name of the product, but the graphic sign is there, with its stylistic imprint, to take you back to that year or those months. Something similar happens to graphic products as happens to diplomatic documents, to the secret papers that accompany an event and arrive in the hands of the scholar when they have lost their poison, or much of it. Just as these are archival material as well as study material, and in the meantime nurture historiography, they make up a gallery that bears testimony through symbols and signs, now detached from the individual products, to the existence and development of a given industry and company, immediately recognizable by the direct and elementary paths of the gaze. As long as the graphic designer can do it, of course, and has in his turn a line that is both coherent and developmental.
I don't need to show that this applies to Giovanni Pintori. This appears, apart from any other form of national and international recognition, by the endless album of variations on the theme, for many years the same, that we might bring together, the series of images that alternate the capture of the significant detail with the projection and dilation of the thing observed, the images as a synthesis of observation and inspiration, the persuasion to use and the eloquent accentuation of qualities, the product and the industrial name that embodies its excellence. But to say of the unrestrained, always dynamic and amused equilibrium of Pintori's art, between the needs of the client and personal inventive drive, and to suggest, almost, the pleasure of writing endlessly and in every possible direction, there will always be, perhaps above all, a coloured ball bouncing, bouncing along rigorous yet imaginative trajectories from one key to another....

Pintori, a fine name for a graphic designer with an exquisite sense of colour who secretly paints. It contains the destiny of the man who bears it. Without some firm conviction and a precise professional conscience, not many words can be extracted from the man about his work and the meaning he attaches to it. When asked about this, he will tell you at most that "graphic design is not below painting", but simply something other than painting, with its own independent language, related to painting, but which is not "influenced by painting or tempted to indulge in it". By this he will make you understand that he does not mean advertising graphics as applied art, but precisely as an art of which he feels the original conditioning and at the same time the possibility of freeing the latent resources contained in the object or product proposed to him. Pintori remains among the few who rely on results rather than discussion and conjecture, the few who still derive importance from work and not from the support of the projects and hypotheses with which work is supported today, when it is not even a surrogate. His position is increasingly difficult, if it is a position, and not the condition in which one works, at a time when the yardsticks of assessment are broken and the results are consequently increasingly questionable, and talking of results is almost meaningless the more difficult it is to agree on them.
Such a taciturn character is precluded from that continuity between work, the nature of work, and the person, public and private individual, who, nurtured by statements, multiple speeches, participation in round tables and the like, increasingly forms what is called the character. In this respect, he has retained something of the mentality and time of the pioneers and looks much more like a craftsman than a manager. A public individual by force of circumstances and against his own reluctance, he is strictly a private individual when he leaves work. The distance between the two side of the same person could not be stronger. Libero Bigiaretti has written very well about the private Pintori who hammers away, fiddles with old engines, and fits out boats for his exclusive use in a kind of personal shipyard. "Among the people of my acquaintance there is not one — in my opinion — capable of getting along better than Pintori if he were put in the place of Robinson Crusoe."
I am a witness to this passion or vocation. Giovanni, what are you up to? It's been a ritual question, for I don't know how many years, on seeing him pottering on the riverbank at Bocca di Magra. "Well, I'm fiddling a bit," is the invariable answer, and laughingly slips inside the belly of a boat. If one were to calculate his vacations, the number of hours spent in putting a vessel to the sea, making

di senso il parlare di risultati quanto più difficile è il convenire su di essi.
A un simile taciturno è preclusa quella continuità tra lavoro, natura del lavoro, e persona, individuo pubblico e privato, che, nutrita di dichiarazioni, interventi multipli, partecipazioni a tavole rotonde e simili, forma sempre più spesso quel che si dice il personaggio. In questo senso ha conservato qualcosa della mentalità e del tempo dei pionieri e assomiglia molto più a un artigiano che a un manager. Individuo pubblico per forza di cose e con riluttanza propria, è rigorosamente individuo privato nel momento in cui lascia il lavoro. Il distacco tra i due aspetti di una stessa persona non potrebbe essere più forte.
Del Pintori privato che martella, traffica intorno a vecchi motori, arma imbarcazioni a suo esclusivo uso e consumo in una specie di cantiere personale, ha scritto egregiamente Libero Bigiaretti: "Fra le persone di mia conoscenza non ve n'è una – secondo me – capace di cavarsela meglio di Pintori ove fosse messo nella necessità di fare il Robinson Crusoe".
Sono un testimone di questa passione o vocazione. Giovanni cosa stai combinando? È la domanda di rito, da non so quanti anni, a vederlo affaccendato in riva al fiume, a Bocca di Magra. "Mah, sto trafficando un po'", è l'invariabile risposta, e s'imbuca ridendo dentro la pancia di un natante. Se si facesse il computo delle sue vacanze, il numero delle ore spese a mettere un mezzo in grado di prendere il mare, apportarvi migliorie, collaudarlo, supererebbe di gran lunga quello delle ore passate sul mare a pescare o a godersi la brezza e la solitudine.
A mia volta non conosco nessuno più alieno e più estraneo, addirittura più ostile alla cosiddetta vita balneare. Assolutamente non irreggimentabile in questa, difende il proprio diritto di vivere a modo suo la tutt'altra cosa che è il fare vita di mare. È sempre un avvenimento vedere l'imbarcazione (non so quante ne ha cambiate in questi anni, ma con tutto quel lavorare accanito e prolungato da un'estate all'altra devono essere molto meno di quanto si pensa) filare verso la foce del Magra e sparire dietro il molo. E magari no, era solo un giro di prova con un equipaggio di bambini raccolti a caso. Eccolo ritornare, ha sporto appena la punta del naso di là dalla foce e una diffidenza o una noia improvvisa gli ha consigliato il rientro. "Il refrattario delle rive" mi viene voglia di chiamarlo, scherzandoci, che è uno dei modi, forse il più sicuro, di entrare in comunicazione con lui.
Una volta – perché Pintori ha qualcosa in sé e attorno a sé che non è nemmeno sardo, ma sta tra il malese e il giapponese – l'ho anche chiamato "samurai fasullo" alludendo al personaggio centrale del film "I sette samurai", fasullo in quanto samurai, ma più abile, più prode anche perché più ferino, più uomo e belva insieme del più bravo dei samurai veri. Ecco, Giovanni ha anche qualcosa di ferino e per questo non è un

uomo facile (In Giappone comunque c'è stato abbastanza di recente e dev'essersi sentito di casa. Una vecchia non voleva credere che non fosse giapponese, secondo lei era uno dell'isola di Hokkaido, non c'era dubbio. A Hokkaido, poi, Pintori ha constatato che arnesi, utensili, strumenti di lavoro erano praticamente identici a quelli tradizionali della Sardegna. Tutto quadra, come si vede).
Le volte che non traffica, come dice lui, se ne sta sulla riva del fiume, come un povero, a guardare. Arrivano ad ancorarsi nel Magra, in numero crescente da qualche anno a questa parte, grossi natanti che battono bandiera panamense, scafi di ogni tipo. Fanno una grande confusione, stanno trasformando la faccia del fiume e delle rive. Lo sguardo non precisamente benevolo ne inquadra uno, una sera verso le sette, più mastodonte degli altri, lo osserva accostare con una manovra forse spericolata che minaccia l'urto con altre imbarcazioni ancorate, tra cui quella del nostro. "Fetenti – ringhia Giovanni – per poco non sfasciano tutto, solo per scendere qui a bersi l'aperitivo. Magari l'avessero fatto. Sarebbe un affare mica da ridere, ci pensi, solo il risarcimento danni...".
Poi di colpo Giovanni scompare, si viene a sapere che è partito stamattina alle sei perché ha un lavoro urgente da finire, ha detto. Più probabilmente perché si è scocciato: tanto, urgente o no, il lavoro a Milano non manca. Be' tornerà presto, dico io, si scoccerà presto anche a Milano, figurarsi, in pieno agosto. E lo vedo rivalicare la Cisa, con passo western, dico, frustando tutti i cavalli della Giulia...
No, non va, vedo che non ho detto veramente niente di lui, di come è dentro. Chi è veramente Giovanni Pintori? Dell'uomo che è lui non so raccontare che aneddoti, ne avrei tanti altri, volendo. A prescindere da alcuni motivi di gratitudine, che non so quanto facciano ritratto o lo completino, non riesco tuttavia a pensare alla non folta galleria degli amici veri senza questa presenza, questa umorosa presenza. A partire da qui vale solo l'immaginazione che mi parla di lui come di un felice disperato – o disperato felice – che a suo tempo abbia stabilito un favoloso accordo col mondo, la natura e la gente e a un certo punto se lo sia trovato rotto e distorto, alterato, mistificato. Che viva con memoria del favoloso accordo e del finto dissesto. E che questo spieghi il silenzio o le battute, apparentemente liberatrici ma sempre con un fondo di antico rancore o di amore deluso, che non sono poi molte e ricorrono con l'aria di un rimedio rabbioso, di un regolamento di conti con le cose e la gente, di una sentenza ribadita persino con monotonia dopo che è stata pronunziata una volta per tutte e resta inappellabile. Ma si tratta appunto di immaginazione e Giovanni sarebbe il primo a riderne o piuttosto a schermirsi col gesto del pudore offeso se solo attaccassi con lui un

discorso del genere. Che poi sia capace di investirsi con serietà di un problema altrui, lo ha dimostrato più di una volta. Sempre che il problema sia serio, naturalmente, e come tale porrei anzitutto il male fisico di cui ha orrore e terrore, peggio che di un tradimento o di un affronto grave. Quest'uomo che vedrei senza meraviglia girare il mondo come acrobata o illusionista oppure piantare tutto e diventare il magnate di qualcosa di grosso da una parte qualsiasi del globo – come è nel destino di tanti isolani – è sostanzialmente un inquieto inchiodato da anni a un lavoro che però lo appassiona, e questo è tutto ciò che si sa di lui. Forse una radicale sfiducia nelle parole spiega la non contraddizione, anzi il preciso rapporto tra il demone della meccanica e il mestiere di grafico che Bigiaretti ha illustrato tanto bene nel testo qui parzialmente riprodotto. Spiega anche come, per parlare di lui indipendentemente dalle cose in cui si è espresso lavorando, il ritratto riesca impossibile o si riduca a una registrazione di atti di presenza, qualche battuta, una risata repentina, le apparizioni e scomparse – anche se questo non esclude, al contrario, che uno se lo trovi vicino quando più ce n'è bisogno, magari quando tutti gli altri se ne sono andati.

Giovanni Pintori
Omaggio a Salvatore Fancello, Ricordo dell'amico, in "La Grotta della Vipera", n. 22-23, primavera-estate 1982

Ricordo dell'amico
Ci siamo incontrati per la prima volta al molo del porto di Olbia, in una sera di ottobre del 1930, in attesa dell'imbarco sulla "Attilio Deffenu".
Andavamo in continente, a Monza, per frequentare l'Istituto Superiore per le Industrie Artistiche con una borsa di studio del Consiglio dell'Economia, come allora credo venisse chiamata la Camera di Commercio.
Un parente lo aveva accompagnato da Dorgali in corriera, mentre io ero arrivato da Nuoro con il treno.
Ricordo ancora molto bene quella traversata che era per noi il primo distacco dall'Isola, una lunga e bruttissima notte sino a Civitavecchia, senza cuccette, seduti per terra in un corridoio maleodorante, affollato da altri passeggeri e da soldati altrettanto disagiati e afflitti dal mal di mare.
Io avevo 18 anni, lui 14, era un ragazzino, non era mai uscito da Dorgali e quella notte dormiva con la testa sulle mie ginocchia, proprio come un bambino.
A Monza, nei primi anni, eravamo inseparabili, non lo lasciavo mai e insieme abbiamo esplorato quello che sarebbe stato il nostro nuovo mondo, completamente diverso da quei mucchi

di sassi sconnessi che erano i nostri paesi. Mi parlava spesso della sua infanzia, di suo fratello minore Giovanni, del maestro Moledda, della bottega di Ziu Chiricu Piras e di quella di Simeone Lai.
Il fratello Marco, che era guardia di finanza nel Nord Italia, veniva a trovarlo a Monza e lo ha sempre assistito ed aiutato nei momenti difficili, frequenti e particolarmente penosi in quegli anni, perché dovevamo sopravvivere con una magra borsa di studio.
Terminati gli studi nel 1935, sino al 1940 Fancello ha vissuto in parte a Monza, in parte a Milano e Albisola, con parentesi di servizio militare di due anni.
È stato richiamato a Ivrea col grado di sottotenente di fanteria nel dicembre del 1940.
Il 22 gennaio 1941 mi scrisse da un treno diretto a Bari, il 27 da una nave, già imbarcato per l'Albania, e dal 10 febbraio una decina di volte dal fronte greco.
L'ultimo suo scritto è del 4 marzo: diceva tra l'altro di avere sentore che presto sarebbero "andati avanti". Otto giorni dopo, cadeva durante un attacco alle posizioni greche nella mattinata del 12 marzo 1941.
Per anni, anche a guerra finita, ho continuato a sperare che la notizia della sua morte fosse dovuta a un errore, che magari poteva essere stato raccolto ferito e trovarsi prigioniero di guerra come tanti altri, in qualche parte del mondo.
Il mio rimpianto per la sua perdita non mi ha mai abbandonato. Non mi sento di scrivere niente di meglio di come ha fatto Giuseppe Pagano, già nostro professore a Monza e poi amico carissimo (morto nel 1945 in campo di concentramento nazista) nel volume "Salvatore Fancello" edito da Domus nel 1942 in occasione della grande mostra dell'opera di Salvatore Fancello alla Pinacoteca di Brera a Milano.

improvements, and testing it, would far exceed that of the hours spent at sea fishing or enjoying the breeze and solitude.

In turn, I don't know anyone more alien or more foreign, even more hostile to so-called seaside life. Absolutely incapable of being regimented into it, he defends his right to live the completely different thing that is life at sea in his own way. It is always an event to see the boat (I don't know how many he has gone through in recent years, but with all that relentless and prolonged tinkering from one summer to the next it may be far fewer than it seems) sail to the mouth of the Magra and disappear beyond the pier. And maybe not: it was just a test sail with a crew of randomly picked children. Here he is back, he has barely stuck the tip of his nose beyond the river mouth and a sudden feeling of distrust or boredom has brough him back. "The maverick of the river bank," I want to call him, jokingly, which is one of the ways, perhaps the safest, to communicate with him.

Once - because Pintori has something in him and around him that is not even Sardinian, but between Malayan and Japanese - I even called him a "fake samurai" alluding to the main character in the movie "The Seven Samurai", fake because he is a samurai, but more skilful and braver, and also more feral, more man and beast together than the best of the real samurai. Giovanni also has something feral about him and for this reason he is not an easy person. (Yet he has been to Japan quite recently and must have felt at home. An old woman didn't want to believe that he wasn't Japanese. She claimed he was definitely from the island of Hokkaido. In Hokkaido, then, Pintori found that the tools, implements, instruments of work were practically identical to the traditional tools in Sardinia. Everything fitted, as you can see).

When he is not tinkering, as he says, he stands on the river bank, like a poor man, gazing. Yachts flying the Panamanian flag, craft of all kinds, have been coming to anchor in the Magra, in increasing numbers for some years now. They make a lot of noise, changing the face of the river and the banks. His not exactly benevolent gaze was turned on one of them, one evening around seven; it was more mastodonic than the others. He watched it as it approached with a perhaps reckless, perhaps clumsy manoeuvre, threatening to collide with the other boats anchored, including our own. "Scum," Giovanni growls, "they almost had a smash-up, just to come down here and drink an aperitif. I wish they had. It would be no laughing matter, think about it, the compensation for damages alone..."

Then suddenly Giovanni disappears. We hear that he left this morning at six because he had an urgent job to finish, he said. More likely because he was bored. Urgent or not, there is no shortage of work in Milan. Well he'll be back soon, I say, he'll soon be bored in Milan too, I imagine, in the middle of August. And I see him crossing the Cisa pass, with a western pace, I say, whipping up all the horses of his Alfa Romeo Giulia...

It's no good. I see I haven't really said anything about him, about what he's like inside. Who is Giovanni Pintori really? I can only tell some anecdotes of the man, and I could have many others if I wanted. Apart from some reasons for gratitude, which I don't know how much they portray or complete it, I can't think of the not so numerous gallery of true friends without this presence, this humorous presence. From this point on, only the imagination that speaks to me of him as a happy desperado — or desperate happy — who in his time established a fabulous agreement with the world, nature and people, and at a certain point found it broken and distorted, altered, mystified. May he live with memory of the fabulous agreement and the feigned instability. And that this explains the silence or the quips, apparently liberating but always with a background of ancient resentment or disappointed love, which are not many and recur with the air of an angry remedy, of a settling of accounts with things and people, a verdict reiterated even monotonously after it has been pronounced once and for all and remains beyond appeal. But it is precisely imagination and Giovanni would be the first to laugh at it, or rather to shield himself with a gesture of offended modesty, if I were ever to say that to him. That he is then able to seriously interest himself in someone else's problems he has shown more than once. Provided that the problem is serious, of course, and as such I would place first of all physical pain, which horrifies and terrifies him, worse than a betrayal or a serious affront.

This man, whom I would not be surprised to see travelling the world as an acrobat or illusionist, or dropping everything and becoming a tycoon on a big scale in any part of the globe - as is the fate of many islanders - is basically restless, nailed for years to a job that he is passionate about, and this is all that is known of him. Perhaps a radical distrust of words explains the non-contradiction, indeed the precise relationship between the demon of mechanics and the profession of graphic designer that Bigiaretti has illustrated so well in the text partially reproduced here. He also explains how, in order to talk about him regardless of the things in which he has expressed himself while working, the portrait is impossible or is reduced to a recording of acts of presence, a few jokes, a sudden laugh, appearances and disappearances - even if this does not exclude the possibility one will find him close at hand when he is most needed, Maybe when everyone else has left.

Giovanni Pintori

"Homage to Salvatore Fancello, Remembering a friend", in *La Grotta della Vipera*, nos. 22-23, spring-summer 1982

Remembering a friend
We met for the first time at the pier of the port of Olbia, one October evening in 1930, waiting to board the "Attilio Deffenu".
We were sailing to the mainland, to Monza, to attend the Istituto Superiore per le Industrie Artistiche with a scholarship from the Consiglio dell'Economia, as I think the Chamber of Commerce was called at the time.
A relative had accompanied him from Dorgali by bus, while I had arrived from Nuoro by train.
I still clearly remember that crossing, which was our first parting from the island, a long and very bad night as far as Civitavecchia, without berths, sitting on the deck in a smelly corridor, crowded with other passengers and equally troubled soldiers afflicted by seasickness. I was 18, he was 14, a boy. He had never left Dorgali before, and that night he slept with his head on my knees, just like a child.
In Monza, in the early years, we were inseparable, I never left him, and together we explored what would be our new world, completely different from those piles of rugged stones that were our villages.
He often spoke to me about his childhood, about his younger brother Giovanni, about his teacher Moledda, the workshop of his uncle, Ziu Chiricu Piras, and of Simeone Lai. His brother Marco, who was in the revenue police in Northern Italy, came to visit him in Monza and always assisted and helped him in the difficult, frequent and particularly painful moments in those years, because we had to survive on a meagre scholarship.
After completing his studies in 1935, until 1940 Fancello lived partly in Monza, partly in Milan and Albisola, with a two-year period of military service. He was recalled to Ivrea with the rank of second lieutenant of infantry in December 1940.
On 22 January 1941, he wrote to me from a train bound for Bari, on the 27th from a ship, already embarked for Albania, and from 10th February a dozen times from the Greek front.
His last letter was dated 4th March. He said, among other things, that he had an inkling that they would soon be "moving on." Eight days later, he was killed during an attack on Greek positions on the morning of 12 March 1941.

For years, even after the war, I continued to hope that the news of his death might be a mistake, that perhaps he could have been picked up wounded and found himself a prisoner of war like many others, somewhere in the world.
Sorrow for his loss has never left me. I don't feel I can write anything better than Giuseppe Pagano, formerly our teacher in Monza and then a very close friend (who died in 1945 in a Nazi concentration camp) did in the volume "Salvatore Fancello", published by Domus in 1942 on the occasion of the great exhibition of Salvatore Fancello's work at the Pinacoteca di Brera in Milan.

Biografia

1912

Giovanni Pasquale Pintori nasce il 14 luglio a Tresnuraghes, in provincia di Oristano (Sardegna), da genitori nuoresi, Giovanni Pintori e Caterina Moledda. Quinto di sei figli, sviluppa fin da bambino una spiccata propensione al disegno, passione che evolve e che lo accompagna per tutta la vita. Nel corso dell'infanzia inizia a lavorare il legno all'interno della bottega di *Mastru* Chessa, dove ha modo di acquisire le prime utili conoscenze di falegnameria.

1927

Lavora come dattilografo per la Federazione Commercianti Nuoresi, parallelamente frequenta due artisti che esercitano su di lui una profonda influenza: il pittore Giovanni Ciusa Romagna, dal quale apprende le tecniche del disegno, e il fotografo Piero Pirari che aveva da un anno aperto a Nuoro una Galleria d'arte e, oltre a insegnargli la tecnica della ripresa e dello sviluppo, intuisce il suo potenziale e gli suggerisce di competere per una borsa di studio.

1930

Grazie allo sprono di Pietro Pirari, vince una delle due borse di studio elargite dal Consiglio dell'Economia di Nuoro e viene ammesso all'ISIA (Istituto Superiore per le Industrie Artistiche). Lì conosce il quattordicenne Salvatore Fancello (vincitore della seconda borsa di studio), con il quale stringe un profondo legame di amicizia. Dopo gli anni di corso preparatorio, sceglie di iscriversi alla sezione di Grafica aperta proprio nel 1930. L'anno successivo arriva all'ISIA di Monza anche Costantino Nivola, anch'egli nuorese (di Orani), sempre grazie a una borsa di studio. Colleghi e docenti li chiameranno il gruppo dei "tre sardi", riconoscendone le straordinarie qualità artistiche.

1934

Giovanni Pintori presta servizio militare a Trieste nel reggimento di artiglieria denominato "Sassari" nella funzione di radiotelegrafista. Nelle licenze continua a operare nel campo dell'arte e della grafica e vince il secondo premio dei Littoriali di Firenze (il primo è vinto da Nivola). Nell'estate il Caffè Deffenu di Nuoro ospita Pintori, Fancello e Nivola per un'esposizione collettiva delle loro opere, che però non ottiene grande successo. Nello stesso anno, tuttavia, Pintori e Nivola realizzano una pittura murale, commissionata agli studenti dall'arch. Giuseppe Pagano loro docente all'ISIA, che viene esposta alla *Mostra dell'aeronautica* di Milano, dove ottiene un riscontro positivo

da parte del pubblico. A ottobre continua il suo servizio militare a San Remo e all'inizio dell'anno successivo il suo reggimento è impegnato in Etiopia.

1935

Rientra in Italia e termina gli studi all'ISIA frequentando l'ultimo anno. Pintori collabora nuovamente con Nivola, questa volta anche con Fancello e Renato Zveteremich (allora direttore dell'Ufficio Sviluppo e pubblicità di Olivetti) per allestire la *Mostra della Montagna* a Torino. Pintori realizza un servizio pubblicitario. Conosce Ruth Guggenheim, studentessa tedesca all'ISIA che sposerà Costantino Nivola.

1936

Conclusi gli studi, si trasferisce a Milano, insieme a Nivola e Fancello. In questo periodo avviene la prima collaborazione di Nivola e Pintori al piano regolatore della Valle d'Aosta, studiato proprio dall'ingegnere Adriano Olivetti. Con Olivetti, Pintori instaura infatti una lunga e proficua intesa, e l'industriale di Ivrea gli assegnerà importanti incarichi. Pintori si fa presto notare per le sue straordinarie doti artistiche e organizzative e realizza campagne di comunicazione geniali, basate su uno stile innovativo che si fonda sulla cura della composizione e stimola l'attitudine all'interpretazione da parte del fruitore.

1937-1939

Anche se la politica di Olivetti era sempre stata quella di non far emergere i nomi degli autori, ma solo quello dell'azienda, i manifesti realizzati in questi anni possono essere ricondotti a Pintori. Nel 1937 Zveteremich lascia l'azienda per dedicarsi alla politica e il suo posto viene ricoperto da Leonardo Sinisgalli, il quale cambia il nome di reparto grafico in Ufficio Tecnico di Pubblicità, anche seguendo la convinzione di Olivetti che, per essere davvero efficace, la pubblicità deve essere il risultato di collaborazione fra membri di un gruppo di lavoro stabile e consolidato, non di esterni. Del gruppo che si costituisce fa parte anche Giovanni Pintori, il cui talento risalta immediatamente grazie al suo linguaggio grafico, efficace e geniale, che darà inizio all'enorme fortuna pubblicitaria della Olivetti. Nel 1938 Nivola si è trasferito dapprima in Francia e poi negli Stati Uniti e Pintori rimane il suo referente dell'Ufficio Pubblicità. Le opere dal 1937 al 1939 appartengono alla iniziale fase artistica del primo "stile Pintori", dove incominciano a emergere le tematiche dominanti nel suo stile anche negli anni successivi, come l'uso della tipografia e dell'immagine fotografica, la metafora e l'evidenziazione dei meccanismi del-

Giovanni Pintori alla mostra AGI a Milano / Giovanni Pintori at the AGI exhibition in Milan 1961

le macchine per scrivere. Sono opere meno complesse rispetto alle successive e si caratterizzano per sfondi piuttosto carichi, i quali si risolvono quasi sempre in sfumature di colori, texture o altri elementi decorativi. La strategia della pubblicità di Olivetti resta costante: il prodotto non va imposto ma va presentato come un elemento di vita quotidiana e rielaborato in maniera sorprendente. Del 1939 è anche la prima realizzazione di uno stand, insieme a Leonardo Sinisgalli. L'occasione è la *Mostra di Leonardo e delle Invenzioni Italiane*, nel Palazzo dell'Arte di Milano.

1939-1940

I difficili anni della Seconda guerra mondiale vedono il gruppo dei "tre sardi" sfaldarsi definitivamente. Fancello perirà nella primavera

del 1941 sul fronte albanese, mentre Nivola, per sfuggire alle leggi razziali che minacciano la moglie Ruth, sul finire del 1938 si trasferisce con lei definitivamente negli Stati Uniti. Nel frattempo Pintori si dedica anche alla realizzazione di allestimenti: i primi sono quelli per le vetrine del negozio Olivetti a Milano, in Galleria Vittorio Emanuele, sempre in collaborazione con Sinisgalli. Il negozio è organizzato come una sorta di luogo di incontro e di scambio creativo fra i collaboratori dell'Ufficio grafico, a differenza delle tradizionali vetrine con funzione solo espositiva. Emergono anche qui i temi chiave dello stile di Pintori: la scomposizione della macchina da scrivere e l'uso decorativo del meccanismo. Compaiono di frequente anche segni di calcolo, come frecce e numeri che si sovrappongono liberamente.

Biography

1912
Giovanni Pasquale Pintori was born on 14 July at Tresnuraghes, in the province of Oristano (Sardinia), to Giovanni Pintori and Caterina Moledda from Nuoro. The fifth of six children, he developed a strong propensity for drawing from an early age, a passion that evolved and accompanied him throughout his life. During his childhood he began to work with wood in the workshop of *Mastru* Chessa, where he had the opportunity to acquire his first useful knowledge of carpentry.

1927
He worked as a typist for the Federazione Commercianti Nuoresi, at the same time associating with two artists who has a profound influence on him: the painter Giovanni Ciusa Romagna, from whom he learned the techniques of drawing, and the photographer Piero Pirari, who had opened an art gallery in Nuoro a year before. In addition to teaching Pintori the technique of taking and developing photographs, he sensed his potential and urged him to apply for a scholarship.

1930
At the urging of Pietro Pirari, he won one of the two scholarships awarded by the Consiglio dell'Economia di Nuoro and entered the ISIA (Istituto Superiore per le Industrie Artistiche) in Monza. There he met the fourteen-year-old Salvatore Fancello (winner of the second scholarship), with whom he formed a close friendship. After the years of the preparatory course, he enrolled in the Graphics section opened in 1930. The following year, Costantino Nivola from Orani, also in the province of Nuoro, arrived at the ISIA in Monza, again on a scholarship. Colleagues and teachers called these artists the group of the "three Sardinians", recognizing their extraordinary artistic qualities.

1934
Giovanni Pintori did his military service in Trieste in the "Sassari" artillery regiment as a radio telegraphist. On periods of leave he continued to work in the fields of art and graphics and won second prize in the Littoriali of Florence (first prize went to Nivola). In the summer, the Caffè Deffenu in Nuoro hosted a collective exhibition of works by Pintori, Fancello and Nivola, though without achieving great success. In the same year, however, Pintori and Nivola created a mural painting, commissioned from the students by the architect Giuseppe Pagano, their teacher at the ISIA, which was exhibited at the *Mostra dell'Aeronautica* in

Francesco Radino, Giovanni Pintori alla mostra presso la Società Umanitaria a Milano / at the exhibition at the Società Umanitaria in Milan, 1981-1982

Milan, where it was admired by the public. In October he continued his military service in Sanremo and early in the following year his regiment was in action in Ethiopia.

1935
He returned to Italy and finished his studies, attending the last year of the ISIA. Pintori collaborated again with Nivola, this time together with Fancello and Renato Zveteremich (later the Director of Olivetti's Development and Advertising Office) to present the *Mostra della Montagna* in Turin. Pintori produced an ad-

vertising service. He met Ruth Guggenheim, a German student at the ISIA, who married Costantino Nivola.

1936
After completing his studies, he moved to Milan, together with Nivola and Fancello. In this period Pintori first worked with Pintori for Olivetti on a master plan for the Valle d'Aosta developed by the engineer Adriano Olivetti. Pintori established a long and fruitful relationship with Olivetti. The industrialist from Ivrea assigned him some important duties.

Pintori was soon noted for his extraordinary artistic and organisational skills and created ingenious advertising campaigns with an innovative style resting on careful composition that stimulated the viewer's aptitude for interpretation.

1937-1939
Although Olivetti's policy had always been not to feature the names of artists, but only the company, the posters designed in these years can be attributed to Pintori. In 1937 Zveteremich left Olivetti for politics and his place was taken by Leonardo Sinisgalli, who changed the name of the graphics department to the Technical Advertising Office, following Olivetti's conviction that, to be truly effective, advertising must be the result of collaboration between members of a stable and firmly established working group, not of outsiders. Giovanni Pintori was a member of the team formed, and his talent immediately emerged in his brilliant and effective graphic style, the start of Olivetti's great success in advertising. In 1938 Nivola moved first to France and then to the United States and Pintori remained the sole member of the Advertising Office. The works from 1937 to 1939 belong to the initial artistic phase of the first "Pintori style", where its dominant themes began to emerge and were continued in the following years, such as the use of typography and the photographic image, metaphor and the highlighting of the mechanisms of typewriters. They are less complex works than those that followed, characterised by rather highly charged backgrounds, which are almost always resolved in shades of colours, textures or other decorative elements. Olivetti's advertising strategy remained constant: the product ought not to be imposed but presented as an element of everyday life and reworked in a surprising way. In 1939 Pintori also created his first stand, working with Leonardo Sinisgalli. The occasion was the exhibition *Mostra di Leonardo e delle Invenzioni Italiane* at the Palazzo d'Arte in Milan.

1939-1940
In the difficult years of World War II the group of "three Sardinians" finally ceased to exist. Fancello died in the spring of 1941 on the Albanian front, while Nivola escaped from the racial laws that threatened his wife Ruth by moving with her permanently to the United States late in 1938. In the meantime, Pintori was also engaged in the creation of exhibition designs. The first were the window displays for the Olivetti store in Milan, in Galleria Vittorio Emanuele, again in collaboration with Sinisgalli. The store was

Nel 1940 Giovanni Pintori si sposa con Maria Beretta di Monza, il 12 dicembre nasce Paolo Pintori e il suo padrino sarà Salvatore Fancello; l'anno seguente Giovanni Pintori ha il secondogenito a cui sarà dato il nome di Salvatore ricordando l'amico Fancello da poco perito in guerra.

1941-1950
Anche Sinisgalli viene chiamato al fronte e Pintori prende il suo posto come responsabile dell'Ufficio Tecnico di Pubblicità. L'ultimo lavoro fatto insieme è l'allestimento della *Mostra dell'Arte Grafica* curata da Guido Modiano nel Palazzo dell'Arte di Milano nel 1940. Lo stesso anno Pintori vince il premio "Palma d'oro della pubblicità". Sono questi gli anni che caratterizzano il secondo periodo rappresentativo dello "stile Pintori", legato alla campagna pubblicitaria dello *Studio 42*. Si nota una ulteriore evoluzione qualitativa, frutto dell'esperienza, e una tendenza alla chiarezza, attraverso l'abbandono delle sfumature. Pintori si basa sull'eredità della concezione, degli anni trenta, della "pubblicità come arte" per arrivare a un nuovo linguaggio visivo. L'ufficio vede in questi anni la presenza di noti scrittori nelle vesti di copywriter, da Ignazio Weiss (direttore del settore Pubblicità e Stampa dal 1950 al 1957).
Nel 1947 Pintori disegna il logo Olivetti, modificato da lui stesso nel 1960. Tra le opere più importanti troviamo il manifesto del pallottoliere realizzato per la pubblicità delle macchine da calcolo Olivetti (1947) e il celebre manifesto *Numbers* (1949). Per quanto riguarda le installazioni pubblicitarie, molto celebre è quella realizzata da Pintori nel 1950 sulla strada che porta all'aeroporto di Ciampino di Roma: una struttura metallica alta undici metri con una forma innovativa e moderna.

1951
Negli anni cinquanta si delinea una nuova fase stilistica per Pintori: questo è il momento più fertile dal punto di vista professionale, perché dal 1950 è ufficialmente Art Director. Basti pensare al centinaio di manifesti e annunci pubblicitari nonché ai Calendari realizzati per Olivetti che per qualità di composizione e di stampa rimangono dei punti di riferimento. Giovanni Pintori produce per Olivetti centinaia di annunci, brochures, allestimenti per fiere e mostre ma soprattutto manifesti. Emerge la sua attitudine alla sintesi, con composizioni dai fondi bianchi e visual minimale: di questo periodo diverranno celebri le campagne grafiche per la macchina per scrivere *Lettera 22*.
Nel 1952 viene inaugurata la mostra *Olivetti. Design in Industry* al Museum of Modern Art di New York (MoMA) e in quest'occasione viene presentata, accanto alle macchine per scrivere disegnate da Marcello Nizzoli, una

selezione delle opere grafiche di Pintori. Egli per l'organizzazione della mostra soggiorna alcuni mesi a New York e ritrova Costantino Nivola e Ruth Guggenheim.

1952
Già nel 1952, un solo anno dopo la sua fondazione, è stato nominato socio dell'AGI Alliance graphique internationale, e poi ne diventerà dopo qualche mese presidente per l'Italia: è il primo grafico italiano a ricoprire tale prestigiosa nomina. In questa veste partecipa a presentazioni pubbliche, convegni, mostre internazionali di grafica a Parigi, Londra, New York e Milano.

1953
A seguito del successo della mostra al MoMA ottiene l'incarico di realizzare i disegni della copertina della rivista "Fortune" uscita nel mese di marzo 1953.

1955
Nel 1955 gli viene affidata per la seconda volta la progettazione dello stand per la Fiera Campionaria di Milano e la mostra storica della scrittura e delle macchine per scrivere al Museo della Scienza e della Tecnica, dove inserisce forti richiami a Piet Mondrian nelle strutture quadrate di metallo nero. L'Alliance organizza una mostra al Louvre di Parigi dove viene dedicata una sala alle opere grafiche di Pintori; in questo frangente egli soggiorna nella capitale francese e conosce Picasso e incontra Braque, la cui opera diverrà il soggetto del calendario Olivetti del 1958. Pintori trae ispirazione dal Razionalismo europeo ed esercita a sua volta una profonda influenza su designer quali Leo Lionni (che si occuperà, insieme a Costantino Nivola, della diffusione dell'immagine Olivetti in America) e Paul Rand e a sua volta ne viene influenzato in uno scambio reciproco di visione artistica con entrambi, che aveva conosciuto personalmente.

1956-1959
Sono gli anni in cui ottiene il maggior numero di riconoscimenti: riceve nel 1955 il Certificate of Excellence dell'Aiga (Associazione dei graphic designer statunitensi), vince nel 1956 la medaglia d'oro della Fiera di Milano e lo stesso anno si qualifica al primo posto per il premio di "Linea grafica" a seguito delle pubblicazioni per Olivetti. Nel 1957 ottiene il diploma di gran premio all'undicesima Triennale di Milano. Del 1959 è il progetto di realizzazione della nuova macchina per scrivere a motore elettrico *Raphael*, affidato a Pintori dallo stesso Adriano Olivetti. Il risultato è un prodotto dal forte gusto razionalista, molto diverso dalle macchine precedenti. La passione per le sovrapposizioni e le frecce resta costante, come nel celebre manifesto per *Tetractys*, nel 1956.

Inoltre, fra il 1955 e il 1956 Pintori disegna dieci copertine dell'*house organ* "Notizie Olivetti", dove reinterpreta temi e stili delle precedenti campagne.
Nel 1959 riceve l'incarico da Adriano Olivetti – poco prima della morte di quest'ultimo – di andare alcuni mesi a New York dove ha disegnato due nuove macchine per scrivere e due nuovi caratteri Olivetti.

1960
È l'anno della improvvisa scomparsa di Adriano Olivetti a seguito di un'ischemia cerebrale e questo si ripercuote negativamente sul lavoro di Pintori, che pur conservando il suo ruolo, è costretto a confrontarsi con una dirigenza che ne vincola fortemente la libertà espressiva. Lo stile di Pintori infatti si è evoluto nuovamente (è il cosiddetto "quarto periodo") assieme alla tecnologia delle nuove macchine per scrivere Olivetti, facendo emergere una forte tendenza alla geometrizzazione e a campiture cromatiche piatte. Stringe amicizia in questo periodo anche con Giorgio Morandi e ne frequenta lo studio, in linea con il design più rigido e definito dei nuovi apparecchi, come si può vedere nel manifesto della Olivetti *Tekne 3* (1964). Parallelamente inizia a interessarsi al "moto perpetuo", agli ingranaggi e ai modelli tridimensionali. In questi primi anni sessanta Pintori realizza modelli tridimensionali poi utilizzati in molte grafiche e anche Ugo Mulas lo immortala mentre lavora a queste composizioni.

1962
Nel 1962 Pintori ottiene un altro prestigioso riconoscimento internazionale: il Typographic Excellence Award del Type Directors Club di New York.

1964
L'Art Directors Club di New York gli conferisce il Certificate of Merit in occasione della quarantatreesima edizione dell'*Annual Exhibition of Advertising and Editorial Art and Design*.

1966
Viene organizzata a Tokyo e poi a Kioto – patrocinata dal Japan Design Comitee (di cui fanno parte 19 architetti internazionali) – una sua mostra personale che riguarda tutta la sua produzione per Olivetti; in questa occasione soggiorna in Giappone per diversi mesi e rimane particolarmente affascinato dallo studio della calligrafia nipponica. In questa occasione viene pubblicato *IMAGO*, il volume che racchiude la sintesi dei lavori di comunicazione per Olivetti studiati da Pintori.
Intrattiene una reciproca amicizia con Elio Vittorini, Vittorio Sereni e Giancarlo De Carlo.

1967
Le divergenze con la dirigenza Olivetti, in particolare con Renzo Zorzi, responsabile nel 1965 della Corporate image di Olivetti, diventano talmente ampie da essere insostenibili. A ciò si aggiunge una crescente frammentazione dei referenti di progetto, per ognuno dei quali vengono avanzate richieste a volte contrastanti che rendono difficile uno sviluppo coerente del lavoro. Pintori prende dunque la decisione di lasciare l'azienda per mettersi in proprio e aprire, in Galleria Unione 5 a Milano, uno studio privato di pubblicità. Egli ha ormai 56 anni e ha lavorato ininterrottamente per trent'anni per Olivetti; a lui seguirà lo svizzero Walter Ballmer.

1968-1980
Durante questi anni della sua carriera, Pintori matura una posizione critica verso la grafica italiana. Collabora, fra gli altri, con le ditte Pirelli, Gabbianelli, Ambrosetti e Parchi Liguria. Nel 1972 Giovani Pintori partecipa alla XXXVI Biennale di Venezia nella sezione dedicata alla grafica sperimentale per la stampa.

1969
Pintori cura la sezione dedicata a Olivetti della mostra *Formes et Recherche* organizzata presso il Musée des Arts Décoratifs di Parigi.

1980-1985
In questi anni collabora con l'azienda Merzario, società del settore trasporti. Finalmente si riapre per Pintori la possibilità di lavorare per una campagna pubblicitaria strutturata, per la realizzazione di annunci su quotidiani nazionali. Emerge anche qui il suo amore per la sintesi, tratto distintivo dello stile Pintori. Grandi slogan composti in carattere Helvetica dominano le composizioni. Questa attività conferma il talento di Pintori, sganciandolo definitivamente dall'accostamento a Olivetti. Nel frattempo, in lui cresce l'interesse verso la pittura, arte peraltro da lui sempre praticata. Nei suoi dipinti appare dominante il tema del moto perpetuo, che si autoalimenta, a conferma di un interesse mai sopito di Pintori per le macchine.

1989
A seguito di un'operazione perde l'uso della mobilità della mano destra e inizierà per lui un momento di grande ripensamento della sua attività di grafico.

1999
Muore il 15 novembre a Milano. Lascia un preziosissimo archivio fotografico e documentario, essenziale per lo studio della grafica pubblicitaria legata all'industria nei cinque decenni che vanno dal 1930 al 1980.

organised as a sort of place for gatherings and creative exchanges between the collaborators of the graphic office, unlike traditional store windows with the function purely of display. Here, too, the key themes of Pintori's style emerge: he broke down the image of the typewriter and made decorative use of its mechanisms. Signs of calculation also frequently appeared, such as freely overlapping arrows and numbers.

In 1940 Giovanni Pintori married Maria Beretta from Monza; Paolo Pintori was born on 12 December, with Salvatore Fancello as his godfather. The following year Giovanni Pintori's second son was born, being given the name Salvatore in memory of his friend Fancello who had recently died in the war.

1941-1950

Sinisgalli was also sent to the front and Pintori took his place as head of the Technical Advertising Office. The last work they did together was to set up the *Mostra dell'Arte Grafica* curated by Guido Modiano in the Palazzo d'Arte in Milan. The same year Pintori won the *Palma d'oro della Pubblicità* award. These years characterise the second representative period of the "Pintori style" in the *Studio 42* advertising campaign. There was a further qualitative evolution, the result of experience, and a tendency towards clarity with the abandonment of nuances. Pintori built on the legacy of the conception of "advertising as art" in the 1930s to arrive at a new visual language. In these years, the office was staffed by some well-known authors in the role of copywriters, including Ignazio Weiss (Director of the Advertising and Press sector from '50 to '57). In 1947 Pintori designed the Olivetti logo, then modified it in 1960. His most important works included the abacus poster to advertise Olivetti calculating machines (1947) and the famous *Numbers* poster (1949). Among his advertising installations, the one created by Pintori in 1950 on the road to Ciampino airport in Rome is celebrated: an eleven-meter-high metal structure with an innovative and modern shape.

1951

In the Fifties Pintori developed a new stylistic phase. This was professionally his most fertile period, because from the 1950s he was officially Art Director. The hundred-odd posters and advertisements, as well as the calendars he designed for Olivetti remain exemplary for their quality of composition and printing. For Olivetti he also produced hundreds of advertisements, brochures, exhibits for fairs and displays, but above all posters. His gift for synthesis was outstanding, with compositions with white backgrounds and understated visuals, in this period the graphic campaigns

for the *Lettera 22* typewriter would become famous.

In 1952 the exhibition *Olivetti. Design in Industry* opened at the Museum of Modern Art (MoMA) in New York. On this occasion, a selection of Pintori's graphic works was presented with the typewriters designed by Marcello Nizzoli. For the organisation of the exhibition, he spent some months in New York and again met Costantino Nivola and Ruth Guggenheim.

1952

Already in 1952, only a year after its foundation, he was appointed a member of the AGI *Alliance Graphique Internationale*. He was made its president for Italy a few months later, the first Italian to perform this prestigious appointment. In this capacity he took part in public presentations, conferences and international graphic exhibitions in Paris, London, New York and Milan.

1953

Following the success of the exhibition at the MoMA, he was commissioned to create the cover drawings for *Fortune* magazine.

1955

In 1955 he was entrusted for the second time with the design of a stand for the Milan Trade Fair and the historical exhibition of writing and typewriters at the Museo della Scienza e della Tecnica, where he inserted striking allusions to Piet Mondrian in square structures of black metal. The Alliance organised an exhibition at the Louvre in Paris, where a room was devoted to Pintori's graphic works; while in Paris he met Picasso and Braque, whose work was the subject of the 1958 Olivetti calendar. Pintori drew inspiration from European Rationalism and in turn exerted a profound influence on designers such as Leo Lionni (who was responsible with Costantino Nivola for disseminating Olivetti's image in America) and Paul Rand, being influenced by them in turn in a mutual exchange of artistic visions, having known them personally.

1956-1959

These were the years when Pintori received the highest number of awards: in 1955 the *Certificate of Excellence* from the AIGA (Association of American Graphic Designers), in 1956 the gold medal of the Fiera di Milano, and in the same year he qualified first for the *Linea grafica* award following his publications for Olivetti. In 1957 he obtained the diploma of the Grand Prix at the 11th Triennale di Milano. In 1959 he designed the new *Raphael* electric typewriter, an industrial project entrusted to Pintori by Adriano

Olivetti himself. The result was a product with a markedly Rationalist styling, very different from previous machines. Pintori's passion for superimpositions and arrows remained, as in the famous poster for *Tetractys*, in 1956. In addition, between 1955 and 1956 Pintori designed ten covers for the house organ *Notizie Olivetti*, in which he reinterpreted the themes and styles of previous campaigns.

In 1959 he was commissioned by Adriano Olivetti – shortly before his death – to spend a few months in New York, where he designed two new typewriters and two new Olivetti typefaces.

1960

This was the year of Adriano Olivetti's sudden death from cerebral ischemia, which had negative repercussions on Pintori's work. While he retained his position in the company, he was forced to deal with a management that strongly constrained his freedom of expression. In fact, Pintori's style had evolved again (into his "fourth period") together with the technology of the new Olivetti typewriters, bringing out a strong tendency towards geometric forms on flat colour grounds. In this period he also became friends with Giorgio Morandi and frequented his studio, in line with the more rigid and defined design of the new office machines, as can be seen in the Olivetti poster *Tekne 3* (1964). At the same time, he began to take an interest in "perpetual motion", gears and three-dimensional models. In the early Sixties Pintori created models later used in many graphic works, and Ugo Mulas photographed him at work on these compositions.

1962

In 1962 Pintori received further prestigious international recognition: the *Typographic Excellence Award* from the Type Directors Club of New York.

1964

The Art Directors Club of New York awarded him the *Certificate of Merit* on the occasion of the forty-third edition of the *Annual Exhibition of Advertising and Editorial Art and Design*.

1966

A solo exhibition was organised in Tokyo and then in Kyoto, sponsored by the Japan Design Committee (which comprised 19 international architects), which represented his complete production for Olivetti. He stayed in Japan for several months, particularly fascinated by the study of Japanese calligraphy. *IMAGO*, the volume containing a survey of Pintori's communications for Olivetti studied by Pintori, was also published on this occasion.

He kept up close friendships with Elio Vittorini, Vittorio Sereni and Giancarlo De Carlo.

1967

Pintori's differences with Olivetti's management, in particular with Renzo Zorzi, who became Head of Olivetti's Corporate Image in 1965, became unsustainable. Added to this was a growing fragmentation of referents with responsibility for projects, with each of them presenting sometimes conflicting requests, so making it difficult to develop the work coherently. Pintori therefore decided to leave and set up his own business. He opened a private advertising practice in Galleria Unione 5 in Milan. He was 56 years old at the time and had worked continuously for Olivetti for 30 years. He was followed by the Swiss graphic designer Walter Ballmer.

1968-1980

During these years Pintori developed a critical position towards Italian graphic design. He worked, among others, for the companies Pirelli, Gabbianelli, Ambrosetti and Parchi Liguria.

In 1972 Giovani Pintori took part in the 36th Venice Biennale in the section on experimental graphics for the press.

1969

Pintori curated the Olivetti section of the *Formes et Recherche* exhibition at the Musée des Arts Décoratifs in Paris.

1980-85

In these years Pintori collaborated with the Merzario company in the transport sector. Finally he again had the opportunity of working for a structured advertising campaign in the creation of advertisements in the national newspapers. Here, too, his love of synthesis emerged as a distinctive trait of his style. Large slogans composed in Helvetica font dominate the compositions. This work confirmed Pintori's talent, definitively distancing him from Olivetti. Meanwhile, he had developed a growing interest in painting, an art he had always practised. In his paintings, the theme of perpetual motion predominates, nurturing itself, confirming Pintori's enduring interest in machines.

1989

Following an operation, he lost mobility in his right hand and this led to an extensive rethinking of his work as a graphic designer.

1999

Pintori died on 15 November in Milan, leaving behind a valuable photographic and documentary archive, an essential collection for the study of advertising graphics for industry in the five decades from 1930 to 1980.

Bibliografia selezionata
Selected Bibliography

Questo repertorio bibliografico comprende solo le principali pubblicazioni che citano espressamente Giovanni Pintori e le sue opere grafiche. Moltissime sono le pubblicità e gli elaborati grafici pubblicati in riviste e libri che non è possibile indicare esaustivamente in questa sede.

This bibliography comprises only the major publications which expressly refer to Giovanni Pintori and his graphic works. So many of his advertisements and drawings have been published in magazines and books that it is not possible her to cite them all.

1952
Olivetti: design in industry, in "The Museum of Modern Art, Bulletin", vol. XX, n. 1.

1954
M. Nizzoli, La fabbrica e l'artista, in "Pirelli. Rivista di informazione e di tecnica", anno / year 7, n. V.

1955
L. Sinisgalli, Le mie stagioni milanesi, in "Civiltà delle macchine", n. 5.

1957
E. Vittorini, Diario in pubblico, Bompiani, Milano.

1964
D. Villani, Storia del manifesto pubblicitario.Histoire de l'affiche. History of Poster. Geschichte des plakats, Omnia Editrice, Milano.

1967
L. Bigiaretti, L. De Libero, Giovanni Pintori, "Quaderni di Imago", fotografie di / photos by U. Mulas, Arti Grafiche F. Ghezzi, Milano.

1968
Graphic Design Associates, Graphic design, n. 31, Kodansha ltd., Giappone / Japan.

W. Herdeg, Graphis annual 68 / 69, n. 116, The Graphis Press, Zürich, pp. 86-87; 113.

V. Sereni, Prove per un ritratto, in "Pirelli. Rivista d'informazione e di tecnica", n. 9-10, pp. 49-56.

1970
H. Hillebrand (a cura di / ed. by), Graphic designers en Europe. 2. Giovanni Pintori, Edward Bawden, Hans Hillmann, Herbert Leupin, Office du Livre, Fribourg.

1981
G. Anceschi, Il campo della grafica italiana: storia e problemi, in "Rassegna", n. 6, aprile / April, C.I.P.I.A., Bologna.

1982
G. Pintori, Ricordo dell'amico, in La grotta della vipera, 1982, 22-23 [Omaggio a / Homage to Salvatore Fancello].

L. Sinisgalli, Furor mathematicus, Edizioni la Cometa, Roma.

1985
J. Barnicoat, Posters: a concise history, Thames and Hudson, London.

1986
R. Bossaglia (a cura di / ed. by), L'Isia a Monza. Una scuola d'arte europea, Associazione Pro Monza - Silvana Editoriale, Cinisello Balsamo.

D. Trento, Monografia di Giovanni Pintori, pubblicato in occasione della mostra personale di / published on the occasion of the personal exhibition of Giovanni Pintori, Ravenna.

1991
F. Licht, A. Satta, R. Ingersoll, Nivola. Sculture, prefazione di / preface by H. Geldzahler, trad. di / trans. by A. de Lorenzi, Jaca Book, Milano.

1994
R. Hollis, Graphic Design. A Concise History, Thames and Hudson, London.

1996
G. Lupo, Sinisgalli e la cultura utopica degli anni Trenta, Vita e Pensiero, Milano.

1999
L. Caramel, C. Pirovano, Costantino Nivola. Sculture, dipinti, disegni, Electa, Milano.

2001
Monza, anni Trenta, dall'Umanitaria all'ISIA, ed. Comune di Monza.

G. Soavi, Adriano Olivetti. Una sorpresa italiana, Rizzoli, Milano.

2002
S. Polano, Giovanni Pintori effetto di sintesi, in S. Polano, Abecedario. La grafica del Novecento, Electa, Milano, pp.168-177.

2003
C. Branzaglia, Pintori, catalogo della mostra (Nuoro, Museo MAN, 3 ottobre / October - 23 novembre / November 2003), Nuoro.

R. Cassanelli, U. Collu, O. Selvafolta, Nivola, Fancello, Pintori. Percorsi del moderno, Jaca Book, Milano.

2005
A. Crespi, Salvatore Fancello, Ilisso, Nuoro.

2007
C. Vinti, Gli anni dello stile industriale 1948-1965, Marsilio, Venezia.

2009
C. Cerritelli, Premio internazionale di pittura, scultura e arte elettronica Guglielmo Marconi, Bologna.

C. Vinti, Giovanni Pintori et lo style Olivetti, in "Étapes: design et culture visuelle", rivista bimestrale / bimestrial magazine, n. 169, pp. 36-42.

2010
C. Pirovano, Nivola. L'investigazione dello spazio, Ilisso edizioni, Nuoro.

C. Vinti, L'impresa del design: lo stile Olivetti, in "Quaderni di cultura d'impresa", Torino.

2012
A. Mereu, Il Nivola ritrovato. Un'artista tra America e il Mugello, Nardini Editore, Firenze.

2013
M. Lommen, The book of books: 500 years of graphic innovation, Thames & Hudson, New York.

M. Musina, Giovanni Pintori, la severa tensione tra riserbo ed estro, Fausto Lupetti Editore, Milano.

2015
A. Crespi, Salvatore Fancello, Ilisso, Nuoro.

K. Mcmanus, Italiano a Harvard. Costantino Nivola, Mirko Basaldella e il Design Workshop (1954-1970), Franco Angeli, Milano.

M. Sironi, Pintori, Moleskine S.p.A., Milano.

2016
G. Altea, A. Camarda, Nivola, La sintesi delle arti, Illisso, Nuoro.

C.C. Fiorentino, Congegni sapienti, Stile Olivetti: il pensiero che su realizza, Hapax Editore, Torino.

2019
A. Tochilovsky, Italian types: graphic designers from Italy in America, Corraini edizioni, Mantova.

2022
D. Fornari, D. Turrini (a cura di / ed. by), Identità Olivetti. Spazi e linguaggi 1933-38, Trieste, Zürich.

S. Polano, A. Santero, Olivetti. Storie da una collezione, Ronzani Editore, Dueville (VI).

2023
A. Crespi, ISIA Academy. Quando i designer portavano la cravatta, Monza.

C. Gatti, R. Moro, Fancello, Nivola, Pintori. Tre maestri sardi all'ISIA di Monza, Nomos, Busto Arsizio.

A. Santero, Olivetti. Storie da una collezione, Ronzani Editore, Dueville (VI).

Biografie degli autori
Authors' Biographies

Chiara Gatti, storica e critica dell'arte, è il direttore del Museo MAN di Nuoro. Scrive da vent'anni per le pagine culturali de "La Repubblica", "Robinson", il "Venerdì". È consulente scientifica del Monte Verità di Ascona (CH). Ha curato il progetto museografico e museologico per l'avviamento del Palazzo Verbania di Luino (Varese) con l'apertura al pubblico dell'Archivio storico di Vittorio Sereni. Ha insegnato all'Università Cattolica, all'Università dell'Insubria, all'Accademia di Venezia e collabora dal 2019 con l'Università degli Studi di Palermo per attività di ricerca e didattica. Attualmente è impegnata in un progetto di ricerca per il Centre Pompidou di Parigi dedicato al MAC, Movimento Arte Concreta. Ha curato mostre istituzionali per la GAMeC di Bergamo, il Museo Novecento di Firenze, la Fondazione Querini Stampalia di Venezia, il Museo Archeologico Regionale di Aosta, la Pinacothèque di Parigi, la Villa Panza di Varese. Per il Museo MAN di Nuoro ha curato le mostre *Giacometti e l'arcaico* e *L'elica e la luce. Le futuriste 1912-1944*. Con Lea Vergine ha scritto *L'arte non è faccenda di persone perbene,* edito da Rizzoli nel 2016.

Chiara Gatti, art historian and critic, is the director of the Museo MAN in Nuoro. She has contributed for twenty years to the cultural pages of *La Repubblica, Robinson* and *il Venerdì*. She is scientific consultant of the Monte Verità in Ascona (CH). She established the museographic and museological project for Palazzo Verbania in Luino (VA) with the opening to the public of the Vittorio Sereni Historical Archive. She has taught at the Università Cattolica, the Università dell'Insubria, and the Accademia di Belle Arti in Venice, and has taught and conducted research at the Università degli Studi di Palermo since 2019. She is currently engaged in a research project for the Centre Pompidou in Paris devoted to the MAC, Movimento Arte Concreta. She has curated institutional exhibitions for the GAMeC in Bergamo, the Museo Novecento in Florence, the Fondazione Querini Stampalia in Venice, the Museo Archeologico Regionale in Aosta, the Pinacothèque in Paris, and Villa Panza in Varese. For the Museo MAN in Nuoro she curated the exhibitions *Giacometti e l'arcaico* and *L'elica e la luce. Le futuriste 1912-1944*. With Lea Vergine she wrote *L'arte non è faccenda di persone perbene,* published by Rizzoli in 2016.

Mario Piazza, grafico e architetto, dal 1982 lavora a Milano, occupandosi di grafica editoriale, sistemi di identità e allestimento. Nel 1996 ha fondato 46xy, studio di grafica, strategie e critica della comunicazione. Dal 1992 al 2006 è stato presidente dell'AIAP. Dal 1997 è docente di Design della comunicazione presso la Scuola di Design del Politecnico di Milano. Nel 2009 ha fondato il Centro di Documentazione sul Progetto Grafico / Museo della Grafica - Aiap, di cui è responsabile scientifico. È stato creative director di "Domus" dal 2004 al 2007 e art director e direttore di "Abitare" dal 2007 al 2014. Ha progettato l'immagine dei tascabili Einaudi. Autore di diversi testi sulla grafica, ha curato molte esposizioni dedicate alla comunicazione visiva e alla sua storia. Nel 2008 ha ricevuto l'Icograda Achievement Award.

Mario Piazza, graphic artist and architect, has been working in Milan since 1982, dealing with publishing graphic design, identity systems and installations. In 1996 he founded 46xy, a firm engaged in graphic design, strategies and criticism of communication. From 1992 to 2006 he was President of the AIAP. Since 1997 he has been professor of Design of Communication at the School of Design at the Milan Polytechnic. In 2009 he founded the Documentation Centre on Graphic Design/Graphic Museum – Aiap, of which he is responsible for science. He was creative director of *Domus* from 2004 to 2007 and art director and editor of *Abitare* from 2007 to 2014. He designed the image of Einaudi's pocket editions. The author of a number of texts on graphic design, he has curated many exhibitions devoted to visual communication and its history. In 2008 he received the Icograda Achievement Award.

Davide Cadeddu è professore ordinario di Storia del pensiero politico, presidente del Collegio didattico dei Corsi di laurea triennale in Scienze umanistiche per la comunicazione e magistrale in Editoria, culture della comunicazione e della moda, e membro del Dottorato di ricerca in studi storici, presso l'Università degli Studi di Milano. È Life Member e Associate (Senior Member) del college Clare Hall, University of Cambridge, e Antonian e Liaison Officer for Italy del St Antony's College, University of Oxford. È direttore del "Seminario permanente sui classici del pensiero politico" presso Fondazione Giangiacomo Feltrinelli (Milano) e convener del "The Betty Behrens Seminar on Classics of Historiography" presso Clare Hall (Cambridge). È autore, tra l'altro, di *Towards and Beyond the Italian Republic: Adriano Olivetti's Vision of Politics* (Palgrave Macmillan, 2021), *Humana Civilitas. Profilo intellettuale di Adriano Olivetti* (Edizioni di Comunità, 2016), *Reimagining Democracy: On the Political Project of Adriano Olivetti* (Springer, 2012); e il curatore dei volumi di Adriano Olivetti, *L'ordine politico delle Comunità* (Edizioni di Comunità, 2021), *Società Stato Comunità. Per una economia e politica comunitaria* (Edizioni di Comunità, 2021), *Fini e fine della politica* (Rubbettino, 2009), e *Stato Federale delle Comunità* (FrancoAngeli, 2004).

Davide Cadeddu is full professor of History of Political Thought, president of the Academic Board of the Bachelor's Degree Courses in 'Humanities for Communication' and the Master's Degree in 'Publishing, Communication and Fashion Cultures', and member of the PhD in Historical Studies at the University of Milan. He is a Life Member and Associate (Senior Member) of Clare Hall in the University of Cambridge, and Antonian and Liaison Officer for Italy of St Antony's College, University of Oxford. He is director of the "Permanent Seminar on the Classics of Political Thought" at the Fondazione Giangiacomo Feltrinelli (Milan) and convener of "The Betty Behrens Seminar on Classics of Historiography" at Clare Hall (Cambridge). He is the author, among other books, of *Towards and Beyond the Italian Republic: Adriano Olivetti's Vision of Politics* (Palgrave Macmillan, 2021), *Humana Civilitas. Profilo intellettuale di Adriano Olivetti* (Edizioni di Comunità, 2016), *Reimagining Democracy: On the Political Project of Adriano Olivetti* (Springer, 2012); and the editor of the volumes by Adriano Olivetti, *L'ordine politico delle Comunità* (Edizioni di Comunità, 2021), *Società Stato Comunità. Per una economia e politica comunitaria* (Edizioni di Comunità, 2021), *Fini e fine della politica* (Rubbettino, 2009), and *Stato Federale delle Comunità* (FrancoAngeli, 2004).

Nicoletta Ossanna Cavadini, direttrice del m.a.x. museo di Chiasso dal 2010, si è laureata all'Università di Venezia e ha conseguito il dottorato di ricerca in storia dell'architettura e storia dell'arte presso il Politecnico Federale di Zurigo con il direttore del *gta* Werner Oechslin, poi il postdottorato (sostenuto dal FNSRS) presso la University of California di Los Angeles. Già *Oberassistentin* in storia dell'architettura e storia dell'arte presso l'Accademia di Architettura di Mendriso - Università della Svizzera italiana, dal 2004 al 2012 è stata professore a contratto presso l'Università Cattolica di Milano e presso l'Università degli Studi dell'Insubria, sede di Como. Dal 2013 al 2020 è stata membro della Commissione consultiva SUPSI del Dipartimento Architettura Costruzioni e Design e dal 2020 è membro della Commissione cantonale Beni Culturali. Già membro della Commissione federale del design e di giurie a livello nazionale come il Prix Mobilière Swiss, nel corso degli anni ha svolto ricerche riguardanti l'architettura, il design, l'arte e la grafica, pubblicando numerosi saggi e libri sull'argomento e partecipando a convegni internazionali.

Nicoletta Ossanna Cavadini has been director of the m.a.x. museo of Chiasso since 2010. A graduate of the University of Venice, she gained her PhD in history of architecture and art history from the ETH Zurich under the director of the *gta* Werner Oechslin, and her postdoctoral qualification (supported by the FNSRS) from the University of California at Los Angeles. Formerly *Oberassistentin* in History of Architecture and History of Art at the Accademia di Architettura of Mendriso, Università della Svizzera italiana; from 2004 to 2012 she was adjunct professor at the Università Cattolica in Milan and at Università degli Studi dell'Insubria in Como. Since 2013 to 2020 she has been a member of the Consultative Committee of the SUPSI Department of Architecture Buildings and Design and since 2020 she has been a member of the Cantonal Commission for the Cultural Heritage. She was formerly a member of the Federal Design Commission and is a member of juries at the national level, such as the Swiss Prix Mobilière; in recent years she has conducted research into architecture, art and graphic design, publishing numerous papers and books on the subject and participating in international conferences.

Luigi Sansone ha studiato presso la New York University. Dal 1983 al 2005 ha collaborato con il Padiglione d'Arte Contemporanea e le Civiche Raccolte di Milano. Nel 2006-2007 è stato direttore artistico del Palazzo della Permanente a Milano. Ha prodotto i cataloghi ragionati delle opere di Salvatore Scarpitta, Gillo Dorfles, Attilio Alfieri, Sandro Martini e Gianfilippo Usellini. Ha curato per enti pubblici in Italia e all'estero mostre e cataloghi di numerosi artisti, fra i quali Salvatore Scarpitta, Angelo Savelli, Gillo Dorfles, Norman Bluhm, Salvatore Cuschera, Pietro Coletta, Adriana Bisi Fabri, e contributi su Kurt Schwitters, Umberto Boccioni, Philip Pavia, Franco Ruaro, Alberto Croce, Gianfilippo Usellini, Shusaku Arakawa, Costantino Nivola, Sandro Martini ecc. Ha fatto parte del comitato della Fondazione Nivola di Orani ed è vicepresidente del Comitato scientifico del m.a.x. museo di Chiasso. Dal 1995 al 2002 è stato segretario dell'Art Club, diretto da Piero Dorazio. In procinto di pubblicazione sono il catalogo generale di Angelo Savelli e una monografia su Francesco Cangiullo. Autore di saggi e libri sul futurismo, ha curato la mostra e il catalogo per Marinetti = Futurismo, oltre a numerose esposizioni presso la Biblioteca Centrale di Palazzo Sormani, il Castello Sforzesco e il Museo del Novecento a Milano.

Luigi Sansone studied at New York University. From 1983 to 2005 he collaborated with the Padiglione d'Arte Contemporanea and the Civiche Raccolte in Milan. In 2006-2007 he was artistic director of the Palazzo della Permanente in Milan. He has published the catalogues raisonnés of the works of Salvatore Scarpitta, Gillo Dorfles, Attilio Alfieri, Sandro Martini e Gianfilippo Usellini. He has curated exhibitions and edited catalogues for public institutions in Italy and abroad of numerous artists, including Salvatore Scarpitta, Angelo Savelli, Gillo Dorfles, Norman Bluhm, Salvatore Cuschera, Pietro Coletta, Adriana Bisi Fabri, and published contributions on Kurt Schwitters, Umberto Boccioni, Franco Ruaro, Alberto Croce, Gianfilippo Usellini, Shusaku Arakawa, Costantino Nivola, Sandro Martini, etc. He has been a member of the committee of the Fondazione Nivola in Orani and is vice-president of the Scholarly Committee of the m.a.x. museo of Chiasso. From 1995 to 2002 he was secretary of the Art Club, directed by Piero Dorazio. Soon to be published are the general catalogue of Angelo Savelli and a monograph on Francesco Cangiullo. He is the author of essays and books on Futurism, curating the exhibition and editing the catalogue *Marinetti = Futurism* to mark the centenary of Futurism. In recent years he has curated numerous exhibitions at the Biblioteca Centrale di Palazzo Sormani, the Castello Sforzesco and the Museo del Novecento in Milan

Angela Madesani, storica dell'arte e curatrice indipendente, è autrice, fra le altre cose, del volume *Le icone fluttuanti* e di *Storia del cinema d'artista e della videoarte in Italia*, *Storia della fotografia* per i tipi di Bruno Mondadori. Ha recentemente pubblicato *Immagini di una storia della Fotografia italiana dalla collezione Marone* per Nomos Edizioni e *Le intelligenze dell'arte. Gallerie e galleristi a Milano 1876-1950* anche per Nomos Edizioni. Ha curato numerose mostre presso istituzioni pubbliche e private italiane e straniere.
È autrice di numerosi volumi di prestigiosi autori fra i quali: Gabriele Basilico, Giuseppe ed Emanuele Cavalli, Franco Vaccari, Vincenzo Castella, Francesco Jodice, Elisabeth Scherffig, Anne e Patrick Poirier, Luigi Ghirri, Giulio Paolini, Cioni Carpi, Satoshi Hirose. Ha recentemente curato un volume sull'arte di Giuseppe Ungaretti. È titolare di due rubriche sulla rivista "Artribune". Insegna Storia della fotografia all'Accademia di Brera e all'Istituto Europeo del Design di Milano.

Angela Madesani is an art historian and independent curator. She is the author, among much else, of the volumes *Le icone fluttuanti*, *Storia del cinema d'artista e della videoarte in Italia*, *Storia della fotografia* published by Bruno Mondadori and *Immagini di una storia della Fotografia italiana dalla collezione Marone* and *Le intelligenze dell'arte. Gallerie e galleristi a Milano 1876-1950* (Nomos edizioni).
She has curated numerous exhibitions in Italy and abroad in public and private institutions.
She is the author of several volumes of prestigious artists including: Gabriele Basilico, Giuseppe ed Emanuele Cavalli, Franco Vaccari, Vincenzo Castella, Francesco Jodice, Elisabeth Scherffig, Anne and Patrick Poirier, Luigi Ghirri, Giulio Paolini, Cioni Carpi, Satoshi Hirose. She recently edited a volume on the art of Giuseppe Ungaretti. She contributes two columns to the magazine *Artribune*. She teaches at the Accademia di Brera and the European Institute of Design in Milan.

Piano dell'opera
Work Plan

Maestri del XX secolo / 20th Century Masters

Gillo Dorfles. Movimento Arte Concreta (1948–1958), a cura di Luigi Sansone, Nicoletta Ossanna Cavadini, Mazzotta, Milano 2010.

Dario Fo. La pittura di un narratore, a cura di Marco Biscione, Nicoletta Ossanna Cavadini, Mazzotta, Milano 2011.

Teresa Leiser Giupponi (1922–1993), pittrice, grafica e scultrice, a cura di Nicoletta Ossanna Cavadini, Silvana Editoriale, Cinisello Balsamo 2012.

Serge Brignoni 1903–2002. Artista e collezionista. Il viaggio silenzioso, a cura di Francesco Paolo Campione, Nicoletta Ossanna Cavadini, Silvana Editoriale, Cinisello Balsamo 2013.

Daniel Spoerri. Eat Art in transformation, a cura di Susanne Bieri, Antonio d'Avossa, Nicoletta Ossanna Cavadini, Silvana Editoriale, Cinisello Balsamo 2015.

Federico Seneca (1891–1976). Segno e forma nella pubblicità, a cura di Marta Mazza, Nicoletta Ossanna Cavadini, Silvana Editoriale, Cinisello Balsamo 2016.

Enzo Cucchi. Cinquant'anni di grafica d'artista, a cura di Alessandro Cucchi, Nicoletta Ossanna Cavadini, Edizioni Nero, Roma 2017.

Achille Castiglioni (1918–2002) visionario. L'alfabeto allestitivo di un designer regista, a cura di Ico Migliore, Mara Servetto, Italo Lupi, Nicoletta Ossanna Cavadini, Skira, Ginevra-Milano 2018.

Franco Grignani. Polisensorialità fra arte, grafica e fotografia, a cura di Mario Piazza, Nicoletta Ossanna Cavadini, Skira, Ginevra-Milano 2019.

Alberto Giacometti. Grafica al confine fra arte e pensiero, a cura di Jean Soldini, Nicoletta Ossanna Cavadini, Skira, Ginevra-Milano 2020.

Fortunato Depero - Gilbert Clavel. Futurismo = Sperimentazione. Futurism = Experimentation. Artopoli, a cura di Luigi Sansone, Nicoletta Ossanna Cavadini, Skira, Ginevra-Milano 2023.

Giuliano Vangi: Il disegno, a cura di Marco Fagioli, Nicoletta Ossanna Cavadini, Silvana Editoriale, Cinisello Balsamo 2024.

Giovanni Pintori 1912-1999, pubblicità come arte, a cura di Chiara Gatti, Nicoletta Ossanna Cavadini, Silvana Editoriale, Cinisello Balsamo 2024.

Grafica storica / Historical Graphics

Giovanni Battista Piranesi. Opera grafica, a cura di Luigi Ficacci, Nicoletta Ossanna Cavadini, Mazzotta, Milano 2011.

Tiepolo nero. Opera grafica e matrici incise, a cura di Lionello Puppi, Nicoletta Ossanna Cavadini, Mazzotta, Milano 2012.

Capolavori a Chiasso. I maestri dell'arte grafica dal XVI al XX secolo, a cura di Ginevra Mariani, Antonella Renzitti, Nicoletta Ossanna Cavadini, Silvana Editoriale, Cinisello Balsamo 2013.

Luigi Rossini 1790–1857. Incisore. Il viaggio segreto, a cura di Maria Antonella Fusco, Nicoletta Ossanna Cavadini, Silvana Editoriale, Cinisello Balsamo 2014.

Salvator Rosa 1615–1673. Incisore. Trasformazioni tra alchimia, arte e poesia, a cura di Werner Oechslin, Nicoletta Ossanna Cavadini, Silvana Editoriale, Cinisello Balsamo 2015.

Imago Urbis. La memoria del luogo attraverso la cartografia dal Rinascimento al Romanticismo, a cura di Cesare de Seta, Nicoletta Ossanna Cavadini, Silvana Editoriale, Cinisello Balsamo 2016.

J.J. Winckelmann (1717–1768). Monumenti antichi inediti. Storia di un'opera illustrata, a cura di Stefano Ferrari, Nicoletta Ossanna Cavadini, Skira, Ginevra-Milano 2017.

Ercolano e Pompei. Visioni di una scoperta, a cura di Pietro Giovanni Guzzo, Maria Rosaria Esposito, Nicoletta Ossanna Cavadini, Skira, Ginevra-Milano 2018.

La reinterpretazione del classico: dal rilievo alla veduta romantica nella grafica storica, a cura di Susanne Bieri, Nicoletta Ossanna Cavadini, Skira, Ginevra-Milano 2021.

Grafica contemporanea / Contemporary Graphics

Bruno Monguzzi. Cinquant'anni di carta, a cura di Bruno Monguzzi, Nicoletta Ossanna Cavadini, Skira, Milano 2011.

Fluxus. Una rivoluzione creativa 1962–2012, a cura di Antonio d'Avossa, Nicoletta Ossanna Cavadini, Skira, Milano 2012.

Joseph Beuys. Ogni uomo è un artista. Manifesti, multipli e video, a cura di Antonio d'Avossa, Nicoletta Ossanna Cavadini, Silvana Editoriale, Cinisello Balsamo 2012.

Lora Lamm. Grafica a Milano 1953–1963, a cura di Lora Lamm, Nicoletta Ossanna Cavadini, Silvana Editoriale, Cinisello Balsamo 2013.

Heinz Waibl 1931. Graphic designer. Il viaggio creativo, a cura di Alessandro Colizzi, Nicoletta Ossanna Cavadini, Silvana Editoriale, Cinisello Balsamo 2014.

La grafica per l'aperitivo. Trasformazioni del brindisi. Storie di vetro e di carta, a cura di Gabriella Belli, Giovanni Renzi, Nicoletta Ossanna Cavadini, Silvana Editoriale, Cinisello Balsamo 2015.

Simonetta Ferrante. La memoria del visibile: segno, colore, ritmo e calligrafie, colour, rhythm and calligraphies, a cura di Claudio Cerritelli, Nicoletta Ossanna Cavadini, Silvana Editoriale, Cinisello Balsamo 2016.

Donazioni 1. Percorsi della creatività dal Novecento al nuovo Millennio, a cura di Luigi Sansone, Nicoletta Ossanna Cavadini, Progetto Stampa, Chiasso 2016.

La Rinascente. 100 anni di creatività d'impresa attraverso la grafica, a cura di Mario Piazza, Nicoletta Ossanna Cavadini, Skira, Ginevra-Milano 2017.

Auto che passione! Interazione fra grafica e design, a cura di Marco Turinetto, Nicoletta Ossanna Cavadini, Skira, Ginevra-Milano 2018.

Treni fra arte, grafica e design, a cura di Oreste Orvitti, Nicoletta Ossanna Cavadini, Skira, Ginevra-Milano 2021.

Vito Noto. Quarant'anni di grafica e design. Il senso delle idee, a cura di Mario Piazza, Nicoletta Ossanna Cavadini, Fidia edizioni d'arte, Lugano 2022.

Materia, gesto, impronta e segno. L'opera grafica di Burri, Vedova, Kounellis, Paolucci e Benedetti, a cura di Antonio d'Avossa, Nicoletta Ossanna Cavadini, Fidia edizioni d'arte, Lugano 2023.

Orio Galli, grafica e grafismi, a cura di Mario Piazza e Nicoletta Ossanna Cavadini, Fidia edizioni d'arte, Lugano 2024.

Fotografia / Photography

Serge Libiszewski. Fotografo a Milano 1956–1995, a cura di Alberto Bianda, Nicoletta Ossanna Cavadini, Ed. Gabriele Capelli, Mendrisio 2010.

Luciano Rigolini. Un'altra immagine, a cura di Luciano Rigolini, Nicoletta Ossanna Cavadini, Skira, Ginevra-Milano 2011.

Lucia Moholy (1894–1989). Tra fotografia e vita, a cura di Angela Madesani, Nicoletta Ossanna Cavadini, Silvana Editoriale, Cinisello Balsamo 2012.

Werner Bischof 1916–1954. La trasformazione dell'immagine, a cura di Marco Bischof, Angela Madesani, Nicoletta Ossanna Cavadini, Silvana Editoriale, Cinisello Balsamo 2015.

Oliviero Toscani. Immaginare, a cura di Susanna Crisanti, Nicoletta Ossanna Cavadini, Skira, Ginevra-Milano 2017.

Oliviero Toscani. Immaginare. Kunstgewerbeschule Zürich 1961-1965, a cura di Peter Vetter, Nicoletta Ossanna Cavadini, Veladini, Lugano 2018.

Marcello Dudovich (1878–1962). Fotografia fra arte e passione, a cura di Roberto Curci, Nicoletta Ossanna Cavadini, Skira, Ginevra-Milano 2019.